한국 전쟁지도체제의 발전

Development of the ROK Conduct of War System

패전이냐 승전이냐? 전작권 전환의 해법

한국 전쟁지도체제의 발전

Development of the ROK Conduct of War System

패전이냐 승전이냐? 전작권 전환의 해법

초판 1쇄 발행　2012년 8월 31일
수정 증보판 1쇄 발행　2021년 11월 10일

지은이 ㅣ 김정기(金政基)
펴낸이 ㅣ 윤관백
펴낸곳 ㅣ 도서출판 선인

등　록 ㅣ 제5-77호(1998.11.4)
주　소 ㅣ 서울시 마포구 마포동 324-1 곳마루빌딩 1층
전　화 ㅣ 02)718-6252 / 6257
팩　스 ㅣ 02)718-6253
E-mail ㅣ sunin72@chol.com
Homepage ㅣ suninpub.co.kr

정가　27,000원
ISBN　979-11-6068-629-6　93300

· 저자와 협의에 의해 인지를 생략합니다.
· 잘못된 책은 바꿔 드립니다.

종전, 평화와 통일의 열쇠!

한국 전쟁지도체제의 발전
Development of the ROK Conduct of War System
패전이냐 승전이냐? 전작권 전환의 해법

김정기

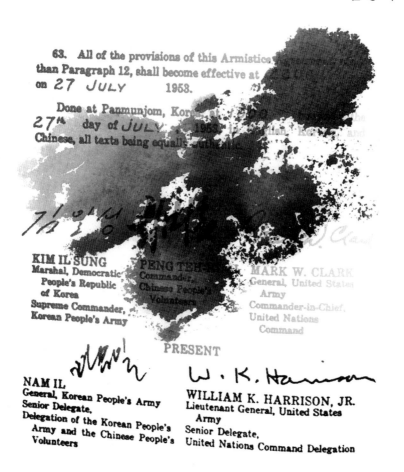

63. All of the provisions of this Armistice
than Paragraph 12, shall become effective at
on 27 JULY 1953.

Done at Panmunjom, Kor
27ᵗʰ day of JULY , 1953.
Chinese, all texts being equally authentic.

KIM IL SUNG
Marshal, Democratic
People's Republic
of Korea
Supreme Commander,
Korean People's Army

PENG TEH-H
Commander,
Chinese People's
Volunteers

MARK W. CLARK
General, United States
Army
Commander-in-Chief,
United Nations
Command

PRESENT

NAM IL
General, Korean People's Army
Senior Delegate.
Delegation of the Korean People's
Army and the Chinese People's
Volunteers

WILLIAM K. HARRISON, JR.
Lieutenant General, United States
Army
Senior Delegate,
United Nations Command Delegation

도서출판 선인

❚수정 증보판 서문❚

　필자는 2012년 초판을 출간하면서 말미(末尾)에 부족한 점을 보완하고 새로운 것을 추가하여 증보판을 내겠다고 적었었다. 그 약속을 군문을 나서면서 이제야 지키게 되었다. 일부 있었던 오류들을 바로잡고 최근에 연구했던 내용을 제6장으로 보태어 전작권과 더불어 생성, 변화, 발전되어 온 한국 전쟁지도체제에 대한 총체적 내용을 담아 전문서적으로 발간하게 되었다.

　조기에 전환을 공약한 문재인 정부에서도 전작권 전환은 임기 내 달성이 난망한 상황이다. 노무현 정부에서 합의한 전환이 이명박, 박근혜 정부에서 두 차례 연기되면서 북핵의 전력화와 미중(美中)의 패권 대결 상황에 직면했기 때문이다. 혜안을 찾기가 더욱 어려워졌고, 국민적 여론, 정책결정자와 군 관료들의 의지와 일관성도 약해졌다. 주인 아닌 종적 현상의 악순환이 계속되고 있다.

　따라서 본서는 전작권 전환의 요체이자 자주적 전승과 평화통일의 초석인 한국 전쟁지도체제에 대한 이론과 실무에 관한 제반 지식을 담았다. 상황이 어렵지만 '우리 대한의 완전한 자주독립'과 평화통일을 달성하고자 하는 분들에게 문제의 근원파악과 해결책 마련에 도움을 줄 수 있을 것이다.

30여 년 동안 푸른 제복을 입고 갈망해 온 전작권 환수와 자주적 전승체제의 완성(그리고 그것을 바탕으로 한 평화통일)을 이루지 못했지만, 그간 연구한 사실(史實)과 책략(策略)을 공유하면서 이제 그 짐을 나누고자 한다. 혹세무민의 광야에서 말을 몰아 일도에 억압의 바위를 가르는 선구자의 등장을 기다리며…

2021년 10월 31일

용마산과 함께하며 저자

▮ 머리말 ▮

대한민국은 정부가 수립된 지 60여 년이 훌쩍 넘었으며 6·25전쟁을 치렀고 수많은 북한의 도발을 경험하였다. 이런 위협 속에서 전쟁지도체제를 의존형으로 태동시켜 전쟁을 극복하였고, 연합 → 자주형으로 발전시키면서 도발을 억제·대처하는 데 꾸준한 노력을 해왔다. 2015년 12월 1일에는 전시작전권이 전환되어 온다. 이 책은 저자의 박사학위논문을 보완한 것으로서, 최근 군은 물론 국민적 관심이 증대된 전쟁지도체제와 작전권 문제에 대하여 관련 지식을 폭넓게 제공하기 위해 발간하였다.

남북은 같은 민족이지만 한편으로는 적으로서 각기 자기체제로의 통일을 추구하고 있다. 기본적으로는 평화통일을 추진하지만, 전쟁이 발발하면 평화가 아닌 무력으로, 패전이 아닌 승전으로 통일을 달성해야 한다. 따라서 승전을 담보하는 전쟁지도체제가 확고히 구축되지 않은 채 대화·협력을 통해 통일을 추진하는 것은 위험하다. 그런 상태에서 협상을 한다면 손해를 감수하는 거래 혹은 일방적 양보를 초래할 수 있기 때문이다. 더구나 전쟁지도체제를 타국에 의존하는 것은 평화를 위한 주수단을 저당 잡히는 것이며, 우리의 의지대로 주도적인 전승과 평화, 통일을 달성할 수 없게 된다.

정부수립 이후부터 회고해 보면, 한국은 미국이라는 동맹과 북한이라는 적을 중심으로 한 안보환경에 직면해 왔다. 그리고 통일, 외교, 안보에 있어서 대통령의 역할이 매우 중요하게 작용해 왔다. 따라서 전쟁지도체제의 발전도 복잡한 안보환경과 대통령의 안보관이 중요한 독립변수였다. 이에 따라 전쟁지도체제는 의존형으로 태동, 연합 → 자주형으로 변화되어 왔으며, 작전권과 군사원조는 그 유형에 따라 전환, 역전되는 현상이 나타났다. 이 책에서는 전쟁지도체제의 존재, 용어사용, 유형 등 각종 논의들을 정리하여 분석틀을 제시하고 이를 검증하였다.

1948~1960년간 전쟁으로 인한 사활적 안보환경과 이승만 대통령의 대미의존적 안보관에 의해 의존형 전쟁지도체제가 태동하였다. 절체절명의 시기에 국력이 약해 한 장의 편지로 작전권을 이양한 흥미진진한 스토리를 추적하고 정전협정과 한미상호방위조약 체결 과정을 상세하게 다루었다.

1961~1987년은 경제발전으로 국력이 점차 신장되었으나, 1968년 1·21사태와 미 7사단의 철수로 위기적 안보환경이 조성되었다. 박정희 대통령의 자주적 안보관이 총력안보와 자주국방으로 나타나고 결국 한미연합사령부를 창설하게 되었다. 5·16군사혁명 과정, 최초의 수도권방어계획인 녹지계획, 연합연습의 계기 등도 살펴보았다.

1988~2008년은 한국의 우세한 국력에도 불구하고, 북한의 핵위협과 미국의 대한안보정책 변화로 새로운 안보환경이 조성되었다. 또한 1987년 민주화 이후 대통령들의 안보관은 전쟁지도체제의 자주성을 더욱 강화하는 방향으로 영향을 미쳤다. 8·18계획과 평시작전통제권 환수, 전시작전통제권 전환 추진, 북핵문제, 미국의 전략적 변화 등과 관련한 전쟁지도체제의 발전을 추적하였다.

한국 전쟁지도체제는 약 60년에 걸쳐 발전하면서 구조와 역할도 많이 변화하였다. 특히 작전권과 관련해서는 첨예한 논쟁이 수반되기도 하였으나, 군사원조가 역전되었듯이 상승한 국력에 걸맞게 바른 방향으로 나아가고 있다. 전시작전통제권 전환준비는 우리에게 군사적 실무만의 문제가 아니다. 국민의 생존과 평화를 보장하는 전승체제를 발전시키는 국가적 과업과 연결되기 때문이다. 정부는 물론 전 국민들이 대전략적 사고로 역량을 결집해서 6·25전쟁의 뼈아픈 교훈을 이제는 극복해야 한다.

그래서 나는 독자 여러분에게 이 책을 통해 '패전이냐, 승전이냐?'를 묻고 있다. 승전을 자신할 수 있다면 전쟁이 두렵지 않으며 진정한 평화와 통일로 나아갈 수 있기 때문이다. 즉 정전체제의 평화체제로 전환은 확고한 승전체제가 바탕이 되어야 하는 것이다.

더 이상 우리의 안보, 평화, 통일과 직결되는 패전이냐, 승전이냐의 문제를 한 장의 편지로 타국 혹은 국제기구에 이전하고 객체가 되는 일은 없어야 할 것이다. 아무쪼록 이 책이 장병들은 물론 군을 이끌어갈 간부들에게 주체적 승전의지를 북돋우고, 국가를 경영하는 국민 여러분과 지도자들에게 전환기의 경종을 울리는 책문(策問)이 되면 좋겠다.

끝으로 이 책을 마무리 할 수 있도록 물심으로 도움을 준 사랑하는 가족들과 가르침을 주신 은사님들께 깊은 감사의 인사를 드린다. 그리고 출간 제의를 선뜻 받아주고 빠른 기간 내에 세심하게 편집해준 도서출판 선인 관계자분들께도 감사드린다.

2012년 8월 15일
승전, 평화, 통일을 기원하며

|목 차|

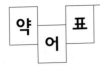

약어표

A2/AD: Anti-Access/Area-Denial(반접근지역거부)

ADCOM: Advance Command and Liaison Group in Korea(전방지휘소 및 연락단)

CAC: Combined Air Command(연합공군사령부)

CIA: Central Intelligence Agency(중앙정보국)

CINC: Commander in Chief(최고사령관, 美대통령을 의미)

CMCC: Counter Missile Capabilities Committee(미사일능력대응위원회)

CODA: Combined Delegation Authority(연합권한위임사항)

COTP: Condition-based OPCON Transition Plan(조건에 기초한 전작권전환 계획)

COWS: Conduct of War System(전쟁지도체제)

CS: Commercial Sales Licensed under the AECA(상업판매)

DEFON: Defense Condition(방어준비태세)

EASI: East Asia Strategic Initiative(동아시아전략구상)

EDPC: Extended Deterrence Policy Committee(확장억제정책위원회)

ESF: Economic Support Fund(경제지원기금)

FDO: Force Deterrence Option(신속억제방안)

FE: Foal Eagle(독수리연습)

FEBA: Forward Edge of the Battle Area(전투지역전단)

FMCS: Foreign Military Construction Sales(대외군사건설판매사업)

FMFP: Foreign Military Financing Program(해외군사자금지원사업)

FMP: Force Module Package(전투력증강)

FMS: Foreign Military Sales(대외군사판매)

FOC: Full Operation Capability(완전작전운영능력)

FOTA: Future of the Alliance Policy Initiative(한미동맹정책구상회의)

GISOMIA: General Security of Military Information Agreement(군사정보보호협정)

GPR: Global Defense Posture Review(해외주둔미군재배치검토)

GNP: Gross National Product(국민총생산)

IAEA: International Atomic Energy Agency(국제원자력기구)

IOC : Initial Operation Capability(초기/완전 작전운영능력)

JCS: Joint Chiefs of Staff(합동참모본부)

JSA: Joint Security Area(공동경비구역)

JUSMAG-K: Joint United State Military Advisory Group in Korea(주한미합동군사고문단)

KEDO: Korea Energy Development Organization(한반도에너지개발기구)

KIDD: Korea-US Integrated Defense Dialogue(한미통합국방협의체)

KMAG: US Military Advisory Group to the ROK(주한미군사고문단)

KR/FE: Key Resolve/Foal Eagle(키 리졸브독수리연습)

MAP: Military Assistance Program(군사지원사업)

MASF: Military Assistance Service Funded(군사원조지원금)

MC: Military Committee(한미군사위원회)

Mutual Defense Assistance Act of 1949(상호방위원조법)

NATO: North Atlantic Treaty Organization(나토, 북대서양조약기구)

NLL: Northern Limit Line(북방한계선)

NSC: National Security Council(국가안보회의)

PKO: Peace Keeping Operation(평화유지활동)

RSOI: Reception, Staging, Onward Movement and Integration(수용, 대기, 전방이동 및 통합, 연합전시미군증원연습)

SCM: Security Consultative Meeting(한미안보협의회의)

SPI: Security Policy Initiative(안보정책구상회의)

THAAD: Terminal High Altitude Area Defense(고고도미사일방어)

TPFDD: Time Phased Force Deployment Data(시차별부대전개제원)

TS: Team Spirit(팀스피리트연습)

UFL: Ulchi Focus Lens(을지포커스렌즈연습)

UFL: Ulchi Freedom Guardian(을지프리덤가디언연습)

US KORCOM: United States Korea Command(미 한국사령부)

USFK: United States Forces Korea(주한미군사령부)

WHNS: Wartime Host Nation Support(전시주둔국지원)

제1장 서론: 왜 지금 전쟁지도체제인가?

제1절 전작권 전환, 전승체제, 평화통일

한반도는 1945년 해방과 함께 미소(美蘇)에 의하여 남북으로 분단되어 1948년 각기 대한민국(한국)과 조선민주주의인민공화국(북한) 정부가 수립되었다. 그리고 60여 년이 지났지만 북한은 공산주의체제하에서 경제적으로 피폐하면서도 탈냉전 이후에도 개혁과 개방보다는 여전히 핵과 장거리 미사일 개발 등에 의존한 주체사상과 선군정치로 체제를 유지하고 있다. 인민경제의 희생을 담보로 세계 유일의 군사패권국인 미국과 맞서면서 강성대국의 구호로 그들만의 '자주성'을 유지하고 있다.

한국은 자유민주주의체제하에서 그동안 경제발전을 통하여 급속히 국력이 신장되었으며 견고한 한미동맹을 계속 유지함으로써 북한의 비대칭 위협에 대처하면서 자주성을 강화하는 점진적 발전을 계속하

여 왔다. 탈냉전 이전에는 재래식 전력을 중심으로 한 대칭적 북한위
협을 비대칭적 한미동맹으로 대응하였다면 그 이후에는 핵 및 장거리
미사일 등 비대칭적인 북한위협을 대칭적 한미동맹으로 대응하려는
지혜를 모으고 있다. "안보와 자율성을 교환한 비대칭적인 동맹관계"[1]
가 대칭적으로 점차 개선되고 있는 것이다.

따라서 한반도에서 남북은 아직까지 경제적 풍요와 안보상 자율성
을 서로 이율배반적으로 경험하고 있다. 한국이 민족 구성원 전체의 생
존과 번영을 함께 보장하는 안보상 자율성과 경제적 풍요 두 가지를
다 확보하는 국민국가로 어떻게 해야 발전할 수 있을까? 그것은 경제
적 위상에 걸맞게 자율성을 강화하면서 주도적으로 한반도의 평화적
통일을 달성함으로써 가능할 것이다. 그렇게 하기 위해서는 한국이 스
스로 평화의 동체이면(同體裏面)인 전쟁에서 승리할 수 있는 체제를
만들어 놓는 것이 기본이 되어야 한다. 평화는 상대가 굴복할 때 가능
하며 정치적 협상도 전승을 확신할 수 있는 담보가 필요하기 때문이다.

전승을 위한 지도체제가 한반도의 분단과 의존의 궤적을 통일과 자
주의 새로운 흐름으로 바꿀 수 있는 기초적인 힘을 제공하는 것이다.
전쟁은 정치적 목적을 달성하기 위하여 개전되고 군사작전을 중심으
로 진행되며 정치적 목적 달성여부에 따라 승패가 결정되고 종전된다.
전쟁의 승리는 국가적 '전쟁지도체제'[2]가 확고히 구축되어 있어야 가능
하다. 그리고 전쟁지도체제는 평시에는 안전보장체제, 위기 시에는 위

....

[1] 한미 비대칭동맹 구조를 분석한 이상철, 『안보와 자주의 딜레마: 비대칭 동맹이
   론과 한미동맹』, 연경문화사, 2004 참조.
[2] 전쟁지도체제는 군 통수권자를 중심으로 전쟁지도력이 발휘되는 체제를 의미하
   며 자세한 용어정의는 제2장을 참조.

기관리체제로 기능하며, 위기가 전쟁으로 비화되는 것을 억제하고, 경우에 따라서는 평상시 외교적 압력을 통하여 국익을 보호하기도 한다.

그동안 한국에서는 전쟁지도체제에 대해 1953년 이후 유엔사, 연합사 및 정전체제라는 틀에 갇힌 대미 의존적 사고로 인해 정치와 군사의 문제를 통합적으로 접근하지 못하였다. 더구나 평시는 물론 전시를 전체적으로 다루어야 하는 어려움 때문에 일반 학자들의 접근도 용이하지 못하였다. 따라서 이 책은 한반도의 전쟁과 평화에 대한 핵심주제인 전쟁지도체제를 대상으로 그 발전과정을 분석함으로써 평화통일을 달성하기 위해 무엇을 어떻게 하여야 하는가를 탐구하고자 하는 첫 시도이다.

한미 간 합의가 변하지 않는다면 한국은 2015년 12월 1일 전시 작전통제권이 한국 합참으로 전환되면서 명목상으로 62년간의 '작전권'[3]이양 시대를 마감하고 스스로 작전권을 행사하는 "대내외적 강압이 가능한 국민국가"[4]로 전환된다. 물론 전시 작전통제권과 관련해서는 많은 논쟁이 있었고, 회복·조정·전환 등 용어와 관련해서도 다양한 의견이 있었다. 그러나 국제적 냉전체제가 붕괴된 지 오래되었고 전비를 위한 총체전력으로서 한국의 국력이 이미 북한을 능가하고 있는 상황에서 군사적으로도 한국이 주도적 전쟁수행 능력을 가지고 있는 것으로 평가되고 있어 전시 작전통제권의 환수는 목표가 아닌 절차적 과정으로 진행되고 있다.

....

3) 작전권은 전·평시의 작전지휘권과 작전통제권을 포함하는 개념으로서 관련용어 정의에 관해서는 제2장을 참조.
4) 대내외적 강압의 축적과 집중을 통해 국민국가가 성장한다는 Charles Tilly, *Coercion, Capital and European States, AD 990~1992*, Malden: Blackwell Published Ins., 2002, pp. 1~37 참조.

한국의 전쟁지도체제는 1948년 8월 15일 정부수립 선포와 더불어 국방부, 국군이 창설되면서 시작되었다. 대통령의 군사작전에 관한 전쟁지도는 국방부를 통하여 참모총장을 경유하여 집행되었다. 그러나 1950년에는 한국전쟁으로 초기방어작전에 실패하면서 작전권이 유엔군사령관인 맥아더 장군에게 이양되어 한국의 전쟁지도체제는 의존형으로 태동되었다. 전쟁 중이라는 특수한 상황으로 인해 군령의 거의 대부분인 작전지휘권을 유엔군사령관에게 이양한 것이다.

그러나 휴전 이후에는 한미합의의사록에 의해 작전지휘권을 작전통제권으로 제한하였고, 특히 5 · 16군사혁명 이후 한국에도 현대적인 대통령의 전쟁지도 보좌조직들이 등장하였으며 국가총력전을 수행할 수 있는 전쟁지도체제를 성장시켰다. 그리고 1978년에는 한미연합사령부를 창설하면서 유엔군사령관에게 일방적으로 이양되었던 작전통제권을 한미가 연합하여 행사하는 것으로 조정하면서 연합형 전쟁지도체제로 발전하였다. 또한 탈냉전 이후 '8 · 18계획'5)을 통하여 합참의 전쟁지도보좌 기능과 군령인 작전지휘 및 감독권한을 부여함으로써 1994년 '평시 작전통제권'을 환수하였고, 최근에는 전쟁지도체제의 자주성이 더욱 강화되면서 '전시 작전통제권'의 환수를 추진하고 있다.

따라서 지금은 한국이 현재의 냉전적 남북한 대결구조 속에서 전승을 위한 확실한 담보를 확보한 가운데 향후 통일된 국민국가로서 민족의 생존을 책임지기 위하여 어떻게 하여야 할 것인가를 책임의식을

· ·

5) 1988년 8월 18일부터 시작된 장기국방태세발전방향연구에서 출발한 군 구조 개선계획을 의미하는 것으로 김동한, 「군구조 개편정책의 결정 과정 및 요인 연구: 818계획과 국방개혁2020을 중심으로」, 서울대 대학원 박사학위논문, 2009, 50~105쪽 참조.

가지고 고민해야 되는 시점이다. 왜냐하면 2015년 전시 작전통제권 환수와 병행하여 국가적 차원의 전쟁수행 목표와 이를 달성하기 위한 군사전략, 그리고 군사작전을 지원하기 위한 국가자원의 동원문제 등 전쟁지도체제를 재정비하지 않으면 안 되기 때문이다. 즉, 평화와 통일은 전쟁이라는 최악의 상태에서 스스로 승리할 수 있는 태세를 갖추어 놓았을 때 정치·외교적 협상을 통하여 달성이 가능하기 때문이다.

그러므로 이 연구의 목적은 그동안 부분적으로 진행되어 온 전쟁지도체제에 관한 연구 성과들을 바탕으로 안보환경, 대통령의 안보관, 작전권 및 군사원조 등 관련 요인에 대한 연구 자료를 총체적으로 종합하여 분석함으로써 전쟁지도체제의 발전과정에 관한 관계를 규명하는 것이다. 특히, 한국의 경우 북한과 미국이라는 특수한 안보환경 요인들이 연관되어 있고, 전쟁지도체제와 관련하여 전시 최고사령관인 대통령의 안보관이 차지하는 비중이 크다는 점에 착안하였다. 그리고 전쟁지도체제의 유형이 변화, 발전하면서 나타나는 현상으로서 작전권과 군사원조의 변화는 그 유형의 특징적인 지표로서 의미가 있다는 점에 주목하였다.

제2절 전쟁지도체제에 대한 시각과 논쟁

그동안 전쟁지도체제에 대한 연구가 활성화되지 못한 것은 전쟁지도체제라는 용어사용에 대한 상충된 시각이 존재하기 때문이었다. 즉, 전쟁지도체제라는 용어사용이 적절하지 않다는 시각 때문에 정치학계에서는 깊이 있는 연구가 진행되지 못했다. 일종의 '사용 반대론'으

로서 전쟁지도체제는 안전보장체제, 위기관리체제와 유사한 개념으로
서 전시에만 한정되어 적용되므로 전·평시 보편적 현상을 다루는 학
문적 용어로 부적절하다는 시각이다.

이 시각은 전쟁지도체제라는 것이 광의(廣義)로는 국가통치체제 그
자체를 의미함으로 별도로 칭하는 것은 불필요한 것이며, 협의(狹義)
로는 일본의 대본영 같이 군국주의 국가의 전쟁본부 같은 군사적 독
점체제로서 문민통제라는 관점에서 보면 민주주의 국가에서 사용할
수 없는 용어라고 주장한다.[6] 다수의 국내외 정치학자들이 여기에 속
한다고 볼 수 있다.

그러나 전쟁지도체제를 사용하는 것이 타당하다는 '사용 찬성론'은
전쟁지도체제가 안전보장체제나 위기관리체제와 유사한 개념이지만
분명히 구분되며, 설령 중첩되는 부분이 있다 하더라도 전쟁과 평화의
균형적 연구를 위하여 전쟁지도체제라는 용어로 접근할 때 평화의 뒷
면으로서 전쟁이 보다 분명하게 다루어질 수 있다는 시각이다. 특히,
정치와 군사의 문제를 동시에 연구해야 한다는 점에서 국방학 혹은
군사학의 대상으로 접근이 가능하다는 견해이다.[7]

평화는 전쟁을 연구하고 준비하는 것에서 달성된다는 견해로서 미

---

[6] Joseph G. Dawson III ed., *Commanders in Chief: Presidential Leadership in Modern Wars*, University of Kansas Press, 1993, p. IX ; 이기택, 「한국적 안보환경하의 전쟁지도 고찰: 새로운 안보환경과 전쟁지도」, 『군사』 제29호, 1994, 179쪽에서 재인용.

[7] 이러한 시각의 시발은 J.F.C. Fuller, *The Conduct of War 1789~1961: A Study of the Impact of the French, Industrial, and Russian Revolutions on War and its Conduct*, New Brunswick: Rutgers University Press, 1961에 힘 입은 바 크며 이 책과 이를 번역한 中村好壽 譯, 『制限戰爭指導論 1789~1961: フラン革命·産業革命·ロシア革命ガ戰爭と戰爭指導に及ぼした衝撃の研究』, 東京: 原書房, 1975이 한국에 소개됨으로써 본격적으로 전쟁지도체제라는 용어가 사용되기 시작함.

국, 일본의 군사사학자 및 일부 정치학자들이 이 용어를 사용하여 연구를 진행하였다.[8] 한국에서도 전쟁지도체제에 대한 연구가 정치학계에서 활성화되지는 못하였지만 그래도 안보, 국방 및 군사학 분야에서 약 40년 전부터 꾸준하게 연구가 진행되었다. 특히, 한국은 정전체제에 의해 전쟁이 종결되지 않은 채 지속된다는 점과 그 정전협정의 서명국이 아니면서도 역할 확대가 불가피해지는 상황 속에서 전쟁지도체제에 대한 연구의 필요성이 점차 증대되었다.

1970년대까지는 주로 세계 각국의 전쟁지도기구 혹은 전쟁지도체제를 연구하면서 이론적 고찰과 함께 한국에서도 학문적인 접근이 필요하다는 주장을 제기하는 연구들이 진행되었다. 즉 독일, 일본, 영국 및 미국이 각기 전쟁의 지도와 수행을 위하여 어떤 정부조직을 가지고 운영했는가를 중심으로 연구하였으며,[9] 전쟁지도에 대한 이론적 고찰과 함께 일반원칙 및 현대전의 기본지도방향을 제시한 연구가 진행되었다.[10] 이 연구들의 기저에는 한국에 전쟁지도체제는 아직 존재하지 않으며 한국은 유엔군사령부를 통하여 전쟁을 수행한다는 사고가 지

---

[8] 풀러(J.F.C. Fuller), 나가무라(中村好壽), 이기택을 포함하여 남정옥, 「6·25전쟁과 이승만 대통령의 전쟁지도」, 『군사』 제63호, 2007, 1~54쪽 ; 김행복, 『한국전쟁의 전쟁지도: 한국군 및 UN군 편』, 국방군사연구소, 1999 ; 안병준, 「국가 전쟁지도체제 및 위기관리 대책」, 『합참』 창간호, 1993, 109~127쪽 ; 전경만, 「한국의 위기관리와 전쟁지도체제 발전방향」, 『군사』 제29호, 1994, 191~223쪽을 대표적으로 들 수 있으며, 그 외에도 연세대, 국방대 및 동국대에서는 이상호, 「한국의 전쟁지도체제에 관한 연구」, 연세대 행정대학원 석사학위논문, 1987 ; 이영석, 「전쟁지도기구와 지휘체계의 발전을 위한 연구」, 국방대학원 석사학위논문, 1995 ; 최계명, 「한국의 전쟁지도체제에 관한 연구」, 동국대 행정대학원 석사학위논문, 1987 등과 같이 한국 전쟁지도체제에 대한 연구가 시도되었음.

[9] 민병천, 「전쟁지도기구에 관한 고찰」, 『국방연구』 제27호, 1969, 109~154쪽.

[10] 황두연, 「전쟁지도에 대한 소고」, 『국방연구』 제19권 2호, 1976, 439~458쪽.

배적이었다.

1980년대에는 국가의 안전보장체제와 전쟁지도체제의 개념을 비교하고, 각국의 전쟁지도체제를 분석한 후, 한국의 전쟁지도 부재 현상을 지적하면서 발전방향을 모색한 연구들이 등장하였다.[11] 점차 한국도 전쟁지도체제에 대한 관심이 필요하다는 차원에서 접근한 것으로써 연합군사령부가 유엔군사령부를 대체했을 뿐 전쟁지도는 아직까지 한국이 고민할 문제가 아니라는 사고가 지배적이었다.

1990년대에는 전쟁지도 개념과 원칙을 제시하면서 1, 2차 세계대전과 한국전쟁을 포함한 현대전에서 각국 원수들의 전쟁지도를 소개한 연구가 진행되기 시작하였다.[12] 특히, 민주화 이후 전쟁지도보좌를 담당하는 조직에서 정책연구보고서 형태나[13] 평시작전통제권의 환수와 더불어 전쟁지도세미나를 개최하는 등 전쟁지도체제에 대한 구체적인 개념과 대안을 제시하는 연구가 활발하게 이뤄졌다. 이때에는 탈냉전 이후 한반도 안보의 현상(現狀)과 변경(變更)을 진단하고 전면전, 게릴라전, 반게릴라전 – 반전면전의 전쟁형태와 핵전쟁 및 소위 혁명공작에 대비한 대통령의 전쟁지도를 주문한 구체적인 연구도 등장하였다.[14]

2000년대에는 그동안의 연구에 의해 정립된 전쟁지도 개념을 전쟁

---

11) 김영일, 「한국의 전쟁지도체제 발전방향」, 국방대학교 안보문제연구소 정책연구보고서 84-16, 1984.12, 1~111쪽.
12) 육군교육사령부, 『전쟁지도 이론과 실제』, 육군교육사령부, 1991.
13) 국가안전보장회의 비상기획위원회, 「한국 전쟁지도체제의 발전방향」, 정책연구보고서 93-1, 1993, 1~105쪽.
14) 이기택, 「한국적 안보환경하의 전쟁지도 고찰: 새로운 안보환경과 전쟁지도」, 국방군사연구소 전쟁지도세미나 발표논문, 1994, 8~35쪽.

지도의 개념과 정의, 발전과정 및 전쟁지도 업무 등을 종합 정리한 연구가 등장하였으며,[15] 전쟁연습, 위기관리 및 전시동원 등 실무차원의 전쟁지도보좌 업무에 대한 연구로 심화되었다.[16] 또한 대통령이나 군사령관의 전쟁지도 및 전쟁지도보좌에 관한 전쟁사적 연구가 1990년대 말부터 시작되어 2000년대에는 더욱 활성화 되었고,[17] 전쟁양상의 복잡한 변화에 따라 전쟁지도체제의 분야별 체계화를 위한 연구로 분화되었다.[18]

그러나 전쟁지도체제에 관련된 기존의 연구들은 다음과 같은 세 가지의 한계를 극복하지 못한 채 정치학은 물론 안보, 국방 및 군사학의 분야로 분명히 자리매김을 하지는 못하였다. 첫째는 연구의 난점에서 오는 한계로서 전쟁지도체제라는 것이 복잡한 국가 조직과 그 활동들의 연계이며, 구체적으로는 많은 부분이 비밀로 분류되어 접근이 불가

15) 김희상, 『21세기 한국안보』, 전광, 2000, 125~206쪽.
16) 박충제, 「합참의 전쟁지도 보좌업무 발전방향: 북한의 도발에 대비한 합참의 임무를 중심으로」, 『합참』 제15호, 2000, 105~116쪽.
17) 한국전쟁시 한국과 미국의 전쟁지도 문제를 심층 깊게 연구한 김행복, 『한국전쟁의 전쟁지도: 한국군 및 UN군 편』, 국방군사연구소, 1999 ; 『6·25전쟁과 채병덕 장군』, 국방군사연구소, 2002 ; 남정옥, 「미국의 국가안보체제 개편과 한국전쟁시 전쟁정책과 지도」, 단국대 대학원 박사학위논문, 2007 ; 「6·25전쟁과 이승만 대통령의 전쟁지도」, 『군사』 제63호, 2007, 1~54쪽.
18) 전쟁수행의 정보화, 네트워크화 및 다차원화에 따른 위기관리, 동원체제 및 전쟁지도를 위한 시스템 분야를 연구한 길병옥·허태회, 「국가 위기관리체계 확립방안 및 프로그램 개발에 관한 연구」, 『국제정치논총』 제43집 1호, 2003, 339~359쪽 ; 김정익, 「이라크 전쟁을 통해본 전쟁양상의 변화와 이에 따른 국가동원체제의 발전방향」, 『비상대비연구논총』 제30집, 2003, 3~84쪽 ; 남주홍, 「위기관리체제 발전방향」, 『비상대비연구논총』 제30집, 2003, 193~244쪽 ; 박만호, 「비상대비 정보시스템 발전방향」, 『비상대비연구논총』 제30집, 2003, 349~404쪽 ; 허남성 외, 「정부연습체제 재설계: 운용개념기술서」, 국무총리 비상기획위원회 정책연구보고서, 2003.11, 1~129쪽 등.

능하다는 점이다. 그러나 시도조차 부족했다는 비난은 피할 수 없으며 특히, 전승을 위해서는 국가적 노력이 집대성되어야 한다는 점에서 그 복잡성과 변화, 발전을 제대로 파악하는 것은 중요한 과제라고 할 수 있다.

둘째는 전쟁지도체제의 발전에 대한 통시적인 연구의 결여이다. 1980년대까지 만연했던 한국 전쟁지도체제에 대한 부재론적 사고가 여기에 근원하며 한국의 안보환경에 대한 특수성의 고려와 함께 전쟁지도체제의 유형변화에 주목한 발전과정을 구체적으로 분석하였다면 이러한 지나친 비하는 극복할 수 있었을 것이다. 즉, 역사적 고찰에 의해 중대한 국가적 고비의 순간에 나타난 결정적 요인과 전쟁지도체제의 유형을 분석한다면 거시적인 통찰이 가능할 것이다.

셋째는 한국의 상황적 특징을 충분하게 검토하지 않았다. 특히, 안보환경과 대통령의 안보관 등은 한국의 전쟁지도체제의 발전과정에 결정적인 요인이었음에도 불구하고 이에 대한 연구가 결여된 상태에서 발전방향을 제시하는 것은 적실성이 부족할 수 있다. 또한 한국은 전쟁지도체제의 발전이 작전권과 군사원조와 무관하지 않았다는 점을 착안하지 못하여 상호 연계성 있는 연구가 진행되지 못하였다.

따라서 본 연구에서는 지금까지의 분절된 연구들을 종합하여 1948년 정부수립 이후부터 2008년 참여정부까지 복잡한 전쟁지도체제의 발전과정과 이에 대한 결정적 요인들 간의 인과관계를 통시적으로, 상황의 특수성을 고려하여 규명하고자 하는 시도이다.

제3절 이 책의 연구범위 및 방법

이 연구의 범위는 약 60년간 한국 전쟁지도체제의 발전과정을 분석하는 것으로써 실제 전쟁에서 나타나는 전쟁지도체제의 활동을 구체적으로 다루지는 않는다. 그리고 전쟁지도체제의 발전에 영향을 미친 결정적 요인으로서 안보환경은 북한과의 상대적 국력, 북한의 대남위협 및 미국의 대한안보지원정책을 포함하였고 대통령의 안보관은 대북·대미관 및 주요 지지세력의 성향을 그 범위로 한정하였다.

또한 작전권이 이양, 조정 및 환수되는 현상과 군사원조의 국방예산 대비 비율 및 역전현상은 전쟁지도체제의 각 유형이 표출하는 현상으로써 독립변수의 영향에 의해 시스템의 변환 과정을 거쳐 나타나는 종속변수의 지표로서 포함하였다.

시간적인 연구 범위는 전쟁지도체제가 국가적 현상이기 때문에 정부수립 이후부터 시작하여 객관적 연구가 가능한 참여정부까지로 한정하였다. 그리고 약 60년간의 총체적 기간은 1948~1960년, 1961~1987년 및 1988~2008년의 세 개의 시기로 구분하였다. 구분 기준은 안보·국방정책[19] 및 한미군사관계 연구와[20] 한미동맹과 자주에 관한 연구

---

[19] 국방군사연구소, 『국방정책변천사 1945~1994』, 국방군사연구소, 1995에서는 정부수립기, 한국전쟁기, 휴전후 복구기, 제3공화국, 1970년대, 1980년대, 1990년대로, 한용섭, 「한국 국방정책의 변천과정」, 차영구·황병무, 『국방정책의 이론과 실제』, 오름, 2002, 61~108쪽에서는 건군기(1945~1950), 6·25전쟁기, 군사제도정비기(1953~1969), 자주국방 추진기(1970~1980), 국방체제 발전기(1981~1988), 민주국방 구현기(1988~2001)로, 이민룡, 「한국 안보정책의 이해: 과거, 현재, 미래」, 육군사관학교, 『국가안보론』, 박영사, 2001, 503~544에서는 1·2공화국, 3·4공화국, 5·6공화국으로 구분함.

[20] 국방부 군사편찬연구소, 『한미군사관계사: 1871-2002』, 국방부 군사편찬연구소, 2002에서는 미군정기(1945~1950), 한국전쟁기(1950~1953), 정전체제기(1954~2002)

를[21] 종합, 분석하고 전쟁지도체제 발전과정에 있어서 분명한 차이를 보이는 시점을 기준으로 재해석하여 1948~1960년을 전쟁지도체제의 태동기로, 1961~1987년은 전쟁지도체제로의 성장기 그리고 1988~2008년을 전쟁지도체제의 전환기로 구분하였다.

즉, 1948년 정부수립부터 1960년까지는 북한에 비해 열세한 군사력 및 한국전쟁이라는 사활적 안보환경과 대통령의 대미의존적 안보관에 의해 의존형 전쟁지도체제가 태동되었다. 1961년부터 1987년까지는 경제발전에 의한 국력의 신장과 1968년 분쟁과 같은 위기적 안보환경이 박정희 대통령의 총력자주적 안보관과 결합하면서 총력형 전쟁지도체제로 성장하게 하였다. 이어 한국의 작전통제권 행사 참여를 위한 연합군사령부 창설을 통하여 총력·연합형 전쟁지도체제로 성장하였다. 그리고 1988년 이후에는 국력과 재래식 군사력의 우세와 북핵 위기에도 불구한 안정적 안보환경하에서 대통령들의 민주적 안보관의 영향으로 전쟁지도체제의 자주성이 강화되는 자주적 체제로 전환되었다.

· ·

로 구분하였으며, 작전권 변화에 관해서는 안광찬, 「헌법상 군사제도에 관한 연구: 한반도 작전지휘권을 중심으로」, 동국대 대학원 박사학위논문, 2003, 44~132쪽 ; 송재익, 「한국군의 작전통제권 변동요인에 관한 연구: 국제정치와 국내정치의 연계를 중심으로」, 한양대 대학원 박사학위논문, 2007, 57~102쪽에서는 공통적으로 한국전쟁이전(1948~1950), 유엔군사령관보유기(1950~1978), 한미연합사령관보유기(1978~1994), 평시작전권 환수기(1994년 이후)로 구분함.

21) 김기정·김순태, 「군사주권의 정체성과 한미동맹의 변화」, 『국방정책연구』 제24권 제1호, 2008, 9~34쪽에서는 주권의 정체성 변화에 주목하면서 자발위임형 군사주권시기(1953~1971), 과도기절충형 군사주권시기(1972~1987), 부분회복형 군사주권시기(1988~2002)로 구분하였으며, 이현우, 「안보동맹에서 약소국의 자주성에 관한 연구: 비대칭 한·미 동맹을 중심으로」, 명지대 대학원 박사학위논문, 2007, 1~289쪽에서는 자주성의 정도를 중심으로 미국에 의존(1945~1960), 자주역량 비축(1961~1987), 자주성의 강화(1988~2006)로 구분함.

이 연구의 방법론은 제 사회현상이 과학적 인과관계의 결과라는 데
에 기초한다.[22] 따라서 한국 전쟁지도체제의 발전과정도 역시 제반 요
인에 의해서 변화, 발전되었다는 인과적 논리에 바탕을 둔다. 과학적
지식의 특징인 객관성과 검증가능성 즉, 통칙을 도출하기 위해서는 실
험연구, 참여관찰, 설문조사, 이차자료 분석 및 사례분석, 통계분석과
비교분석 방법 등을 적용하여 연구할 수 있다.[23] 본 연구는 '사례분석
방법'[24] 중에서 단순사례분석을 적용함으로서 사례분석이 지니는 장
점인 그 사례에 대한 집중적인 조사를 통하여 궁극적으로 일반가설과
보편명제의 구축과 이론의 정립을 가능하게 하는 기초적인 사실의 확
인 및 분석을 지향한다.

위와 같은 연구는 다음과 같은 유의미성을 지닐 것이다. 첫째, 한국

· · · · · · · · · · · · · · · · · · · ·

[22] 김웅진과 김지희는 경험적 사회과학의 관점에 기초한 사회과학 연구의 특징을
'① 사회현상은 규칙적이고 반복적인 질서에 따라 움직인다는 존재론적인 가정
과, ② 이러한 가정에 기초한 인과형 가설의 경험적 검증이라는 분석절차를 통해
통칙화를 지향하며 ③ 도출된 통칙은 사회현상의 설명과 예측에 사용된다'라고
주장한다. 김웅진 · 김지희, 『비교사회 연구방법론: 비교정치, 비교행정, 지역연구
의 전략』, 한울, 2000, 12쪽 ; 지효근, 「동맹안보문화와 동맹결속력 변화: 한미동
맹 사례연구, 1968-2005」, 연세대 대학원 박사학위논문, 2006, 7~8쪽에서 재인용.
[23] 레이프하트는 비교분석방법을 실험, 통계분석, 사례분석방법과 함께 실험적 명
제를 정립하기 위한 기초 연구방법의 하나로 정의하였다. 아렌트 레이프하트(Arend
Lijphart), 「비교정치연구와 비교분석 방법」, 김웅진 · 박찬욱 · 신윤환 편역, 『비교
정치론 강의 I: 비교정치연구의 분석논리와 패러다임』, 한울, 1992, 24쪽 ; 김웅
진 · 이남영 · 김종표 · 정영국 · 박경산 · 조기숙 · 최진욱, 『정치학조사방법: 재미
있는 퍼즐풀기』, 명지사, 2004, 65~273쪽 참조.
[24] 사례분석에는 ① 단순사례분석(Atheoretical studies), ② 해석적 사례분석(Interpre
tative case studies), ③ 가설창출용 사례분석(Hypotheses-generating case studies),
④ 이론확증용 사례분석(Theory-confirming case studies), ⑤ 이론논박용 사례분석
(Theroy-infirming case studies), ⑥ 이례분석(Deviant case studies)이 있음. 김웅진 ·
박찬욱 · 신윤환 편역, 『비교정치론 강의 I: 비교정치연구의 분석논리와 패러다임』,
39~42쪽 참조.

전쟁지도체제의 발전과정의 분석을 시도한 첫 연구로서 발전과정 요인간의 인관관계 규명을 시도함으로써 보다 심화된 연구를 지원할 수 있다는 점이다. 이런 차원에서 이 연구가 전쟁과 평화를 다루는 정치학, 안보학, 국방학 혹은 군사학의 학문적 정립에 일조하기를 바란다.

둘째는 한국의 정부수립부터 참여정부까지 전쟁지도체제의 발전과정 전체를 다룸으로써 역사적 사실에 대한 분석을 통하여 현재와 미래에 대한 해석과 예측 및 이에 따른 준비를 가능하게 할 것이라는 점이다. 발전과정에서 분석된 전쟁지도체제의 유형변화 요인은 상황과 조건에 의해 다시 되풀이 될 수 있기 때문이다. 특히, 한국전쟁 발발과 같은 실패를 반복하지 않기 위해서는 무엇을 해야 되는 지를 식별할 수 있을 것이다.

셋째는 한국의 특수한 상황을 고려하여 연구함으로써 적실성 있는 발전방향을 제시할 수 있을 것이다. 급격한 국력의 신장, 대치하고 있는 위협 적국인 북한과 비대칭동맹관계 속에서 한국의 후견국가인 미국이라는 요소, 그리고 대통령의 특징적 안보관이 강하게 작용하는 특수한 상황은 보다 유용한 설명요소를 제공할 것이다.

이 연구에서 핵심적으로 분석하고자하는 내용은 한국의 전쟁지도체제 발전과정에서 결정적으로 영향을 미친 요인들과의 인과관계이다. 전쟁지도체제는 결정적인 요인에 의해서 특정한 유형의 전쟁지도체제로 형성 및 변화한다. 전쟁지도체제의 유형변화는 퇴보할 수 있지만 대부분의 경우 사회의 진화적 발전에 따라 발전되며 한국의 경우 안보환경과 대통령의 안보관에 의해서 결정되었음을 분석한다. 그리고 그 유형별로 나타나는 작전권 이양과 군사원조의 현상을 사실에 기초하여 시기적으로 비교, 분석하는 것이다.

이와 같은 관점으로 본 연구는 다양한 1, 2차 문헌자료에 대한 분석 결과를 근거로 하였다. 한국 주요 기관의 연구, 저작물 및 정기 간행물, 기관이나 개인의 발표자료, 연구보고서 및 정책을 담당했던 책임자들의 회고록이나 보도 등을 기초 자료로 하였다. 특히, 국방부나 외교부에서 이미 비밀에서 해제되어 공개된 자료와 외교사료관의 마이크로필름 및 국회도서관과 국립중앙도서관이 소장한 VTR 및 인터넷 자료 등을 망라하여 연구하였다.

전쟁지도체제의 구체적인 활동은 비밀에 의해 접근이 차단되어 있으며, 사실상 학문보다는 실무의 영역이다. 따라서 본 글에서는 그것을 다루지는 않으며, 다만 전쟁과 평화에 관한 정치와 군사의 관계, 안보환경과 대통령의 영향요인, 전쟁지도체제의 일반적 구성체들 간의 연계, 작전권과 군사원조 등 전쟁지도체제 현상의 문제 등에 집중하여 관련된 자료를 망라하여 결집하였다. 경우에 따라서는 2차 자료에서 원전을 추적하였고 일부 인사들과의 인터뷰나 일반기고문을 통해 사실 여부를 확인하였다.

위와 같은 연구방법을 적용하여 이 책은 다음과 같이 작성하였다. 제2장의 이론적 접근은 국가안보와 관련하여 전쟁지도체제의 정의, 구성 및 성격과 그 유형에 대한 개념을 정립하였다. 그리고 종속변수인 전쟁지도체제의 발전과 독립변수인 안보환경, 대통령의 안보관 그리고 종속변수의 현상인 작전권과 군사원조 간의 관계를 분석틀로 제시하였다.

제3장은 1948~1960년간 한국전쟁을 전후하여 태동한 전쟁지도체제를 분석하였다. 북한에 비해 열세한 군사력하에서 1949년 주한미군의 완전철수에 이은 1950년 북한의 전면남침에 따라 사활적 안보환경이

조성되었고 이승만 대통령의 대미의존적 안보관은 의존형 전쟁지도
체제를 태동시키고 서신으로 '작전지휘권'을 유엔군사령관에게 이양
하였다. 이승만 대통령은 휴전 이후에도 국가안보를 미국과의 상호방
위조약체결을 통하여 해결하고자 하였으며 한미합의의사록에 의해 '작
전통제권'을 계속 유엔군사령관에게 이양한 채 국방비의 절반 이상을
미국의 대한군사원조에 의존하였음을 분석하였다.

제4장에서는 1961~1987년간 위기적 안보환경 속에서 성장한 전쟁지
도체제를 분석하였다. 5·16군사혁명 이후 공업화 경제발전을 통하여
점차적으로 국력이 신장되었으며 중앙정보부, 합참, 안전보장회의 등
전쟁지도보좌 조직이 창설 및 정비되는 가운데 1968년에 조성된 북한
의 국지적 도발과 1971년 주한미군의 감축은 위기적 안보환경을 조성
하였고, 박정희 대통령의 자주국방 안보관은 예비군 창설 등으로 전쟁
지도체제를 성장하게 하였다. 그리고 작전통제권 행사에 대한 한국의
참여를 위한 노력은 주한미군 3단계 철수와 맞물리면서 한미연합사령
부를 창설시켜 연합형 전쟁지도체제로 발전하게 되었다. 5공화국 기
간에도 연합형 체제는 유지되었으며 이 기간 미국의 대한 군사원조액
은 대폭 감소하여 1970년대 말부터 국방비대비 비율이 한자리 수로 떨
어졌음을 제시하였다.

제5장에서는 1988~2008년간 탈냉전 및 민주화시대에 한국은 신장된
국력과 재래식 전력의 우세를 통해 한국 전쟁지도체제가 전환되는 것
을 분석하였다. 이 시기에는 북한의 핵개발에도 불구하고 1991년 남북
기본합의서 체결, 2000년과 2007년의 남북정상회담과 1991년과 2003년
두 차례의 주한미군 감축도 일부에 그침으로써 안정적 안보환경이 유
지되었다. 이와 더불어 노태우, 김영삼, 김대중, 노무현 대통령의 민주

적 안보관은 전쟁지도체제의 자주성을 강화하면서 자주적 체제로 전환시켰다. 이에 따라 1994년 '평시 작전통제권'을 환수하였으며, 2012년에는 '전시 작전통제권'을 한국 합참으로 전환할 것을 합의하였다. 또한 이 기간에는 미국의 대한군사원조는 사실상 소멸되었으며 오히려 방위비 분담과 미국 주도의 전쟁에 파병지원을 통한 군사원조 역전현상이 발생하였음을 분석하였다.

제6장 결론에서는 연구결과를 종합하고, 연구를 통하여 확인된 분석틀의 보완소요를 제시하였다. 또한 분석결과를 토대로 승전을 위한 한국 전쟁지도체제의 발전을 위해 이 연구가 주는 시사점 및 정책적 방향을 제시하였다.

제2장 전쟁지도체제에 대한 이론적 접근

제1절 전쟁지도체제의 주요 개념

1. 전쟁지도체제의 정의 및 기능

가. 전쟁, 전쟁지도, 전쟁지도체제

1) 전쟁

전쟁은 다양하게 정의되어 왔다. 그중에서도 손자(孫子)는 "전쟁은 국가의 중대한 일이다. 국민의 생사와 국가의 존망이 기로에 서게 되는 것이니 신중히 살피지 않으면 아니 된다.(兵者 國之大事 死生之地 存亡之道 不可不察也)"[1]라고 하여 전쟁을 국가의 중요한 일로 정의하면서 반드시 잘 살펴야 함을 강조하였다.

. . . .

[1] 노병천, 『도해 손자병법』, 한원, 1990, 26쪽.

서양에서는 전쟁에 관한 국제법상의 정전론(正戰論) 개념이 정립되어 왔다. 그로티우스(Hugo Grotius)는 "힘(force)을 통해 투쟁하는 싸우는(contending) 상태" 또는 "주권국가나 정부들 간에 행해지는 무장 적대행위의 상태(a state of armed hostility)"라고 주장했으며,[2] 라이트(Quincy Right)는 "전쟁이란 둘 또는 둘 이상의 적대적 그룹이 군대를 이용하여 평등하게 투쟁을 할 수 있게 하는 법적 상태"라고 정의하였다.[3] 사회학적 개념으로는 시세로(Cicero)가 간명하게 "힘을 통한 싸움"으로 사회과학사전에는 "인종적 집단이나 민족, 또는 국가 또는 정치집단 등의 여러 집단이 상호관계에 있어서 무력적으로 충돌하는 투쟁현상"이라고 기술하였다.[4] 또한 전쟁을 중심으로 역사를 기술하면서 몽고메리(Bernard Law Montgomery)는 "전쟁이란 경쟁관계에 있는 정치집단 간의 장기 무장 충돌을 의미한다. 전쟁에는 반란(insurrection)과 내란(civil war)이 포함되며, 개인적인 폭동인 폭력행위는 제외된다"[5]라고 하였다.

정치학에서는 전쟁의 주체가 정치적인 집단이며 전쟁의 목적이 정치적인 문제를 해결하려고 하는 점을 강조한다. 즉, 구영록은 "전쟁은 서로 다른 정치집단이나 주권국가 간의 정치적 갈등을 각기 상당한 규모의 군대를 동원하여 해결하려는 극한적인 군사적 대결을 지칭한다"[6]라고 주장하였다. 이러한 정치학적인 정의는 전쟁론의 저자 클라

2) 이재 외, 『한민족전쟁사 총론』, 교학연구사, 1995, 5~9쪽 참조.
3) Quincy Wright, A Study of War, Chicago: University of Chicago Press, 1942, pp. 5~7.
4) 이재 외, 『한민족전쟁사 총론』, 10~13쪽 참조.
5) 버나드 몽고메리(Bernard Law Montgomery) 저, 승영조 역, 『전쟁의 역사』, 책세상, 2007, 47쪽.
6) 구영록, 『인간과 전쟁』 법문사, 1994, 125쪽.

우제비츠(Carl von Clausewitz)의 전쟁에 관한 명제와 잘 연결된다. 즉 "전쟁의 원천적 동기인 정치적 목적은 군사적 행동을 통해 달성해야 할 군사적 목표는 물론 이에 요구되는 노력의 척도가 된다. … 이와 같이 전쟁은 정치적 행동일 뿐만 아니라, 진정한 정치적 도구이고 정치적 교류의 연속이며 다른 수단에 의한 정치적 교류의 실행이다"[7]라고 하여 클라우제비츠는 전쟁의 목적이 정치적인 문제를 해결하는 것일 뿐만 아니라 전쟁은 정치적 의지를 강요하는 도구이자 수단임을 밝혔다.

군사용어사전에서도 이와 유사하게 다음과 같이 세 가지로 전쟁의 정의를 내리고 있다. ①상호 대립하는 2개 이상의 국가 또는 이에 준하는 집단 간에 있어서 군사력을 비롯한 각종 수단을 행사하여 자기의 의지를 상대방에게 강요하려는 행위 또는 그러한 상태 ②주권을 가진 국가 간의 조직적인 무력투쟁 상태로서 선전포고와 더불어 개시되고 강화조약으로 무력투쟁이 종결될 때까지의 상태 ③국가의 생존이 달려 있는 국가목표를 달성하기 위한 전역(Campaigns)[8] 이상에서의 여러 가지 제반 전쟁에 관한 정의를 압축해서 표현하면 "국가, 혹은 국가임을 자처하는 집단들에 의해 지도되며 정치적인 목적을 위한 군사적인 대결을 그 수단으로 하는 폭력적인 상태"라고 재정의할 수 있다.

2) 전쟁지도

풀러는 그의 저서에서 "전쟁지도라는 것은 마치 의사의 진료행위가

---

[7] 클라우제비츠(Carl von Clausewitz) 저, 류제승 역, 『전쟁론』, 책세상, 1998, 43~55쪽.
[8] 합동참모본부, 『연합·합동작전 군사용어사전』, 합동참모본부, 2004, 385쪽.

그러하듯이 하나의 술(術)이다. 의사의 목적이 인체의 질병을 예방하고 병세를 호전시키는데 있는 것처럼 정치가와 군인의 목적도 전쟁이라는 질병을 예방, 치료, 경감시키는데 있어야 한다. 불행히도 이 목적은 인식되고 있지 않으며, … 전쟁지도는 아직도 연금술의 단계에 머무르고 있는 실정이다"9)라고 정의함으로써 전쟁이라는 해결해야 할 난제를 정치가와 군인이 다양한 방법으로 처리하는 술(術)로 보았다.

한편 이시하라(石原莞爾) 대좌는 "전쟁에 있어서 국력의 운용, 특히 전쟁수행시 무력의 행사와 무력행사 이외의 사항의 조화 즉, 전략과 정략의 조화 통일로 전승을 획득하는 것"10)이라고 정의하였다. 같은 맥락에서 일본 방위청에서도 전쟁수행을 위한 국력의 효율적 운용을 위한 통수권 행사와 조직적 지도기술임을 강조하였다.11)

국방대학교 안보관계용어집과 합동참모본부 연합·합동작전 군사용어사전에서도 일본 방위청의 국방관계용어집과 비슷하게 "전쟁지도란 전시에 있어서 국력운용에 관한 지표로서 전쟁수행을 위한 요강의 제정, 무력발동에 따르는 통수권의 행사와 국가전략과 군사전략의 통합 조정 및 효율적인 통제 등 궁극적인 전쟁목적을 달성하기 위하여 국가 총역량을 전승획득에 집중하도록 조직화하는 지도역량과 기술

----

9) J.F.C. Fuller, *The Conduct of War 1789-1961: A Study of the Impact of the French, Industrial, and Russian Revolutions on War and its Conduct*, New Brunswick: Rutgers University Press, 1961, p. 11.
10) 角田順 編, 『戰爭史論』, 東京: 原書房, 1986, 5쪽 ; 김희상, 『21세기 한국안보』, 전광, 2000, 128쪽에서 재인용.
11) "전쟁지도란 전시 국력 운용에 관한 지표로서 전쟁수행을 위한 요강의 제정 및 무력행사에 따르는 통수권의 행사와 정략 및 전략을 통합 조정하고 전쟁목적을 달성하기 위한 국가의 모든 능력을 조직화하여 전쟁을 승리로 이끌도록 하는 지도역량과 기술을 말한다." 국가안전보장회의 비상기획위원회, 「한국 전쟁지도체제의 발전방향」, 정책연구보고서 93-1, 국가안전보장회의, 1993, 12쪽에서 재인용.

을 말한다"12)라고 정의하고 있다. 따라서 전쟁지도는 "정치적 목적을 달성하기 위하여 전쟁을 지도하는 것이며 전승을 위해 군사작전을 중심으로 국가의 역량을 효율적으로 운영"하는 것을 의미한다.

3) 전쟁지도체제

전쟁지도체제란 전쟁을 지도하는 체계적인 제도로서 구성조직과 절차에 의해 움직이는 하나의 체계이면서 법규에 의해 제도화된 조직들의 연계이다. 통상 국민국가건설과 함께 대내외적 강압 수단으로서 형성되며13) 국가수반 즉, 군 통수권자를 중심으로 이를 보좌하는 안보, 국방, 군사 조직과 이를 운영하는 시스템으로 구성된다.

따라서 전쟁지도체제는 그 능력을 발휘하게 하는 국가의 정치체제와 깊은 관련이 있다. 전체주의나 독재국가는 민주주의 국가에 비해 단시간 내에 그 역량을 발휘할 수 있으나 반면에 융통성이 결여되기 쉽다. 이에 반해 자유민주주의 국가는 융통성은 발휘할 수 있으나 급박한 상황에서 신속한 능력을 발휘할 수 없는 측면이 있다.14) 그러므로 전쟁에서의 승리를 효과적으로 달성할 수 있는 지도 조직과 시스템을 갖추어야 하는 것이다.

이를 종합하여 전쟁지도체제를 재정의 하면 "정치적 목적인 전승을 달성하기 위하여 군사작전을 중심으로 국가의 역량을 효율적으로 운영하여 전쟁을 지도하는 국가의 체계적인 제도"라 할 수 있다.

12) 국방대학교, 『안보관계용어집』, 국방대학교, 2000, 112쪽 ; 합동참모본부, 『연합·합동작전 군사용어사전』, 387쪽.
13) Charles Tilly, *Coercion, Capital and European States, AD 990~1992*, Malden: Blackwell Published Ins., 2002, pp. 1~37 참조.
14) 육군교육사령부, 『전쟁지도 이론과 실제』, 육군교육사령부, 1991, 7쪽.

나. 전쟁지도체제와 안전보장 및 위기관리체제 개념 비교

전쟁지도체제는 일반적으로 전시에 전쟁에서의 승리라는 정치적인 목적을 달성하기 위하여 전쟁개시, 전쟁수행 및 전쟁종결의 전쟁수행 전 과정에서 국가적 지도역량을 발휘한다. 그것은 환자를 진단하는 것과 같이 당면한 전쟁을 정확히 이해하는 데에서 출발한다. 그리고 전쟁지도체제의 주요 구성체로서 정치가와 장군들은 국가의 자원과 역량을 집중하여 조직적으로 군사작전을 지원하고 지도하기 위하여 통일된 지휘체계에 의해 그들의 역량과 기술을 발휘한다.[15] 전쟁지도체제는 일반적으로 전쟁이 발발하면 국가전시체제로 전환하여 전쟁을 지도하지만 평시부터 각종 법규와 연습을 통하여 전쟁에 대비하며, 위기 시에도 전시체제로 전환을 위한 중간적 역할을 한다는 점에서 단순히 전시에만 적용하는 것은 아니다.

〈표 1〉 안전보장체제, 위기관리체제 및 전쟁지도체제의 구분[16]

구 분	안전보장체제	위기관리체제	전쟁지도체제
주요 상황	평시	위기시	전시
작동 목적	국가추구 가치의 보전, 국가이익 유지	위기의 예방과 최소화	전승 획득
체제의 역할 비교	국가 제반정책 종합 운용, 위협 대응	가용 수단 · 방법으로 원상회복 또는 개선	국가역량을 집중, 조직화하여 전쟁지도

----

15) J.F.C. Fuller, *The Conduct of War 1789-1961*, pp. 12 · 42~52.
16) 국방대학교, 『안전보장이론』, 국방대학교, 2006, 7~54쪽 ; 정춘일 외, 「국가위기관리 체계정비방안 연구」, 한국국방연구원 연구보고서, 1998, 39쪽을 김희상, 『21세기 한국안보』, 전광, 2000, 132~135쪽에서 재인용 ; 육군사관학교, 『국가안보론』, 박영사, 2001, 198~227쪽 ; 국방대학교, 『안보관계용어집』, 국방대학교, 2000, 13 · 89~90쪽 ; 합동참모본부, 『합동 · 연합작전 군사용어사전』, 30 · 62 · 387쪽 등 참조 구성.

전쟁지도체제와 관련된 안전보장체제와 위기관리체제를 비교하여
좀 더 분명하게 구분하여 요약하면 〈표 1〉과 같다. 안전보장체제는 주
로 평시 국가의 가치를 보전하고 이익을 유지하는 것을 목적으로 하는
체계적인 제도이다. 그리고 안전보장체제는 국가의 제반 정책을 종합
적으로 운용하여 위협에 대응하는 역할을 한다. 리프맨(Walter Lippmann)
은 "전쟁을 회피하기 위하여 정당한 이익을 희생시키지 않으며, 침략
을 당할 경우 전쟁을 통하여 이러한 이익을 계속 유지할 수 있을 때 안
전보장을 확보하는 것"[17]이라고 하여 전시에도 적용하는 개념으로 정
의하였다. 그러나 전쟁이 발발하면 안전보장체제보다는 전쟁지도체제
에 의해 모든 것이 결정된다. 특히, 침략을 받게 되는 순간 안전보장
은 실패한 것이며 국가가 추구하는 가치와 이익은 전쟁지도체제에 의
한 전승에 의해 달성되기 때문이다.

위기관리체제는 1962년 쿠바 미사일위기 이후부터 보편적으로 사용
된 개념으로서[18] 국가 간 갈등으로 인해 위기가 조성될 때 그것을 조
정, 통제 및 조치하여 분쟁이나 전쟁으로 나아가는 것을 예방하고 손
해를 최소화하는 체계적인 제도이다. 그리고 위기관리체제는 가용한
수단과 방법으로 위기 상황을 원상으로 회복시키고, 최소한 상황을 개
선하는 역할을 한다. 안전보장체제가 평시에 전쟁지도체제가 전시에
주로 작동한다면 위기관리체제는 이 중간적 시기에 한정적으로 작동
한다.

----

17) Walter Lippmann, U.S. *Foreign Policy: Shield of the Republic*, Boston: Little, 1943,
   p. 5 ; 백종천, 『국가방위론: 이론과 정책』, 박영사, 1985, 5~6쪽에서 재인용.
18) 정찬권, 「안보환경변화에 부합된 국가위기관리체계 발전방향」, 『합참』 제32호,
   2007, 98쪽 참조.

이와 같이 안전보장체제, 위기관리체제 및 전쟁지도체제는 유사하면서도 작동 상황과 목적이 다르며 그 역할도 상이하다. 다만, 평시의 안전보장체제가 위기 시에는 위기관리체제로 다시 전시에는 전쟁지도체제로 전환되며, 상황에 맞는 역할을 하게 된다. 따라서 각 개념은 해당 상황과 목적에 적합하게 적용되지만, 상호 연관성을 가지면서 다른 영역에까지 그 범위를 확장할 수도 있다.

1차 세계대전 이후 전쟁의 양상이 제한전에서 총력전으로 전환되면서 전쟁의 문제가 군사 분야에 한정되는 것에서 탈피하였다. 프랑스의 클레망소(Clemenceau) 수상이 "전쟁은 이제 너무 중요하기 때문에 장군들에게만 맡겨 놓아서는 안 된다"[19]고 했듯이 총력전은 군사뿐만 아니라 정치, 경제, 사회, 문화의 다양한 요소들을 조정, 통합하고 전승을 위해 국가의 제반 자원을 활용하는 조직적인 체제를 요구하게 되었다. 그리고 2차 세계대전을 계기로 전쟁지도체제는 현대적 정부 및 군사 조직을 중심으로 체계적인 제도로 형성되어 총력전에서 전승을 위한 역할을 담당하였다. 최근에는 첨단과학기술의 발달로 정규전, 비정규전, 테러전은 물론 핵·우주·사이버전, 네트워크전과 같이 빠르게 전쟁양상이 변화하면서 안전보장, 위기관리와 전쟁지도의 개념 구분을 무색하게 하고 있다.

다. 전쟁지도체제의 기능

전쟁지도체제가 정치와 군사의 관계를 통해서 다루어져야 하는 이

---

19) 엘리엇 코언(Eliot A. Cohen) 저, 이진우 역, 『최고사령부: 전쟁을 승리로 이끈 위대한 정치지도자의 리더십』, 가산출판사, 2002, 6·99쪽.

유는 클라우제비츠의 "한마디로 전쟁술의 최고의 영역은 정치이다. … 국가의 정부들이 즐겨하는 것처럼 전쟁계획의 수립 시 순수하게 군인들로부터 군사적 조언만을 요구하는 것은 불합리한 방법이다. 그러나 더욱 불합리한 것은 전쟁 계획 또는 전력 계획을 순수하게 군사적 관점으로 수립하도록 모든 사용 가능한 수단을 야전사령관의 권한에 맡겨야 한다는 이론가들의 요구이다"[20]라고 한 사유에서 찾을 수 있다.

그러므로 전쟁지도체제의 핵심적인 기능은 정치적 목적 달성을 위해 전쟁을 승리로 이끌어 나가는 것이며, 국가적 역량을 조정 통제하고 지휘체계를 통해 군사력을 움직이는 것이다. 따라서 전쟁지도체제는 전쟁의 목적을 설정하고 전쟁의 요강을 제정하며 통수권을 행사하고 국가 및 군사전략을 통합, 조정, 통제하는 기능을 수행한다.[21] 그리고 전쟁지도체제는 평시, 전쟁긴박기, 전쟁개시기, 전쟁수행기, 전쟁종결기에 따라 전승을 위한 국가 역량을 운영하여 전쟁을 지도한다.

평시에는 위협에 따른 전쟁 계획을 수립하고 연습을 통해 전쟁수행 능력과 그 수준을 향상한다. 전쟁을 대비하는 계획은 결국 국가 대전략 혹은 장기적 국가 및 군사전략의 수립이며 효율적인 전쟁지도체제를 확립하여 전·평시 연계성을 유지하는 것이다. 전쟁긴박기에는 개전여부를 결정하고 전쟁준비태세를 재점검하며 동맹국과의 결속을 증대하고 적국을 고립하기 위한 외교적 노력과 주도권 확보를 위한 대책을 강구한다.

전쟁개시기에는 전쟁의 정치적 목적과 군사적 목표를 결정하여 준

20) 클라우제비츠 저, 류제승 역, 『전쟁론』, 414~415쪽.
21) 김영일, 「한국의 전쟁지도체제 발전방향」, 국방대학교 안보문제연구소 정책연구 보고서 84-16, 1984.12, 23쪽.

비태세의 격상을 통해 군사작전을 준비하며, 동원령 및 계엄령과 전쟁
선포를 통해 전시체제로 전환을 결정한다. 전쟁수행기에는 군사작전
을 지도하며 전쟁자원의 동원, 사회적인 안정을 통하여 군사작전의 승
리를 지원하고 국가적인 전의를 고양시킨다. 그리고 전쟁 승리를 위
한 전시 외교활동도 지도한다. 전쟁종결기에는 종전의 시기와 방법을
결정하고 강화를 지도하며 종전 후에는 신속한 전후처리와 전후복구
를 지도한다.[22]

2. 전쟁지도체제의 구조와 특성

가. 전쟁지도체제의 구조

전쟁지도체제는 핵심 구성단위와 관련 구성단위의 연계로 조직화
된다. 법규에 의한 공식적인 연계체라는 구조상의 특징이 있다. 전쟁을
통해 사적인 이익을 추구하는 '군산복합체'[23]가 비공식적인 연계체인
반면 전쟁지도체제는 전쟁을 통한 공적인 이익 즉, 전승을 추구하는 공
식적인 연계체이다. 핵심 구성단위는 대통령의 통수권을 직접 보좌하
거나 그 통수권을 군령 혹은 군정 분야에서 보좌하고 군사작전을 지
도하기 위해 통수권이 전이된 작전권을 직접 행사하는 조직을 포함한
다. 관련 구성단위는 통수권을 간접적으로 보좌하는 조직과 핵심 구

22) 酒井鎬次,『戰爭指導の 實際』, 東京: 改造社, 1944, 8~26쪽 ; 김희상,『21세기 한국
안보』, 143~190쪽 ; 남명렬,「전쟁 종결기의 전쟁지도 발전방향 연구」, 육군대학
전문과정 연구보고서, 2002, 1~48쪽 참조.
23) 김정기,「한국 군산복합체의 생성과 변화: 탈냉전기 방위산업 정책의 구조적 대
안을 위하여」, 연세대 대학원 석사학위논문, 1995, 8~16쪽 참조.

성단위를 지원하는 조직을 포함한다.

핵심 구성단위로는 국가원수인 대통령과 국가안전보장에 관련되는
대외정책, 군사정책 및 국내정책의 수립에 관하여 대통령의 자문에 응
하는 국가안전보장회의를 들 수 있다. 안전보장회의는 전시체제로 전
환되면 대통령의 전쟁지도를 직접보좌하기 때문이다. 한국은 1963년
12월 국가안전보장회의법이 제정되어 대통령의 자문기관으로 안전보
장회의를 설치하였다. 의장인 대통령과 국무총리, 통일부장관, 외교통
상부장관, 국방부장관, 국가정보원장 및 약간의 위원으로 구성하며 필
요할 경우 의장이 관계부처의 장, 합참의장 기타 관계자를 회의에 출
석하여 발언하게 할 수 있다.[24]

그 외에 전쟁지도체제의 핵심 구성단위로는 전쟁에 관하여 행정부
의 주무 임무를 수행하는 국방부, 군령기관으로서 합참 및 군정을 보
좌하는 각군 본부 그리고 작전권을 직접 행사하는 전역사령부를 들 수
있다. 여기서 전역사령부는 국가별로 명칭이 상이할 수 있으며, 미군의
경우에는 지역별 전구사령부(combatant command)로 대륙국가에서는
군구사령부로 불리며 해당지역에 대한 전승을 책임지는 사령부이다.

관련 구성단위로는 국가의 최고의결 기구인 국무회의를 비롯하여
국가의 자원을 동원하기 위한 국무총리 산하의 비상기획위원회와 정

---

[24] 「국가안전보장회의법」, 법률 제8874호(2008.2.29 일부개정), 『국회법률지식정보
시스템』, http://likms.assembly.go.kr/law/jsp/main.jsp., 미국의 경우도 국가안보회
의(NSC: National Security Council)는 대통령의 조직으로서 1947년 국가안보법
(NSA: National Security Act)에 근거하여 출범하여 부통령, 국무, 국방, 재무장관,
CIA국장, 합참의장, UN대사, 안보특보 등이 참여하여 실질적으로 전쟁을 지도한
다. 길병옥, 「미국 국가안보회의(NSC) 운영사례 연구」, 『국가전략』제6권 2호, 2000,
99~122쪽.

부의 전시계획인 충무계획의 주무를 담당하는 행정자치부를 포함하여
전시 운영되는 정부 각 부처와 안전보장회의에 참가하는 국가정보원
등을 들 수 있다. 그리고 그 외에도 분야별 전시지원 및 통제를 담당
하는 각종 기구를 포함한다.

나. 전쟁지도체제의 특성

전쟁지도체제는 단일 조직에 의해 이뤄지는 것이 아니며 법규에 의
해 전쟁지도에 관한 업무를 연계하여 수행하기 때문에 그 성격을 단
언하기는 어렵다. 그러나 공통점을 중심으로 살펴보면 국가의 공식적
제도로서 전쟁에서 승리를 목적으로 하기 때문에 국가이념 지향의 강
한 정체성을 가진다. 또한 대통령의 통수권이 지휘계통에 의해 작전
권으로 행사되어 조직 전반에 영향을 미치게 되므로 통일된 일체감과
신속성을 가진다. 전쟁지도체제 구성과 성격을 '관련 구성단위'와 '핵
심 구성단위'로 구분하여 종합하면 〈표 2〉와 같다.

〈표 2〉 전쟁지도체제의 구조 및 특성[25]

구 분		핵심 구성단위	관련 구성단위
조직 / 기구		· 대통령 · 안전보장회의 · 국방부 · 합참 · 각군 본부 · 전구사령부	· 국무회의 · 비상기획위원회 · 정부 부처 · 국가정보원 · 기타 지원 및 통제기구
성격	일체감 · 신속성	상대적 높음	상대적 낮음
	연계 동기 / 정도	법규, 국가생존 / 상대적 높음	법규, 국가생존 / 상대적 낮음
	정부정치 현상	상대적 낮음	상대적 높음
	자원확보 노력	상대적 높음	상대적 낮음

25) 민병천, 「전쟁지도기구에 관한 고찰」, 『국방연구』 제27호, 1969, 109~154쪽 ; 이영

전쟁지도체제 구성단위 간의 근본적인 연계 동기는 전쟁이라는 상
황에 대비하여 사전에 법규로서 명시된 과업을 수행하는 것이다. 그
리고 그 국가조직의 근본 동기는 전승을 통한 국가의 생존을 목적으
로 한다. 전쟁지도체제는 대내외적 자원을 최대한 확보하여 전시에는
전쟁수행에, 평시에는 전쟁준비에 투입한다. 특히, 군비의 국내재원
조달로 전쟁대비가 제한되면 동맹국의 군사원조를 요청하기도 한다.

관련 구성단위는 핵심 구성단위와 그 성격은 유사하지만 성격상 정
도의 차이가 존재한다. 즉, 핵심구성체보다 상대적으로 느슨한 조직적
연계성을 지니며 상이한 지휘계통에 의해 일체감과 신속성도 저하될
수 있다. 또한 국가적 생존이라는 근본 동기는 일치하지만 전쟁이 길
어지고 위기감이 떨어지면 "관료적 정부정치"[26] 현상이 나타날 수도
있다. 따라서 전쟁자원을 확보하기 위한 노력도 상대적으로 낮아질
수 있다.

특이한 점은 전쟁지도체제의 핵심 구성단위에서 나타나는 강한 이
념적 정체성, 높은 일체감과 신속성, 생존 동기 그리고 전쟁을 위해 대
내외의 자원 확보를 추구하는 성격은 전승을 위한 지휘의 통일, 시간
절약 및 전력의 집중을 가능하게 한다. 이런 전쟁지도체제의 전승 직
결적 성격은 단기결전으로 전쟁이 종결되는 한국과 같은 제한된 국력
을 지닌 나라들에서 대두되는 "전쟁지도필수론(戰爭指導必須論)"[27]의

석,「전쟁지도기구와 지휘체계의 발전을 위한 연구」, 81~83쪽 ; 김영일,「한국의
전쟁지도체제 발전방향」, 50~80쪽 ; 국가안전보장회의 비상기획위원회,「한국 전
쟁지도체제의 발전방향」, 55~88쪽 참조 구성.

[26] Graham Allison and Philip Zelikow, *Essence of Decision: Explaining the Cuban Missile Crisis*, 2nd ed., New York: Addison Wesley Longman Inc., 1999, pp. 225~324 참조.

배경이 되기도 한다.

한편, 전쟁지도체제는 전력에서 적국과의 상대적인 우위를 달성하기 위한 경쟁으로 상호 위협을 창출하게 되며 군비경쟁을 유발하기도 한다.[28] 또한 민주적 문민통제에 의해 제어되지 않을 경우 평시에도 전쟁준비에 지나치게 자원을 집중하고, 전쟁수행 시에는 정치적 목적 달성보다는 군사적 승리에 경도될 수 있다.[29] 이와 같은 전쟁지도 체제의 부정적 성격은 문민통제가 방해받을 수 있다는 우려와 함께 "전쟁지도무용론(戰爭指導無用論)"[30]의 빌미를 제공하기도 한다.

제2절 전쟁지도체제의 유형분류

전쟁지도체제의 유형은 전쟁지도의 구분 기준에 따라 상이하게 분류된다. 즉, 정치와 군사관계에서 문민통제에 의한 구분과 국력의 중심요소별 구분이 있으며, 한국과 같이 특수한 비대칭동맹관계에 있어서 나타나는 후견국가에 대한 피후견국가의 의존과 자주성의 정도에 따라 구분이 가능하다.

. . . .

27) 김영일, 「한국의 전쟁지도체제 발전방향」, 4쪽.
28) 위협에 대한 두려움으로 인해 경쟁의 딜레마를 통해 정치, 경제, 문화적 가치를 지키기 위하여 국방이 발전한다고 한 Barry Buzan, *People, States & Fear: An Agenda for International Security Studies in the Post-Cold War Era*, 2nd ed., Colchester: ECPR Press, 2007, pp. 221~228 참조.
29) 차기준, 『전쟁지도와 군사작전』, 육군교육사령부, 1998, 103~140쪽 참조.
30) 김영일, 「한국의 전쟁지도체제 발전방향」, 3쪽.

1. 국력의 중심요소

국력의 중심요소에 의해 전쟁지도체제를 구분하는 것은 전쟁양상의 변화를 고려하여 전쟁수행을 위하여 투입하는 국력의 중심이 되는 요소를 기준으로 한다. 전쟁을 수행하는 국력의 중심이 군사력 즉, 무력에 있으면 무력중심형(武力中心型), 정치·경제·사회·문화 등 국가의 총체적 힘을 투입하면 국가총력전형(國家總力戰型), 국민적 사상을 중심으로 추구하는 국가이념이 전쟁 승리의 중심으로 작용하면 사상전형(思想戰型)으로 구분된다.[31] 국력의 중심요소에 따른 전쟁지도체제의 유형들은 전시 대내적 체제의 안정과 결속력을 유지하면서 대외적으로 국력과 군사력을 사용하는 총체적 국가지배력 즉, 권력의 속성을 지니기 때문에[32] 정치·사회경제 발전과 밀접한 관련성을 가진다.

따라서 오간스키(A.F.K. Organski)가 주장한 평등화(equality), 능력(capacity)의 증대, 분화(differentiation) 및 전문화를 지향하는 발전 증후군하에서 ①초기통일의 정치 ②공업화의 정치 ③국민복지의 정치 ④풍부의 정치라는 4단계의 정치발전과 유사한 맥락을 가진다.[33] 즉, 전쟁의 양상이 제한전, 총력전, 사상전 및 첨단복합전으로 발전하면서 전쟁지도체제는 무력중심형, 국가총력전형, 사상전형을 거쳐 새로운 유형의 전쟁지도체제로 발전하고 있으며, 정치발전은 초기통일,[34] 공

---

[31] 육군교육사령부, 『전쟁지도 이론과 실제』, 8~9쪽.
[32] 함택영, 『국가안보의 정치경제학』, 법문사, 1998, p. X 참조.
[33] Lucian W. Pye, *Aspects of Political Development*, Boston and Toronto: Little, Brown & Co., 1966, pp. 33~45와 A.F.K. Organski, *The Stages of Political Development*, New York: Alfred A. Knopf, 1967를 이극찬, 『정치학』 제5판, 법문사, 1994, 579~588쪽에서 재인용.

업화, 국민복지의 단계로 진행되었기 때문이다. 따라서 전쟁양상과 전
쟁지도체제 그리고 정치발전 단계를 사회경제, 과학기술의 발달과 함
께 새롭게 해석할 필요가 있으며 〈표 3〉에서와 같이 풍요의 정치발전
단계에 첨단복합전 양상에 대한 전쟁지도체제의 유형을 정립하는 데
시사점을 제공할 수 있다.

〈표 3〉 전쟁양상과 국력의 중심요소로 본 전쟁지도체제 유형[35]

전쟁양상	전쟁에 투입되는 국력의 중심	전쟁지도체제 유형	비 고 (정치발전 단계)
제한전	무력(군사력)	무력중심형	초기통일
총력전	국가총력	국가총력전형	공업화
사상전, 냉전	사상(이념)	사상전형	국민복지
첨단복합전	무력, 총력, 사상 + 지식정보, 과학기술	첨단복합전형	풍부

　　무력중심형은 무력과 군사작전을 중심으로 전쟁을 지도하는 체제
로서 주로 산업화 이전에 있었던 체제이다. 따라서 르네상스 시대까
지 서구유럽국가들은 기마봉신군(騎馬封臣軍), 보병군, 국왕직속의 친

34) "국민국가를 형성하는 필수적인 요소가 강압과 자본의 축적으로서 강압의 핵심
　　은 무장한 군사력이다"라고 주장한 틸리(Charles Tilly) 저, 이향순 역, 『국민국가
　　의 형성과 계보』, 학문과 사상사, 1994, 1~26쪽 ; Charles Tilly, "War making and
　　State making as Organized Crime," Perter B. Evans, Dietrich Rueschemeyer, and
　　Theda Skocpol, *Bring the State Back in*, New York: Cambridge University Press, 1989,
　　p. 181 참조.
35) 육군교육사령부, 『전쟁지도 이론과 실제』, 8~9쪽 ; 차기준, 『전쟁지도와 군사작전』,
　　41~48쪽 ; 앨빈 토플러 · 하이디 토플러 공저, 이계행 역, 『전쟁과 반전쟁』, 한국
　　경제신문사, 1994 ; A.F.K. Organski, *The Stages of Political Development*, New
　　York: Alfred A. Knopf, 1967 ; 이극찬, 『정치학』 제5판, 법문사, 1994, 579~588쪽 ;
　　이태공, 『NCW 이론과 응용』, 홍릉과학출판사, 2008 등을 참조 구성.

위군이 공존하면서 용병에 의한 제한전쟁을 수행한 시기이다. 이후 나폴레옹과 마키아벨리(Niccolo Machiavelli)의 국민병제를 거쳐 스웨덴의 구스타프 아돌프(Gustav Adolf)의 군제개혁으로 이어지면서 무력중심의 상비군체제가 등장했다. 프랑스의 루이 14세(Louis XIV) 당시에는 르 테리에(M. Le Tellier)와 르보아(M. Leuvois)가 중앙집권적 상비군체제를 구축했다.36) 따라서 점차 서구유럽에 내셔널리즘이 등장하게 되었고 봉건제후국이 국민국가로 재편되었다. 따라서 초기통일의 정치발전 단계에 강제력의 수단인 무력을 독점한 국가에 의해 무력중심형 전쟁지도체제가 형성되었다.

국가총력전형은 전쟁수행체제가 루덴도르프에 의해 주창된 국력의 제요소를 총동원하는 전쟁형태인 국가총력전체제로 전환한 데에서 기인하였다. 그리고 산업혁명에 의한 공업화 정치발전 단계로 진입하면서 식민지 쟁탈 경쟁, 과학기술의 발전에 따른 전차와 항공기의 등장 그리고 전격전(Blitzkrieg)과 같은 전술의 발전은 1, 2차 세계대전으로 이어지면서 국가총력전의 극치를 이뤘다.37) 국가총력전형 전쟁지도체제의 등장으로 국민국가의 존망을 가리는 전쟁지도를 국가전략적으로 숙고해야 함을 상기시켰다.

사상전형이 출발한 것은 공산사회주의혁명 이후부터이다. 사상을 국력의 핵심요소로 체계화하고 군 조직에서 사상성을 강화하기 위한 공산당 조직이 뿌리를 내리면서 사상전형 전쟁지도체제가 등장한 것

36) 이노구치 구니코(猪口邦子) 저, 김진호·김순임 역, 『전쟁과 평화』, 대왕사, 2009, 52~57쪽 참조.
37) Hew Strachan, *European Armies and the Conduct of War*, London: George Allen & Unwin Publishers Ltd, 1983.

이다. 또한 라디오·신문 등 매스미디어의 발달로 전쟁에서의 심리적
요소의 중요성이 증대되었고 히틀러도 이를 선전선동의 도구로 활용
하였다. 프랑켈은 "공산주의자가 맨 처음, 이어서 나치가 엄청난 경비
가 드는 선전기관을 만들어냈다"[38]고 하였듯이 사상전형 전쟁지도체
제는 대내외적 전쟁심리를 국력의 중심으로 전쟁에 활용하였다.

사상전형은 이러한 부정적인 측면의 출발에도 불구하고, 냉전시대
에 국민 복지를 가져다주는 것이 공산경제인지, 자유시장경제인지에
대한 논쟁을 가열시켰고 텔레비전, 위성통신 등 전파매체 수단이 발달
하면서 더욱 영향력을 발휘하는 전쟁지도체제 유형으로 정립되었다.
최근에는 걸프전쟁과 이라크 및 아프가니스탄전쟁에서 보았듯이 종
교, 인권, 민주주의에 대한 신념에 이르기까지 사상의 범위가 이념과
가치의 영역으로 확대되었다. 또한 전쟁에 있어서 군사적 명예의 문
제도[39] 전쟁수행을 위한 국력의 중심요소로서 사상의 중요성을 예증
한다.

사상전형 이후의 전쟁지도체제에 대한 명명은 지금까지 없었다. 현
실로 다가온 풍부의 정치단계에 다양한 전쟁의 양상과 전쟁지도체제
에 대한 새로운 규명이 필요한 것이다. 앨빈 토플러(Alvin Toffler)는 제
3물결에서 전쟁을 기술과 서비스혁명으로 정의하고 미래에는 반전쟁
에 기반한 지식무사들이 등장할 것으로 예측했다.[40] 기존의 3차원 전

----

38) 이노구치 구니코(猪口邦子) 저, 김진호·김순임 역, 『전쟁과 평화』, 101쪽.
39) Paul Robison, *Military Honour and the Conduct of War: From Ancient Greece to Iraq*, London and New York: Routledge, 2006.
40) 제1물결 전쟁을 농업혁명으로 제2물결 전쟁을 산업혁명으로 그리고 현재가 된 제3물결에서는 "과거의 전쟁이 장군들에게만 맡겨 두기에는 너무 중요한 것이었지만, 오늘날의 전쟁은 무지산 사람들-군복을 입었건 입지 않았건 군인에게만

쟁에서 우주와 사이버 공간까지 합쳐진 5차원 전쟁으로 군사발전이 급속히 진행되고 있으며,[41] 지식정보를 기반으로 세계화, 전문화된 안보문제를 공유하기 위한 노력들이 전개되고 있다.[42] 풍요의 정치단계에 전쟁은 분야별 전문성이 증대되면서도 통합을 위한 상호운용성을 추구하고, 그 요구되는 능력은 더욱 세분화하는 특징을 가지고 있다.

따라서 전쟁지도는 정치적 목적을 달성하기 위한 군사적 목표가 주어지면 이를 확보하기 위하여 가장 효율적이고 효과적인 방법으로 그 목표를 달성해야 하는 전쟁의 본질적 특성에 주목해야 한다. 전쟁에서 달성하고자 하는 정치적 목적에 부합한 목표, 임무 및 과업을 할당하고 그것을 달성하는 데 요구되는 능력이 무엇인지를 식별하여 전쟁을 준비해야 하는[43] 첨단 과학기술이 결합한 복잡한 네트워크 전쟁단계이기 때문이다.[44]

그러므로 이제 전쟁지도체제는 군 통수권자를 중심으로 정보지식화, 과학기술화, 전문화, 네트워크 및 세계화된 안보문제를 종합적으로 판단하여 정치적 목적을 달성할 수 있도록 리더십, 조직 및 시스템을 갖출 것을 요구하고 있다. 전쟁양상이 해당 전쟁의 목적 달성을 위

맡겨두기에는 너무 중요하다." 앨빈 토플러 · 하이디 토플러 공저, 이계행 역,『전쟁과 반전쟁』, 26쪽.

[41] James F. Dunnigan, *How to Make War: A Comprehensive Guide to Modern Warfare in the 21th Century* 4th ed, New York: Harper Collins Publishers, 2003, pp. 363~411 참조.

[42] 박인휘,「정책지식 네트워크의 세계정치: 외교안보 싱크탱크의 사례」,『세계정치』 29집 1호, 2008, 117~150쪽 참조.

[43] 능력개념과 관련해서는 US DoD, *Joint Defense Capability Study*, Final Report, 2003 ; US JCS, *Universal Joint Task List Policy and Guidance*, CJCSI 3500E, 2008 참조.

[44] 네트워크전에 대해서는 이태공,『NCW 이론과 응용』, 홍릉과학출판사, 2008 참조.

하여 무력, 국가총력, 사상력에 추가하여 첨단지식 및 과학기술이 복합적으로 투입되는 것으로 변화하고 있으며 따라서 전쟁지도체제의 유형도 일종의 "첨단복합전형"으로 변화하고 있는 것이다.

그러나 지속적으로 변화하는 전쟁지도체제의 유형은 시대에 관계없이 등장할 수 있으며 그 유형은 상호보완적일 수 있고, 상황에 따라 구성 조직이 보강되거나 축소 또는 내부적으로 변화될 수도 있다. 다만, 전쟁수행을 위하여 중심이 되는 국력이 무엇이고 그 중심 국력 요소를 전쟁 승리를 위하여 효과적으로 사용할 수 있도록 전쟁을 지도하는 체제로 계속 진화, 발전하는 것이다.

전쟁준비가 국가를 강화하는 지 불안정하게 하는 지는 논란의 여지가 있지만[45] 틸리의 거시적 전쟁-국가건설이론은 발전에 대한 비판론이나 위기론에도 불구하고[46] "국가가 스스로 경제발전을 추구하며, 다시 경제가 발전된 국가들은 정치도 발전한다"[47]라는 발전론의 명제에 주목할 필요가 있다. 전쟁의 양상은 변증법적 발전의 일환으로 진화하고 있는 것이다. 그러므로 전쟁이라는 상황에서 국가들은 적국과의 경쟁을 통해 생존과 승리를 추구하기 때문에 전쟁의 양상이 발전함에 따라 전쟁을 지도하는 체제도 발전하게 되는 것이다.

45) Yoon Tae-Ryong, "Revisiting Tilly's Thesis: Is War Still Useful for State-making and State-consolidation?," The Korea Journal of International Relations, vol. 48, no. 5, 2008, p. 18 참조.
46) 대표적 비판론인 종속이론에 관해서는 김호진, 「종속이론의 비판적 고찰」, 『한국정치학회보』 제18집, 1984, 95~113쪽, 발전국가의 위기론에 관해서는 윤상우, 「동아시아 발전국가의 위기와 재편: 한국과 대만 비교연구」, 고려대학교 대학원 박사학위논문, 2002, 46~49쪽 참조.
47) 발전국가에 관해서는 박은홍, 「발전국가론 재검토: 이론의 기원, 구조, 그리고 한계」, 『국제정치논총』 제39집 3호, 1999, 117~134쪽 참조.

2. 정치와 군사관계

정치와 군사관계인 민군관계에서 문민통제의 정도를 기준으로 전쟁지도체제의 유형을 문무일체형(文武一體型), 문무경쟁형(文武競爭型), 문민통제형(文民統制型)으로 구분한다.[48] 문무일체형은 알렉산더대왕이나 나폴레옹처럼 군인 겸 정치가에 의한 일인 독재에 의해 전쟁지도가 이뤄지는 것으로서 근대 이전 전제군주국가 및 구소련이나 현재의 북한 등 일부 사회주의국가에 존재하는 일명 독재형(獨裁型)이다. 군사적 천재성을 지닌 군주나 독재자의 지도에 의해서 국가의 전쟁이 지도되기 때문이다.

문무경쟁형은 1차 세계대전 시 독일과 2차 세계대전 시 일본의 경우처럼 독일군참모본부 혹은 제국주의 일본의 대본영이 독립적인 권한을 가지고 일반 국무를 담당하는 정부와 경쟁했던 형태이다. 일명 독립형(獨立型)으로 군사를 정치적 통제에서 독립시켜 이원화한 체제로 이 경우 통상 문무경쟁의 결과로서 군사우위 혹은 문민우위가 형성된다. 특히, 군사우위가 나타나면 군국주의 혹은 군사독재로 변질되어 전쟁지도체제의 부정적 성격으로 이어진다.

문민통제형은 군을 정치권력에서 배제하고 문민인 정치에 의해 군사문제를 통제하는 체제로서 전시에 문민 대통령이 삼권을 장악하여 전쟁을 지도한다. 현재 대부분의 자유민주국가에서 나타나는 일명 민주적 대원수형(大元帥型)이다. 그러나 정치와 군사의 관계에서 정통성을 가진 문민정부가 군사문제를 전적으로 통제할 경우, 호전적인 문

---

48) 육군교육사령부, 『전쟁지도 이론과 실제』, 8쪽 ; 차기준, 『전쟁지도와 군사작전』, 41~48쪽 참조.

민에 의해 군사문제가 일방적으로 좌우되는 주관적 문민통제로 변질될 수 있다. 예를 들면 히틀러의 나치독일이 일으킨 2차 세계대전과 같이 그 폐해가 심각할 수 있다. 따라서 이 유형은 호전적이지 않은 자유민주주의 문민정부에서 군이 높은 수준의 군사직업주의를 구축한 상태에서 정치권력을 추구하지 않는 것을 전제로 한 객관적 문민통제를 의미한다.[49]

한편 쿠데타에 의한 군부권위주의체제하에서 민군관계와 전쟁지도체제의 유형에 대해서는 좀 더 논의가 필요하다. 파이(Lucian W. Pye)는 신생국 군대는 전통적인 관습이 보다 더 서구화된 이념과 관습으로 변모되어 가는 과정에서 결정적인 역할을 한다고 주장하였다.[50] 산업화와 함께 진행되는 민족주의의 영향으로 군부가 정치에 개입하는 현상을 일반화하여 정당화한 것이다.

그러나 발전도상국가들에 있어서 정상적인 민군관계가 광범위한 정치개입현상으로 변질되는 것을 푸트남(Robert D. Putnam), 피너(S. E.

49) 헌팅턴(Samuel P. Huntington)은 민군관계의 유형을 군사직업주의를 중심으로 ① 반군적 이념, 강한 군의 정치권력, 낮은 수준의 군사직업주의(1959년 저술 당시 근동 및 남미) ②반군적 이념, 군의 약한 정치권력, 낮은 수준의 군사직업주의(2 차대전 중 독일) ③반군적 이념, 군의 약한 정치권력, 높은 수준의 군사직업주의 (남북전쟁 후부터 2차대전 초기까지 미국) ④친군적 이념, 군의 강한 정치권력, 높은 수준의 군사직업주의(비스마르크-몰트케시대 프러시아독일) ⑤친군적 이념, 군의 약한 정치권력, 높은 수준의 군사직업주의(20세기 영국)로 분류함. 헌팅턴(Samuel P. Huntington) 저, 강창구·송태균 공역, 『군인과 국가』, 병학사, 1980, 85~131쪽 참조.
50) 스테인(Harold Stein)이 정의한 대외정책결정이 군인지도자와 민간정치가 사이에서 협력으로 이루어지는 관계를 말함, Lucian W. Pye, "Armies in the Process of Political Modernization," in J.J. Johnson ed., The Role of the Military in Underdevelopment Countries, Princeton University Press, 1962, p. 80 ; 이극찬, 『정치학』, 635쪽에서 재인용.

Finer), 자노비츠(M. Janowitz), 파웰(John Duncan Powell) 등은 부패국가(praetorianism)로 정의하고 로마시대 친위대의 쿠데타와 같은 현상임을 경고하였다.[51] 따라서 쿠데타와 이에 따른 군부통치는 문민으로 전환하여 군복을 벗고 군을 통제하게 되므로 변질된 주관적 문민통제의 유형으로 볼 수도 있다. 그러나 쿠데타라는 태생적 권력획득 경로에 의해 군을 통제하고 지도한다는 점에서 문무일체형 전쟁지도체제로 분류될 수 있다.

3. 의존과 자주성

전쟁은 국가, 혹은 국가임을 자처하는 집단들 간의 군사적인 대결을 그 수단으로 하는 폭력적인 상태로서 여러 국가의 동맹관계에 의해서 다국적 전쟁 혹은 세계대전으로 발전할 수 있다. 특히, 강대국과 약소국의 군사동맹관계에서 나타나는 비대칭성은 약소국의 강대국 의존현상으로 인해 자주성에 제한을 가져온다. 전쟁을 지도하는 체제도 여기에 영향을 받을 수밖에 없으므로 전쟁지도체제의 유형을 의존과 자주성의 정도를 기준으로 분류할 수 있다.

로스테인(Robert L. Rothstein)은 약소국을 "자국의 능력만으로 안보를 확보할 수 없으며, 다른 국가, 제도, 과정 등의 지원에 의존해야 한다고 스스로 인정하고 또한 다른 국가들에 의해서 인식되는 국가"[52]라

[51] 한용원, 『군사발전론』, 60~68쪽 참조.

[52] Robert L. Rothstein, *Alliances and Small Power*, New York: Columbia University Press, 1968, p. 29 ; 이상철, 「한미동맹의 비대칭성: 기원, 변화, 전망」, 경남대 대학원 박사학위논문, 2003. 34쪽에서 재인용.

고 정의하였다. 비슷한 국력을 가진 국가 간 상호 대칭적이고 균형적
인 의무나 기대와는 다른 "비대칭성(unsymmetric)"[53]이 약소국에는 존
재한다. 힘의 역학 관계가 차이가 나는 강대국과 약소국 간의 비대칭
적 동맹은 약소국에 불평등한 의무와 기대, 이득과 손실을 발생시키며
강대국은 약소국에 일방주의에 의한 영향력을 행사하고 활동을 통제
하기도 한다.[54]

전쟁지도체제의 유형이라는 시각에서 보면, 약소국인 피후견국가가
군 통수권의 일부인 작전권을 강대국인 후견국가에게 이양(위임) →
조정(절충) → 환수(자율)하는 것은 그 제도적 장치에 따라 군사력의
결합방식이 의존 → 연합 → 자주로 변화하는 것과 연관성을 가지고
있다.[55] 따라서 의존과 자주성의 정도를 기준으로 하여 전쟁지도체제
의 유형을 구분하면 의존형, 연합형, 자주형으로 분류할 수 있다.

의존형은 작전권을 후견국가에 이양하고 반대급부로 안보공약의
준수와 대규모 군대의 주둔 그리고 군비 등 군사원조를 요구한다. 연
합형은 강대국과 강한 군사연합체제를 형성하고 작전권을 공동으로
행사하면서 안보공약의 준수와 소규모일지라도 군대의 주둔을 요구
하는 것이다. 이때 후견국가에 요구하는 군사원조는 점차 감소한다.

53) Stephen M. Walt, "Why Alliance Endure or Collapse," IISS, *Survival*, Vol. 39, No. 1,
1997, p. 157 ; 위의 논문, 36쪽에서 재인용.
54) Paul W. Schroeder, "Alliance, 1815-1945: Weapons of Power and Tools of
Management," Klaus Knorr, ed., *Historical Dimensions of National Security Problems*,
Lawrence: University Press of Kansas, 1975, pp. 230~231 ; Glenn H. Snyder,
Alliances Politics, Ithaca: Cornell University Press, 1997, p. 379 ; 위의 논문, 36~37쪽
에서 재인용.
55) 김기정 · 김순태, 「군사주권의 정체성과 한미동맹의 변화」, 『국방정책연구』 제24
권 제1호, 2008, 9~34쪽 참조.

반면, 자주형은 느슨한 군사협력체제를 유지하면서 작전권 환수를 추진하지만 안보공약의 준수는 계속 요구한다. 그러나 군비는 자력으로 해결하며, 오히려 후견국가에 다양한 형태로 지원을 제공하기도 한다.

제3절 한국 전쟁지도체제 발전 구조

1. 종속변수: 전쟁지도체제의 유형

헤겔은 개인의 이성이 국가의 일반목적과 일치하여 국가는 그 목적의 역사적 실현을 통하여 번영하며 강력해진다는 역사의 변증법적 발전론을 주장하였다.[56] 특히, 경험적으로 전쟁사는 전쟁 상대국 간의 끊임없는 무력투쟁 속에서 전쟁의 양상과 함께 전쟁지도가 진화, 발전되어 왔음을 보여주고 있다.[57] 따라서 역사의 진행단계에서 전쟁지도체제도 그 유형이 변화하는 것은 상대 적국보다 전승의 확률이 높은 체제를 갈구하는 행위의 결과로서 진화적 발전의 현상이라 할 수 있다.

가. 전쟁지도체제의 유형과 그 변화

정치와 군사관계, 국력의 중심요소에 따른 유형분류는 근대 이전,

56) 헤겔 저, 김종호 역, 『역사철학강의Ｌ』, 삼성출판, 1982, 95쪽.
57) 제한전부터 나폴레옹전쟁, 산업혁명과 전쟁, 미국의 남북전쟁, 1·2차 세계대전 및 소련의 혁명전쟁 등을 전쟁지도를 중심으로 분석한 J.F.C. Fuller, *The Conduct of War 1789-1961* 참조.

근대 그리고 현대라는 사회적 발전에 따라 진행되어 온 정치발전과 전쟁양상의 변화에서 기인하는 전쟁지도체제의 유형을 설명하기에 유용하다.[58] 한편, 강대국들의 경우 동맹관계에서 대칭성을 가진 상태에서 전쟁을 수행함으로써 의존과 자주성을 기준으로 한 전쟁지도체제로 분류하는 것은 한계를 지닌다. 그러나 군사적 연합국으로 상호 협력의 관계를 유지하면서 전쟁을 지도하게 되면 강대국일지라도 자국의 전쟁지도체제만으로는 승전을 기대하기 어렵다. 따라서 의존과 자주성을 기준으로 한 분류도 의존, 연합, 자주의 정도에 따라 일반적으로 적용될 수 있는 것이다.

전쟁지도체제의 유형을 분류기준인 정치와 군사관계, 국력의 중심요소 그리고 의존과 자주성에 의해서 구분하여 전체적으로 나열하면 문무일체형, 문무경쟁형, 문민통제형, 무력중심형, 국가총력전형, 사상전형, 의존형, 연합형, 자주형의 9가지의 유형으로 구분된다. 그러나 이 유형들은 상호보완적일 수 있으며 복합적으로도 나타날 수 있으므로 이를 〈그림 1〉에서와 같이 조금 더 정교한 3차원 투시도를 이용하여 유형분류 관계를 형상화할 수 있다. 그러면 정치와 군사관계, 국력의 중심요소 그리고 의존과 자주성이라는 세 개의 차원(면)을 포함하는 27개의 전쟁지도체제 유형(꼭지점)으로 재정리된다.

58) 위의 책, 77~94 · 151~309쪽 참조.

<그림 1> 전쟁지도체제의 유형[59]

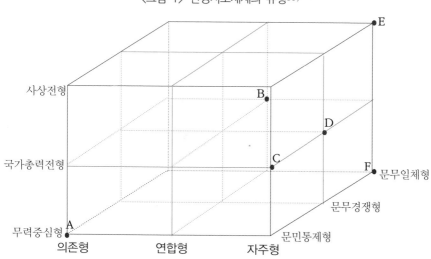

27개의 유형 중에서 대표적인 다섯 가지 유형을 보충 설명하면 다음과 같다.

유형 A : 의존형 + 무력중심형 + 문민통제형 ⇒ 1948~1960년 한국

유형 B : 연합형 + 국가총력전형 + 문무일체형 ⇒ 1961~1987년 한국

유형 C : 자주형 + 국가총력전형 + 문민통제형 ⇒ 1988년 이후 한국,
　　　　 자유민주국가

유형 D : 자주형 + 국가총력전형 + 문무경쟁형 ⇒ 1차대전 시 독일,
　　　　 2차대전 시 일본

· ·

59) 육군교육사령부,『전쟁지도 이론과 실제』, 8~9쪽에서 제시한 국력의 중심요소를
　　기준으로 한 무력중심형, 국가총력전형, 사상전형과 정치·군사관계를 기준으로
　　한 문무일체형, 문무경쟁형, 문민통제형 그리고 의존과 자주성을 기준으로 별도
　　로 제시한 의존형, 연합형, 자주형을 복합적으로 구성한 그림.

유형 E : 자주형 + 사상전형 + 문무일체형 ⇒ 구소련, 북한

유형 F : 자주형 + 무력중심형 + 문무일체형 ⇒ 근대 이전 전제군주국

전쟁지도체제의 유형이 변화하는 것은 전쟁양상을 변화시킨 정치 · 사회경제적인 발전에 그 원인이 있다. 유형 분류기준에 따라서 정치 · 군사관계의 발전은 문무일체에서 문무경쟁을 거쳐 문민통제로 변화하며, 국력의 중심요소로 보면 무력중심에서 국가총력 그리고 사상으로 그 중심이 이동한다. 마찬가지로 비대칭 동맹관계하의 의존과 자주성도 개별국가의 주권성(sovereignty)과 약한 국가의 견실함(firmness) 추구라는 근본적 속성상[60] 점차 의존에서 연합으로 그리고 다시 자주형으로 발전한다.

그러나 이러한 일반적 변화는 반드시 그런 것은 아니다. 예를 들어 중국은 개혁, 개방 이후 사회경제적 발전이 급속히 진행되어 왔음에도 불구하고 전쟁지도체제는 그 유형이 변화하지 않았으며 독일이나 일본의 경우는 2차 세계대전에서 패배함으로써 자주보다 의존을 강요당하였다. 그리고 미국은 2차 세계대전 이후 전쟁성과 육군성을 중심으로 한 국가총력전형에서 문민통제형으로 전환하였으며 9 · 11테러 이후에는 능력과 효과에 기반한 새로운 형태의 무력중심형 혹은 민간자원과의 연계 및 동맹국을 포함한 전쟁관련 국가와의 "전략적 커뮤니케이션(Strategic Communication)"[61]과 네트워크를 중시하는 복합형 전쟁지도체제를 구축하고 있다.

· ·

[60] Barry Buzan, *People, States & Fear*, pp. 221~228 참조.
[61] 박휘락, 「미국의 전략적 소통(Strategic Communication) 개념과 한국의 수용 방향」, 『국방정책연구』 제25권 제3호, 2009, 149~176쪽.

나아가 한국과 미국의 비대칭적 군사동맹은 나토(NATO: North Atlantic Treaty Organization, 북대서양조약기구)나 미일동맹 등과 함께 군사적 연합관계에 의해 전쟁지도체제의 의존과 자주성 문제를 가지고 있다. 특히, 한국은 작전권을 연결수단으로 안보와 자율성이 교환됨으로써 군사적 대칭동맹과 다르게 대미의존성이라는[62] 전쟁지도체제의 구조적 특성을 지닌다. 따라서 종속변수로서 한국 전쟁지도체제의 발전은 정치와 군사관계나 국력의 중심요소보다는 의존과 자주성을 기준으로 한 유형변화에 주목할 필요가 있다.

나. 의존과 자주성의 지표: 작전권과 군사원조의 변화

전쟁지도체제는 전승을 통한 국가의 생존을 목적으로 대내외적 자원을 최대한 확보하여 전쟁을 준비하고 전쟁이 발발하면 그것을 지도한다. 특히, 위협을 가하는 적국과 대치한 상태에서 이에 공동으로 대응하기 위한 후견국과 비대칭동맹관계를 형성하고 있는 피후견국가의 전쟁지도체제는 구조적으로 후견국가에 의존적 성격을 가지게 된다. 그러나 그 의존성은 전쟁지도체제의 유형이 변화하면서 점차 자주성을 강화하면서 발전한다. 따라서 의존과 자주성을 기준으로 한 의존형, 연합형, 자주형 전쟁지도체제는 각기 작전권과 군사원조라는 내외부적인 현상으로 나타나게 된다.

---

62) 이삼성, 「한미동맹의 유연화를 위한 제언」, 이수훈 편, 『조정기의 한미동맹: 2003~2008』, 경남대학교 극동문제연구소, 2009, 21~28쪽 참조.

1) 작전권

내부적 양태의 차이를 보이는 작전권은 행정권 외의 작전을 수행하는 데 필요한 전반적인 지휘권한으로서[63] 군정권(행정권)과 대비되는 군령권을 의미한다. 한국의 경우 군령권은 합참의장의 작전지휘권으로 명시되어 있다. 즉, 국군조직법상 국방부장관이 대통령의 국군통수권으로부터 국군에 대한 전반적인 지휘감독권을 부여받고 있으며 작전지휘는 합참의장에 의해서, 작전지휘 이외의 지휘는 각 군 참모총장에게 부여되어 있다. 실질적으로 군령권과 군정권이 분리되어 있는 것이다.

비대칭동맹관계에서 나타나는 안보와 자율성의 교환수단으로서 작전권은 그 권한의 범위를 달리하면서 이양, 조정 및 환수될 수 있다. 즉, 작전권 속에 포함되어 있는 작전지휘와 작전통제권이 군사동맹관계 속에서 재설정되는 것이다. 한국의 작전지휘는 미국의 전투지휘와 같은 의미로서 헌법 제74조 ①항에 명시된 대통령의 '국군통수권'[64]이 국군조직법 제8조에 의한 국방장관의 '지휘·감독권'[65]을 거쳐 합참의장의 작전지휘 및 감독권한으로 명시되어 있다.

· ·

[63] 미 군사용어로서 작전권(operational authority)은 "지휘계선내 지휘관에 의해 행사되는 권한으로서 전투지휘(combatant command 또는 command authority), 작전통제(operational control), 전술통제(tactical control) 또는 지원관계(support relation-ship)로 세분화 된다"라고 정의하고 있다. US Joint Chiefs of Staff, Joint Publication 1-02 *Department Defense Dictionary of Military and Associated Terms*, 2007, p. 393.
[64] "대통령은 헌법과 법률이 정하는 바에 의하여 국군을 통수한다"라고 명시, 「대한민국 헌법(1987. 10. 29 개정) 전문」, 『국회법률지식정보시스템』, http://likms.assem bly.go.kr/law/jsp/main.jsp.
[65] "국방부장관은 대통령의 명을 받아 군사에 관한 사항을 장리(掌理)하고 합동참모의장과 각 군 참모총장을 지휘·감독한다." 「국군조직법」, 법률 제5645호(1999. 1. 21 일부 개정) 참조.

작전지휘보다 그 권한의 범위가 작은 '작전통제'[66]는 "작전계획이나 작전명령상에 명시된 특정임무나 과업을 수행하기 위하여 지휘관에게 위임된 권한으로서 시간적, 공간적 또는 기능적으로 제한된 특정임무와 과업을 완수하기 위하여 지정된 부대에 임무 또는 과업부여, 부대의 전개 및 재할당, 필요에 따라 직접 작전통제를 실시하거나 이를 예하지휘관에게 위임 등의 권한을 말하며, 여기에는 행정 및 군수, 군기, 내부편성 및 부대훈련 등에 관한 책임 및 권한은 포함되지 않음"[67]으로 명시되어 있다.

즉, 작전통제는 상황에 따라 해당 작전에 대하여 통제할 수 있는 권한으로서 작전통제권은 전시작전통제권과 평시작전통제권으로 구분될 수 있다. 작전계획이나 명령에 명시된 임무와 과업을 수행하기 위해 필요한 권한을 행사하면서 동시에 해당 작전에 대한 승패를 책임진다.

전쟁지도체제의 유형의 내부적 현상으로서 지휘체계는 국군통수권, 지휘감독권, 작전지휘권, 작전통제권 및 평시작전통제권, 전시작전통제권이라는 스펙트럼으로 연결된다. 작전권을 작전지휘권과 작전통제권을 포괄하는 권한으로서 정의하고 상하 관련개념들과 위계적 관계

· ·

[66] 미군은 작전통제(operational control)를 "전투사령부 이하 모든 제대의 지휘관에 의해 행사되는 권한으로서 전투지휘(지휘권)의 고유 권한이며 그 지휘범위 내에서 위임할 수 있다. 작전통제는 그 예하부대에게 사령부나 부대의 조직 및 전개, 과업부여, 목표지정 및 그 임무를 달성하는 데 필요한 지시권한 부여를 포함한 지휘기능을 수행하는 권한이다. 작전통제는 그 사령부에 할당된 임무를 달성하기 위하여 필요한 군사작전과 합동훈련에 관한 모든 사항의 강제적 지시를 포함한다. … 그것은 군수나 행정사항, 군기, 내부편성 및 단위부대 훈련은 포함하지 않는다"라고 정의함. US Joint Chiefs of Staff, *Doctrine for the Armed Forces of the United State*, Joint Publication 1, 2007, p. GL-9.

[67] 위의 책, 337쪽.

를 도식화하면 〈그림 2〉와 같다.

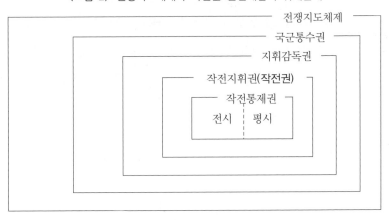

〈그림 2〉 전쟁지도체제와 작전권 관련개념의 위계관계

국군통수권의 일부인 작전권을 수단으로 안보와 자율성을 교환한 비대칭동맹관계에서 피후견국가는 후견국가에 대한 의존상태가 높을수록, 즉 의존형 전쟁지도체제일 경우에 위계상 더 넓고 높은 수준의 권한을 후견국가에 이양하게 된다. 반면 의존상태가 낮아지고 자주성이 강화되는 자주형 전쟁지도체제에서는 작전권 이양 수준은 좁고 낮아진다. 즉, 자국의 분쟁해결을 위한 타국의 군사행동 개입을 최소화하는 것처럼[68] 작전권의 이양은 피후견국가의 군사적 주권에 제한을 가져오므로 자기 영토에 대한 절대적인 통제 상태로 주권을 회복하려는 속성으로 인해 이양된 작전권을 점차 환수하게 된다.

[68] Joseph S. Nye Jr., *Understanding International Conflicts: An Introduction to Theory and History*, 7th ed., New York: Pearson Longman, 2009, pp. 133~138.

2) 군사원조

작전권이 내부적 현상이라면, 군사원조는 의존과 자주성의 정도를 나타내는 기준으로서 전쟁지도체제의 외부적 현상이며 하나의 지표가 된다. 비대칭동맹관계를 형성한 피후견국가의 경우도 전쟁지도체제의 속성상 전쟁자원을 확보하며, 국내자원이 제한될 경우 후견국가에 지원을 요구하거나 기대하게 된다. 그리고 의존상태가 심할수록 더 많은 지원을 후견국가에 요구하게 되는 반면 의존상태가 낮아지고 자주성이 강화되는 자주형 전쟁지도체제일수록 그 요구는 줄어든다.

냉전시기에는 미소 양 진영의 약소국들은 종주국인 미국과 소련의 직, 간접적인 지원을 받았다. 당연히 미국의 동맹국에 대한안보지원은 소련을 봉쇄하기 위한 일환으로 시작되었다. 그리고 대외원조법과 무기수출통제법 및 기타 법규에 의해 무상군사원조, 대외군사판매 (FMS: Foreign Military Sales)차관, 상업적 군사판매(무기이전), 군사기술 및 방위산업지원 그리고 대외방위물자비축 등의 방식으로 우방국을 지원하였다.[69] 그중에서 차관이나 군사판매보다 무상군사원조가 의존형의 전쟁지도체제의 외부적 현상에 대한 지표로 나타난다. 왜냐하면 무상군사원조는 피지원국의 재원이 투입되지 않는 순수한 원조 (grant aid)이기 때문이다. 단 FMS차관 중에서 원리금 상환이 면제된 지원액은 무상원조와 동일한 성격으로 분류된다.

· ·

[69] 미국의 주요 안보지원 사업으로는 FMS자금지원사업(FMFP: Foreign Military Financing Program), 대외군사판매 및 건설판매사업(FMS: Foreign Military Sales, FMCS: Foreign Military Construction Sales), 상업판매(CS: Commercial Sales Licensed under the AECA), 군사지원사업(MAP: Military Assistance Program), 국제군사교육훈련(IMET: International Military Education and Training), 경제지원기금(ESF: Economic Support Fund), 평화유지활동(PKO: Peace Keeping Operation) 등이 있음. 황동준 · 한남성 · 이상욱, 『미국의 대한안보지원 평가와 한미방위협력 전망』, 민영사, 1990, 17~20쪽.

피후견국가의 의존상태가 낮아지고 자주성이 강화되면서 나타나는 군사원조의 양상은 역전현상으로 나타나기도 한다. 예를 들어 피후견국가가 후견국가 군대의 주둔비용 즉, 방위비 분담을 지원하거나[70] 후견국가가 주도하는 다국적 전쟁에 피후견국가가 지원하는 것이다. 이는 비대칭 군사동맹관계에서 나타나는 후견국가의 피후견국 전쟁에 대한 연루의 우려가 역전되는 현상으로 볼 수 있다. 즉, 피후견국가가 후견국가의 전쟁에 연루되기 때문이다. 이와 같이 작전권과 군사원조라는 전쟁지도체제의 유형들이 드러내는 내외부적 현상은 의존과 자주성의 정도에 따라 각기 다르게 나타나게 된다.

2. 독립변수: 안보환경, 대통령의 안보관

전쟁지도체제의 유형변화를 가져오는 요인들은 정치, 경제, 사회, 문화 및 군사를 포함하여 다양하게 열거할 수 있다. 이러한 여러 요인들은 국제관계에 있어서 물리적 환경과 정치지도자의 영향이 중요한 요인으로 작용하는 것과[71] 마찬가지로 크게 전쟁지도체제를 둘러싼 환경적인 요인과 전쟁지도의 정점인 통수권자 개인의 요인으로 압축된다.

. . . .

70) 오관치 · 황동준 · 차영구 공저, 『한 · 미 군사협력관계의 발전과 전망』, 세경사, 1990, 89~98쪽.

71) Mary Ilford trans., Pierre Lenouvin and Jean-Baptiste Duroselle. *Introduction to the History of International Relations*, New York: Frederick A. Publishers, 1967.

가. 안보환경72)

여러 환경적인 요인 중에서 전쟁지도체제는 안보환경과 직접적인 관계를 가진다. 특히, 한국의 경우는 압축적인 공업화 및 경제성장에 의한 급격한 국력의 변화를 경험하였다. 그리고 위협인식은 적대하고 있는 북한의 대남전략전술과 후견국인 미국이 주한미군을 증감하면서 시현하는 대한안보정책에 의해 좌우되어 왔다는 점에 주목할 필요가 있다.

환경은 인간적인 것과 비인간적인 것, 유형적인 것과 무형적인 것을 포함하는 총체적 개념이고,73) 대내적 환경과 대외적 환경을 포함한다. 안보환경은 한 국가의 안전보장에 영향을 미치는 내외의 제반 환경이다. 환경은 "단위조직이 상호작용하는 체제"74)에 영향을 미치며 그 체제의 변화요인으로 작용한다. 따라서 안보환경의 변화는 전쟁지도체제의 주변에서 상호작용을 통하여 그 유형변화에 원인을 제공한다.

대내적 안보환경은 국력으로 상징되는 힘을 배경으로 한다. 특히,

72) 안보환경에 관해서는 온만금, 「안보환경론」, 육군사관학교, 『국가안보론』, 박영사, 2001, 321~350쪽 ; Sam J. Tangredi, "The Future Security Environment, 2001-2025: Toward a Consensus View," Paul J. Bolt, Damon V. Coletta, and Collins G. Shackelford, Jr. eds., *American Defense Policy*, 8th ed., Baltimore: The Johns Hopkins University, 2005, pp. 48~66 ; Hyun-Chin Lim & Byungki Kim, "Social and Political Dimensions of National Security in Korea," *Asian Perspective*. vol 22, no. 3, 1998, pp. 223~258 참조.

73) Harold and Margaret Sprout, *The Ecological Perspective on Human Affairs with Special Reference to International Politics*, Princeton: Princeton University Press, 1965, p. 27 ; 온만금, 「안보환경론」, 321쪽에서 재인용.

74) Barry Buzan, *People, States & Fear*, p. 133.

적국과의 상대적인 국력 차이는 곧 전쟁수행을 위한 총체적 전력의 차이로 연결되어[75] 우세하면 안정적인 안보환경을 제공하고, 열세하면 위기적인 안보환경을 제공하게 된다. 그리고 최근에는 국민들의 안보의식이나 안보문화도 국내적 안보환경의 중요한 요인으로 분석하기도 한다.[76] 그러므로 안보문화는 외부의 안보위협에 대한 인식정향을 중심으로 한다는 점에서 대외적 안보환경에 의해서 영향을 받는다고 볼 수 있다.

대외적 안보환경은 국제적, 지역적, 국지적 및 국내적 안보환경으로 구분된다.[77] 각국의 안보환경은 그 국가가 처한 상황에 따라 다르며 특히 현존하는 위협으로서 적국이 존재하고 그 적에 공동으로 대응하는 동맹국이 있을 경우에 가장 우선적인 대외적 안보환경은 적국과 동맹국을 중심으로 한 국제적 혹은 지역적 안보환경이 된다. 그리고 전쟁지도체제의 유형변화를 가져오는 결정적인 요인은 적국의 전략전술에서 오는 위협과 그와 연관된 후견국가의 피후견국가에 대한안보지원정책으로서 군대주둔이라 할 수 있다.

국방부는 한국의 안보환경을 세계 안보정세, 동북아 안보정세, 북한정세 및 군사위협으로 구분하고 있다.[78] 한국의 입장에서 세계 및 동북아 안보정세보다 더 큰 비중을 차지하는 안보환경이 북한의 대남전략전술과 미국의 대한안보지원정책이다. 따라서 북한의 대남전략전술

. . . .

75) 레이 클라인 저, 국방대학원 안보문제연구소 역, 『국력분석론』, 국방대학원 안보문제연구소, 1981, 13~18쪽.
76) 정영진, 「한국 안보문화에 대한 실증적 연구: 1988~2006」, 국방대학교 안보과정 연구보고서, 2007, 19~29쪽.
77) 온만금, 「안보환경론」, 324~331쪽.
78) 국방부, 『2008 국방백서』, 국방부, 2009, 7~31쪽.

은 한국 전쟁지도체제의 유형변화에 간접적인 요인으로 작용하기도 하며, 미국의 대한안보지원정책과 연관되어 위협인식을 증폭시킴으로써[79] 전쟁지도체제의 유형변화에 결정적인 영향을 미치게 된다.

특히, 피후견국가는 적국으로부터 직접적인 위협에 노출된 상태에서 후견국가로부터 버림을 받을지 모른다는(안보 공약의 포기) 두려움이 위협인식을 증폭시켜 이중고를 겪게 된다. 이것이 피후견국가가 일반적으로 겪게 되는 군사적 위협에 대한 취약성의[80] 일종으로서 비대칭 동맹관계라는 안보환경에서 나타나는 위협의 원천이다. 한국의 경우도 비대칭적인 한미동맹 관계로서 "실체가 주한미군이고 구조는 연합방위체제이며 핵심이 연합지휘체계"[81]이다. 따라서 이 두 가지는 한국 전쟁지도체제의 유형변화에 결정적 요인이 되는 것이다.

〈그림 3〉은 북한의 대남전략전술과 미국의 대한안보지원정책이라는 두 가지 요소가 한국의 안보환경에 있어서 위협인식을 결정하는 관계를 설명하고 있다. 그리고 그 위협인식의 강도는 I의 경우 증폭되어 더욱 강해지는 반면, IV의 경우는 두 가지 요소가 모두 위협인식을 약화시킨다. II와 III의 경우는 두 가지 요소가 서로 위협을 상쇄시킴으로써 중간 수준의 위협을 유지시킨다.

즉, I의 경우는 후견국가인 미국이 안보공약을 포기하여 대한안보지원을 철회하고 주한미군을 철수시키는 상태에서 적국인 북한이 전면남침하거나 핵위협 및 국지도발을 통해 위협을 고조시키는 안보환경

79) 예를 들면 북한이 전면남침이나 분쟁유발의 전략전술을 구사할 때 미국의 대한안보지원정책이 후퇴하여 방위선에서 한반도를 제외하거나 주한미군을 감축하는 것으로 변화한다면 그 위협인식은 증폭될 수밖에 없다.
80) Barry Buzan, *People, States & Fear*, pp. 104~107.
81) 백종천, 『한반도 평화안보론』, 세종연구소, 2006, 183쪽.

이다. 잔류했던 주한미군 전투병력이 완전히 철수한 상태에서 1950년 북한의 전면남침을 맞이했던 상황은 최악으로 '사활적 안보환경'이라고 할 수 있다. 비슷한 다른 나라의 사례로는 1973년 3월 베트남에서 미군의 병력철수가 완료된 후 1974년 12월 북베트남이 남베트남을 전면 재공격한 상황을 들 수 있다.[82]

<그림 3> 한국의 위협인식을 결정하는 안보환경 요소[83]

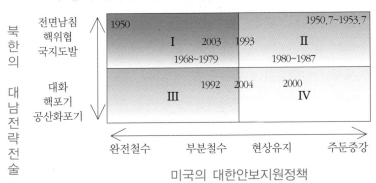

미국의 대한안보지원정책

전쟁이라는 극단적인 상황 외에도 북한의 대남전략전술이 핵위협이나 국지도발에 의한 분쟁유발로 강경해지는 가운데 미국의 대한안보지원정책이 변화하여 주한미군이 부분철수하는 상황과 결합하면 마찬가지로 위협인식이 증폭된다. 예를 들면 1968년에서 1979년까지 북한이 분쟁수준의 대남도발을 감행하였던 시기와 1993년과 2003년의

82) Joseph S. Nye Jr., *Understanding International Conflicts*, pp. 133~138 참조.
83) 김만규·문정인 외, 「2000년대 한국 방위산업의 방향과 정책 대안에 관한 연구」, 인하대 국제관계연구소 연구보고서, 1993, 133쪽 ; 김정기, 「한국 군산복합체의 생성과 변화」, 18쪽의 <그림 2>를 보완 인용.

1, 2차 핵위기가 주한미군의 부분적인 철수와 결합되어 위협인식을 증폭시켜 '위기적 안보환경'을 조성하였던 것을 들 수 있다.

II의 경우는 북한의 대남전략전술이 강경하더라도 미국의 대한안보지원이 확고한 상황으로서 위협인식은 상쇄된다. 따라서 1980년부터 1987년을 예로 들면 북한의 지속된 테러나 침투도발에도 불구하고 주한미군이 유지되거나 부분적으로 증강됨으로써 '경쟁적 안보환경'이 조성되지만 안전보장을 위한 균형을 유지한다. 그러나 이러한 경쟁적 안보환경은 북한군 도발, 미군 개입 순으로 진행되면 한국전쟁 개전 직후처럼 국제전 상황으로 변질될 수 있다.

III의 경우는 북한이 대남전략을 대화로 전환하고 점차적으로 핵은 물론 공산화를 위한 대남전략전술을 포기하는 상황과 미국이 대한안보지원정책에서 안보공약을 포기하고 주한미군을 철수하는 상황이 결합된 경우이다. 이상적으로 추구하는 '평화적 안보환경'이 조성되는 경우로서 미국의 안보공약 포기가 위협인식을 증대시키지만 북한의 대남전략전술의 변화가 이를 상쇄한다. 현상만 놓고 본다면 국제적 냉전체제가 해체된 이후 남북기본합의서가 채택되었던 1992년 상황을 들 수 있다.

IV의 상황은 북한의 대남전략전술이 대화, 핵 및 공산화 포기 등으로 약화됨에도 불구하고 미국의 대한안보지원정책이 확고한 경우이다. 2000년 남북정상회담이 있었던 시기를 예로 들 수 있으며 이때 주한미군은 감축 없이 유지되었다. 북한이 체제가 전환되거나 붕괴되어 동독과 같이 한국에 흡수되지 않은 상태에서 위장평화나 대화공세를 통일전선전술의 일환으로 계속 구사하는 한 현실적으로 가장 확실하게 한국의 안전을 보장하는 것은 '안정적 안보환경'이다.

나. 대통령의 안보관[84]

군통수권자인 대통령은 전쟁과 평화에 대한 인식을 바탕으로 평시의 안전보장, 위기관리는 물론 전시 전쟁을 지도하기 위한 전략지침을 수립한다. 이러한 대통령의 안보관은 전쟁지도체제의 유형변화에 결정적 요인으로 작용한다. 한국은 북한과 미국이라는 외부요인이 대통령의 집권에 영향을 미쳐왔으며, 권력을 획득하는 과정에서 안보관이 더욱 분명해지는 특징을 보여 왔다. 그 안보관의 핵심은 한반도의 전쟁과 평화를 결정짓는 두 외부요인인 북한과 미국에 대한 시각, 즉 대북관과 대미관이 가장 중요한 요소가 되어 왔다.

해방 이후 정부수립 초기에는 미국과 제휴한[85] 이승만 대통령의 정치력과 식민지관료를 중심으로 한 지지세력이 집권의 배경이었다.[86] 북한의 위협을 빌미로 한 5·16군사혁명과 12·12사건은 군부가 오랫동안 집권하는 계기가 되었으며 박정희, 전두환 대통령에게는 직접적인 권력획득의 계기가 되었다.[87] 그러나 민주화 이후에는 시민사회가

---

84) 안보관에 대해서는 국회도서관 자료국, 『아시아제국의 안보관』, 국회도서관, 1983을 대통령과 국가안보의 관계에 대해서는 Amos A. Jordan, William J. Taylor Jr., Michael J. Meese, and Suzanne C. Nielsen, *American National Security*, 6th., Baltimore: The Johns Hopkins University Press, 2009, pp. 73~102을, 안보정책결정에 대한 대통령의 역할에 관해서는 William W. Newmann, *Managing National Security: The President and The Process*, Pittsburgh: University of Pittsburgh Press, 2003, pp. 47~78을 참조.

85) 심지연, 「해방의 의미와 해방정국의 전개」, 한국정치학회 편, 『한국현대정치사』, 법문사, 1995, 75쪽.

86) 보수우익진영, 경찰 등을 포함하여 형성된 연합세력이 과대성장된 국가기구를 통하여 지배함을 의미, 임현진·백운선, 「한국에서의 국가자율성: 도구적 가능성과 구조적 한계」, 한국정치학회 편, 『현대한국정치와 국가』, 법문사, 1987, 226~232쪽.

87) 김세중, 「군부권위주의 생성과 전개」, 한홍수 편, 『한국정치동태론』, 오름, 1996,

주도하는 국민적 여론이[88] 대통령의 주요한 지지세력이었다. 이는 시대적으로 분명히 구분되면서 대통령의 안보관에 있어서도 변화를 가져오는 배경이 되었다. 왜냐하면 민주화 이후 대통령과 집권세력은 국민의 지지를 통하여 정치권력의 정당성을 확보하려 하기 때문이다.[89]

한국 대통령의 안보관에서 중심을 이루는 대북·대미관은 한국의 안전보장을 위해서 북한과 미국을 어떻게 보는가의 문제이며, 그것은 정책의 "전략적 선호(strategic preference)"[90]를 통해 확인할 수 있다. 이는 한국의 안보를 위해 방향을 어떻게 설정하는가의 문제로서 대북관의 경우에는 적대와 동족이라는 시각으로 구분된다. 대미관의 경우에는 미국의 힘에 의존하거나 이용하기 위한 동맹중시와 자주국방을 강조하는 자력중시로 구분된다. 한국의 대통령들은 일반적으로 북한을 같은 민족이면서도 적(敵)으로 보는 이중적 시각을 가질 수밖에 없다. 그러나 무게를 두는 상대적인 비중을 고려할 때, 이를 전략적 선호라는 개념을 적용하여 적대(경쟁)중시와 민족(협력)중시로 구분이 가능하다.

또한 미국을 동맹으로서 중요시하여 그 힘을 최대한 활용하려는 것과 자주국방을 추구하는 것 또한 공존의 문제임은 분명하다. 대통령들의 안보관도 역시 이중적으로 나타난다. 그러나 자력중시와 동맹중시 또한 어느 정도 정책의 선호에 따라 구분이 가능하다. 대통령이 직

267~292쪽 ; 여현덕, 「신군부권위주의체제의 등장과 정치갈등」, 한흥수 편, 『한국정치동태론』, 오름, 1996, 293~316쪽 참조.

[88] 김용철, 「한국의 민주화 이행과 시민사회의 역동」, 한흥수 편, 『한국정치동태론』, 오름, 1996, 317~340쪽 참조.

[89] 심지연 편저, 『현대 정당정치의 이해』, 백산서당, 2004, 24쪽 참조.

[90] Graham Allison and Philip Zelikow, *Essence of Decision*, p. 24.

면한 안보적 상황, 개인적인 성장환경 및 권력을 획득하게 된 과정에서 나타난 개인 및 지지세력의 성향에 의해서 자력을 중시할 것인가 아니면 동맹을 중시할 것인가에 대해서는 일정 정도의 차이를 보이기 때문이다.

따라서 대통령의 안보관을 대북·대미관에서 나타나는 적대중시와 민족중시 그리고 자력중시와 동맹중시로 구분하면 〈그림 4〉와 같다.

〈그림 4〉 한국 대통령의 안보관 지배 요소[91]

대 미 관	자력중시	박정희, 김영삼	노태우, 노무현
	동맹중시	이승만, 전두환	김대중
		적대(경쟁)중시	민족(협력)중시
		대 북 관	

대통령의 안보관은 전쟁지도체제의 정점인 통수권자로서 역할을 수행하는 특성상 정치가의 개성이 가치추구 및 신념체계와 결합하여 형성된 일종의 노선으로 나타난다.[92] 따라서 "집단의 목표를 달성하기 위하여 구성원들에게 동기를 부여하고 그들에게 영향력을 행사하는 과

---

91) 김순태,「한·미동맹의 성격변화에 관한 연구: 주권에 대한 정체성을 중심으로」, 연세대 대학원 석사학위논문, 2003 ; 배양일,「한미동맹과 자주: 한미동맹관계에 나타난 한국의 자주성 행태에 관한 연구」, 연세대 대학원 박사학위논문, 2006 ; 이경수,「박정희·노무현 정부의 '자주국방'정책 비교 연구」, 성균관대 대학원 박사학위논문, 2007을 참조 구성.

92) 정치가의 개성에 관련해서는 삐에르 루느벵·장-밥띠스뜨 듀로젤 저, 이기택 역, 『국제정치사이론』, 박영사, 1989, 302~334쪽 참조.

정"93)에서 목적이나 지침을 제공하면서 전쟁지도체제의 유형변화에 영향을 미치게 된다.

또한 대통령을 정점으로 한 전쟁지도체제는 전구사령관을 통제하고 전쟁 승리를 위해 소요되는 인원, 장비 및 물자 지원 등을 결정한다. 따라서 전쟁지도체제의 발전은 전쟁의 최고결정권자로서 대통령의 선택에 의해 좌우되기 쉽다. 특히 권력이 대통령에게 집중된 "개인화된 국가(personified state)"94)의 상황에서는 대통령의 안보관이 전쟁지도체제의 유형변화를 결정하는 "제한적 합리성(bounded rationality)"95)의 주요요인이 될 수 있다.

3. 분석틀

한국은 후견국가인 미국과 동맹관계를 통하여 북한과 대치하고 있는 특수한 안보구조를 가지고 있다. 따라서 전쟁지도체제는 미국과의 안보협력을 통하여 북한과의 전쟁에서 승리를 달성할 수 있도록 변화, 발전되어 왔다. 안보환경과 대통령의 안보관은 전쟁지도체제의 유형변화를 결정하는 요인으로 작용하고 그 유형이 변화하면 작전권과 군

---

93) 신응섭·이재윤·남기덕·문양호·김용주·고재원, 『리더십의 이론과 실제』, 학지사, 2002, 15쪽 ; 군사적 관점에서 미 육군의 리더십 정의 "Leadership is influencing people - by providing purpose, direction, and motivation - while operating to accomplish the mission and improving the organization," Headquarters, Depart ment of the US Army, FM 22-100 *Army Leadership*, 1999, p. 1~4 참조.

94) Graham Allison and Philip Zelikow, *Essence of Decision*, p. 21.

95) 포괄적 합리성(comprehensive rationality)과 제한적 합리성에 대해서는 Herbert Simon, "Human Nature in Politics: The Dialogue of Psychology with Political Science," *American Political Science Review*, Vol. 79, 1985 ; *Models of Bounded Rationality*, Cambridge: MIT Press, 1982 ; 위의 책, 19~20쪽에서 재인용.

사원조라는 현상도 변화한다는 논리적 구조를 추론할 수 있다.

작전권과 군사원조의 변화 현상을 포함한 전쟁지도체제의 유형변화는 다시 안보환경과 대통령의 안보관에 역으로 영향을 줌으로써 상호작용한다. 따라서 한국의 안보환경과 대통령의 안보관이 전쟁지도체제의 유형변화에 어떻게 결정적 요인으로 작용했는가를 평가, 분석하는 데에서 시작해야 하는 것이다. 그리고 유형변화에 따른 전쟁지도체제의 속성이 전개과정에 있어서 작전권과 군사원조의 조정을 분석함으로써 그 발전과정의 특징을 평가하는 것이다.

이러한 전반적인 추론구조를 종합하여 종속변수인 한국 전쟁지도체제의 유형변화와 그 발전과정에 있어서 독립변수로 작용한 안보환경과 대통령의 안보관 간의 인과관계를 정리하면 〈그림 5〉와 같다.

〈그림 5〉 한국 전쟁지도체제의 발전과정 분석틀

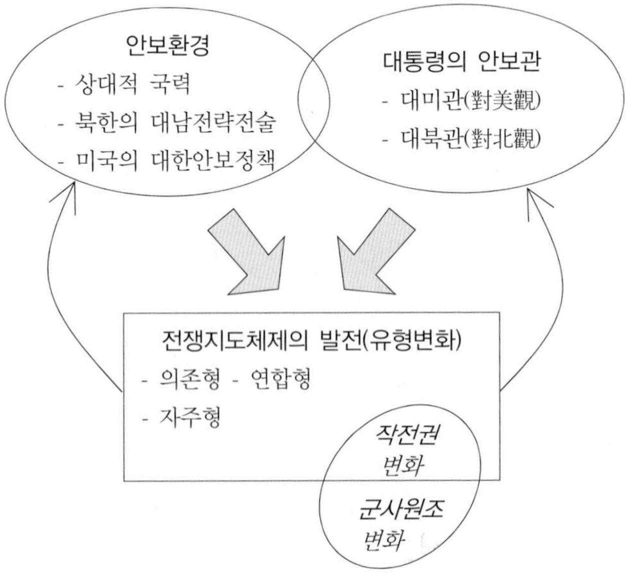

위의 분석틀은 전쟁지도체제의 일반적인 개념과 정치와 군사관계, 국력의 중심요소 및 의존과 자주성을 기준으로 한 유형분류 그리고 한국 전쟁지도체제의 발전을 가져오는 독립변수를 검토한 결과에 따라 설정된 것이다. 개인적 특성과 상황의 상호영향에 의해 지도력이 발휘된다는 관점에서[96] '대통령의 안보관'과 '안보환경'이 상호작용하여 전쟁지도체제의 유형을 변화시킨다는 점에서 이 두 가지를 독립변수로 설정하였다. 분석틀에 의한 추론구조를 요약하면 '한국 전쟁지도체제의 발전(유형변화)은 안보환경과 대통령의 안보관이 결정적 요인으로 작용하며, 전쟁지도체제의 발전과정은 작전권과 군사원조의 변화로 나타난다'로 정리할 수 있다.

종속변수인 전쟁지도체제의 발전은 유형변화를 의미하며, 이는 변증법적 진화에 의한 발전으로 제1장에서 설명한 바와 같다. 그러나 그 유형이 단정적으로 의존형, 연합형, 자주형으로 발전하였다고 주장하는 것은 아니다. 제3, 4, 5장에서와 같이 세부적인 사실의 확인, 분석 및 평가과정을 통한 연구결과이며 시기별로 그 유형이 지니는 가장 특징적인 면을 함축적으로 표현한 것이다. 다만, 전쟁지도체제 유형분류 기준 세 가지(국력의 중심, 민관관계, 의존과 자주성)를 모두 고려한다면 〈그림 1〉에서 제시한 형태로 분류될 것이다.

. . . .

96) 김호진, 『한국정치체제론』, 박영사, 1994, 88~100쪽 참조.

제3장 전쟁지도체제의 태동:
의존형(1948~1960년)

　이 장에서는 제2장 이론적 접근에서 제시한 분석틀에 의한 추론구조 "한국 전쟁지도체제의 발전(유형변화)은 안보환경과 대통령의 안보관이 결정적 요인으로 작용하며, 전쟁지도체제의 발전과정은 작전권과 군사원조의 변화로 나타난다"를 적용하여 1948년부터 1960년까지 한국 전쟁지도체제의 태동을 분석하였다.

　분석결과 한국은 이시기 북한보다 상대적으로 열세한 국력과 군사력을 가지고 있었으며 미국의 대한안보정책이 주한미군의 완전철수를 가져왔고 북한이 전면남침하면서 사활적 안보환경이 조성되자 이승만 대통령의 대미의존적 안보관에 의해 미군이 전면 재개입하여 의존형 전쟁지도체제가 태동하였다. 의존형 체제는 작전권을 유엔군사령관에게 이양하게 하였으며 대규모의 전비와 군사원조를 받게 되었다.

제1절 의존형 전쟁지도체제의 태동요인

의존형 전쟁지도체제를 태동시킨 결정적인 요인은 한국의 사활적 안보환경과 이승만 대통령의 안보관이었다. 즉, 해방과 동시에 미소의 한반도 분할점령은 1948년 남북한 단독정부 수립으로 이어졌다. 남북한 모두 신생정부에 의해 국력의 형태가 갖추어 지지도 않았지만 군사력을 중심으로 한 국력에서 한국은 북한에 비하여 상대적으로 열세한 상태였다. 전쟁 이전 미국의 대한안보정책은 트루먼 독트린과 애치슨라인에 의한 모호한 불개입정책이었다. 이에 따라 1949년 주한미군 전투병력이 완전 철수하였고 북한은 대남전략전술로 전면남침전략을 실행하면서 한국전쟁이 발발되었고 사활적 안보환경이 조성되었다.

1950년 한국전쟁 발발 직후 이승만 대통령의 북진통일을 위한 대미 의존적 안보관과 결합하여 미국은 개입정책으로 전환하였고 미국의 전면 재개입은 한국에 유엔군사령부의 통제하에 전쟁을 수행하는 의존형 전쟁지도체제를 태동시켰다. 그리고 태동한 의존형 체제는 휴전 이후에도 한미상호방위조약 체결과 한미합의의사록에 의해 더욱 공고화되었다.

1. 한국전쟁과 사활적 안보환경

한국의 전쟁지도체제가 태동한 1948년에서 1960년까지는 한국전쟁을 기점으로 다시 3개로 시기구분이 가능하다. 즉, 대한민국정부가 수립된 1948년 8월 15일부터 1950년 6월 25일 한국전쟁이 발발하기 이전까지를 '전쟁 이전', 1950년 6월 25일 북한의 기습남침으로부터 1953년 7월 27일 정전협정 조인까지는 '전쟁기간' 그리고 1953년 7월 27일 이후는 '휴전 이후'로 구분된다.

한국전쟁에 의해 구분된 세 시기는 군사력을 중심으로 한 국력, 북한의 대남전략전술, 미국의 대한안보정책에 있어서 부분적으로 차이가 있었으나 전쟁을 경험하면서 확실해진 북한의 전한반도 공산화를 위한 전면남침전략과 전쟁재발억지정책이라는 미국의 대한안보정책은 이승만 대통령의 동맹중시 안보관과 결합되어 휴전 이후에도 의존형 체제가 지속된 요인으로 작용하였다.

가. 한국전쟁의 배경과 국력(군사력)의 차이

1) 전쟁의 배경

히로시마와 나가사키에 원자폭탄이 투하됨으로써 1941년 진주만 침공으로 시작된 제2차 세계대전의 아시아, 태평양전역은 1945년 8월 15일 일본의 무조건 항복으로 연합국인 미국과 소련의 승리로 귀결된다. 그리고 한반도의 2,700만여 명의 민족은 일왕의 항복 메시지를 라디오 방송으로 들으면서 해방의 기쁨을 맞는다. 그러나 그 환희도 잠시 8월 26일엔 평양에서는 소련군이, 9월 8일 서울에선 미군이 도착 성명을 내고 소련은 북위 38도선 이북을, 미국이 그 이남을 각각 점령하고 일본군의 무장해제와 군정을 실시하였다.

일본의 갑작스런 패망은 국내 무장 세력이 부재한 가운데 소련과 미국의 군대를 동시에 한반도로 불러들이게 되었다. 힘의 공백을 그들이 메운 것이다. 한반도의 전략적 가치는 소련에게는 부동항을 확보하려는 제정러시아 이래의 전통적 남진정책, 그리고 레닌혁명 이후 세계 공산화를 달성하려는 야망에서 보면 결코 작지 않았다. 미국 역시 전통적으로 '문호개방정책(open door policy)'을 추진한다는 점에서[1] 아시아대륙에 대한 전초기지를 필요로 하였고, 태평양을 영해화(領海化)할 수 있는 일본열도의 안전을 위해 점차 한반도의 전략적 중요성을 인식하게 되었다.

따라서 미·소 양국은 한반도의 중간부분을 가로 지르는 북위 38도 선을 경계로 분할점령에 합의하였고[2] 그들 군대의 진주(進駐)와 군정은 민족자주의 단일정부수립 열망과는 다르게 한반도를 남북, 좌우 대치의 해방정국으로 이끌어 나갔다. 이후 남북한은 미소(美蘇) 군정의 지원으로 각기 정부가 수립되고 군대가 창설됨으로써 의존상태의 미완성 국가로 출발하였다. 그리고 같은 민족이지만 일제강점기에 분화된 노선에 따라 서로 다른 이념의 단독정부수립을 추구하고 대내외적으로 대립구조를 형성하였다.

그리고 각각의 정통성을 주장하면서 서로가 원하는 이념과 체제에 의해 국민국가를 완성하고자 북한은 소련식 군사제도에 의한 반제이념(反帝理念)으로, 남한은 미국식 군사제도에 의한 반공이념(反共理念)으로 무장하였다. 이것이 한국전쟁의 "외압과 내발"[3]에 의한 대립

---

1) 미국의 동아시아에 대한 문호개방정책에 관련해서는 김기정,『미국의 동아시아 개입의 역사적 원형과 20세기 초 한미관계 연구』, 문학과 지성사, 2003, 95~124쪽 참조.
2) 38°선 분할에 대해서는 이완범,「미국의 한반도 분할선 劃定에 관한 연구: 1944-1945」, 연세대 대학원 박사학위논문, 1994 ;『38선 획정의 진실: 1944-1945』, 지식산업사, 2001 참조.
3) 한흥수 편,『한국정치동태론』, 오름, 1996, 24쪽.

구조의 배경이다. 미국과 소련이라는 종주국을 대리한 남북한의 대립 관계는 결국 힘의 불균형에 의해 북한의 전면남침으로 이어졌다.

2) 국력(군사력)의 차이

한국전쟁 이전 남북한의 국력에 대한 자세한 지표는 없으나, 남한의 추정치를 가지고 비교한 자료에 의하면 1949년 북한의 1인당 국민총생산액(GNP: Gross National Product)인 110달러 대비 한국의 1인당 GNP는 75달러로서 북한이 약 1.5배의 격차로 생산력의 우세를 확보한 것으로 분석된다.[4] 그리고 획일적인 공산체제에서 볼 수 있는 정치, 사회조직을 조기에 조직하고, 일제통치하에 만들어진 전력생산 및 산업시설이 대다수 북한에 위치하고 있었다는 점 등에서 군사력을 제외하고서도 한국전쟁 이전 북한의 전반적인 국력은 한국보다 우세했을 것으로 추정된다.

특히, 지표상 현저하게 차이가 나타난 것은 남북한의 군사력 불균형 문제였다. 남북한은 각각 미·소 고문단에 의해 지원을 받으면서 군을 조직해 갔다. 38도선 이북에서는 1945년 9월 19일 원산을 거쳐 9월 24일 평양에 도착한 항일빨치산 출신 김일성을 소련군이 지원하는 가운데 1948년 2월 8일에는 보안대를 확대하여 제1, 2보병사단과 제3혼성여단으로 조선인민군을 창군하였다.[5] 이를 기반으로 이어서 9월 9일에 북한(조선민주주의인민공화국) 정부가 수립되었다.

[4] 함택영, 『국가안보의 정치경제학: 남북한의 경제력, 국가역량, 군사력』, 법문사, 1998, 285~291쪽 참조.
[5] 인민군 총사령부예하에는 중앙보안간부학교, 평양학원, 비행대대, 경위연대, 중앙직속병원이 창군당시 편성됨. 장준익, 『북한인민군대사』, 서문당, 1991, 19~43·87쪽.

북한은 1949년 3월 김일성, 박헌영 등이 모스크바를 방문하여 3월 17일 체결된 조소(朝蘇)간 경제 및 문화에 관한 협정을 체결하였다. 이 협정은 북한군의 전력증강을 위한 무기와 특별군사고문단 및 10억 원의 물자 지원을 포함하였다. 그리고 제국주의 세력에 대한 공동전선 및 공동행동을 약속하고 병력을 북한에 지원한다는 조중(朝中)상호방위협정을 다음날인 3월 18일 소련 당국의 주재하에 체결하였다.[6] 이 협정에 따라 항일전에 참가했던 한인으로 구성된 중국 조선의용군이 부대 단위 또는 개별적으로 남침 이전까지 북한군으로 편입되었다. 그리고 같은 해 12월 장개석정부와 소련 간에 1945년 체결한 중소(中蘇)우호동맹조약을 모택동이 중소(中蘇)우호동맹상호조약으로 대체시킴으로서[7] 북한은 중국과 소련이라는 두 후원국을 확보하였다.

1950년 4월 김일성이 소련을 2차 방문하여 모택동의 동의를 조건으로 남침에 대한 스탈린의 승인을 받았고, 다시 5월 중국을 비밀 방문하여 모택동으로부터 동의를 얻어냄으로써 북한은 본격적으로 전쟁 개시를 위한 여건 조성 단계로 전환하였다.[8] 북한은 남침 직전까지 10개

6) 위의 책, 112~115쪽.
7) 서상문, 「새로운 사실, 새로운 관점: 毛澤東의 6·25전쟁 동의과정과 동의의 의미 재검토」, 『군사』 제71호, 2009, 10쪽.
8) 김일성은 3월 30일 평양을 떠나 소련의 보로시로프를 경유, 4월 9일 모스크바에 도착 4월 25일까지 있었으며 스탈린과의 두 차례의 회담에서 군사력 증강, 위장 평화제의, 총공격의 3단계공격방안을 구체화하여 모택동의 동의를 조건으로 승인을 받았으며 모택동은 5월 13일 북경 자금성 인근 회인당(懷仁堂)회의에서 김일성으로부터 소련과의 비밀회의를 통보받고 5월 15일 모스크바 당국에 스탈린의 승인사실을 확인한 후 동의하면서 압록강 변에 3개 군단을 배치하고 미국이 개입하여 38°선을 넘을 경우 참전한다는 기본방침을 제시함. 최근의 중국과 러시아 자료를 중심으로 연구한 서상문, 「새로운 사실, 새로운 관점: 毛澤東의 6·25전쟁 동의과정과 동의의 의미 재검토」, 14~30쪽 참조.

사단 40개 연대 및 해·공군 등을 포함 총 198,380명으로 증편하였고[9] 소련군의 지도하에 사단급 공격훈련까지 완료하였다.

반면 38도선 이남에서는 재미독립운동가 이승만을 미군이 지원하는 가운데 일본군, 만주군, 광복군 출신을 중심으로 미군정과 고문관들의 주도하에 1946년 6월 15일 조선경비대가 창설되었다. 조선경비대는 1948년 8월 15일 대한민국 정부수립과 함께 국군으로 편입되었다.[10] 육군은 소화기를 장비한 5개 여단 15개 연대를 보유하고 총 5만의 병력이었으며, 해군은 2개 특무정대에 3,000여 명이었다. 건군기 국방부가 판단한 방위전력 규모는 북한과 만주로부터의 위협까지 고려하여 총 23만이었으나 당시에는 가용전력의 1/4 수준에도 못 미쳤다.[11]

이후 주한미군이 철수하고 자위력의 확보가 절실해 짐에 따라 보병연대를 우선 증편하여 1949년 1월까지 6개 여단 20개 연대를 편성하였고, 한미 잠정행정협정에 의해 미군으로부터 5만 명분의 소총을 비롯한 탄약, 로켓포, 차량, 박격포 등을 인수하였다. 그러나 대부분의 장비가 구형이었으며 낡고 성능이 좋지 못하였다. 그리고 미국은 잠정협정에 의한 인가병력 5만 명을 기준으로 장비를 지원함으로써 1949년 3월 당시 병력은 104,000명이었으나 장비가 없는 불완전한 편성이었다.[12]

1949년 5월에는 6개 여단을 사단으로 개편하고 6월에는 8사단과 수도경비사령부를 창설하였으며, 수색학교(독립 제1대대), 호림부대(영

----

9) 이때 한국군은 육군 8개 사단 22개 연대와 해·공군을 포함 총 105,752명이었음. 장준익, 『북한인민군대사』, 135쪽 ; 육군사관학교 전사학과, 『한국전쟁사』, 일신사, 1996, 197쪽.
10) 한용원, 『창군』, 박영사, 1984, 51~103쪽.
11) 국방군사연구소, 『한국전쟁(상)』, 국방군사연구소, 1995, 49~50쪽.
12) 위의 책, 53~54쪽.

등포학원), 보국대대(제803독립대대) 등 특수부대와 함정건조 모금운
동도 전개하였다. 그리고 미군으로부터 L-4형 연락기 10대를 인수하면
서 육군에 항공사령부를 창설하고 공군의 독립과 이에 따른 지원을 미
국에 요청하였으나 시기상조라는 이유로 거부되었다. 한편, 1950년 1월
에는 미국의 트루먼 대통령이 대만 불개입을 언급하고 애치슨(Dean
G. Acheson)이 극동방위선을 천명함으로써 한미상호방위원조조약의
체결에도 불구하고 미국의 대한안보지원은 미미한 수준이 이어졌다.[13]

따라서 한국은 전쟁직전 8개 사단 22개 연대에 해, 공군을 합하여
105,752명의 병력을 유지하였으나 미국에 요청한 장비에 대한 지원이
지연되어 정상적인 전투임무가 제한되었다. 여기에 보유한 장비도 대
부분 북한에 비하여 열세하였고 훈련수준도 매우 낮은 수준이었다.
경제력 등 기타 부분의 국력 지표가 불분명한 점을 고려하면 남북한
의 군사력 불균형은 한국전쟁 발발 원인을 설명하는 중요한 사실로
확인할 수 있다. 한국은 병력의 단순수치로 보더라도 북한의 절반 수
준으로 열세하였고, 특히 북한은 당시 비대칭전력으로 한국군이 보유
한 대전차화기로는 파괴할 수 없는 T-34전차를 200여 대 실전배치하고
있었다.

남북한 군대는 이념면에서도 각기 항일혁명과 반제제국주의 이념
(反帝理念)과 이승만 대통령의 독립운동 및 반공산주의(反共理念)로[14]
대치하였다. 북한군도 분파가 있기는 했지만 김일성을 추종하는 빨치

---

13) 위의 책, 58~59쪽.
14) 1948년 12월 1일 제정된 국군 3대선서의 2항에 "우리의 상관, 우리의 전우를 공산
당이 죽인 것을 명기하자"와 1949년에 국군맹서로 변경되어 2항에 "우리는 강철
같이 단결하여 공산침략자를 쳐부수자"를 참조. 국방부 군사편찬연구소, 『건군
사』, 국방부 군사편찬연구소, 2002, 59~60쪽.

산파가 다수를 차지하면서 주도권을 장악한 반면, 한국은 창군당시 일본군, 만주군, 광복군 등 출신성분이 다양하였으며 이후 북한에서 월남한 부류까지 가세하였다. 또한 군내 좌익세력이 군내에 침투하여 활동함으로써 숙군 이후에도 상당한 후유증이 잠재하여 의지면에서도 북한에 비하여 열세하였다.

나. 한국전쟁을 전후한 북한의 대남전략전술

전쟁 이전 북한은 전쟁을 준비하면서 긴장을 조성한 시기로서 점차 전면남침전략하에 대남위협을 고조시켰다. 전쟁기간 중에는 한반도 석권전략에서 인천상륙작전 이후 중국의 지원하에 패전회피전략으로 전환, 정전협정에 조인하였다. 휴전 이후에는 전후복구와 전력증강에 전념하면서 역량축적전략으로 전환하였다.

1) 전쟁 이전

전쟁 이전 북한의 대남전략전술은 전면남침전략이었고 이를 위한 준비는 2단계로 진행되었다. 1단계는 정부수립부터 1949년 6월 29일 주한미군 전투 병력이 완전 철수하기 이전까지의 기간으로 군내 침투한 공산세력을 이용한 '폭력투쟁전술을 구사한'[15] 기간이다. 1948년 제주도폭동사건을 진압하려 출동하던 14연대에서 발생한 10월 19일 여수-순천(여순)반란사건과, 11월 2일 제주도폭동과 여순반란 진압을 위하여 주 병력이 출동한 대구 6연대에서 발생한 폭동사건 등을 들 수 있다.

---

15) 국방군사연구소, 『한국전쟁(상)』, 20~22쪽.

2단계는 1949년 6월 29일부터 전쟁 발발 이전까지로서 국군의 능력과 대비태세를 시험하고 전면전시 제2전선을 형성하기 위한 남파 인민유격대 활동과 38도선 일대의 국지도발을 강화하여 '남침상황조성전술'을 구사한 시기이다. 이 기간 북한은 1949년 7월 6일 200명의 유격대를 오대산일대로 침투시켰으며 8월 4일에는 김달삼 부대 300명을 일월산으로 침투시켰고, 8월 17일에는 강동정치학원장 이호제가 직접 지휘하는 360명의 인민유격대가 태백산으로 남파되었다. 그리고 다음 해인 1950년 3월 28일에는 김상호, 김무현 부대 약 700명이 오대산과 방대산으로 침투하는 등 전쟁 이전까지 북한은 총 10회에 걸쳐 2천4백 명의 인민유격대를 침투시켰으나 국군 4개 사단 규모와 경찰이 투입되어 2천여 명이 사살되거나 생포되었다.[16] 그러나 이 중 400여 명은 잔존하여 계속 활동하였고, 후방지역에서 제2전선을 형성함으로써 국군의 전선집중을 방해하였으며 남북 간의 분쟁 국면을 조성하였다. 국군이 미군으로부터 경비를 인계받은 1949년 초부터 시작한 38도선 상의 도발도 남침직전까지 개성, 옹진반도, 포천, 춘천 및 강릉지역일대에서 총 847회에 걸쳐 불법사격 및 국지적인 공격을 감행하였다.

그리고 실질적으로 전면남침체제로 전환한 것은 1950년 6월 10일 비밀 군사작전회의부터였다. 이 회의에서 1, 2군단장을 임명하여 군단사령부를 창설하고 '대기동작전훈련'이라는 명목으로 선제타격계획에 의하여 6월 23일까지 38도선에 인접한 지역으로 이동하여 옹진반도에 3여단, 개성 북방에 6사단, 고랑포 북방에 1사단, 연천에 4사단, 운천에 3사단, 화천에 2사단, 인제에 12사단, 양양에 5사단 및 전차 120대로 편성된 105전차여단은 각 1개 연대씩 1, 4, 3사단 축선으로 전개하여 공격준비를 완료하였다.[17] 그리고 1950년 6월 25일 새벽 4시 공격준비사격과 함께 전 전선에서 전면적인 남침을 개시하였다.

2) 전쟁기간

북한의 전면남침으로 시작된 한국전쟁은 한국군의 초기방어전투이후 북한의 예상과는 달리 신속하게 미군이 개입하여 인천상륙작전으로 밀리게 되자 북한은 중국의 지원을 요청하였다. 그리고 정전협정 조인까지 소련을 배경으로 확전위협에 의한 패전회피전략을 구사하면서 공방을 계속하였다. 주한미군이 없는 상태에서 전면남침을 맞은 한국은 절체절명의 '사활적 안보환경'[18]이 현실화되었다. 미국의 지원을 요청하는 것 외에는 다른 선택이 불가한 사활적 안보환경하에서 이승만 대통령은 전쟁지도체제를 의존형으로 태생시키게 된다.

미군의 본격적인 개입 이후 북한과 중국은 조중연합군으로 미군과 한국군은 국제연합군 즉, 유엔군의 이름으로 격전을 벌인 기간이다. 낙동강 선까지 지연전 → 인천상륙작전 및 반격 → 중국군의 개입과 공방으로 이어졌다. 중국군이 본격적으로 개입한 시점에 맥아더(Douglas MacArthur) 장군의 "… 선전포고 없는 전쟁에서 전체적으로 중국과 대

---

17) 위의 책, 82~91쪽 참조.
18) 1950년 6월 26일 이승만 대통령과 무초 대사의 대담 상황 "접견은 26일 밤 10시에 있었다. … 대통령은 대단히 긴장되어 있었다. 그의 안면은 경련을 일으켰고, 말은 끝을 맺지 못하였으며 앞뒤 연결도 안 되었다"를 참조. U.S. Department of State, *Foreign Relations of the Unites States 1950*, Vol. VII, Washington D.C.: Government Printing Office, 1977, pp. 129~131 ; 서주석, 「한국전쟁 1년과 한미관계」, 『국방논집』 제6호, 1988, 177쪽에서 재인용.

치하고 있다. … 즉각적인 조치가 취하여지지 않는 한 성공의 희망은
정당화될 수 없으며 끝내는 파멸로 이끌게 될 계속적인 소모만이 합리
적으로 고려될 수 있을 것이다.…"[19]라는 견해에서 보듯이 미국의 전
면개입이 승전으로 이어지지 못한 것은 북한의 패전회피전략에 의한
중국의 개입이었음을 알 수 있다.

전쟁이 장기화되면서 진지전에 의해 주요고지 및 돌출부에 대한 쟁
탈전이 반복되는 가운데 휴전협상이 중단을 반복하면서 계속되었다.
그리고 한국은 밴플리트 미8군사령관을 필두로 한 미국의 적극적인
지원하에 2, 3군단을 재창설하고 및 12, 15, 20, 21, 22, 25, 26, 27사단
등 9개 사단을 창설하면서 전력을 증강하였다. 기존의 1군단, 수도,
1·2·3·5·6·7·8·9·11사단과 함께 3개 군단 18개 사단으로 휴전
을 맞이하였다.[20] 전쟁 중의 전력증강과 미군과의 연합작전 경험은 전
후 한미상호방위조약 체결로 이어져 의존형 전쟁지도체제를 공고화
하고 북한의 재도발 위협을 방지하는 요인이 되었다.

3) 휴전 이후

전쟁이 정전협정으로 휴전상태가 되자 북한은 전후복구와 전력증강
을 위한 역량축척전략으로 전환하였다. 이 전략은 휴전 이후 시간이
지남에 따라 비축된 역량을 시험하려는 대남침투, 또는 공작전술로 나
타나기도 하였다. 북한군의 정전협정 위반이 증가하자 정전협정 제13
조 D항 "한국 국경 외로부터 증원하는 작전비행기, 장갑차량, 무기 및

[19] 육군본부, 『정책과 지도: 유엔군전사 제3집』, 육군본부, 1990, 360쪽.
[20] 국방부, 『국방사 2』, 국방부, 1987, 334~337쪽.

탄약의 반입을 정지한다(이하 군비증강 금지조항)"[21]는 1957년 유엔군
의 통보에 의해 폐기되었고 유엔군사령부가 일본에서 한국으로 이전하
였다.

즉, 그 이전은 정전협정상 군비증강 금지조항이 어느 정도 준수되
었으나 그 이후는 북한의 정전협정 위반과 간첩 및 테러활동이 증가
하였다. 휴전 이후부터 1957년 6월까지 북한은 역량축척에 집중하면서
1956년 1월 12일에는 중국과 북한 간 '원조제공에 관한 의정서'에 조인
하였으며 소련과는 동년 8월 4일 '경제원조 협정'을 체결하였다.

중간 수준의 위협기인 1957년 7월 이후에는 점차 정전협정 위반과
국지적 도발, 대남 공작 및 테러활동을 강화하였다. 특히, 이승만 대통
령의 고령화와 계속되는 장기집권으로 인한 지지기반의 이탈 그리고
1958년 11월 한미합의의사록 수정에 의한 72만에서 63만으로 한국군
감축 등과 때를 같이하여 정전협정 위반, 간첩침투 및 공작전술 등으
로 북한은 비축된 역량시험을 병행하면서 대남위협 수준을 강화하였
다.

〈표 4〉에서 보듯이 1956년까지 60건 이하였던 정전협정위반 건수가
1957년부터 90건으로 급격히 증가하였고, 1959년 208건으로 휴전 후
최고를 기록하였으며 그 이후에도 1960년까지 세 자리 수를 기록하였
다. 간첩사건으로는 1958년 2월 16일 간첩 기덕영에 의해 포섭, 조종된
최관호 등 5명이 부산발 서울행 대한항공 소속 민간여객기 1대를 강
제 납치하여 평양으로 향한 것이 대표적이었다.[22] 4·19혁명 이후에도

21) 위의 책, 608쪽.
22) 백종천·이민룡, 『한반도 공동안보론』, 일신사, 1993, 346~347쪽.

1960년 7월 12일 검거한 간첩 송종식사건, 1960년 12월 15일 경주호 납
북기도사건과 12월 29일 반정부·반미공작간첩사건 등[23]은 북한이
1950년대 축적된 역량을 시험하는 대남전술을 구사하였음을 보여주
었다.

〈표 4〉 1953~1960년 북한의 정전협정위반 통계

년 도＼위 반(건)	계	지 상	해 상	공 중
1953	40	11	1	28
1954	22	1	1	20
1955	15	3	.	12
1956	4	2	.	2
1957	60	50	1	9
1958	96	86	3	7
1959	209	208	.	1
1960	183	177	6	.

출처: 국방부, 『국방사 2』, 국방부, 1987, 474쪽.

　1948년 8월 15일 정부수립부터 1961년 5월 16일 군사혁명이전까지
의 북한의 대남전략전술을 종합해 보면 전쟁 이전 전면남침전략에 의
해 미군이 철수하는 기회가 조성되자 한국전쟁을 일으켰으며, 예상과
달리 미군이 전면개입하자 패전회피전략에 의해 정전협정에 조인하
였다. 그리고 휴전 이후에는 역량축척전략으로 전환하였고 점차 비축
된 역량을 시험하는 전술을 구사하였다. 요약하면, 주한미군이 철수한
상황에서 전면남침은 한국에 사활적 안보환경을 조성하였고 이승만
대통령의 안보관에 의해 미군의 전면개입을 불러와 한국에 의존형 전

23) 국방부, 『국방사 2』, 485쪽.

쟁지도체제가 배태되는 요인이 되었다.

다. 한국전쟁을 전후한 미국의 대한안보정책

1948년부터 1960년까지 미국의 대한안보정책은 해방 이전의 "소극적 대한안보정책"[24]에서 미군정기 이후 한국전쟁을 전후로 하여 모호한 불개입정책에서 구체적 개입정책으로 변화하였다. 그리고 휴전 이후에는 세계전략의 일환으로서 봉쇄를 위한 전쟁재발억지정책이 유지되었다.

1) 전쟁 이전

1950년 한국전쟁이 발발하기 이전까지 트루먼 독트린과 애치슨의 "극동방위선 연설"[25]로 미국의 대한안보정책은 모호한 불개입정책을 유지하였다. 불개입정책으로 1948년 12월 파리 유엔총회에서 미소 점령군의 철수결의가 있은 직후 소련군이 북한에서 철수하자 미군도 1949년 1월에는 24군단을 해체하고 전투단만 남겨놓았다가 6월 말에는 완전 철수하였다. 그리고 전쟁 발발 당시에는 군사고문단만 잔류하였다. 불개입정책의 원인은 이승만 대통령의 호전성에 대한 경계, 한

---

[24] 전인영, 「미국의 대한반도 정책」, 백종천 편, 『한·미동맹50년: 분석과 정책』, 세종연구소, 2003, 29~30쪽.

[25] 1950년 1월 12일 제2기 트루먼 행정부의 신임 국무장관 애치슨의 전국언론클럽(National Press Club)연설에서 아시아의 위기 – 미국정책의 시험대(Crisis in Asia-An Examination of U.S. Policy)라는 주제로 태평양에서의 미국전초방위선을 설명하면서 한국과 대만을 제외함으로써 전쟁유발설의 논쟁을 불러일으킴. 양영조, 「한국전쟁 이전 미국의 한반도 군사정책: 포기인가? 고수인가?」, 『군사』 제41호, 2000, 77~78쪽.

반도에 대한 군사전략상 낮은 가치평가 그리고 미국의 군사원조의 한계 등에 기인한 것이었다.[26]

이러한 불개입정책에 기인하여 미 합참은 소련과의 전면전을 고려한 핀셔(PINCER, 1946년 3월), 문라이즈(MOONRISE, 1947년 6월), 오프태클(OFFTACKLE, 1949년 12월)이라는 전쟁계획을 수립하면서 서유럽 방위에 우선순위를 두고 극동에서는 일본과 필리핀을 포함한 채 한국은 배제하였다. 핀셔와 문라이즈에 있는 극동방위선은 알류산열도로부터 일본-오키나와-필리핀을 잇는 선으로 한반도와 대만을 제외한 애치슨이 설명한 라인이었다.[27]

그러나 모호한 불개입정책이 지배적이었던 당시에도 북한의 남침에 대비한 브래들리 보고서와 같이 북한의 전면남침에 대비한 유엔의 역할, 애치슨라인의 연장 등 구체적인 개입정책이 거론되기도 하였다.[28] 일종의 서유럽과 동아시아를 둘러싼 미국 내의 정책 갈등구도가 대한안보정책의 모호한 불개입정책으로 나타난 것이다. 그리고 소련과의 전면전만 계산했을 뿐 제한전이나 대리전의 가능성을 예측하여 대비하지 않았다.[29] 그리고 그만큼 냉전의 초기상황에서 격변하는 동아시아에 대한 미국의 정책이 불완전했던 것이다.

1948년 남북한 단독정부수립 후 소련이 미국에 보낸 9월 18일자 각

---

[26] Robert K. Sawyer, *Military Advisors in Korea-KMAG in Peace and War*, CMH US ARMY, 1962, pp. 100~101 ; 위의 글, 53~61쪽에서 재인용.

[27] 남정옥, 「6·25전쟁과 초기 미국의 정책과 전략, 그리고 전쟁지도」, 『군사』 제59호, 2006, 55~56쪽.

[28] 양영조, 「한국전쟁 이전 미국의 한반도 군사정책: 포기인가? 고수인가?」, 59쪽.

[29] 김명섭, 「한국전쟁 직전의 애치슨 선언에 대한 재해석」, 『군사』 제41호, 2000, 79~97쪽 참조.

서에서 12월 말까지 북한으로부터 소련군이 철수를 완료할 것이라고 통보하고, 12월 12일에는 유엔총회에서 한국위원단 설치에 관한 결의를 채택하자[30] 미군도 모호한 불개입정책에 따라 본격적으로 철수하였다. 1946년 3월 15일 철수한 미40사단에 이어 1948년 12월 29일에 먼저 미7사단이 철수하였고, 이어 1949년 1월 10일에는 미6사단이 철수하였다. 바로 5일 뒤인 1월 15일에는 미24군단사령부도 해체를 위해 일본으로 철수하였다. 1945년 10월 31일 77,643명으로 최고에 달했던 미 점령군은 이러한 철수 과정을 거쳐 1949년 6월 29일 제5전투단 7,500명의 전투 병력이 완전히 철수하고 군사고문단 495명만 남게 되었다.[31] 그리고 이후 한국전쟁이 발발할 때까지 주한미군사고문단(KMAG: US Military Advisory Group to the ROK) 인원들만 남아 한국군에 대한 조언역할을 하였다.

당시만 해도 제2차 세계대전에서 연합국으로 함께한 미소(美蘇)는 서로 한반도에 대한 영토적 야욕과 대결의 의도가 없음을 철군을 통하여 표시하는 듯 불과 1년여 만에 신속히 철수하였다. 그러나 소련은 북한에 대하여 신속하고 적극적인 군사원조 및 지원으로 군사력을 증강시켰고 인접 중국의 지원을 받도록 중재함으로써 북한에 의한 대리전으로 한반도를 공산화하려하였다. 반면 미국은 소련의 동시 철군이라는 기만평화공세를 간파하지 못하고 철수함으로써 북한의 전면남침에 의해 유엔군의 이름으로 재개입할 수밖에 없었다.

· ·

[30] "점령국들은 가능한 한 조기에 한국으로부터 그들의 점령군을 철수해야 함을 권고." 외무부 외교연구원, 『한국외교의 20년』, 외무부, 1967, 292쪽.
[31] 국방부 군사편찬연구소, 『한미군사관계사 1871-2002』, 국방부 군사편찬연구소, 2002, 732쪽.

2) 전쟁기간

1950년 6월 25일 전쟁이 발발하자 미국은 소련의 극동지역에서 팽창전략이 현실화되었음을 확인하고 이에 대한 봉쇄의 일환으로 신속한 개입을 결정하였다. 모호한 불개입정책에서 적극적 개입으로 대한 안보정책이 변화하면서 전쟁을 정책적으로 직접 지도하여 북한군의 격멸을 통해 전쟁상태 이전으로 회복하고자 하였다.[32] 이전의 모호한 불개입정책이 전쟁을 통하여 구체적인 전면개입정책으로 변화한 것이다.

그리고 유엔을 통한 합법성을 부여받음으로써 유엔의 깃발하에 미 극동군사령부 예하의 전력을 필두로 대규모의 부대를 투입하게 되었다. 북한의 전면남침으로 전쟁이 발발하자 소련의 팽창전략이 극동지역에서도 현실화되었음을 직시하였고, 이승만 대통령의 긴급요청과 미국의 봉쇄전략이 합치되어 구체적인 개입정책으로 변화한 것이다. 미 극동군을 중심으로 대규모의 군대를 한국 내에 투입하면서 직접 전쟁과 군사작전을 지도하고 실전을 통해 한국군의 전력증강을 지원하는 정책으로 전환하였다.

개입정책에 따라 미 지상군은 8군, 1군단, 9군단, 10군단 예하의 사단들이 순서별로 24사단, 25사단, 1기병사단, 2사단, 7사단, 3사단, 45사단, 40사단 등 8개 사단이 참전하였다. 해군은 미 제7함대를 주축으로 하여 극동해군사령부 예하의 7공격함대, 90・95・96기동부대가 항공모함 16척, 전함 4척, 구축함 10척, 순양함 4척을 투입하였다. 공군은 제5공군을 주축으로 13, 20공군이 참전하여 총 720,980소티(sorty)를

----

32) 남정옥, 「6・25전쟁과 초기 미국의 정책과 전략, 그리고 전쟁지도」, 57~65쪽.

수행하였으며 전략폭격사령부가 1950년 7월 18일 창설되어 B-26, 29에
의한 대규모 공습을 실시하였다. 미 해병1사단(임시해병여단이 증편)
과 1해병비행단도 참전하여 인천상륙작전, 화천저수지 – 펀치볼 작
전 및 1952년 3월부터 휴전 시까지 서부전선에서 중요한 역할을 하였
다.[33]

　전면적 개입정책에 의해 전쟁에 참전한 주한미군은 전쟁 중 한때 지
상군 302,483명, 해군 74,335명, 공군 113,000명을 기록했지만 전쟁에서
승리를 달성하지 못한 채 애초의 전쟁의 목표인 전쟁 이전상태로 복
귀하면서 휴전협정에 조인하였다. 만주에 대한 핵무기 사용 및 중국,
소련과의 전면전을 회피하고 휴전한 것이다.

3) 휴전 이후

　휴전 이후 미국의 대한안보정책은 전쟁기간에 구체화된 개입정책
의 연장에 있었다. 즉, 개입을 가져온 소련의 팽창을 일정한 선내에 묶
어두는 봉쇄의 일환으로 휴전선은 38도선을 대치한 미·소 간의 전략
균형선이었다. 따라서 휴전 이후 미국의 대한안보정책은 "전쟁재발억
지정책"[34]이었으며 이를 위해서는 북한의 침략을 억제하기 위한 적정
규모의 주한미군을 유지하고 한국군의 전력을 증강하는 것이었다.

　전쟁기간 북한과 중국 연합군을 상대하여 전면적으로 투입하였던
미군을 점차적으로 철수하고 1개 군단규모로 재편하였다. 1954년 보
병 7개 사단, 해병 1개 사단 등 8개 사단 총 36만여 명이 주둔하고 있

---

33) 국방부 군사편찬연구소, 『한미군사관계사 1871-2002』, 390~444쪽.
34) 이춘근, 「미국의 신동아시아 전략과 주한미군」, 백종천 편, 『한·미동맹50년: 분
　　석과 정책』, 243~244쪽 참조.

다가 1957년까지 1개 군단, 2개 사단의 6만 명 수준으로 감축하였다.[35] 1954년 4월에 45사단, 6월에 40사단, 8월에 2사단이, 9월에는 9, 10군단이 철수하였으며 9월 1일부로 5공군사령부가 일본으로 이전하였다. 그리고 10월 3일에는 25사단이, 10월 29일에는 3사단이 철수하였으며 11월 20일 8군사령부도 일본으로 떠났다.[36]

1955년에도 철수가 계속되어 3월 18일에는 해병 1사단이 철수하면서[37] 전쟁기간 전면개입 수준의 주한미군이 2개 사단의 전투 병력과 그것을 지휘하는 1개 군단 및 1개 군사령부가 주둔하는 체제로 전환하였다. 이후에도 미 8군과 1군단의 통제 하에 7사단과 24사단이 휴전선의 서부전선에서 주력으로 남아 있다가 1957년 10월 15일 미 1기병사단이 투입되어 24사단 지역을 인수하였고 24사단은 철수하였다.[38] 1957년의 미 1기병사단의 철수에 따라 7만 명 수준의 주한미군 병력이 이후 5만 명 수준으로 감소하였다.

이와 같이 미국의 대한안보정책이 '불개입 → 개입 → 전쟁재발억지'로 변화하면서 나타난 주한미군의 주둔규모의 변화를 종합해보면 〈그림 6〉과 같다. 1949년 불개입정책에 의해 전투 병력이 '완전철수'하여 최저점을 이뤘던 주둔규모는 1950년 한국전쟁 발발로 '전면개입'하여 급상승했다. 1953년 휴전 이후에는 전쟁재발억지정책으로 전환, 1955년까지 주한미군은 대폭 감소했음에도 불구하고 1958년 이후에도

. . . .

35) 하영선, 「한미군사관계의 새로운 방향모색」, 구영록 · 길승흠 · 양성철, 『남북한의 평화구조』, 법문사, 1990, 107쪽.
36) 미8군사령부는 1955년 7월 다시 서울로 환원.
37) 국방부, 『국방사 2』, 572쪽 ; 서울신문사, 『주한미군 30년』, 행림출판사, 1979, 303~308 · 366쪽.
38) 이후 1965년 7월 1일 미2사단이 투입되면서 미1기병사단은 철수.

5만여 명의 1개 군단 수준을 유지하였다.

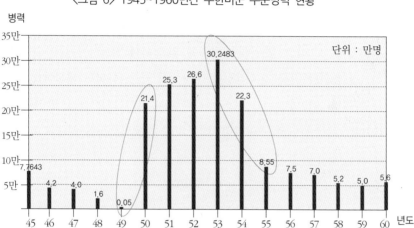

〈그림 6〉 1945~1960년간 주한미군 주둔병력 현황

출처: 국방부 군사편찬연구소, 『한미군사관계사 1871-2002』, 677쪽의 〈표 5-45〉를 참조
재구성.

정리하면, 한국전쟁 직전 북한은 전면남침전략하에 소련 및 중국의
지원하에 전쟁준비를 통해 대남위협을 고조시켰고, 미국은 모호한 불
개입정책에 의해 적극적인 지원 없이 주한미군 전투병력을 계속 철수
함으로써 한국에는 위기적 안보환경이 조성되었다. 그리고 주한미군
이 전무한 상태에서 이어진 북한의 전면남침은 위협인식을 최고조화
하면서 한국의 안보환경을 사활적으로 급전시켰다. 이에 직면한 이승
만 대통령은 미국의 지원이 필수적이라는 인식하에 동맹중시(필수)
안보관으로 한국의 전쟁지도체제를 의존형으로 태동시키게 된다.

2. 이승만 대통령의 안보관

이승만 대통령은 1875년 황해도 평산에서 태어났다. 1894년 배재학당에 입학하여 신학문을 접한 후 협성회보, 매일신보, 제국신문을 창간하였다. 그리고 외세배척운동에 앞장서다 5년간 옥살이를 하고 1905년 풀려나 미국 조지워싱턴 대학에서 학사, 하버드 대학에서 석사를 마치고 1910년에는 프린스턴 대학에서 철학박사학위를 받았다. 또한 미국을 중심으로 국내와 만주 등지에서 독립운동을 하였으며 해방 후 1945년 10월 16일 귀국하여 미국의 지원하에 남한 단독정부수립을 주도하고 한국의 초대대통령이 되었다.

그의 집권은 정부수립기에는 한민당, 1952년 이후에는 자유당에 포진한 식민지관료를 중심으로 한 지배연합세력에 기반하였다. 이들은 친일적 배경을 가지면서도 해방 이후 미군정의 비호하에 생존하였고 이승만을 중심으로 지배세력화하였다.

이러한 개인적인 성장과정에서의 특징과 지지세력을 배경으로 한 이승만 대통령의 안보관은 대미의존적으로서, 한국의 안전보장은 미국의 지원에 의해서 유지될 수 있다는 신념으로 나타났다. 특히, "가부장적 권위형",[39] "적극적이고 공격적인 플러스 리더십"[40]의 소유자 등으로 평가되는 이승만 대통령은 노회한 독립운동가라는 카리스마를 가지고 외교와 안보 문제를 개인화하여 판단하고 결정하기도 하였다. 그리고 한국전쟁이라는 사활적 안보환경에 직면하여 전쟁을 미국에 의존해 수행함으로써 의존형 전쟁지도체제를 태동시키게 되었다.

----

39) 김호진, 『한국의 대통령과 리더십』, 청림출판, 2008, 129쪽.
40) 최진, 『대통령리더십』, 나남출판, 2003, 51쪽.

가. 집권기반 공고화 과정과 그 성향

이승만 대통령의 주요 지지세력은 미군정기간 존속되어 생존에 성공한 경찰을 포함하는 식민관료 조직이었다. 일제 시 한국인 관료들은 미군정에 재기용되었고 일제 식민통치의 인적, 조직적 자원을 전수받아 강화하였다. 특히, 이승만 대통령에 의해 도구화된 이들은 남북한 단독정부수립에 의해서 반공체제를 유지해야 했고 국회가 반민족행위자 처벌법(반민법)에 의해 친일세력을 숙청하려하자 반공대회를 개최하면서 이를 저지하였다.[41]

이승만 대통령은 단독정부수립기에 한민당과 제휴하였으나 조각과정에서 이들을 배제하였으며 이후 1951년 12월 자유당을 창당하였다. 그리고 1953년 이범석의 민족청년단(족청)계열을 축출하고 자신의 지지세력을 중심으로 확고한 지도체제를 갖춘 집권정당을 구축하였다. 이후부터 자유당을 통해 자신이 원하는 방향으로 민중을 동원하고 권력을 강화할 수 있게 되었다.[42]

이후 1955년 세력기반이 없는 이기붕을 중심으로 족청계를 축출한 비족청 중진마저 거세한 후 5월 전당대회를 통해 이승만-이기붕 체제를 공고화하였다. 이기붕 중심의 당료들은 대부분 일제치하에서 관료였던 세력으로서 미군정으로부터 도움을 받아 생존했다. 이승만 대통령이 장기집권하자 이들은 집권기반으로서 대통령의 추종세력이 되었다. 따라서 이들은 이승만의 의존적 대미관에 동조하였으며[43] 단

---

[41] 백운선, 「이승만 정권 리더십의 기원과 자원」, 한국정치학회 편, 『한국현대정치사』, 법문사, 1995, 218~225쪽 참조.

[42] 심지연, 『한국정당정치사』, 75~83쪽 참조.

독정부수립, 6·25전쟁 및 장기집권으로 반공체제가 공고화되면서 이승만 대통령의 북진통일로 표현된 대북관을 추종하였다.

이승만 대통령은 건국의 아버지이면서 동시에 권력욕의 화신이라는 두 얼굴을 가진 야누스(janus)로 평가되기도 한다. 그리고 트루먼이 "이승만은 신념이 강한 인물이나 그와 의견을 달리하는 사람에 대해서는 인내심이 부족했다"라고 회고한 것처럼 자기와 다른 의견과 2인자의 등장을 용납하지 않았다.[44] 그런 만큼 국가적으로 중요한 정책에 대해서도 독단적 판단을 중심으로 결정을 내렸다.

나. "북진통일"의 대북관

이승만은 1948년 7월 24일 초대 대한민국 대통령으로 취임하였다. 남한만의 단독정부로 출범한 이상, 이념과 체제를 달리하는 북한에 대하여 이승만 대통령의 북진통일 욕구는 매우 강했다. 1948년에 이미 "공산당에 억압당하고 있는 우리 북한 동포들을 구하기 위하여 하루속히 북진해서 통일해야만 합니다"라고 당시 이른바 '북벌설(北伐設)'을 수시로 언급하였다. 북한의 정부를 멸망시키고 한반도에 통일된 유일 국민국가를 건설하겠다는 희망이었다.

신성모 국방장관도 "우리 국군에게 북진명령만 내린다면 아침은 해주에서 먹고, 점심은 평양에서 들며, 저녁상은 신의주에서 받을 수 있다"라고 동조하였고, 채병덕 총참모장도 "그 방법은 군기밀이라 언급할 수 없으나, 백번 승산이 있으니 국민은 안심하라. … 38선이 터지는

---

43) 백운선, 「이승만 정권 리더십의 기원과 자원」, 227쪽 참조.
44) 김호진, 『한국의 대통령과 리더십』, 131~163쪽.

그날만 두고 보라"고 호언장담하였다. 군 수뇌부는 전쟁준비의 미비함과 전력의 열세에 관한 실상을 알면서도 북진통일을 공공연히 표현하는 이승만 대통령에게 감히 도전을 할 수 없었다.[45]

한국전쟁 중에도 인천상륙작전으로 전세가 역전되고 38도선 돌파문제가 대두되자 이승만 대통령은 정일권 총장에게 "북진을 계속하여 단호히 조국을 통일하라"는 엄명을 내렸다.[46] 또한 1951년 2월 5일 중국군의 신정공세(新正攻勢)를 막아낸 후에도 38도선은 이미 없어졌다고 진격정지설(進擊停止設)을 반박하였다. 1952년 5월 부산정치파동 당시에는 5월 28일 계엄령을 선포하고 '발췌개헌'을 통하여 정권을 연장한 후[47] 1953년 4월 11일에는 휴전반대 단독북진 성명을 발표하고 4월 26일에는 통일 없는 휴전반대 메시지를 아이젠하워 대통령에게 전달하였다.

휴전 이후에도 이승만 대통령은 북진통일을 내세우면서 대북관에 있어서 '적대적 경쟁중시'의 안보관을 계속 이어갔으며 1954년 3월 5일에는 국제반공적십자군 창설을 제의하였다. 11월 29일에는 '사사오입 개헌'[48]으로 3선을 가능하게 한 후 1955년 8월 13일에는 휴전협정 폐기 담화를 발표하였으며, 1956년 5월 5일엔 한국 통일을 위한 중국군

. . . .

[45] 김행복, 『6 · 25전쟁과 채병덕 장군』, 국방부 군사편찬연구소, 2002, 132~138쪽 참조.

[46] 정일권, 『정일권 회고록: 전쟁과 휴전』, 동아일보사, 1986, 264쪽 ; 김행복, 「한국 전쟁중 한국군 총사령관의 작전지도: 채병덕, 정일권, 이종찬, 백선엽」, 『전사』 제4호, 2002, 17쪽에서 재인용.

[47] 1952년 7월 4일, 이승만 대통령이 직선제를 통하여 재집권을 추진하자 야당은 내 각제 개헌안을 상정하였으며, 국무위원에 대한 국회의 불신임권을 인정하면서 직선제를 발췌하여 개헌함.

[48] 당시 현직 이승만 대통령의 중임제한 철폐 개헌안을 사사오입으로 통과시킴.

의 철수를 요구하는 성명을 발표하였다. 1957년 1월 6일에도 휴전협정
을 폐기하고 군비를 강화할 것을 강조하였다.

1959년 6월 6일에는 미군 없이 단독북진이 가능하다고 언명하였으
며,49) 북진통일을 구호로 내걸고 '3·15부정선거'를 통하여 반공독재
를 지속시키기도 했다.50) 그리고 1960년 4월 12일 담화에서도 "이 난
동 뒤에는 공산당이 있다는 혐의도 있어서 지금 조사 중인데, 난동은
결국 공산당에 좋은 기회를 주게 할 뿐이다"51)라고 하여 4·19혁명에
임해서까지 반공을 위시한 북진통일 안보관으로 국내정치의 위기를 모
면하려 하였다.

즉, 정부수립부터 하야할 때까지 이승만 대통령은 줄기차게 북진통
일을 주장하면서 이를 통해 북진통일에 대한 국민적 열망을 자신의
지지로 전이시켰으며 장기집권의 기재로 활용하기도 하였다. 따라서
이승만 대통령의 대북관은 북진통일이라는 적대적 경쟁중시의 안보
관으로 요약된다. 그러나 북진통일은 독자적인 힘으로는 불가능한 현
실 속에서 그것을 가능하게 하는 지원 군사력을 미국에 의존할 수밖
에 없는 모순을 내포하고 있었다.

다. 의존적 대미관

이승만 대통령은 오랜 미국 생활로 자유민주주의체제에 익숙해져
있었고, 2차 세계대전 이후 국제정치가 미소에 의한 양 진영으로 블록

49) 국방부, 『국방사 2』, 565~591쪽의 연표 참조.
50) 1960년 이승만 대통령의 4선을 위한 부정선거로서 4·19혁명을 촉발시킴.
51) 김호진, 『한국의 대통령과 리더십』, 160쪽.

화한다는 것을 간파한 이승만은 남한만의 단독정부수립을 지지하였
다. 1946년 4월 6일 AP통신이 남한만의 단독정부수립 추진 보도를 한
데이어 이승만은 6월 3일 "정읍발언"[52]을 통하여 단정설(單政說)을 제
기하고 6월 29일 민족통일총본부를 설립하여 단독정부수립운동을 전
개하였다. 이승만 자신으로서는 일종의 독립운동의 연장이었으며, 38
도선으로 분단된 현실하에서 국제적으로 승인된 합법정부를 조기에
출범시켜야 한다고 판단한 것이다.

그러나 단정은 미군정에 의존한 분단구조의 공고화에 대한 단초를
제공했다는 비판과 함께 이승만 대통령의 대미의존적 성향이었다고
볼 수 있다. 정부수립 이전에는 하지 주한미군사령관이 연정에 의한 좌
우합작을 선호했음에도 불구하고 이승만은 1946년 12월 워싱턴을 방
문하여 직접 단정론을 설득했다.

대미의존적 성향은 당시의 한국 대통령으로서 생존을 위한 필연적
인 선택이기도 했다. 북한이 소련과 중국으로부터 많은 지원을 받고 있
는 상황에서 이승만 대통령은 정부수립 후 1949년 8월 20일 직접 군사
원조문제에 대한 세부요청 무기목록이 포함된 서신을 트루먼 대통령
에게 전달하였고, 9월 26일 긍정적인 답장을 받아냈다.[53] 또한 1950년
1월 16일 서울에서 한미상호방위원조협정을 체결하였으며 이 협정으
로 6월 24일까지 1천 달러 상당의 통신장비가 한국에 도착하였고 한국

· · · · · · · · · · · · · · ·

[52] 정읍발언은 "무기 휴회된 공위가 재개될 기미도 보이지 않으며 통일정부를 고대
하나 여의케 되지 않으니 우리는 남방만이라도 임시정부 혹은 위원회 같은 것을
조직하여 삼팔 이북에서 소련이 철퇴하도록 세계 공론에 호소하여야 될 것이니
여러분도 결심하여야 될 것이다"라고 하여 단독정부 추진의지를 밝힘. 심지연,
『한국정당정치사』, 백산서당, 2004, 54~55쪽 참조.
[53] 국방부, 『국방사 1』, 국방부, 1984, 523~527쪽.

전쟁 발발당시에는 5만 2천 달러의 통신장비와 29만 8천 달러의 예비 부속품이 수송 중에 있었다.

미국에서 박사학위까지 취득하고 세계를 무대로 독립운동을 하던 70세를 넘긴 노회한 정치인 이승만 대통령의 의존적 대미관은 한국전쟁의 시기에 더욱 현실적인 정치 역량으로 나타났다. 더구나 미국과 세계정세를 꿰뚫은 이승만 대통령을 미군 사령관들도 감당하기 힘들었다고 한다. 전쟁기간 중 미국에 신속한 지원요청과 함께 유엔군사령관에게 작전권을 이양함으로써 유엔군의 이름으로 미국의 직접적이고 전폭적인 전쟁지도와 지원을 유도하였다. 그러면서도 38도선 돌파와 북한 점령정책에 대해서는 유엔군사령부와의 갈등을 빚으면서 '양보'를 얻어내기도 하였다.[54]

휴전회담에 임해서는 미국으로부터 휴전 이전에 한미상호방위조약 체결에 대한 약속을 얻어냈다. 이승만 대통령은 휴전으로 인한 남북 재분단이라는 상황 속에서 우려되는 전쟁재발을 막기 위해 미국의 지원을 명문화하고자 했다. 휴전 이후에도 한미상호방위조약의 비준서가 정식 교환되는 날인 1954년 11월 17일 체결한 한미합의의사록에서 작전통제권을 유엔군사령관이 유지토록 하였다. 이에 대한 반대급부로 한국군의 병력을 육군 66만 1천 명, 해군 1만 5천 명, 해병대 2만 7,500명, 공군 1만 6,500명으로 증강할 것을 합의하였다. 이에 따라 미국의 군사적, 경제적 지원하에 1955년 총 72만 명으로 증강되었다.[55]

. . . .

[54] 유엔군사령관이 지명하는 한국인을 북한 점령지역에 대한 군정요원으로 활용한 것을 의미. 육군본부, 『정책과 지도: 유엔군전사 제3집』, 287~289쪽 ; 서주석, 「한국전쟁 1년과 한미관계」, 183~186쪽.
[55] 백기인, 「한국 국방체제의 형성과 조정: 1945~1970」, 『군사』 제68호, 2008, 75~77쪽.

또한 1956년 9월 1일에는 미국의 극동정책은 패배와 유화주의로 전락되었다고 경고 성명을 발표하는가 하면, 1957년 4월 2일에는 유도탄 무기 등 군사력 증강을 역설하였다. 이어 1958년 1월 29일에는 유엔군 사령부가 공식적으로 한국에 원자무기 도입사실을 공식 발표하였고 2월 3일에는 주한미군이 원자무기를 공개하였다. 그리고 난 후인 2월 12일 미국의 한국군 병력의 감군요구에 동의하였다.[56] 그러나 그의 지나친 장기집권은 대미의존적 성향에도 불구하고 정통성을 약화시켜 갔고 1960년 3·15부정선거에 이은 4·19혁명으로 종말을 고했다.

종합해보면 이승만 대통령은 대북관에 있어서는 자신의 국내적 집권기반인 자유당과 식민관료를 중심으로 한 반공세력을 배경으로 북진통일이라는 적대적 경쟁중시의 시각을 견지하였다. 또한 대미관에 있어서는 성장과정에서 제2의 고국이라고 할 수 있는 미국과 한미상호방위조약을 체결함으로써 동맹중시적 시각을 현실화하였다. 결국 이러한 대북관에 있어서 '적대적 경쟁중시'와 대미관에 있어서 '동맹중시'의 안보관은 사활적 안보환경 속에서 의존형 전쟁지도체제를 태동시킨 결정적인 요인이 되었다.

제2절 의존형 전쟁지도체제의 구조

위에서 살펴본 바와 같이 사활적 안보환경과 동맹중시의 대미의존

---

56) 1958년 11월 29일 수정한 한미합의의사록에서 조정환 외무장관과 다울링(Walter C. Dawling) 특사는 72만의 한국군 병력을 63만으로 감축하는 데 서명함. 국방부, 『국방사 2』, 579~586쪽 참조.

적 대통령 안보관이 의존형 전쟁지도체제를 태동시킨 결정적인 요인이었다. 전쟁 이전에도 남아있던 미 군사고문단은 미 대통령과 국무부의 직접통제를 받으며 한국의 대통령으로부터 각 부대에 배치되어 이들을 자문 및 조언하였다. 그리고 전쟁으로 구성된 유엔군사령부 그리고 그 예하의 구성군사령부와 한국군 각군 본부도 미국의 대통령과 국가안보회의에서 하달하는 전쟁지도지침에 따라 미 합참을 대신한 콜린스 미 육군참모총장에 의해서 군사작전이 지도되었다.

한국의 대통령과 국방부 및 각군 본부는 미국의 전쟁지도에 의존한 채 전쟁을 수행하였고, 휴전 이후에도 그 체제는 계속 유지되었다. 다만 전쟁시 이양되었던 작전지휘권이 작전통제권으로 변화하였고 미국으로부터 대량의 군사원조가 지원되었다.

1. 전쟁지도체제의 구성과 연계

가. 전쟁지도체제 구성 과정

의존형 전쟁지도체제도 그것을 구성하는 조직과 기구들이 핵심 구성단위와 관련 구성단위로 구분되며 한국은 미국의 지원 조직이 전쟁지도체제의 핵심 구성단위로 기능을 발휘하는 구조를 가지고 있었다. 특히 이승만 대통령의 동맹중시 안보관이 불변한 가운데 한국전쟁을 전후해서 전쟁지도체제 구조를 이루는 구성조직의 연계가 부분적으로 변화하였다. 전쟁 이전에는 한국의 독자적인 전쟁지도체제가 미약한 상태에서 미군사고문단의 자문과 조언에 의존했으며, 내부적인 경쟁과 대외적인 고립으로 인해 제대로 작동되지 못했다. 전쟁기간에 미국

의 전쟁지도에 의한 의존형 전쟁지도체제가 태동하였으며 휴전 이후
에도 의존형 체제는 유지되었다.

정부수립 후 남북한의 대내외적 대결구조는 점차 한국의 안보환경
을 악화시켰다. 즉, 북한의 대남위협이 점증하는 가운데 1949년 주한
미군의 전투병력이 완전철수하였고 이어진 북한의 전면남침으로 한
국은 사활적 안보환경 상태에 놓이게 되었다. 그리고 사활적 안보환
경에 직면한 노회한 정치가 이승만 대통령은 맥아더를 자신의 전쟁지
도를 보좌하고 군사작전을 담당하는 사령관으로 받아들임으로써 의
존형 전쟁지도체제를 태동시켰다.

그 태동 시점은 맥아더 미극동군사령관이 수원비행장에 도착하여
이승만 대통령과 함께 한강지역 전선을 시찰한 1950년 6월 29일을 전
후한 시점으로 보인다. 전선시찰 전 이승만 대통령과 별도 면담이 있
었으며, 다음날 워싱턴으로부터 맥아더는 한국전선에 미 지상군의 투
입에 관하여 제한이 없으며 그 권한은 귀관에게 있다는 지시를 받았
기 때문이다.[57] 별도 면담 간 대화내용에 대해서는 구체적으로 전해
진바 없으나 다음날인 6월 30일 채병덕 총장이 해임되고 도미유학중
이던 정일권이 임명되었다는 점에서 미국주도의 유엔군사령부 운용
에 대한 워싱턴, 이승만, 맥아더 간의 상호 교감이 있었던 것으로 보인
다. 그리고 7월 10일 맥아더가 유엔군사령관에 임명되었고 7월 12일에
는 재한 미국군대에 관한 관할권이 미국에 있다는 대전협정이 체결되

. . . .

57) 전선시찰 후 맥아더는 미 지상군 1개 전투단에 의한 중요지역 확보 및 2개 사단
에 의한 역습 구상과 효과적인 육해공 합동작전의 필요성을 콜린스(J. Lawton
Collins) 육군참모총장을 통하여 워싱턴 당국에 호소하였고, 이것이 받아들여진
것임. 육군본부, 『정책과 지도: 유엔군전사 제3집』, 육군본부, 1990, 105~110쪽.

었으며 이틀 후에 작전지휘권 이양서신이 발송된 것으로 보아 6·29 수원비행장 독대를 전후하여 한국의 의존형 전쟁지도체제는 태동한 것으로 보인다.

왜냐하면 전쟁지도는 대통령의 고유권한이며 그에 의해 주도되기 때문이다. 그리고 그러한 전쟁지도체제를 긴급한 상황에서도 작전지휘권 이양에 관한 서한을 상호 교환함으로써 명확히 하였다. 이미 벌어진 전쟁으로 38도선도 자연 그 의미를 상실했으며[58] 이런 기회에 북진통일을 달성하기 위해서 이승만 대통령은 미국의 지원을 필요로 하였다. 따라서 미국의 지원을 받기 위한 차원에서 유엔군사령부를 받아들인 것이다.

나. 전쟁지도체제의 연계

1948년 정부수립과 동시에 미군정으로부터 38도선 이남의 행정권을 넘겨받은 정부는 대통령 예하 국방부 및 각 군을 창설하였다. 그러나 모든 것이 미비했던 당시 상황에서 전쟁대비도 다를 바 없었다. 이승만 대통령은 비서실을 극소 조직으로 편성하여 전쟁지도에 관한 사항을 보좌관 없이[59] 직접 장관이나 총장을 불러서 지시했고 미국 정부나 대사에게 연락할 일도 직접 챙겼다.[60] 그리고 신생 정부의 취약한

58) 국방부, 『국방사 2』, 528쪽.
59) 대통령을 보좌하는 비서실의 기능이 비서관장 휘하에 3명의 정무비서와 공보, 서무, 문서비서가 각 1명씩 있었던 개인 비서 수준의 초미니 조직으로서 전쟁에 관하여 대통령을 직접 보좌하는 비서진이 없었다. 최진, 『대통령리더십』, 257~258쪽 참조.
60) 미국정부에 연락할 업무가 있으면 부인 프란체스카 여사에게 타자를 치도록 하고 전화연락을 시키기도 했다함. 위의 책, 90~91쪽.

전쟁지도체제는 미 군사고문단의 조언을 받게 되어 있었으며 이승만 대통령도 이들을 여러 가지로 활용하였다.

정부수립 이후부터 전쟁 이전까지 대통령의 전쟁지도에 관한 의사결정을 보좌하는 기구로는 1948년 11월 30일 법률 제9호로 공포된 국군조직법에 의하면 "대통령의 유악(帷幄)하에 최고국방위원회와 그 소속 중앙정보국, 국방자원관리위원회, 군사참의원을 두며 그 직제는 따로 법률로 정한다"고 하였다. 그러나 실제로 이러한 기구가 운영되거나 법률로 정해지지는 않았다. 다만 하우스만의 회고록에 따르면 "이승만 대통령, 국방장관, 육군총참모장, 로버츠 고문단장, 그리고 나 등 6명이 상시 참여하는 군사안전위원회가 매주 열려 적어도 1주일에 한 번은 이 대통령을 가까이서 만날 수 있었다"[61]라고 하였다.

따라서 로버츠 준장이 임시군사고문단장으로 부임한 1948년 8월 24일부터 한국전쟁 발발 이전까지는 실질적으로 이 군사안전위원회가 이승만 대통령의 국군통수권과 전쟁지도를 보좌하는 기구로서 역할을 수행하였다. 1949년 6월 30일 이전까지는 작전권이 주한미군사령관에게 남아있었기 때문에, 그리고 작전권이 회복된 그 이후에도 미 군사고문단의 조언과 지원이 필요한 상황에서 이러한 비공식적인 전쟁지도회의체는 중요할 수밖에 없었다.

대통령의 전쟁지도에 관한 보좌역할을 국방장관이 직접 담당했으며 군사작전을 수행하기 위한 군사지휘기구는 국방부 상황실이 담당

----

[61] 나머지 한 명은 무초 대사, 이기붕 비서관장이 참석했을 것으로 추정됨(국방 참모총장은 1949년 5월 9일 폐지되었고 초대 채병덕 국방참모총장이 이날 육군총참모장에 취임). 짐 하우스만·정일화, 『한국 대통령을 움직인 미군대위』, 한국문원, 1995, 164쪽.

하였다. 1949년 5월 9일 국방부 참모총장제와 "연합참모회의"[62]가 폐지된 이후에는 육군본부 전군상황실에서 군사작전에 관한 상황을 종합, 관리하였다.

전쟁 이전에는 미 군사고문단의 조언과 협조를 받으면서 이승만 대통령을 중심으로 국방부와, 각군 본부가 전쟁지도 조직의 전부였다. 군사작전을 중심으로 이뤄지는 상황에서 사실상 전쟁지도체가 미형성된 것이나 마찬가지였다. 6월 29일 수원비행장의 면담 이후 태동한 한국의 의존형 전쟁지도체제는 유엔안전보장이사회의 위임하에 미 대통령, 미 합참의 전쟁지도와 군사작전지침을 통하여 유엔군사령부가 전쟁을 수행하는 것으로 정립되었다.[63] 따라서 한국전쟁은 〈그림 7〉과 같이 조직된 유엔군사령부를 핵심으로 전쟁이 수행된 것이다.

---

[62] 국방참모총장이 주관이 되어 참모차장, 육군 및 해군 총참모장과 참모부장, 국방부 제1국, 제2국 및 항공국의 각 국장, 그리고 국방부장관이 지정하는 육·해군 장교로 구성됨. 국방부 군사편찬연구소, 『건군사』, 121쪽.

[63] 7월 17일에 맥아더 장군은 워커 미8군사령관에게 한국 지상군에 대한 유엔군 사령관의 작전지휘권을 재 이양하면서 유엔기를 전달하였고, 해·공군은 각각 미 극동 해·공군사령부를 거쳐 제7함대사령관과 제5공군사령관에게 작전지휘를 받게 하였다. 7월 24일에 유엔군사령부가 정식으로 설치되었고, 7월 25일에는 이승만 대통령과 맥아더 장군 간에 교환된 작전권 이양에 관한 서신이 유엔사무총장에게 전달되었다. 국방부 군사편찬연구소, 『한미군사관계사 1871-2002』, 465·471쪽.

〈그림 7〉 유엔군사령부의 한국전쟁 지휘체제[64]

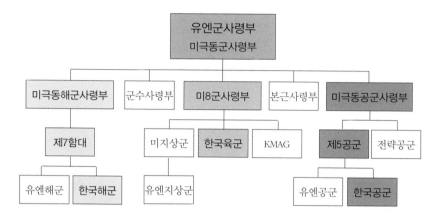

유엔군사령부가 미국 당국의 전쟁지도하에 군사작전을 중심으로 임무를 수행하는 동안 한국은 〈그림 8〉과 같은 구성단위로 하여 전쟁 지도체제를 의존형으로 태동시켜 유지하였다. 1948년부터 1960년까지 의존형 전쟁지도체제에서 국방위원회와 연합참모본부, 국방참모총장 및 임시합동참모본부 등은 임시적 조직이었다. 반면에 전쟁 이전에는 미 군사고문단이, 전쟁기간과 휴전 이후에는 유엔군사령부가 대통령 의 전쟁지도를 직접 보좌하는 핵심적 구성단위였다. 유엔군사령부 외 에 한국군의 독자적인 사령부가 존재하지 않았고 이승만 대통령을 보 좌하는 조직은 미비한 상태에서 제한적으로 국방부와 각군 본부가 이 를 담당하였다.

[64] 국방군사연구소, 『한국전쟁(상)』, 237쪽.

<그림 8> 의존형 전쟁지도체제의 구성조직과 연계[65]

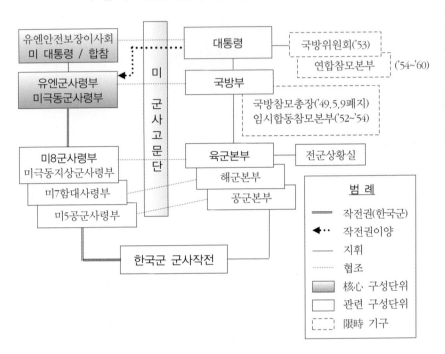

휴전 이후에는 한미상호방위조약을 체결하면서 국방부 차관 통제 하에 있던 임시합동참모본부를 대통령 직속의 합동참모본부로 변경 하였다가 연합합동참모본부로 개칭하고 대통령을 보좌하여 군령을 행 사할 수 있는 준비를 갖추도록 하였다.[66] 그러나 육·해·공군의 합동 작전을 수행할 수 있는 기반이 구축되지 않았고 작전권이 실질적으로

65) 국방부 군사편찬연구소,『한미군사관계사 1871-2002』, 256~571쪽 ; 국방군사연구 소,『한국전쟁(상)』, 237쪽 ; 국방부 군사편찬연구소,『건군사』, 121쪽 등의 내용 을 참조하여 구성.
66) 1954년 2월 17일 합참창설과 관련해서는 이형근,『군번 1번의 외길인생』, 94~103쪽 참조.

미군에 있는 상태에서 국가이익과 목표에 따른 군사전략을 수립하고 작전계획을 수립하여 훈련하는 역할을 할 수가 없었다. 단지, 유엔군 사령관 겸 미극동군사령관[67]의 작전통제를 받으면서 각군 본부의 지휘하에 육군은 1야전군사령부, 해군은 한국함대사령부가 작전사령부로서 기능을 수행하게 되었다. 국가전략, 군사전략 및 작전술 분야는 미국에 의존하면서 전술적 분야를 담당하는 형태였다.

결국 휴전 이후에도 유엔군사령관의 한국군에 대한 작전통제권의 행사는 한국전쟁 당시의 작전지휘권 행사와 마찬가지였다. 즉, 유엔안전보장이사회가 미 대통령에게 위임한 권한을 미 합참이 행사하면서 유엔군사령부를 통제하고 유엔군사령부가 한국군을 작전통제하는 것이었다. 한국 대통령과 국방부는 작전통제를 제외한 권한을 각군 본부를 통하여 행사할 수 있을 뿐이었다. 따라서 한국의 의존형 전쟁지도체제는 휴전 이후에도 계속 유지되기는 하였으나 미국의 전쟁지도에 일방적으로 의존하는 체제였다.

2. 전쟁지도체제 역할의 한계

가. 역할한계 구조

한국전쟁으로 의존형 전쟁지도체제가 태동하면서 유엔의 이름으로 미국 대통령이 국가안보회의(NSC: National Security Council)의 보좌하

---

[67] 미극동군사령부는 1957년 6월 30일 하와이로 이동하여 해체되었으며 7월 1일 유엔군사령부는 일본에서 한국으로 이동함. 국방부 군사편찬연구소, 『한미군사관계사 1871-2002』, 323쪽.

에 미국의 전략적 이익과 목표를 달성할 수 있는 정치적 결정을 합참에 하달하면 그것을 달성하기 위한 군사전략지침을 수립하여 유엔군사령부인 미극동군사령부에 하달하였다.[68] 그리고 유엔군사령부는 한국 전구 내의 상황을 고려하여 전역계획을 구상하여 미 극동군 지상군, 해군 및 공군 구성군사령부에 하달하면 그들이 세부적인 작전계획을 수립하여 한국 각군 본부와 협조하여 한국군에 대한 군사작전을 수행하였다.

그러나 한국 각군 본부와 협조는 미국의 요구에 대하여 한국이 이를 지원하는 것이었고 한국군 작전부대가 미군부대에 작전통제된 경우에는 이러한 협조도 사실상 불가능하였다. 물론 의존형 전쟁지도체제는 전쟁기간 전력증강, 부대훈련 및 도미(渡美)군사유학 등을 용이하게 하여 한국군을 획기적으로 발전시켜[69] 미국이 생각하는 '믿음직한

. . . .

68) 예를 들면 "1950년 9월 11일 38°선 이북으로의 진격과 관련한 NSC-81/1의제와 관련하여 트루먼 대통령은 만약 어떠한 것도 장애가 되지 않는다면 그러한 진격을 허가한다는 것을 승인하였다. 국가안전보장회의에서 수차례의 토의를 거친 후 최종결정은 소련과 중국의 행동과 유엔의 우호세력들과의 협의 및 합의 그리고 총력전으로 확전 위험평가의 관점에서 내려질 예정이었다. … 9월 27일 맥아더가 38선 이북에서의 군사작전을 지휘하도록 애치슨과 마셜이 건의하자 트루먼은 이를 승인하였다. 주요 공산세력에 대한 도발적 행위의 가능성을 줄이기 위하여 맥아더에게 부여된 북진지침은 중국과 소련의 국경지대에는 한국군 이외에는 전개되어서는 안 된다는 것이 구체화되어 하달되었다. … 첫 번째 우발계획은 만약 소련이 개입하게 된다면 맥아더는 수세적인 입장을 취하고 어떠한 충돌행위도 피하며 워싱턴에 보고하는 것이었다. 그러나 만약 중국이 개입하게 되면 상당한 정도의 성공의 기회를 잡을 때까지 군사작전을 계속 수행한다는 것이었다"처럼 미 대통령이 국가안보회의 보좌를 받아 전쟁지도지침을 하달함. Gary R Hess 저, 임윤갑 역, 『전쟁에 관한 대통령의 결정: 한국, 베트남 그리고 페르시아만』, 북코리아, 2008, 75~76쪽.
69) 1951년부터 1953년까지 밴플리트 장군 등에 의해 주도된 교육훈련 및 도미군사유학을 중심으로 한 재편성과 20개 사단으로의 증강으로 50만 군대로 거듭났다고 주장한 나종남, 「한국전쟁 중 한국 육군의 재편성과 증강, 1951-53」, 『군사』 제63호,

군대(a reliable military)'로 발전해 나가기도 했다.[70] 그러나 이를 통해
한국군이 미군 중심의 군사전략과 작전통제에 익숙해지고 전술적 차
원의 임무수행에 만족하는 심리적 종속 현상을 가져온 것도 사실이다.
또한 휴전 이후에는 군사원조 자금의 사용에 관한 감독까지 미군에 의
해 직접 시행됨으로써 군수분야까지도 미군의 통제를 받아야 했다.

결국 의존형 전쟁지도체제는 구조적으로 유엔군사령부를 통한 미
국의 전쟁지도에 의존하는 체제였다. 미국과 상충되는 사안이 발생할
때 저항하기도 했지만 미국의 전쟁지도체제는 자국의 입장에서 그들
이 원하는 방향으로 전쟁을 지도하였고 한국에는 반대급부를 제공하
여 무마함으로써 한국 전쟁지도체제는 역할의 한계를 가질 수밖에 없
었다. 그 대표적인 사례가 휴전협상이었다.

나. 역할한계 사례: 휴전협상

1953년 7월 27일 체결된 정전협정은 군사적 정전이 정치적 분단을
지속시키는 원형이 되었다. 1951년 7월 8일 예비 교섭에 이어 7월 10일
본회의가 개시된 휴전회담은 2년간의 협상 끝에 1953년 7월 27일 "국
제연합군총사령관을 일방으로 하고 조선인민군최고사령관 및 중국인
민지원군 사령원을 다른 일방으로 하는 한국군사정전에 관한 협정"[71]
을 체결하였다.

* * * * * * * * * * * * * * * * * * * *

2007, 213~266쪽.

[70] Ridgway, Interview Manuscript, "Troop Leadership at the Operational Level: The
Eighth Army in Korea," by General Walker Fl Winton, Jr., p. 2, *Clay and Joan Blair
Collection*, Box 62, USAMHI를 인용한 위의 글, 262쪽.

[71] 「휴전협정원문」 외교사료관 마이크로필름, G-0002(0001-0094), 1953.

중국군의 참전 이전 한국전쟁 초기 미국의 정치적 목적은 대소 봉쇄
정책의 일환으로 38도선을 회복하는 것이었고, 이에 따른 군사적 목표
는 북한군의 격멸이었다.[72] 한국군의 선도로 38도선 이북으로 북진하
게 된 이후에는 한반도의 통일을 지향하면서 한국의 목적 및 목표와
일치하였다. 그러나 1950년 11월 28일 맥아더 장군이 중국군의 전면개
입을 워싱턴에 전하는 보고를 한 이후 중·소와의 확전을 회피하고 전
쟁이전 상태로 회복하는 정전이 검토되기 시작하였다.[73] 즉 전쟁의 목
적이 남북통일에서 전쟁 이전으로의 원상회복으로 환원한 것이다.

1950년 12월 11일에 아시아 및 아랍 13개국은 유엔정치위원회에 한
국전 종전을 위한 정전3인위원회 설치안을 제출하여 12월 14일 가결
되었다. 이에 따라 유엔총회 의장인 엔터잠(Nasrollah Entezam), 인도
수석대표 라우(Benegal N. Rau)와 피어슨(Laster B. Pearson)으로 이루
어진 정전3인위원회는 1951년 1월 13일 휴전에 관한 정전 5개항을 제
출하였다. 이에 소련과 중국은 대만으로부터의 미군철수와 당시 중국
의 유엔 가입을 주장하며 이에 반대하였다.[74]

1951년 공산 측의 춘계공세를 유엔군이 극복하고 전세가 다소 안정
되자 6월 23일 소련 유엔대표인 말리크(Jacob Malik)는 미국 CBS방송을
통하여 최초로 휴전회담을 제의했다. 이에 트루만 대통령의 지시로 6월

---

72) 남정옥, 「6·25전쟁과 초기 미국의 정책과 전략, 그리고 전쟁지도」, 『군사』 제59호,
2006, 59쪽.
73) 阪田恭代 저, 허진영·이진성 역, 「미국의 한국전쟁 휴전에 관한 기본방침의 형
성: 중국참전과 UN군 총퇴각을 중심으로」, 『군사』 제63호, 2007, 150~151쪽.
74) 결국 중국은 이 평화 휴전안에 대한 반대 후 2월 1일 유엔총회에서 한국전쟁의
침략자(Naming Communist Chinese as Aggressors in Korea)로 낙인찍히게 된다. 국
방부 군사편찬연구소, 『한미군사관계사 1871-2002』, 527~528쪽.

30일 리지웨이 유엔군사령관은 북한 및 중국지원군 측에 원산항에 정박중인 덴마크 병원선 유틀란디아(Jutlandia) 선상에서 휴전회담을 열 것을 정식으로 제의하였고 7월 1일 북한 및 중국군 사령관이 수락하면서 회담장소로 개성을 제의하였다. 이에 7월 3일에 이승만 대통령은 휴전회담 반대 전문을 트루만 대통령에게 전송하지만 같은 날 리지웨이 사령관은 공산 측의 제의를 받아들였다. 그리고 7월 8일 예비교섭을 거쳐 10일 휴전회담 본회의를 개성에서 시작하였다.

〈표 5〉 휴전회담 시 양측의 주요 쟁점과 결과[75]

구분		양측의 주요 쟁점사항		합의사항
		유엔측	공산측	
1항	외국군철수 문제	순 군사문제	외국군 철수	쌍방 각국에 권고
2항	군사분계선 설정	현 접촉선	북위 38°선	조인시 접촉선
	비무장지대의 폭	3.2km	2km	4km
3항	연안 수역 범위	12마일	3마일	3마일
	병력교대 규모	월 75,000명	월 50,000명	월 35,000명
	중립국 지명	스위스, 스웨덴, 노르웨이	소련, 체코, 폴란드	스위스, 스웨덴, 체코, 폴란드
	출입항 수	12개소	3개소	쌍방 각 5개소
4항	포로송환 방법	자발적 송환 (1 : 1송환)	강제 송환 (전체 대 전체)	귀환거부 포로는 중립국 송환위원회를 통해 정치회담 후 석방
	민간인 교환	포로와 동일(1 : 1)	포로와 별도	희망에 의한 송환
5항	대의 사항	한국문제 국한	한국 / 아시아 문제	한국문제의 평화적 해결

휴전회담에 1951년 7월 10일부터 백선엽·이형근·유재흥 소장 및

----

75) 국방부 군사편찬연구소, 『한미군사관계사 1871-2002』, 536쪽.

이한림·최덕신 준장이 1953년 5월 16일까지 한국군 대표로 참가했다. 그러나 이승만 대통령은 한국의 국가 목표와 이익을 고려하여 북진통일과 반공포로 송환 반대를 기치로 전쟁 이전 분단 상태로의 환원을 의미하는 휴전에 반대함으로써 그들의 역할은 제한적일 수밖에 없었다. 또한 휴전회담은 유엔 측과 공산 측의 쟁점과 함께 한미의 국가이익 상충이라는 문제에 봉착하면서 오랜 협상기간이 소요되었다. 당시 양측의 쟁점은 〈표 5〉와 같다.

1953년 3월 6일 스탈린의 사망과 유엔군의 대량 공중 폭격76) 및 핵무기사용 위협77) 등으로 양측은 정전협정 조인을 위한 단계로 나아갔다. 그런데 휴전협상 막바지인 1953년 5월 25일 유엔군이 송환 거부 포로에 대한 석방을 철회하였고 한국정부는 반공포로의 휴전 즉시 석방 원칙에 상치된다는 점에서 이후 휴전협상에 불참하였다. 그리고 6월 10일 이승만 대통령은 육본의 참모진과 주요 지휘관들을 불러 원용덕 헌병총사령관에게 '모종의 임무'를 부여했음을 암시하고 지원할 것을 지시했다.78) 그리고 6월 18일 부산, 마산, 광주, 논산 등지에 수용된 반공포로 2만 7천여 명을 석방하였다.79) 이것은 이승만 대통령이 직접 지시하여 헌병총사령부에 의하여 시행되었으며, 아이젠하워 미 대통령은 반공포로 석방은 유엔군사령부의 권한을 침해하는 행위라고 비난하였다. 한미 간 국가이익의 상충이 반공포로를 두고 양국의 대

---

76) 수풍댐 및 북한 지역 주요 댐을 포함한 대량 폭격에 대해서는 브루스커밍스·존할리데이 저, 차성수·양동주 역,『한국전쟁의 전개과정』, 태암, 1989, 196~200쪽.
77) 서울신문사,『주한미군 30년』, 277쪽.
78) 백선엽,『군과 나』, 대륙연구소, 1989, 273~275쪽.
79) 부산 거제, 부산 가야, 광주, 논산, 마산, 영천, 부평, 대구 등 총 8개 수용소에서 27,388명이 석방됨. 국방군사연구소,『한국전쟁(하)』, 468쪽.

통령들에 의해 직접 표출되었다.

다음날인 6월 19일에 이승만 대통령은 휴전 조건을 수락할 수 없다고 성명을 발표하고 아이젠하워 대통령에게 서한을 발송하였으며, 22일 클라크 유엔군사령관과의 회담에서는 ①한미상호방위조약의 체결, ②중국군 철수, ③정치회담의 기간제한 등 3개의 조건을 제시하였다. 그리고 24일에는 "현 상태로 휴전이 성립되면 한국군은 유엔군사령관 마하(摩下)에서 철수하겠다"[80]고 통고하였다. 한국은 전쟁 계속을 통한 북진통일이 어렵다면 휴전과 동시에 한미상호방위조약을 체결하는 안보 지원을 요구하였고 그것도 안 된다면 작전권을 환수하여 독자적으로 군사력을 운용하겠다는 경고였다.

팽팽한 한미 간의 갈등 그리고 미군의 대량 폭격과 마지막 공산 측의 최종 공세가 준비되고 있는 상황에서 6월 25일 로버트슨(Walter S. Robertson) 미 국무부 차관보가 대통령 특사로 방한하여 7월 12일 이승만 대통령과 회담하였고 한미상호방위조약 체결에 합의하였다. 그리고 14일에는 미국, 영국, 프랑스 3개국 외무장관회의에서 휴전성립 후 중국이 재침하면 공동으로 제재하기로 합의하였다. 13일부터 시작된 공산 측의 대규모 최종 공세인 '금성전투'가 19일 종료되었고[81] 공산 측은 휴전협정 조인에 동의하여 20일 쌍방 참모장교들이 조인 일자 선정, 정전협정 문구 수정 및 문서준비 등 실무 작업에 착수하였다.

한편 미국으로부터 한미상호방위조약을 휴전조인 이전에 확약 받으려는 이승만 대통령의 의도에 따라 7월 20일 변영태 외무장관이 휴

80) 국방부, 『국방사 2』, 555~556쪽.
81) 금성전투에 대해서는 국방군사연구소, 『한국전쟁(하)』, 544~577쪽 ; 합동참모본부, 『한국전사』, 합동참모본부, 1984, 567~571쪽 참조.

전조인 불참 성명을 발표하자 22일과 23일에 걸쳐 덜레스(John Foster Dulles) 미 국무장관은 휴전회담 후 한미정상회담 개최를 제의하였다. 24일에는 미국이 대한긴급경제원조 2억 달러 지원계획을 발표하였으며 이날 한미는 휴전협정 안에 동의하였다.[82] 미국의 전략에 따라 휴전협정이 마무리되었고 한국은 반대급부로 한미상호방위조약과 군사원조를 제공받게 되었다.

1953년 7월 27일 오전 10시 전전선(全戰線)에서 지상전투가 중지되었으며 같은 시간 판문점에서는 해리슨(William K. Harrison) 유엔군 수석대표와 남일 공산 측 수석대표가 조인식장에 입장하여 10시 12분까지 18건의 정전협정 문서에 서명하였으며 오후 1시에는 유엔군(국제연합군) 총사령관 클라크(Mark W. Clark) 대장이 유엔기지 내 문산 극장에서 서명하였다. 그리고 수석대표의 서명 12시간 후인 이날 밤 10시 지상군 포격 및 해·공군의 전투도 중지되었으며 그 시각에 조선인민군최고사령관 명의로 김일성이 평양에서 정전협정에 서명하였다. 그리고 다음날 오전 9시 30분에 중국인민지원군 사령원인 팽덕회가 개성에서 서명함으로써 3년 1개월 2일 1,129일간의 한국전쟁은 정전상태로 바뀌었다.[83] 정전협정의 적대 쌍방 사령관 중 유엔군(국제연합군) 총사령관의 작전지휘하에 있던 한국군은 조인 당사자에서 스스로 배제되었으며 미국과 북한 및 중국 3명의 사령관들에 의해서 군사문제에 국한한 정전협정으로 서명되었다.[84]

82) 국방부, 『국방사 2』, 557~558쪽.
83) 국방부 군사편찬연구소, 『한미군사관계사 1871-2002』, 544~545쪽.
84) "… 국제연합군총사령관을 일방으로 하고 조선인민군총사령관 및 중국인민지원
군사령원을 다른 일방으로 하는 하기의 서명자들은 쌍방에 막대한 고통과 유혈
을 초래한 한국 충돌을 정지시키기 위하여 서로 최후적인 평화적 해결이 달성될

정전협정상 정치적 평화 문제는 "한국문제의 평화적 해결을 보장하기 위하여 쌍방군사령관은 각국 정부에 정전협정이 조인되고 효력이 발생한 후 3개월 이내에 각기 대표를 파견하여 쌍방의 한 급(級) 높은 정치회담을 소집하고 한국으로부터의 모든 외국군대 철수 및 한국문제의 평화적 해결을 협의할 것을 건의한다"[85]라고 제4조에 명시하였다. 이후 정치회담은 1953년 10월 22일부터 판문점에서 몇 차례의 예비회담은 있었지만 결국 결렬되어 1954년 2월 22일 종결되었다. 1954년 4월 26일부터 6월 15일까지의 한국문제에 대한 제네바 정치회담도 결렬됨으로써[86] 한국은 정전체제하의 불안한 평화를 군사적 힘에 의해 보장할 수밖에 없게 되었다.

휴전협상 과정에서 보듯이 의존형 전쟁지도체제는 미국의 휴전전략에 따라 북진통일 의지를 구현할 수 없었으며, 국민의 자유보장을 위한 '반공포로 송환반대'라는 한국의 국가이익을 협상에 반영하기도 어려웠다. 또한 정전협정의 당사자에서도 자의적으로 배제됨으로서 휴전 이후 '평화를 위한 정치협상'이 성공하기는 더욱 어려웠다. 근본적으로 미국의 전쟁지도에 의존한 한국전쟁 지도체제하에서 한국을 배제하는 정전협정을 수용할 수밖에 없었으며 '스스로 전쟁을 결정하지 못하는 국가는 평화도 스스로 설계할 수 없다'라는 것을 체감하였다.

때까지 한국에서의 적대행위와 일체 무력행위의 완전한 정지를 보장하는 정전을 확립할 목적으로 … 육·해·공군의 모든 부대와 인원을 포함한 그들의 통제하에 있는 모든 군사력이 한국에 있어서의 일체 적대행위를 완전히 정지할 것을 명령하고 또 이를 보장한다.…" 국방부, 『국방사 2』, 605~606쪽.
85) 국방부, 『국방사 2』, 614쪽.
86) 정치회담 결렬에 관해서는 국방군사연구소, 『한국전쟁(하)』, 625~647쪽.

제3절 의존형 전쟁지도체제의 전개과정

전쟁지도체제 내부의 통제 기재인 작전권은 일종의 주권적 권한으로서 의존형 전쟁지도체제는 그 권한의 일부를 후견국에 이양하여 군사작전의 결속력을 강화한다. 의존성이 증대되면 이양범위가 커지며, 약화되면 이양범위가 작아진다. 1948년에서 1960년까지 한국 전쟁지도체제의 의존성은 한국전쟁으로 급격히 증가되었다가 휴전 이후 다소 약화되었다.

또한 전쟁지도체제는 속성상 전쟁자원을 확보하며 국내자원이 제한될 경우 후견국가에 지원을 요구하게 되는 데, 의존성이 심화될수록 국방비에서 차지하는 군사원조의 비율이 증가한다. 그 비율은 피지원국의 경제력과 지원국의 지원규모가 상호작용하며 그런 정치경제적 환경요인이 전쟁지도체제의 유형을 변화시킨다는 점에서 군사원조의 비율은 전쟁지도체제의 외부적 현상으로 나타난다.

1. 작전지휘권 이양과 한미상호방위조약 체결

전쟁 이전 의존형 전쟁지도체제는 1949년 주한미군 전투병력의 완전철수에 따라 7월부터 작전지휘권을 회복하였으나[87] 미 군사고문단

---

[87] 해방 이후 미군정으로 한국군에 대한 전반적인 지휘권이 주한미군에 있다가 1948년 8월 24일 대한민국 대통령(이승만)과 미 대통령 특사 무초 및 주한미육군사령관(하지) 간에 "과도기에 시행될 잠정적 군사안전에 관한 행정협정(한미잠정군사협정)"으로 지휘권이 회복되었으나 이때 작전권은 "미군철수의 완료시까지, 주한미군사령관은 공동안전을 위하여 또는 대한민국국방군의 조직, 훈련 및 장비편성을 용이하게 하기 위하여 필요하다고 인정하는 대한민국 국방군에 대한 전면적인 작전상의 통제를 행사하는 권한을 보유할 것으로 합의한다"라고 하여

에 의한 조언체제는 유지되었고 그 인원도 증가하였다. 그러나 전쟁 발발 당시 이 고문단에 의한 조언체제가 제대로 작동하지 못함으로써 한국군의 초기방어작전의 실패를 가중시켰고 유엔군의 이름으로 미군이 전면개입하면서 형성된 의존형 전쟁지도체제에 의하여 작전지휘권을 유엔군사령관에게 이양함으로써 회복된 지 채 1년도 안되어 한국군에 대한 미군의 작전지휘로 환원되었다. 그리고 휴전 이후에도 의존형 전쟁지도체제가 지속되면서 작전지휘권이 작전통제권으로 축소되기는 했으나 전쟁지도와 군사작전에 대한 핵심권한을 계속 유엔군사령관이 유지하였다.

가. 전쟁 발발과 작전지휘권 이양

주한미군 전투 병력이 완전 철수한 이후에도 주한미군사고문단의 한국군에 대한 조언 역할은 계속되었다. 그러나 1950년 6월 25일 새벽 북한의 기습남침이라는 국가적 중대 고비의 순간에 고문역할은 제대로 작동하지 못했으며 미군의 재투입과 함께 7월 14일 한국의 작전권은 이승만 대통령의 서신에 의해 맥아더 장군에게 이양되었다. 사활적 안보환경 속에서 대통령의 대미의존적 안보관이 결합되어 의존형 전쟁지도체제가 태동하면서 개전 20일, 회복한지 불과 1여 년 만에 작

주한미군사령관이 1949년 6월 29일까지 유지하였다. 해방 후 1945.9.9~1948.8.24은 미24군단장 하지(John R. Hodge) 중장이 조선경비대에 대한 지휘권을 가지고 있었고, 1948.8.24~1949.1.15은 하지 중장의 후임 콜터(John B. Coulter) 소장이 국군에 대한 작전지휘권을 행사하였으며 1949.1.15~1949.6.29은 임시고문단(PMAG) 단장 로버츠(William L. Roberts) 준장이 한국군에 대한 작전지휘권을 행사함. 국방부, 『국방사 1』, 520~521쪽 ; 강성철, 『주한미군 30년』, 164~165쪽.

전지휘권을 재이양할 수밖에 없었다.

1) 전쟁 발발 직전 상황

한국은 1949년 6월 30일부터 1950년 7월 14일까지 미국의 군사지원
을 받아내기 위한 다양한 노력을 기울였다. 그러나 실질적인 성과는
없었다. 다만, 한국전쟁이 발발하기 불과 1주일 전인 6월 17일 당시 미
대통령 특사자격의 덜레스(John Foster Dulles)가 한국을 방문하여 38도
선을 시찰하였다. 이때 이승만 대통령은 미국의 극동방위계획에 한국
을 포함시키라는 서한을 수교(手交)하였고, 덜레스 특사는 국회 연설
에서 미국은 한국에 물심양면으로 지원할 것이라고 언명하였다. 6월
18일에는 미 국무장관 존슨(Louis Johnson)과 합참의장 브레드리(Omar
N. Bradley)가 동경을 방문하여 맥아더 장군과 극동지역의 안보문제를
논의하기도 했다.[88]

한편 북한은 5월 말 완성된 3단계 선제타격계획(1단계: 돌파 및 주
력섬멸, 2단계: 전과확대 및 예비대 섬멸, 3단계: 소탕 및 남해안으로
진출)에 의하여 6월 10일 기동연습을 가장한 여단장급 이상 지휘관이
참석한 비밀작전회의에서 남침을 위한 부대이동 명령을 하달하였다.
이를 위장하기 위하여 같은 날 조만식 선생과 김삼용, 이주하를 교환
하자는 제안을 하였으며 이어 6월 18일에 인민군 참모부는 정찰명령

---

[88] 외무부 외교연구원, 『한국외교의 20년』, 외무부 외교연구원, 1967, 32·39쪽 ; 브
루스커밍스·존할리데이 저, 차성수·양동주 역, 『한국전쟁의 전개과정』, 66~68쪽
의 경우 덜레스의 한국방문은 장면 주미대사의 요청에 의한 것이었으며 이승만
−덜레스의 회담에서 이승만 대통령이 호전적인 북진통일을 주장했고 이를 위한
미국의 원조를 요구했다는 매튜(William Mathews) 기자의 기사를 인용하면서 덜
레스의 방문과 38°선 시찰이 극적인 면이 있었음을 주장함.

제1호를 공격부대에 하달하였다. 6월 19일에는 남침기도를 은폐하기 위한 "남북 국회에 의한 통일정부 수립을 한국국회가 동의하면 21일 최고인민회의 상임위원회 대표를 서울에 파견하든지 한국 국회대표를 평양에 맞이할 용의가 있다"는 남북 국회회담을 제의하였다. 한편, 위장평화 대화제의를 한 같은 날 19일 각 사단의 전투명령 제1호가 '6월 22일 또는 23일까지 공격준비를 완료'는 내용으로 하달되었다.[89]

　한국군은 북한의 남침에 대비하여 1950년 3월 25일자로 군방어계획인 육본작전계획 제38호를 확정하여 예하부대에 하달하였으며 5월까지 각 사단의 방어계획이 작성되었으며 방어편성과 전투진지 구축이 이뤄지고 있었다. 5, 6월 남침위기설이 파다한 가운데 채병덕 총참모장은 6월 10일에 전선을 담당하는 1, 7, 6, 8사단 중 7, 6, 8사단장을 6월 10일 교체하고 6월 11일부터 북한의 평화공세와 관련하여 세 번째 비상경계령을 발령하였다.[90] 그러나 공교롭게도 북한군이 공격준비 완료시점으로 하달한 6월 23일 24 : 00부로 비상경계령을 해제하였다. 그리고 토요일인 6월 24일에는 일선 장병의 3분의 2가 외출을 실시하였다. 오랜 기간의 비상경계령 후에 해제인지라 외박, 농번기로 인한 휴가 병력 등으로 3분의 1에 해당되는 병력은 자리를 비우게 되었다.

　당시의 작전권은 대통령－국방장관－각 군 총참모장－사단장의 계

---

[89] 국방군사연구소, 『한국전쟁(상)』, 78~91쪽.

[90] 한국전쟁 발발당시 38°선을 담당하는 부대는 옹진반도의 17연대(백인엽 중령), 문산축선의 1사단(백선엽 대령), 의정부축선에 7사단(유재흥 준장), 춘천축선에 6사단(김종오 준장) 동해안에 8사단(이성가 준장)이 배치됨. 3차에 걸친 비상경계령은 4월 27일부터 5월 3일(5월 1일 노동절관련 대기 및 경계태세, 총 7일), 5월 9일에서 6월 2일(5월 30일 총선거관련 대기 및 경계태세, 총 25일), 6월 11일에서 23일까지(북한의 평화공세관련 비상경계태세, 13일)였음. 위의 책, 98 · 105쪽 ; 국방부, 『국방사 1』, 349~350쪽.

선에 의해 수행되고 있었다. 6월 24일 7사단에서 보고된 "인민군 군관 들로 보이는 일단의 무리가 아측을 향하여 지형정찰을 하는 것 같다" 는 보고에 대해 전면남침 임박이라는 판단을 함에 따라 오후 3시에 육 군본부 상황실에서 채병덕 총장을 위시한 일반참모들이 긴급회합을 가지고 상황을 분석하였다. 이때 김종필·이영근 중위는 비상경계령 해제, 외출·외박 즉각 중지를 건의하였으나 수용되지 않은 채, 채 총 장은 첩보대를 파견하여 적정을 살피고 그 결과를 다음날인 6월 25일 오전 8시까지 보고하라고 지시하였다. 그리고 채 총장은 육군회관 장 교구락부 준공파티에 참석하여 밤늦도록 연회에 참가하였다.[91] 작전 권을 행사하는 총참모장이 신속, 정확히 결심했다면 방어력이 보강될 수도 있는 기회를 놓친 것이다.

2) 전쟁 발발

6월 25일 새벽 1시부터 "국사봉 북쪽에서 수 미상의 인민군이 접근 하고 있다"는 17연대의 보고, 새벽 3시에는 "적이 구화리에서 도하용 으로 보이는 주정을 전방으로 이동시키고 있다"는 1사단의 보고, 새벽 3시 30분에는 "양문리 북쪽 만세교 부근에서 전차의 굉음이 들린다"라 는 7사단의 보고가 이어졌고 잠시 후엔 "적의 포탄이 계속 떨어지고 있다"는 다급한 보고가 육군본부 상황실로 접수되었다. 그리고 이때 부터 각 사단에서 "적의 대대적인 공격이 시작되었다"는 보고가 쇄도 하기 시작하였다. 채 총장은 연회에서 새벽 2시경 귀가하여 취침 중 당 직사령으로부터 전면 남침상황을 보고받았다. 상황장교를 불러 자세

---

91) 국방군사연구소, 『한국전쟁(상)』, 106~107쪽.

한 상황을 확인한 후 오전 6시부로 전군에 비상을 발령하고 7시에 국방장관 관사로 가서 침공사실을 보고하였다. 같은 시각 채 총장의 지시로 국방부 정훈국장이 중앙방송(KBS)을 통하여 북한의 남침 제1보를 보도하였고 오전 8시에는 예비인 2, 3, 5사단을 서울로 이동하도록 명령하였다.[92]

국군 통수권자인 이승만 대통령은 이날 비원의 반도지에서 낚시를 하던 중 오전 10시경 경무대 경찰서장으로부터 소식을 듣고 경무대로 돌아왔으며, "이미 개성이 함락되고 탱크를 앞세운 공산군이 춘천 근교에 도착하였다"는 신성모 국방장관의 최초 전황보고를 받았다. 11시 35분에는 무초 대사의 방문을 받고 우선적으로 탄약을 지원해주도록 요청하였다. 전선을 확인하고 돌아온 채 총장은 오후 2시에 대통령이 주재한 국무회의에서 "38도선 전역에 걸쳐 40,000~50,000명의 북괴군이 94대의 전차를 앞세우고 불법남침을 개시하였으나 각 지구의 국군은 대전차포로 적전차를 격퇴하면서 적절하게 작전을 전개 중에 있다. … 후방사단을 진출시켜 반격을 감행하면 능히 격퇴할 수 있을 것으로 본다"고 보고하였다. 이 대통령은 심상치 않음을 간파하고 곧 대통령령 제377호(비상사태하의 법령 공포에 관한 특례에 관한 건)을 공포하고 긴급명령 제2호(비상사태하의 범죄처단에 관한 특별 조치령)를 하달하였다.[93]

한편 군사적 조언 역할을 하는 미군사고문단은 6월 25일 정상적인 임무를 수행할 수 없었다. 고문단장인 로버츠 준장은 진급에 실패한

---

[92] 위의 책, 108~109쪽.
[93] 위의 책, 111쪽.

후 퇴역차 한국을 떠났고 고문단장 직무대리인 참모장도 가족을 전송
하기 위하여 일본에 가 있었다. 따라서 주한미군사고문단의 선임장교
는 통신장교인 찰스 스튜리스 중령이었지만 그는 한국에 관하여 아는
것이 없다며 하우스만 대위에게 전권을 위임하였다.[94] 물론 하우스만
대위가 육군본부의 채병덕 총장에 대한 조언을 계속 해왔으나 고문단
장의 부재로 인하여 전면남침이라는 사활적인 상황 속에서 대통령을
포함한 지도부에 전쟁지도에 관한 사항을 조언하기는 경험과 능력의
한계가 있었다.

3) 작전지휘권 이양

6월 27일 주한미군사고문단 참모장 라이트(Sterling Wright) 대령이
한국에 돌아왔으나 상황은 호전되지 않았다. 같은 날 맥아더 장군은
한국 내 주한미군사고문단 가족 등 비전투 미국인에 대한 철수작전과
필요한 정보를 얻기 위하여 처치(John H. Church) 준장을 단장으로 하
는 조사반을 구성하여 한국으로 파견하였다. 조사단이 떠난 직후 맥
아더 장군은 한국에 있는 모든 미군을 지휘할 권한을 부여 받았으며,
조사반을 전방지휘소 및 연락단(ADCOM: Advance Command and Liaison
Group in Korea)으로 개칭하고 주한미군에 대한 작전통제권을 부여하
면서 주한미군사고문단을 예하에 두게 했다.[95] 그러나 이 권한은 고
문단과 비전투원 철수작전 등 주한미군에 국한한 것이었다.

6월 29일에는 맥아더 장군이 직접 한국전선을 시찰하기 위하여 동

짐 하우스만·정일화, 『한국 대통령을 움직인 미군대위』, 199~200쪽.
국방부 군사편찬연구소, 『한미군사관계사 1871-2002』, 302쪽.

경을 출발 후 동해 상공에서 극동공군사령관(메이어 중장)과 기상(機上) 작전회의를 통하여 북한 폭격을 명령했다. 그리고 오전 11시 15분에 수원비행장에 착륙하여 전방지휘소 및 연락단이 있는 조그만 학교에서 이승만 대통령,[96] 채병덕 총장,[97] 무초 대사, 처치 준장을 만났으며, 처치 장군으로부터 간단한 브리핑을 받은 후 서울 남방에 있는 한강교 부근의 언덕에서 적군의 포성을 들으면서 약 20분간 사방을 관찰했다. 그리고 수원으로 돌아와 이승만 대통령과 독대 후 오후 4시경 비행장을 떠났다. 그리고 미 지상군 1개의 전투단에 의한 중요지역 확보 및 2개 사단에 의한 역습 구상과 효과적인 육해공 합동작전의 필요성을 콜린스(J. Lawton Collins) 육군참모총장을 통하여 워싱턴 당국에 보고하였다. 6월 30일부로 맥아더는 "한국전선에 미 지상군의 투입에 관하여 제한이 없으며 그 권한은 귀관에게 있다"는 지시를 받았다.[98] 이로서 맥아더 장군은 한국전쟁에 있어서 미극동군의 투입에 의한 주한미군의 작전권을 실질적으로 행사하게 되었다.

　이것이 가능한 것은 대한민국 국회가 6월 26일 유엔과 미 대통령 및 하원에 전면 남침에 따른 조치와 원조를 요청하는 메시지를 보냈으며

[96] 6월 27일 새벽 3시 이승만 대통령은 서울역에서 전용열차로 출발하여 11시 40분에 대구에 도착하였으며 다시 열차를 돌려 오후 4시 30분에 대전에 도착하였고 7월 1일 부산으로 이동할 때까지 대전에서 전쟁을 지도함. 남정옥, 「6·25전쟁과 이승만 대통령의 전쟁지도」, 『군사』 제63호, 2007, 38~39쪽.
[97] 이 수원 만남에서 맥아더는 이승만 대통령에게 채병덕 총장의 해임을 권유하였으며, 한강다리 폭파에 대한 비난여론 무마 등을 고려하여 6월 30일 채병덕 총장을 해임하고, 하우스만 대위가 조언하여 미국에 유학중이던 정일권 준장을 소장으로 진급시키면서 육군총참모장 겸 육·해·공군 총사령관에 임명하였다. 짐 하우스만·정일화, 『한국 대통령을 움직인 미군대위』, 213쪽 ; 국방군사연구소, 『한국전쟁(상)』, 199~200쪽.
[98] 육군본부, 『정책과 지도: 유엔군전사 제3집』, 육군본부, 1990, 105~110쪽.

6월 27일 유엔은 안전보장이사회의 결의문으로 회원국들에게 한국을 원조할 것을 권고하였기 때문이다.[99] 그리고 7월 1일 일본에 주둔 중이던 스미스 대대(미 24사단 34연대 1대대)가 부산에 도착하여 7월 5일 새벽 3시에 오산의 죽미령에 배치됨으로써 미 지상군의 참전이 시작되었다. 7월 3일 유엔 사무총장은 미국에 이은 영국 및 오스트레일리아의 해·공군이 지원되기 시작하자 미국이 유엔군을 지휘하되 한국지원협조위원회를 통하여 시행하자는 결의안을 제시하였다. 그러나 미국은 작전지휘상의 어려움을 이유로 반대하면서 "유엔군의 지휘구조를 미국이 유엔을 대신하여 통합군사령부를 구성, 한국에 대한 작전을 통제"하는 결의안을 작성하였고, 영국과 프랑스가 제안하여 7월 7일 개최된 유엔안보리에서 채택되었다.[100]

트루먼 대통령은 합참본부를 자신의 대행기구로 임명하고 콜린스 육군참모총장을 한국에서의 작전에 관한 합참본부의 대표로 임명하였다. 합참본부는 유엔군사령관에 맥아더 장군을 추천하였고, 트루먼 대통령은 이를 승인하여 7월 10일 정식으로 임명하였다. 7월 11일에는 한국 해군이 미 극동해군에 편입되었으며 육군성은 맥아더 장군에게 7월 12일 "작전임무가 유엔안보이사회의 지원하에 이루어진다는 것을 강조하는 것이 중요하다"는 지침을 하달하였다.[101] 즉, 유엔군사령부

[99] 외무부 외교연구원, 『한국외교의 20년』, 317~326쪽.
[100] 결의안 3항 "전술한 안전보장이사회의 제 결의에 의거하여 병력과 기타 지원을 제공하는 모든 회원국은 이러한 병력과 지원을 미국 주도하의 통합군사령부가 이용할 수 있도록 할 것을 권고한다", 4항 "미국에 대하여 이러한 군대의 사령관을 임명할 것을 위임한다"를 포함함. 국방부, 『국방사 2』, 598쪽 ; 외교통상부, 『한국외교 50년』, 외교통상부, 1999, 331쪽.
[101] 육군본부, 『정책과 지도: 유엔군전사 제3집』, 143~145쪽.

는 유엔 안전보장이사회－미국 대통령－미 합참을 경유하는 지휘체계를 가지면서 별도 창설없이 미 극동군사령부에 임무를 부여함으로써 한국전쟁에 본격적으로 개입하게 되었다. 그리고 한국은 그것을 아무런 조건 없이 7월 12일 "재한 미국군대의 관할권에 관한 한미협정(대전협정)"을 체결하고 의존형 전쟁지도체제를 태동시키면서 작전지휘권을 이양하게 되었다.

한국의 의존형 전쟁지도체제는 미군에 대한 배타적 치외법권을 인정하며 미국의 신속한 부대 투입을 요청하였고, 미국은 7월 5일 죽미령 전투를 시작으로 이미 전투에 참가 중인 미 24사단이 이미 800여 명의 병력손실을 입고 있는 상황에서 대규모 미 지상군의 투입이 불가피 하였다. 그리고 맥아더 미 극동군사령관은 7월 13일 8군사령관인 워커 중장에게 주한 미 지상군의 작전지휘권을 행사하라는 구두명령을 하달하였다. 7월 13일에는 콜린스 미 육군참모총장이 동경에서 맥아더 장군, 대구에서 워커 중장과 만나 지상군 증원과 관련하여 논의하였다. 그리고 14일 워싱턴으로 떠나면서 극동의 4개 사단 외에 미 2사단, 미 해병 1사단, 미 4 및 29전투단, 미 11공정사단 예하 1개 전투단을 구상할 수 있음을 피력하였다.[102]

이때 북한군은 미 34연대를 격파하며 금강선에서 대전을 위협하고 있었다. 한국군은 이미 해군이 7월 7일부로 유엔군에 편입되어 작전을 수행하는 등 군별로 미군과 함께 연합작전을 수행하고 있었다. 이승만 대통령은 7월 13일 독단적으로 작성한 작전권 이양 문안을 정부 및 군 지휘관들에게 내보이며 '언제라도 필요할 때 찾을 것'이며 반발을

[102] 위의 책, 148~152쪽.

방지하였다. 정일권 총참모장은 육군본부 참모회의를 소집하여 김홍
일 1군단장과 김백일 2군단장에게 작전지휘권 이양이 유엔군과의 연
합작전을 위하여 불가피한 결정이었음을 설명하고 각 사단장들에게
도 하달하였다. 그리고 육군본부는 7월 14일 대구로 이전하여 대구에
위치한 미 8군사령부에 인접하여 개소하였다.

 이승만 대통령은 작전권 이양 서한을 7월 14일 맥아더 장군에게 "일
체의 지휘권(command authority)"103)을 이양하는 것으로 표현하여 무초
대사를 통하여 전달하였다.104) 사활적 안보환경에서 의존형 전쟁지도
체제의 내부적 현상으로 최대한의 권한을 이양함으로써 미국의 신속
하고 전폭적인 지원을 받기하기 위한 것이었다.

 이승만 대통령의 서한을 접수한 맥아더 유엔군사령관은 이에 대한
수락 서신을 한국 정부가 대전에서 대구로 이동한 7월 16일 무초 대
사를 통하여 이승만 대통령에게 발송하였다.105) 당시의 급박한 사정

----

103) "… 한국 내 또는 한국 근해에서 작전 중 국제연합의 육·해·공군 모든 부대는
 귀하의 통솔하에 있으며 또한 귀하는 그 최고사령관으로 임명되어 있음에 람
 (鑑)하여 본인은 현작전상태가 지속되는 동안 일체의 지휘권을 이양하게 된 것
 을 기쁘게 여기는 바이오며(I am happy to assign to you command authority over
 all land, sea, and air forces of the Republic of Korea during the period of the
 continuation of the present state of hostilities) 여사(如斯)한 지휘권은 귀하 자신
 또는 귀하가 한국 내 또는 한국 근해에서 행사하도록 위임한 기타 사령관이 행
 사하여야 할 것…."「국군통수권 이양에 관한 이승만 대통령과 맥아더 회한」, 외
 교사료관 마이크로필름, J-0001(1881-1886), 1950.
104) 국방군사연구소, 『한국전쟁(상)』, 239쪽.
105) 이승만 대통령과 맥아더 장군 간의 서신교환에 관한 일자는 기록마다 조금씩 상
 이하나 위의 마이크로 필름과 한·영문을 함께 표기한 국방부, 『군사관계조약선
 집』, 국방부, 1961, 34~37쪽을 기준으로 함. 짐 하우스만·정일화, 『한국 대통령
 을 움직인 미군대위』, 219쪽에는 "7월 4일 지휘권을 맥아더 사령부에 위임했고
 위임 명령이 정일권 참모총장에 하달됐으며 한국어로 된 것을 하우스만 대위가
 영어로 번역하여 대통령의 결재후 맥아더사령부에 전달했다"고 적고 있으며, 국

때문인지 이승만 대통령과 맥아더 장군의 친필서신의 원본 자료는 아직까지 발견되지 않고 있다. 그러나 이승만 대통령이 일체의 지휘권(command authority)이라고 한 것을 무초 대사가 작전지휘권(operational command authority)으로 명확히 하여 맥아더 장군의 답신을 전달한 것은 분명하다.[106]

답신을 보내고 다음날인 7월 17일에 맥아더 장군은 워커 미 8군사령관에게 한국 지상군에 대한 유엔군 사령관의 작전지휘권을 부여하면서 유엔기를 전달하였고, 해·공군은 각각 미 극동 해·공군사령부를 거쳐 제7함대사령관과 제5공군사령관에게 작전지휘를 받게 하였다. 이로 인해 한국군이 유엔군에 완전하게 편입되었고 한국전쟁에 참가한 모든 부대의 군사작전에 관한 지휘통일이 이루어졌다. 미국 주도의 전쟁지도에 의존해야 하는 사활적 안보환경에서 이승만 대통령의 대미의존적 안보관이 의존형 전쟁지도체제를 통하여 나타낸 내부적 권한의 후견국 위임현상이었다.

. . . .

방부 군사편찬연구소, 『한미군사관계사 1871-2002』, 471쪽에는 이승만 대통령의 이양 서신은 7월 14일, 맥아더 장군의 답신은 7월 18일로 기록하고 있다. 이를 볼 때 이승만 대통령은 악화일로의 전황 속에서 대리전적 의존형 전쟁지도체제로 전쟁을 수행할 수밖에 없음을 인식하고 작전권 이양을 구두로 먼저 언급한 후 서신을 작성한 것으로 보이며, 7월 17일에는 이미 맥아더 장군이 한국군에 대한 작전지휘권을 8군사령관에게 재이양한 것으로 보아 맥아더 장군이 16일에 수락하는 답신을 작성, 발송하고 18일에 무초대사를 거쳐 한국이 공식 접수한 것으로 해석됨.

[106] "… I am happy to transmit to you the following message from General … you designated to his operational command authority(작전지휘권) over the land, sea, and air forces of the Republic of Korea during the present hostilities.(무초 대사의 서신 전달문) … I am proud indeed to have the gallant Forces of the Republic of Korea under my command(맥아더 장군의 답신)…."「국군통수권 이양에 관한 이승만 대통령과 맥아더 회한」, 외교사료관 마이크로필름, J-0001(1881-1886), 1950.

나. 한미상호방위조약 체결

한국전쟁기간 의존형 전쟁지도체제는 휴전이 되면서 조금씩 변화하였다. 유엔군사령부가 한국 대통령의 전쟁지도를 보좌하는 핵심 구성단위로서 여전히 기능을 수행하였지만 연합참모본부가 만들어 지면서 전쟁지도 보좌와 군사전략에 관해 대통령을 보좌하는 기능을 수행하고자 하였다. 한편 한미상호방위조약과 이에 따른 한미합의의사록을 체결하면서 이양되었던 작전지휘권을 작전통제권으로 축소하였다.

휴전후 딜레스 장관이 내한하여 1953년 8월 7일 이승만 대통령과 회담에서 한미상호방위조약 체결에 관하여 완전히 합의하고 이의 행동에 의한 조약 이행을 위해 군사 및 경제원조에 관해서도 합의하였다. 그리고 이승만 대통령은 한미고위회담에서 "방위조약이 발효되는 날까지 한국군은 유엔군사령부에 소속될 것이며 휴전을 준수할 것"을 약속하였으며 다음날인 8월 8일 중앙청에서 변영태 외무장관과 딜레스 미 국무장관이 한미상호방위조약 원안에 가조인하였다.[107] 이에 따라 작전지휘권 이양의 조건인 "현작전상태가 계속되는 한"이 휴전으로 종결된 상황에서도 구두로 "한미상호방위조약 발효 시"까지 한국군에 대한 유엔군사령관의 작전권 행사를 연장하는 조치가 이루어졌다.

이후 한미상호방위조약은 1953년 10월 1일 워싱턴에서 정식 조인되었고, 1954년 1월 15일에는 한국 국회에서 비준이 통과되었으며 1월 26일 미 상원에서는 "… 외부로부터의 무력공격의 경우를 제외하고는

---

107) 서울신문사, 『주한미군 30년』, 298쪽 ; 국방부, 『국방사2』, 559쪽.

그를 원조할 의무를 지는 것은 아니다…"[108]라는 양해사항을 추가하여 통과되었다. 미국의 실질적인 지원이 필요한 상황에서 1954년 6월 15일 제네바 정치회담이 결렬되자 한국은 "휴전협정은 더 이상 준수할 필요가 없는 사문서에 불과하며 단독으로라도 북진통일을 성취하겠다"[109]라며 강경한 기조로 미국의 실질적인 지원을 우회적으로 요구하였다.

이를 해결하기 위하여 7월 2일 미 아이젠하워 대통령이 이승만 대통령을 초청하였고, 이를 수락한 이승만 대통령은 7월 25일부터 8월 13일까지 미국을 방문한 후 7월 30일 "쌍방은 금후에도 한국통일과 민주독립을 위한 노력을 계속한다"[110]는 공동성명을 발표하였다. 그리고 전반적인 군사력 증강 및 경제부흥을 위한 토의를 계속하였으며 그 결과 한국 부흥을 위한 미국 주도의 5개년 10억 불 원조계획 추진을 이끌어 내었다. 그리고 1954년 11월 17일 한미상호방위조약에 관한 양국의 비준서가 정식 교환되어 발효되었고, 동시에 조약상 지원의무를 행동화하기 위하여 서울에서 변영태 외무장관과 브릭스(Ellis O. Briggs) 주한 미대사 간에 "한국에 대한 군사 및 경제원조에 관한 대한민국과 미합중국 간의 합의의사록(이하 '한미합의의사록'으로 약칭)"[111]이 체결되었다. 1953년 7월 시작한 조약체결이 1년 4개월 만에 마무리 된 것이다.

작전권과 관련하여 한미상호방위조약에는 제2조에 "… 당사국은 단독으로나 공동으로나 자조와 상호원조에 의하여 무력공격을 저지하

108) 국방부 군사편찬연구소, 『한미군사관계사 1871-2002』, 732쪽.
109) 국방군사연구소, 『한국전쟁(하)』, 647쪽.
110) 외무부 외교연구원, 『한국외교의 20년』, 87~88쪽.
111) 강성철, 『주한미군』, 239~242쪽.

기 위한 적절한 수단을 지속하여 강화시킬 것이며, 본 조약을 실행하고 그 목적을 추진할 적절한 조치를 협의와 합의하에 취할 것이다"라고만 명시하였다. 그리고 제4조에는 주한미군의 주둔과 관련한 한국의 허여(許與)와 미국의 수락(受諾)을 담고 있다. 작전권 문제는 한미합의의사록에 포함시킴으로써 이승만 대통령이 1953년 8월 구두로 방위조약 발효 시까지로 연장한 이양기한에 대하여 한미상호방위조약이 발효되는 날 한미합의의사록에 제2항에 명문화하여 "국제연합군사령부가 한국의 방위를 책임지는 동안"[112] 작전권을 계속 그 사령관에게 남겨두게 되었다.

  휴전 이후 부분적으로 변화했으나 의존형 전쟁지도체제를 유지하면서 한미상호방위조약을 체결하고 그 실질적인 이행을 위한 한미합의사록에 의해서 이양된 작전지휘권을 작전통제권으로 축소하였다. 한국이 한글 표기로 작전지휘권으로 명시한 것은 최대한 미국의 지원을 받아내려는 심리적 기대와 당시 작전권의 범위에 관한 용어개념이 명확히 정립되지 않았기 때문으로 볼 수 있다. 중요한 것은 작전권을 행사하는 유엔군사령관이 미군이며 영어로 '작전통제(operational control)'라고 명시하여 실질적으로 기존의 '작전지휘권(operational command

---

[112] "국제연합군사령부가 대한민국의 방위를 위한 책임을 부담하는 동안 대한민국 국군을 국제연합군사령부의 작전지휘권하에 둔다. 그러나 양국의 상호적 및 개별적 이익이 변경에 의하여 가장 잘 성취될 것이라고 협의 후 합의되는 경우에는 이를 변경할 수 있다.(Retain Republic of Korea Forces under the operational control of the United Nation Commands while that command has responsibilities for the defense of the Republic of Korea, unless after consultation it is agreed that our mutual and individual interest would best be served by a change)" 국방부 군사편찬연구소, 『한미군사관계사 1871-2002』, 733~735쪽 ; 영문내용은 「한미합의의사록」, 『나라기록원구원』, http://contents.archives.go.kr/next/archive/imgViewer.do?archive EventId=0018713611 참조.

authority)'보다 그 권한을 축소하였다는 것이다.

2. 군사원조에 대한 과도한 의존

전쟁지도체제의 외부적 현상인 군사원조와 관련하여 '의존상태가 심할수록 더 많은 지원을 후견국가에 요구하고, 반면 의존상태가 낮아지면 그 요구는 줄어든다'라고 제2장에서 제시하였다.

한국은 1950년 한국전쟁 이전 사활적 안보환경과 대통령의 대미의존적 안보관에 의해 의존형 전쟁지도체제가 태동하여 지속적으로 후견국 미국의 군사원조를 요청하였다. 그러나 1949년 10월 미국의 상호방위원조법(Mutual Defense Assistance Act of 1949)이 제정되고 1950년 1월 16일 한미상호방위원조협정이 체결되기 전까지는 실질적인 지원은 이뤄지지 못했다. 신생국 한국은 경제적 능력도 취약한 상태에서 북한이 소련으로부터 받은 신속한 지원에 비하여 미군사원조가 상대적으로 지연됨으로써 불균형 상태에 의한 심리적 불안이 가중되었다.

반면 전쟁기간에는 대리전적 의존체제에 의해서 대부분의 전비를 미국이 담당하였고, 한국군의 전력증강을 위한 직접적인 군사원조가 이뤄졌다. 전쟁 초기 이승만 대통령은 미군이 한국군에 무기와 장비를 지원하지 않는 것을 자주 비난했으며 한국군의 가장 심각한 문제는 무기와 장비 그리고 교육훈련을 받은 숙련된 인원이 부족하다는 점이었다. 이런 상황은 1951년 5월 현리전투를 계기로 한국군에 대한 전력증강이 필요하다는 점을 미군도 공감하고 한국군 재편성을 통한 전력증강을 적극 지원하기도 하였다.

밴플리트(Van Fleet) 사령관과 군사고문단 등의 적극적인 노력으로

1952년 9월에는 12개 사단 463,000명으로 증강되었고, 1953년 5월에는 20개 사단 655,000명 규모로 증강하는 안을 아이젠하워 미 대통령이 승인하였다.[113] 그 연장선에서 휴전 이후 한미상호방위조약을 구현하기 위한 한미합의의사록이 체결되었고 한국군의 정원이 72만 명으로 결정되었다.

한국은 무상군사원조(grant aid)로 1950년 이후 미국의 군사지원사업(MAP: Military Assistance Program)에 의해 1950년에 약 10만 달러, 1951년 약 1,080만 달러, 1952년에 약 80만 달러를 지원받았다.[114] 그리고 1952년부터 시작된 국제군사교육훈련(IMET: International Military Education and Training)사업으로 1951년에 1,632,000달러, 1952년에 3,598,000달러, 1953년 3,406,00달러를 지원하였다. 이 자금으로 1951년 9월에 처음으로 약 270명의 장교들이 보병학교와 포병학교에서 위탁교육을 받았으며 1952년에는 미 보병학교 317명 등 총 594명이 1953년에는 829명이 미국에서 교육을 받을 수 있었다.

한국의 국방비 자료에 대한 부재로 전쟁 이전과 전쟁기간의 미국의 군사원조액을 국방비 비율로 계산할 수는 없다. 그리고 전쟁 직전에 원조가 시작된 점과 전쟁 중 막대한 전비를[115] 미국이 부담했다는 점에서 전쟁기간 군사원조의 비율은 계산이 무의미할 정도로 큰 것이었다.

· ·

113) 나종남, 「한국전쟁 중 한국 육군의 재편성과 증강, 1951-53」, 249~262쪽.
114) 국방부, 『국방사 2』, 319쪽.
115) 1950년 6월부터 1953년 7월까지 미국이 쓴 자국군을 위한 전비로는 미국방부는 180억 달러로 미상무부는 675억 달러로 미의회 도서관에서는 790억 달러로 집계하고 있고 유엔군 대여금을 통하 한국군 전비에 대해서도 234억 원을 지원한 것으로 추산. 황동준·한남성·이상욱, 『미국의 대한안보지원 평가와 한미방위협력 전망』, 민영사, 1990, 28쪽.

이러한 지원에 힘입어 휴전 당시 육군은 3개 군단, 18개 사단에 55만 여 명, 해군은 1개 함대에 14,863명, 해병대 1개 전투단에 22,174명 및 공군은 2개 비행단에 11,461명으로 확충되었다. 휴전 후에도 〈표 6〉에 서 보듯이 무상군사원조가 진행되어 전력증강이 이루어졌다. 1953년 12월 15일 1군사령부가 창설되어 5개 군단 20개 현역사단이 전방을 담 당하였다. 1954년 10월 31일에는 2군사령부가 창설되어 후방의 군관구 와 예비사단을 관장하게 되었다.

해군은 1함대를 한국함대로 전환하면서 2개 전단, 2개 전대로 편성 되었고, 1955년 3월 15일에는 해병 1사단이 창설되었다. 1958년에는 공 군에 11전투비행단이 추가로 창설되었으며 1958년에 국군 총 병력은 72만여 명에 달하였다.[116] 한국의 병력 규모가 확충되고 1958년 9월 26일 북한 주둔 중국군이 3차로 철수를 완료하자, 11월 26일 덜레스 미 국무장관은 한국군의 일부 감축을 발표하기도 하였으며 12월 16일 주한미군이 유도탄 보유를 발표한 후 12월 24일 2개 사단(20, 22사단) 을 해체하였다. 이에 따라 해군과 공군을 약간 증원하는 대신 육군 9만 3천여 명이 감축되었다.[117]

1959년 6월 9일과 24일 이승만 대통령이 단독북진을 강조하는 기자 회견을 함으로써 9월 2일에는 미 국방성 군원실태조사단이 내한하기 도 하였다. 1960년 4·19혁명 이후 7월 12일 장면 민주당 대표가 70만 을 40만으로 감군할 것이라고 언명한 가운데 9월 26일 웨어링 미 상호 안전보장계획 조사단장 등 4명이 방한하였다. 이어 10월 12일에는 레

---

[116] 위의 책, 327~403쪽 참조.
[117] 위의 책, 330쪽.

일 미 국방차관보가 내한한 가운데 3군 수뇌회의에서 연내 3만 명의 감
군을 결정하였고, 미국은 11월 19일 한국의 3만 감군을 승인하였다.[118]

휴전 이후에도 의존형 전쟁지도체제는 작전통제권을 유엔군사령관
이 가지고 있는 상태에서 미군사원조를 통하여 〈표 6〉에서와 같이
1954년 83.4%, 1960년 59.0%로 총 국방비의 50% 이상을 무상군사원조
에서 계속 충당하였다. 군사원조로 72만 명의 대군을 유지할 수 있었
으며 그 규모를 줄이거나 늘리는 것도 미국의 승인에 의해 가능하였
다. 유지비용이 군사원조에서 나왔기 때문이다. 이 시기 의존형 전쟁
지도체제는 저발전 속에서 대규모 병력을 유지해야 되는 부담 때문에
미국의 군사원조에 과다하게 의존하는 현상이 나타났다.

〈표 6〉 국방예산 및 미군사원조(1954~1961년)

년도	총국방비 (억달러)	국방예산 (억달러)	미군사원조 (억달러)	총국방비에서 미군사원조 비율(%)
1954	6.03	(1.00)	5.03	83.4
1955	5.61	(1.00)	4.61	82.2
1956	3.31	(1.00)	2.31	69.8
1957	3.89	1.24	2.65	68.1
1958	4.99	1.43	3.56	71.3
1959	3.67	1.55	2.12	57.8
1960	3.61	1.48	2.13	59.0

출처: 함택영, 『국가안보의 정치경제학: 남북한의 경제력, 국가역량, 군사력』, 법문
사, 1998, 206쪽의 표 5.1에서 발췌 정리하였으며 경상가로서 괄호안의 수치
는 추정치임.

118) 서울신문사, 『주한미군 30년』, 572~573쪽 참조.

제4장 전쟁지도체제의 성장: 연합형(1961~1987년)

이 장에서는 1961년부터 1987년까지를 대상으로 제2장에서 제시한 분석틀에 의한 추론구조 "한국 전쟁지도체제의 발전(유형변화)은 안보환경과 대통령의 안보관이 결정적 요인으로 작용하며, 전쟁지도체제의 발전과정은 작전권과 군사원조의 변화로 나타난다"를 적용하여 한국 전쟁지도체제의 성장을 분석하였다.

분석결과 한국은 1968년을 전후하여 성공적인 경제개발로 총체적 국력이 상승하였다. 그리고 북한이 국지도발에 의한 분쟁유발전술을 구사하고 미국의 닉슨 독트린에 의한 대한안보정책이 주한미군의 부분철수를 가져오면서 위기적 안보환경을 조성하였다. 이러한 위기적 안보환경은 박정희 대통령의 자주국방 안보관과 결합하여 전쟁지도체제를 연합형으로 성장하게 하였다. 연합형 전쟁지도체제에서 작전통제권은 유엔군사령관에서 한미연합사령관이 행사하는 것으로 조정되었고 한국군에 대한 미국의 군사원조도 점차 감소된 후 종결되었다.

제1절 연합형 전쟁지도체제의 성장요인

전쟁지도체제를 연합형으로 성장시킨 결정적인 요인은 위기적 안보환경과 박정희 대통령의 자주국방 안보관이었다. 한국은 급속한 경제성장으로 국력수준이 향상되었으며 한국군의 베트남전 참전을 계기로 북한은 국지도발을 강화하는 분쟁수준의 도발로 대남전략전술로 구사하였다. 특히, 북한은 1968년에는 1·21사태와 푸에블로호 사건이 대표적인 도발 사례였다. 이러는 와중에 미국은 닉슨 독트린으로 아시아인에 의한 아시아 방어를 주문하면서 지상군은 자체 해결해야 된다는 대한안보정책으로 1971년 미7사단을 철수시켰다. 이에 따라 한국은 위협인식이 더욱 고조되면서 '위기적 안보환경'이 조성되었다.

또한 박정희 대통령은 5·16군사혁명을 통하여 집권함으로써 정치화된 군부가 집권세력의 주축을 이루게 되었다. 군부를 배경으로 한 박정희는 가난한 성장과정 속에서 터득한 특유의 기질과 정보분야의 군 경험을 통해 형성된 현실인식을 바탕으로 자주국방에 대한 안보관을 형성하게 되었다. 특히, 1·21사태와 푸에블로호 사건으로 한미 간 국가이익이 다를 수 있음을 체감하고 전쟁지도체제를 성장시키면서 일방적으로 유엔군사령관에게 위임되었던 작전통제권 행사의 한국 역할을 확대하고자 하였다. 또한 한미안보협의회의를 연례화하여 연합협력체제를 구축하면서 한국의 전쟁지도체제는 연합형으로 성장하였다.

결국 연합형으로 성장한 전쟁지도체제는 한미연합사령부를 창설케 하여 유엔군사령관이 가지고 있던 한국군에 대한 작전통제권을 한국의 참여가 확대된 한미연합사령부의 사령관이 행사하는 것으로 조정하였다. 또한 미국으로부터 받는 군사원조의 국방비 대비 비율을 대폭 감소 및 종결시켰다.

1. 남북한 갈등과 위기적 안보환경

1961년부터 1987년까지의 한국은 5·16군사혁명 이후 계획적으로 추진한 경제발전에 의해 국력이 급격히 상승하였으며, 그중에서도 총체적 국력에서 1970년대부터 북한을 앞서기 시작하였다.[1] 한편 북한의 대남전략전술은 다양한 군사적 국지도발 및 투쟁 형태로 분쟁유발전술을 구사하기 시작하였다. 따라서 1968년에는 대규모 침투도발과 특히, 1·21사태 및 푸에블로호 사건으로 남북한 갈등이 심화되어 분쟁화하였으며 북한은 1970년대에도 지속적으로 대남무력투쟁을 감행하였다. 1971~1972년간 전술적 남북대화기를 거쳤으나 1973년 대화가 중단된 후 북한은 국지적 도발과 테러에 의한 위협을 다시 증대시켰다.

한편, 미국은 1969년 아시아에 지상군 불개입정책으로 상징되는 "괌독트린(Guam Doctrine, 일명 Nixon Doctrine)"을 선언하고 지상군 자력해결을 강요하며 1971년 주한 미 7사단을 전격 철수시킴으로써 군단규모의 전투병력을 사단규모로 변화시켰다. 이어 1977년부터는 카터 대통령에 의해 3단계 철수가 단행되었다. 이와 같이 1968년부터 1970년대를 맞이하면서 한국의 안보환경은 북한에 대비하여 국력의 우세현상이 나타났음에도 불구하고 북한의 대남전략전술 강화 및 미국의 대한안보정책의 변화라는 요인에 직면하였다.

한국은 북한의 대남전략전술이 강화되면서 위협인식이 높아지는

---

[1] 민족통일연구원, 「남북한 국력추세 비교연구」, 민족통일연구원 연구보고서 93-24, 1993, 675~716쪽 참조.

상황에서 닉슨 독트린에 의해 미 7사단이 철수함에 따라 그 위협인식
이 더욱 고조되었다. 일종의 위기적 안보환경이 조성된 것이다. 특히,
한국전쟁 이후 북한의 국지도발 중에서 가장 특징적인 위협을 보인
1968년의 분쟁으로 한미 간 국가이익 충돌 현상이 나타남으로써 일방
적 대미의존형 전쟁지도체제에 대한 문제점을 새롭게 인식하고 국가
총력전을 수행할 수 있도록 성장시키게 되었다.

가. 한국의 경제발전과 국력 상승

한국은 1960년 이전까지 미국의 원조에 의해 국가재정이 유지되는
저발전국가로 남아있었으며 이를 타개하기 위한 계획적인 발전전략도
부재하였다. 그러나 5·16군사혁명 이후 1961년 7월 경제기획원을 창
설하고 국가가 주도하는 강력한 경제개발계획에 의해 목표의 설정, 저
축과 외자도입 및 수출증대 등으로 산업화를 추진하였다.[2] 이러한 강
력한 경제개발전략은 근대화를 "하나의 종교요 신앙"으로 여기고 국가
를 빈곤으로부터 해방하고 부강한 국가를 건설하려는 박정희 대통령
의 조국근대화에 대한 비전에서 기인한 면도 있었다.[3]

그러나 군사혁명 직후인 1960년대 중반까지도 한국의 낮은 경제성
장률은 계속되었다. 1차 경제개발5개년계획을 이미 1962년에 시작했음
에도 불구하고 고도성장은 1965년 일본과의 국교정상화 이후 도입한

---

[2] 장달중, 「경제성장과 정치변동」, 한국정치학회 편, 『한국의 정치: 쟁점과 과제』, 법문사, 1993, 280~293쪽 참조.
[3] 정윤재, 「박정희 대통령의 근대화리더십: 그의 개발독재에 대한 재검토」, 한국정치학회 편, 『한국현대정치사』, 법문사, 1995, 275~278쪽 참조.

외자와 베트남 참전으로 획득한 외화 등에 힘입어 1966년부터 급속한 성장을 할 수 있었다.[4] 1962년에서 1965년까지도 북한은 1인당 GNP에서 약 두 배로 한국을 능가하고 있었다. 그러나 이후 약 10년 동안 북한은 남한의 급속한 경제발전으로 지표상 우세를 잠식당하였고 1975년에는 동등해졌으며 1976년부터는 한국이 797달러, 북한이 628달러를 기록하면서 한국이 확실히 우세하게 되었다.[5]

베트남전과 한일 국교정상화로 외화수급이 원활해진 1965년 이후 1966년부터 1971년까지 추진한 제2차 경재개발5개년계획에서는 '성장기반의 확충과 도약단계로의 진입'을 목표로 하였다. 또한 장기개발전망을 고려한 경제협력활동을 본격화하고 1966년 외자도입법, 1967년 투자진흥법을 제정 공포하여 이를 지원하였다. 1972년부터 1975년은 경기침체와 석유파동으로 대내외 여건이 동요하자 장기적으로는 중화학공업화를 추진하고, 단기적으로는 8·3조치로 사채동결 및 금리를 인하하고 중동지역 건설참여를 추진하였다.[6] 이를 통해서 한국은 위기에서 벗어나 꾸준한 경제성장을 지속할 수 있었고 경제력에서 북한을 능가하면서 전반적인 국력면에서도 북한을 추월할 수 있었다.

1979년의 첫 남북한 국력비교연구에서 체제수행력, 경제력, 군사력, 대외적응력 및 과학기술력 중에서 한국은 북한에 비해 체제수행력, 군사력은 열세하지만 경제력에서 월등하게 우세하다고 평가되었다.[7]

. . . .

[4] 경제기획원 편, 『경제기획원 30년사 I: 개발년대의 경제정책』, 미래사, 1994, 11~14쪽 참조.

[5] 함택영, 『국가안보의 정치경제학: 남북한의 경제력, 국가역량, 군사력』, 법문사, 1998, 285~291쪽 참조.

[6] 경제기획원 편, 『경제기획원 30년사 I』, 17~22쪽 참조.

[7] 국토통일원, 『남북한총력추세비교』, 국토통일원, 1979 ; 민족통일연구원, 「남북한

이를 통해 볼 때 1960년대 본격화된 경제개발은 1970년대 실질적인 지표에서 북한을 추월함으로써 한국은 남북대화에 주도권을 가지고 북한에 접근하기 시작했다고 볼 수 있다.

그러나 아직까지 북한은 한국에 비하여 우세한 군사력을 유지하였고 한국군의 베트남전 파병과 미 7사단의 철수로 인해 북한의 군사력은 한국에 더욱 위협적이었다. 그리고 선(先)남조선혁명 후(後)조국통일이라는 대남혁명관을 견지하고 1970년 제5차 당대회에서 민족해방인민민주주의혁명노선을 대남전략으로 공식 채택하였다. 또한 조직형태, 투쟁형태 및 선동슬로건 등 다양한 대남전술을 연계하여[8] 한국의 경제발전에 의한 국력 상승에 대응하여 체계적으로 대남전략전술을 구사하기 시작하였다.

나. 1968년을 전후한 북한의 대남전략전술

1) 1968년 이전

1960년대는 북한이 대남전략에 대한 환경변화를 탐색하고 재수립한 시기였다. 왜냐하면 5 · 16군사혁명 및 베트남전 등 한반도 및 국제적 환경이 변화하였기 때문이다. 따라서 북한은 국제적인 환경을 이용하여 자국의 역량을 시험하고 베트남전에 대한 한미의 전력집중을 분산하기 위해 대남 침투도발을 강화하면서 국제적 분쟁화를 시도하게 된 것이다.

1961년 7월 김일성이 모스크바와 북경을 차례로 방문하여 소련 및

국력추세 비교연구」, 민족통일연구원 연구보고서 93-24, 1993, 3~4쪽에서 재인용.
8) 북한연구소, 『북한총람 1983~1993』, 북한연구소, 1994, 937~944쪽 참조.

중국과 우호조약(友好條約)을 체결하였고, 이를 통해 친중, 친소를 상황에 따라 선택하면서 양면 군사외교정책인 등거리 정책을 폈다. 즉, 1962년 10월 쿠바미사일사태 이후 평화공존정책을 추진한 후루시초프의 실각 이전까지 친중(親中)노선을 견지하던 북한은 1966년 중국이 문화혁명으로 김일성을 수정주의자로 비판하자 친소(親蘇)노선으로 회귀하였다.

1966년 8월 중국공산당이 제11차 중앙위원회에서의 "마르크스 – 레닌주의가 현대수정주의와의 투쟁하는데 있어 중간의 길은 없다"라고 비판하자, 8월 12일 김일성은 "자주성을 옹호하자"라는 제목으로 "사상에서의 주체, 정치에서의 자주, 경제에서의 자립, 국방에서의 자위"를 노동신문에 공식 발표하였다.[9] 북한이 중소(中蘇) 등거리 외교의 틈바구니에서 독자노선을 통해 국제적 환경을 유리하게 이용하기 시작한 것이었다.

1965년 한국이 전투부대를 베트남전에 본격적으로 파병하자 1966년 10월 노동당대표자회에서는 대남투쟁을 강화하여 혁명시기를 앞당기자고 역설하였다. 1967년 2~3월에는 당시 제1부수상 김일(金一)이 소련을 방문하여 '군사·기술 원조협정'을 체결하여 1억 7,800만 달러의 군사원조협정을 맺었다.[10] 이러한 소련의 적극적인 지원으로 고무된 북한은 대남 군사도발의 강도와 횟수를 높여 갔다. 소련의 세계 공산화전략을 위해 베트남전을 측면지원하면서 전한반도의 공산화를 위한 환경조성을 위해 침투도발을 강화하는 전략전술로의 변화를 시도

9) 국방부, 『국방사 3』, 국방부, 1990, 49쪽.
10) 북한연구소, 『북한총람』, 북한연구소, 1983, 350쪽 ; 위의 책, 49~50쪽에서 재인용.

하였다.

북한의 대남 침투도발은 횟수 면에서도 1967년이 184회 694명으로 최고를 기록했으며, 그 다음은 1969년 144회 429명으로 뒤를 이었고 3위는 청와대 기습사건이 있었던 1968년으로 141회 609명을 침투시켰다. 그리고 이를 전후한 1966년과 1970년에는 각각 91, 86회를 기록하였으며 전체적으로 1966년부터 1970년까지가 가장 심각한 대남 침투도발이 있었던 시기였다.[11] 1966년부터 강화된 군사적 도발은 1968년 청와대 기습을 시도한 1·21사태, 미 해군 첩보선인 푸에블로호 납치사건을 감행하면서 분쟁유발전술을 본격화하였다.

2) 1968년 1·21사태와 푸에블로호 사건

5·16군사혁명을 관망하듯 잠잠하던 북한의 대남도발이 1967년부터 그 활동이 급증하자 한국은 1967년 12월 15일 '대간첩봉쇄지침'을 대통령 훈령으로 하달하였다. 그리고 1968년 1월 6일에는 1군사령부 회의실에서 박정희 대통령 주재로 전 국무위원과 주요지휘관 등 160명이 참석하여 최초로 대간첩작전종합대책을 협의하였다. 이 '치안관계관 비상치안회의'를[12] 통해 마련된 대책을 시험이라도 하듯이 북한은 1968년의 1·21사태와 푸에블로(Pueblo)호 사건을 연이어 감행하였다.

① 1·21사태

1968년 1월 18일 북한 124군 소속 무장공비 31명은 청와대를 기습

---

11) 국방군사연구소, 『대비정규전사 II』, 국방군사연구소, 1998, 359~360쪽 참조 재구성.
12) 국방부, 『국방사 3』, 113쪽.

폭파할 목적으로 개성을 출발하여 휴전선의 미 2사단 경계지역 철조
망을 절단하고 침투하였다. 임진강 북방에서 하룻밤을 숙영하고, 1월
19일 밤 8시 30분경 결빙된 임진강을 횡단, 경기도 고양군 법원리의
삼봉산에서 2일째 숙영을 하였다. 1월 20일 앵무봉을 통과하여 비봉 ·
승가사로 이어지는 산악길(지금의 일명 김신조 루트)을 타고 21일 밤
10시 5분에 서울시내 세검동파출소 관할 자하문 부근 과학수사연구소
앞 도로상에서 종로경찰서원 5명과 조우하였다. 미 2사단 등 전방경계
부대를 통과하는 삼봉산에서 만난 우씨 4형제를 제외하면 첫 접촉이
었다.

경찰관의 암호확인에 대하여 일당은 "CIC방첩대"라고 답하고 증명
서 요구에 대하여 "증명서를 볼 필요가 있느냐? 본부로 같이 가자"라고
하면서 자하문 검문소를 통과하였다. 약 400여 미터를 더 전진하였을
무렵 연락을 받고 출동한 경찰병력과 첫 접전이 벌어졌고 게릴라들이
먼저 자동소총을 쏘며 수류탄을 투척하였다. 현장을 지휘하던 종로경
찰서장 최규식 총경이 전사하고 경찰관 2명이 중상을 입었다.[13]

이때부터 이 무장공비들은 현장을 지나가는 버스 안에 수류탄 1발
을 투척, 승객에게 부상을 입히는가 하면 홍제동 등에서 민간인 4명을
살해하였다. 그리고 뿔뿔이 흩어져 만행을 저지르며 도주하기 시작하
였다. 1월 22일 새벽 2, 3시경 군경합동 수색진은 인왕산을 경유 세검
정으로 북상하는 김신조를 독립가옥에서 생포하고 08시 08분에 부암
동에서 3명을 사살하였다. 그리고 22일 낮부터 본격적으로 6군단 책임

---

13) 국방군사연구소, 『대비정규전사 II』, 36~41쪽 ; 백종천 · 이민룡, 『한반도 공동안
보론』, 일신사, 1993, 349~350쪽.

하에 경기도 일원에 걸쳐 군경 합동수색작전을 전개하여 30일까지 작전에서 31명의 공비 중 자폭을 포함하여 27명을 사살하였다.

이후 행방이 묘연해진 공비 세 명 중 한 명은 2월 중순에 경기도 양주군에서 시체로 발견되었고 나머지 2명은 도주한 것으로 간주하고 작전은 종료되었다. 이 대간첩작전으로 아군은 이익수 대령 등 25명의 장병이 전사하였고 부상자도 52명이나 되었으며 5명의 민간인 사망자가 발생하였다.[14] 북한의 명백한 이 도발을 조치하는 과정에서 유엔군사령부에서는 별다른 조치를 취하지 않았으며 미1군단의 작전통제하에 있던 한국군 6군단장 책임하에 경기도 일원에 대한 군경합동수색작전을 실시하였다. 미 2사단이 책임지역에 대한 경계작전이 실패하였고 침투조가 대통령이 있는 청와대를 목표로 했음에도 불구하고 한국의 방위를 책임진 유엔군사령부의 조치는 미온적이었다.

② 푸에블로호 사건

청와대 습격사건 이틀 후인 1월 23일 오후 1시 45분(미국 동부시간으로 1월 22일 밤 11시 45분)에는 미 정보수집함 푸에블로호가 동해상에서 북한에 의하여 납치되었다.[15] 이날 낮 12시경 함장인 부커 중령은 북한의 구잠함(驅潛艦) 1척이 다가오는 것을 보고 레이더에 의한 위치 측정을 지시했으나 공해상이라는 보고를 받고 안심하고 있었다.

그러나 북한 초계정 1척이 가세하여 "정지하지 않으면 발포하겠다"

----

14) 국방군사연구소, 『대비정규전사 II』, 43~47쪽.
15) 양성철·문정인, 「한·미 안보관계의 재조명: 푸에블로호 사건의 위기 및 동맹관리사례를 중심으로」, 김덕중·안병준·임희섭 공편, 『한·미관계의 재조명』, 경남대학교 극동문제연구소, 1988, 55쪽.

고 위협하였고 그 사이 북한의 구잠함 1척과 초계정 3척이 더 증강되었으며 미그기 2대가 위협비행을 하고 있었다. "여기는 공해상"이라는 신호를 보내고 탈출을 기도했지만 북한 구잠함의 포가 발사되어 푸에블로호의 레이더와 통신마스터가 날아갔다. 이때 함정에는 장교 6명, 사병 75명과 민간인 2명이 승선해 있었고 기밀문서들과 전자수신 장비가 설비되어 있었다.

오후 1시에 푸에블로호는 정선(停船)되었고 원산으로 납치되어 가면서 요꼬스까 주일 미 해군기지사령부에 "원산으로 끌려가고 있다. 세 명 부상, 한 명은 다리가 날아갔다. 비밀문서와 되도록 많은 전자장치들을 파괴하고 있다. 저항할 생각은 없다"라는 무전을 보냈고 오후 2시 32분 무전은 끊어졌다. 주일미해군사령관 존슨 제독은 백악관과 국무성에 즉각 보고했고, 극동 주둔 5공군과 7함대에 지원을 요청했다. 그러나 이들도 최소한 태평양사령관의 승인을 받아야 하는 사항임을 인식하여 즉각 출동명령을 내릴 수 없었다. 매키 5공군사령관은 주한미공군이나 한국 공군을 출격시키는 것을 건의했으나 거부당했고 출격 대기하고 있던 오후 4시에 오끼나와의 18전투비행단 F 105기 편대가 워싱턴의 명령으로 이륙하였다.

그러나 벌써 푸에블로호는 7분전 이미 북한 영해 상으로 들어갔고 원산에는 북한 전투기들이 출격태세를 갖추고 있었으며 재급유를 위해 한국기지에 착륙했을 때 공격명령은 철회되어 있었다.[16] 북한의 기습적인 납치가 원초적인 발단이었지만 한반도 지역에 대한 첩보수집 작전활동에 주일 미 해군이 참가한 상태에서 미 태평양사령부의

16) 서울신문사, 『주한미군 30년』, 행림출판사, 1979, 339~342쪽.

승인을 받아야하는 복잡한 지휘체계도 워싱턴 당국의 대응 지연과 함께 납북을 차단하지 못한 한 원인이었다.

이후 미국은 23일 핵 항공모함 엔터프라이즈호가 세 척의 구축함과 함께 원산만에 대한 압력출동에 나섰고, 유엔군사령부에서는 본스틸 사령관 주재로 사건 발생 직후부터 숙의하여 미 8군 예하 전 부대에 비상령이 선포되었다. 24일에는 워싱턴에서는 국가안보회의를 소집하여 대책을 논의하였으며 한국 국군에도 비상태세령이 발령되었다. 25일에 미 존슨 대통령은 미 공군 및 해군항공대 예비역 1만 4천6백 명의 동원령을 내리고 전투기 및 수송기 3백 72대에 대해 "출동태세를 갖추라"고 명령했다.

26일에는 전 미군에 전투태세완비령이 내려짐에 따라 유엔군사령부 예하 전 부대에 준비태세가 데프콘 2로 격상되었다. 26일에는 미국의 요구로 유엔안전보장이사회가 소집되었다.[17] 또한 워싱턴 시각 26일 11시부터 시작된 백악관 회의에서는 2척의 항공모함을 추가로 한국 근해로 급파하고 165에서 170여 대의 전투기를 한국에 주둔시켜 2월 3일까지 20에서 30대를 증강한다는 국방성의 계획이 승인되었다.[18] 이에 따라 28일엔 미 공군 전천후폭격기 F-102A 12대가 김포 미군기지에 전개하여 대기하였다.

유엔군사령관의 준비태세 격상은 작전통제권에 관한 사항으로 한국은 당시 전·평시 공히 작전통제권을 유엔군사령관에게 위임해 놓은 상태에서 일방적으로 미군으로부터 통보를 받는 것에 따라 준비태

17) 위의 책, 343쪽 ; 국방부, 『국방사 3』, 499쪽.
18) U.S. DoD, "Top Secret/Sensitive,"(1968.1.26) *Confidential U.S. State Department Central Foreign Policy Files: Korea, 1967~1969*, p. 1.

세를 변경할 수밖에 없었다. 특히, 26일의 데프콘 2의 경우는 거의 모든 전쟁준비를 완료하는 태세로 한반도 상황에 대해서는 한미 간의 사전협의가 필요했지만 미군이 작전통제권을 가지고 있다는 이유로 일방적으로 한국군에도 적용하였다. 1·21사태에는 무관심했던 미국의 이런 조치는 한국으로 하여금 박탈감을 느끼게 하였다.

이렇게 군사적 위협으로 긴장이 더해가는 가운데 미국은 1월 24일 군사정전위원회를 통하여 푸에블로호 승무원을 송환할 것 요구하며 북한과의 송환 협상을 추진하였다. 1월 28일 협상을 추진하면서 한국에 비밀로 하는 것이 탄로 나는 것을 우려하여 주한 미 대사관에서는 국무성으로 한국정부의 회의(Board: 안전보장회의로 추정)에서 논의된 반발 즉, "유엔사령관으로부터 작전통제권의 환수나 베트남전 파병부대의 철수"[19] 주장이 있음을 타전했다. 1월 31일 북한은 평양방송을 통해서 "푸에블로호 문제를 판문점의 군사정전위원회를 통해 협상할 용의가 있다"고 제의하였으며 미국이 이에 응하여 2월 2일 판문점에서 유엔사 정전위원회 수석대표(스미스 소장)과 북측 대표(박중국 소장) 간의 비공개 회담이 시작되었다.

이후 12월 22일까지의 총 28차에 걸친 비밀회의를 거치면서 23일 오전 9시 양측은 합의 각서에 서명하였고 11시 30분 돌아오지 않는 다리를 건너 부커 함장을 비롯한 82명의 승무원과 1구의 시체가 내려왔다.[20] 그러나 한국이 주장하던 1·21사태에 대한 책임문제 등은 배제됨으로써 미북 간 직접 비밀협상은 한국의 공개적인 반발을 불러일으켰

---

19) U.S. DoD, "Secret Telegram,"(1968.1.28, 05:40) *Confidential U.S. State Department Central Foreign Policy Files: Korea, 1967-1969*, p. 3.

20) 서울신문사, 『주한미군 30년』, 345~347쪽.

고, 미국은 한국에 군사원조를 증액하는 것으로 무마하려 하였다.[21]

미국은 청와대 습격에 실패한 공비의 소탕은 한국군 6군단에 맡겨 놓은 채 박 대통령에게만 고급 협상첩보와 한국에 대한 대가를 제시하면서 푸에블로호의 송환협상에 집중하였다. 이에 대해 한국은 강력한 항의 여론을 배경으로 2월 6일 주한 미 대사와 유엔군사령관에게 한국의 자위를 위한 중대요구 등 지나친 대미의존 상태의 보완을 추진하게 되었다. 이에 따라 2월 8일 밴스(Cyrus R. Vance) 미 대통령 특사는 한국의 안전과 방위를 다짐하는 친서인 '밴스 각서'를 전달하였으며 2월 12일에는 한미 고위회담이 개최되었다.

1968년의 1·21사태와 푸에블로호 납치 사건을 처리하는 과정에서 나타난 한미 간 균열은 위기에 당면한 양국의 국가이익에 대한 견해 차이에서 나타났다. 따라서 한국은 미국에 의존하는 전쟁지도체제가 가지고 있는 한계를 새롭게 인식하게 되었다. 언제라도 동일한 상황이 발생했을 때 미국의 전쟁지도에 따라 한국의 국가적 생존이 희생되어서는 안된다는 인식을 새롭게 하였고 그것을 위해서는 총력안보와 자주국방이 필요하다는 안보관으로 나타났다.

---

21) 28일자 주한 미 대사관에서 뉴욕의 유엔주재 미 대표에게 타전한 전문에는 "승무원이 송환되는 즉시, 또는 오랜 기간 지연된다 해도 한국에 대한 군사원조를 증액하는 것을 오직 박 대통령에게만 제시하되 공개되어서는 안 되며(*is for Park alone and must not be published*), 협상대표인 스미스(Smith) 제독은 박 대통령의 동의나 승낙을 받되 거절하면 다시 전문을 대기하라"는 지시를 내린다. U.S. DoD, "Secret Telegram,"(1968.1.28, 20:55) *Confidential U.S. State Department Central Foreign Policy Files: Korea, 1967-1969*, pp. 2~4 참조.

3) 1968년 이후

1·21사태와 푸에블로호 사건 이후에도 북한은 1968년 11월 울진·삼척 무장공비 침투도발 및 1969년 4월 미 정찰기 EC-121기 격추 등 분쟁유발전술하에서의 군사적 도발행위를 계속하였다. 그러나 1969년 7월 닉슨 대통령은 괌 독트린을 천명하였고 이어 북한은 1971년 4월 최고인민회의를 열어 8개 항의 평화 통일안을 내놓고 8월에는 평양시 민대회에서 남북협상을 제의하는 등 "민족해방인민민주주의혁명"전략에 의한 평화선전공세로 일시 전환하였다.[22] 그러나 위장평화 속에서 공작, 테러 등 새로운 형태의 도발을 병행하는 화전양면전술을 통한 대남위협은 계속되었다.

1972년 7월 이후락(한국 중앙정보부장)과 박성철(북한 제2부수상)이 상호 비밀방문하여 7·4남북공동성명이 있었으며,[23] 적십자회담도 4차례 개최되었다. 그러나 10월유신 이후 북한은 1973년 8월 돌연 남북대화의 중단을 선언하고 1974년 8월에는 문세광에 의한 대통령 내외 저격사건이 있었다. 같은 해 11월에는 북한의 남침용 제1땅굴이 고랑포에서 발견되었으며 1975년 3월에는 제2땅굴이 철원에서 발견되었다. 1976년 8월에는 판문점 공동경비구역에서 도끼만행사건을 저질렀으며 1978년 10월에는 판문점에서 제3땅굴이 발견되기도 하였다.[24]

· · · · · · · · · · · · · · · · · · · ·

22) 국방부, 『국방사 3』, 368쪽.
23) 1972년 7·4 남북 공동 성명은 '자주, 평화, 민족 대단결'의 3대 통일 원칙에 합의하고 첫째, 통일은 외세에 의존하거나 외세의 간섭을 받음이 없이 자주적으로 해결하여야 한다. 둘째, 통일은 서로 상대방을 반대하는 무력행사에 의거하지 않고 평화적 방법으로 실현하여야 한다. 셋째, 사상과 이념, 제도의 차이를 초월하여 우선 하나의 민족으로서 민족적 대단결을 도모하여야 한다. 이와 더불어 "쌍방은 끊어졌던 민족적 연계를 회복하며 서로의 이해를 증진시키고 자주적 평화 통일을 촉진시키기 위하여 남북 사이의 다방면적인 제반 교류 실시"에도 합의하였다.

이후 박정희 대통령의 사망 이후 남한 정세를 관망하던 북한은 1980년 10월 고려민주연방공화국 창립방안을 제의하였고, 1983년 10월에는 남북한과 미국 간의 3자회담을 제의하는 등 위장평화공세를 전개하였다. 그러나 같은 해 10월 9일 미얀마 아웅산묘소 폭파사건을 일으킴으로써 북한의 위장평화전술이 다시 한번 드러났다. 1986년 12월에는 남북 고위급 정치·군사회담을 제의한 뒤, 1년도 안된 1987년 11월에는 김현희 등에 의한 대한항공 858기 폭파테러를 자행함으로써 탑승자 115명을 희생시켰다.[25] 이는 88올림픽을 앞둔 한국의 국제적인 이미지를 실추시키고 그들이 원하는 남한 내의 분열을 조장하며 결정적시기를 조성하기 위한 것이었다. 따라서 1980년대 이후에도 북한은 위장평화공세와 테러 및 대남도발을 병행하는 화전양면전술로 남한 내의 분열과 혼란을 조장하였다.

1961년부터 1987년까지 이상의 북한 대남전략전술을 종합 정리하면 한반도공산화와 민족해방 인민민주주의혁명전략을 기본으로 하여 대남 및 국제적인 상황을 교묘하게 이용하면서 군사적 도발, 위장평화공세, 공작 및 테러를 배합한 전술을 망라하는 전략전술의 다양화를 가져왔다고 볼 수 있다. 이에 따라 한국은 특히, 1968년 북한의 분쟁유발전술에 직면하여 위기적 안보환경을 경험하면서 총력안보와 자주국방에 대한 필요성을 새롭게 인식하게 되었다.

---

24) 국방부, 『국방사 4』, 국방부, 2002, 90~98쪽.
25) 국방부 군사편찬연구소, 『대비정규전사 Ⅲ』, 국방부 군사편찬연구소, 2004, 15~32쪽.

다. 미국의 대한안보정책 변화

1960년대 초중반까지 미국의 대한안보정책에 큰 변화는 없었다. 주한미군은 변화 없이 안정적으로 유지되었으며 1960년대 초 한국군의 양적 팽창에 따른 감군이 추진되기도 했지만 이후 베트남전의 확전으로[26] 한국군이 베트남전에 파병하면서[27] 감군 철회 문제도 자연스럽게 해결되었다. 미국의 아시아에 대한 개입정책이 지속된 1960년대 말까지 변함이 없었기 때문에 1963년 10월의 주한미군 일부 철수설도 한국의 베트남전 파병을 압박하기 위한 미국의 언론보도용이었다. 한국은 1964년 5월 국가안전보장회의 심의에서 파병을 결정하였고, 7월 30일 베트남전 파병이 국회에서 승인되었다.[28]

그러나 1960년대 말 베트남전의 확전을 계기로 미소 간의 냉전 대결이 열전화될 조짐을 보이고 미국 내의 반전여론이 높아지자 1969년 7월 25일 닉슨(Richard M. Nixon) 대통령은 괌(Guam)에서 아시아인에 의한 아시아 문제 해결이라는 괌 독트린을 발표하였다.[29] 한국을 포

---

26) 미국은 1962년 주월 군사원조사령부(MACA)를 설치하였으며 1963년 11월 고딘디엠 정권이 붕괴하자 전투부대의 파병을 결정하였고, 1964년 5월 미 수송선이 격침되자 한국을 포함한 자유우방국의 지원을 호소했으며 8월 통킹(Tongking)만 사건으로 의회의 대통령 베트남 조치를 승인하여 본격적으로 확전됨. 국방부, 『국방사 3』, 344~345쪽 ; 국방부, 『국방사 4』, 704~705쪽.

27) 파병당시의 박정희 대통령과의 작전지휘권 관련 일화 등은 채명신, 『채명신 회고록: 베트남전쟁과 나』, 오름, 2006, 29~56쪽 참조.

28) 파병결정과 관련해서는 대한민국 국회, 『국회 국방위원회 업무연락』 제70호, 1964. 7.30(제44회 제13차 본회의) ; 국방부, 『국방사 3』, 345쪽에서 재인용 ; 국방군사연구소, 『월남파병과 국가발전』, 국방군사연구소, 1996, 162쪽 ; 국방부, 『국방사 4』, 706쪽에서 재인용.

29) "아시아 국가들은 침략에 대비해 대미 의존도를 버리고 … 자립하여 국내안보와 국방문제를 해결하게 되길 바란다. … 미국은 아시아에서 철수하지 않고 계속 우

함한 아시아 지역에서 미 지상군을 철수하려는 정책이 가시화되었고
11월에는 공식적으로 3가지를 닉슨 독트린을 정리하여 연설하였다.[30]
조약상의 공약과 핵우산은 제공하되 병력은 해당국가에서 우선적으로
제공되어야 한다는 내용이었다.

따라서 미국은 1970년 7월 5일 주한 미 지상군 64,000명 중 2만 명을
1971년 6월까지 삭감한다는 방침을 한국에 정식으로 통고하였다. 그
리고 1970년 10월 15일 미 7사단 병력 중 12,000명을 먼저 철수시켰으
며 1971년 3월 11일 미 2사단 담당 서부전선 20km를 한국군에 넘기고
미 7사단 주둔지인 동두천으로 이동시켰다. 3월 27일 미 7사단 본대
8,000명이 23년 10개월의 주둔을 끝내고 이한함으로써[31] 미 2사단이
유일한 지상 전투병력으로 남게 되었다. 1971년 4월 1일에는 주한미군
사고문단(KMAG)도 주한미국합동군사지원단(JUSMAG-K: Joint United
State Military Advisory Group in Korea)로 개편되어 그 역할이 축소되
었다. 그리고 7월 1일에는 미 1군단이 한미 1군단으로 개편하여[32] 주

방으로 남아 적절한 경제 원조를 지속할 것이다. 그러나 미국의 군사적 개입 및
군원계획은 점차 축소될 것이다." 국방부 군사편찬연구소, 『한미군사관계사 1871-
2002』, 국방부 군사편찬연구소, 2002, 694쪽.

30) First, the United States will keep all of its treaty commitments.(조약상 공약 준수),
Second, we shall provide a shield if a nuclear power threatens the freedom of a
nation allied with us or of a nation whose survival we consider vital to our security.
(동맹국가에 대한 핵우산 제공), Third, in cases involving other types of aggression,
we shall furnish military and economic assistance when requested in accordance with
our treaty commitments. But we shall look to the nation directly threatened to
assume the primary responsibility of providing the manpower for its defense.(병력
제공은 해당국가가 우선적인 책임), "닉슨독트린(Nixon Doctrine)," 『지식세계검색』,
http://www.absoluteastronomy. com/topics/Nixon_ Doctrine#encyclopedia.

31) 국방부 군사편찬연구소, 『한미군사관계사 1871-2002』, 578~579쪽.

32) 위의 책, 697쪽.

한미군의 전투병력이 군단규모에서 사단규모로 축소되었음을 가시화
하였다.

공교롭게도 닉슨 독트린과 미 7사단의 철수는 1968년 분쟁 즉, 1·21
사태 및 푸에블로호 사건 그리고 북한의 울진·삼척 무장공비의 대규
모 침투도발과 1969년 미 정찰기 EC-21기의 격추에 이어서 발표되었다.
한국은 북한의 위협 증대와 주한미군의 감축이라는 이중고에 직면하
여 미국의 지원에만 기댈 수 없는 상황에 따라 향토예비군을 조기에
창설하고 대간첩작전본부를 설치하여 대간첩작전 시에는 스스로 작
전권을 행사토록 조정하였다. 그리고 M-16소총 자체생산 등 방위산업
을 태동시켜 무기 및 장비에 있어서도 자주화를 추진하였다.[33]

닉슨 독트린으로 미7사단이 철수한 이후 포드(Gerald R, Ford) 대통
령 집권기에 다소 잠잠하던 주한미군 철수 문제는 1977년 카터(Jimmy
Carter) 대통령이 취임하면서 다시 전면으로 등장하였다. 1976년 북한
의 8·18 판문점도끼만행은 하나의 자극제가 되었으며 이에 대처했
던 한국군의 군사작전능력이 인정된 것도 사실이었다. 그러나 근본적
으로 미국은 아시아에 있어서 중국과 일본 중심주의와 아시아보다는
유럽중심 '결합전략'에 의해 한반도에서 주한미군은 한국군의 성장에
따라 점진적인 철수를 추진하려는 '분리전략'에서 기인하였다.[34]

미국의 딜레마는 북한의 남침위협을 억제하면서 주한 미 지상군을
철수하는 것이었다. 주한 미 지상군은 북한의 남침 시 직접적인 표적

[33] 김정기, 「한국 군산복합체의 생성과 변화: 탈냉전기 방위산업 정책의 구조적 대
안을 위하여」, 연세대 대학원 석사학위논문, 1995, 28~60쪽.
[34] 미 지상군의 철수정책과 연합사 창설을 분리과정으로 분석한 이기택, 『한·미 연
합사 창설에 따른 법적지위 및 작전통제권 행사범위』, 국방부 합동참모본부, 1978,
94쪽.

이 되거나 즉각적인 반격의 수단이 된다는 점에서 한국으로서는 안전
장치이면서 동시에 인계철선 역할을 하고 있었다. 반면에 주한미군의
철수는 미국이 궁극적으로 '자동개입(automatic involvement)'을 원하지
않는다는 데에 원인이 있었다. 게다가 미국은 1·21사태와 푸에블로
호 사건을 처리하는 과정에서 한국으로부터 직접적인 반발에 직면하
였으며, 전면전과는 다른 차원의 다양한 분쟁에서 양국의 이익이 상충
되는 상황을 경험했기 때문이다. 그리고 대규모 병력을 투입하고도 한
국전쟁에 이어 베트남전에서도 승리를 달성하지 못했음을 인정할 수
밖에 없었던 것이 현실이기도 했다.

포드를 이은 카터 대통령도 1977년 3월 9일 기자회견에서 주한 미 지
상군은 4~5년에 걸쳐 철수시킨다고 언급하였다. 그러나 주한미군사령
부 참모장 싱글로브(John Singlaub) 소장을 포함한 공화당 내 철군 반대
파 의견이 확산되자 수정안이 6월 16일 의회에서 통과되었다.[35] 1977년
6월과 8월에 1,023명의 주한미군이 철수하였으며, 1978년 4월 21일에
는 1단계 철수 규모를 6,000명에서 3,400명으로 조정하였으며 그해 말
까지 나이키 허큘러스대대, 어네스트존대대, 미 2사단 9연대 2대대, 83
병기중대 등 총 3,400명(전투병력 800명에 비전투요원 2,600명)이 철수
하였다.

이후에는 북한의 군사력에 대한 재평가가 이뤄짐에 따라 1979년에
는 1월 미하원의원사절단이 내한하여 철군계획의 조정을 시사하였고,
6월 29일 방한한 카터 대통령은 미군의 계속주둔을 보장한 후 귀국하

---

35) 싱글로브 소장은 "카터의 철군정책은 2, 3년 전의 낡은 정보에 입각한 것이며 최
   신 군사정보를 경시한 것"이라고 정면으로 반박했다가 1977년 5월 19일 소환되어
   21일 해임됨. 서울신문사, 『주한미군 30년』, 583쪽.

여 7월 20일 계획된 2단계 9,000의 철수와 2사단(-) 체제로의 전환을
1981년까지 중지한다고 발표하였다.[36] 그리고 1980년대 들어서는 1981
년 1월 취임한 레이건(Ronald Reagan) 대통령은 주한미군감축계획을 완
전히 백지화함으로써 1989년 탈냉전에 따른 제5차 감군논의가 있기까
지 주한미군은 변화 없이 유지되었다.

주한미군의 1961년부터 1987년까지 미국의 대한안보정책의 변화에
따라 변화한 주한미군 병력 현황을 보면 〈그림 9〉와 같다. 닉슨 독트린
이전 대략 5만 명 이상을 상회하던 주한미군 병력 수준이 1972년 이후
4만여 명 선으로 대폭 감소하여 유지되다가 카터 대통령의 1978년 철
군정책 1단계가 시행된 후 1979년부터 3만 8~9천여 명으로 감소하였
다. 그리고 다시 레이건 대통령이 등장하면서 점차 증가하여 1987년에
는 4만 5천 명 수준까지 상승했다. 특히, 이 기간 중 가장 주둔 병력이
많았던 1968년은 무엇보다도 북한의 위협이 분쟁수준으로 격화되면서
단기적으로 이에 대한 대응 조치였으며, 이와 같은 주한미군의 병력증
강은 한국정부의 별다른 반발이나 마찰 없이 진행된 반면, 철수의 경
우에는 매번 한국의 반대에 부딪히면서 군사원조 증액, 또는 한국군
장비의 현대화 등으로 무마하였다.

36) 국방부 군사편찬연구소, 『한미군사관계사 1871-2002』, 707쪽 참조.

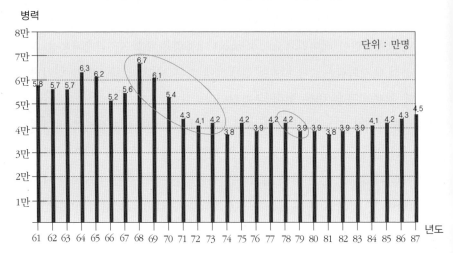

〈그림 9〉 1961~1987년간 주한미군 주둔병력 현황

출처: 국방부 군사편찬연구소, 『한미군사관계사 1871-2002』, 677쪽의 〈표 5-45〉와 오관
치 · 황동준 · 차영구 공저, 『한 · 미 군사협력관계의 발전과 전망』, 세경사, 1990,
56쪽의 〈도표 4-1〉을 참조 재구성.

이상의 1961년부터 1987년까지 26년간 한국은 급속한 경제성장에 의한 국력상승으로 전력증강도 함께 이뤄졌다. 주한미군이 철수하더라도 자력방위 할 수 있는 능력을 갖추는 것이 국가적 목표가 되었다. 이 시기 북한의 대남전략전술도 정교화되면서 전면남침은 아니지만 국제적 분쟁유발전술이 미국의 대한안보정책의 변화에 따른 주한미군의 부분적 감축과 맞물리면서 위기적 안보환경을 조성하였다.

북한의 분쟁유발전술과 닉슨 독트린에 의한 주한미군 감축이 이뤄진 1969~1978년은 이 기간 중 가장 특징적으로 안보환경의 변화를 가져왔다. 한국은 이를 위기적으로 인식하여 대처하였고 국가 이익이 상충되는 상황에서 나타날 수 있는 한미 간의 마찰은 박정희 대통령이 총력자주적 안보관을 구체화하는 데 촉매 역할을 하였다.

2. 박정희, 전두환 대통령의 안보관

1961년부터 1987년까지 박정희, 최규하, 전두환 대통령이 집권하였다. 그중 1968년부터 1970년대까지 위기적 안보환경을 극복하면서 의존형 전쟁지도체제가 연합형 체제로 성장한 것은 박정희 대통령 시기였다. 그리고 성장한 연합형 전쟁지도체제는 전두환 대통령이 집권한 1987년까지 안정적으로 유지되었다. 따라서 여기에서는 박정희 대통령의 안보관을 중점적으로 분석하면서 전두환 대통령에 대해서는 안보관의 계승과 변화된 사항을 중심으로 분석하였다.

가. 박정희 대통령의 안보관

박정희 대통령은 가난한 성장과정과 어려운 군 생활을 극복한 대표적인 인물이었다. 경북 선산군 구미면 상모리에서 태어나 왕복 40리길을 짚신을 신고 걸어서 초등학교에 다녔다. 어떻게든 가난에서 탈출하려는 욕망을 키웠으며 피폐했던 일제치하, 해방 및 한국전쟁을 겪는 동안 군인이라는 신분으로 체험한 참상을 통해 조국 근대화라는 이념적 성향을 배양하였다. 이것은 이승만 대통령의 장기집권과 4·19혁명 등 혼란상황에 직면하면서 5·16군사혁명으로 나타났다.[37]

근대화에 대한 열망은 군사혁명 후 '먹고사는 문제 해결'을 위한 경제발전을 최우선의 과업으로 추진하게 된 주요한 동기를 제공하였다. 또한 경제성장이 탄력을 받게 된 후, 북한의 위협과 주한미군의 철수

---

[37] 정윤재, 「제 3, 4공화국의 성격과 리더십」, 『동북아 연구』 제1권 제1호, 1995, 239~272쪽 참조.

라는 안보환경에 직면하면서 경제에서 자강의 신념과 함께 총력자주
적 안보관으로 발전하였다. 경제발전을 부국강병을 위한 전제조건으
로 인식한 것은 대통령선거를 앞두고 직접 쓴 '국가와 혁명과 나'라는
책에서도 찾을 수 있다.[38]

박정희 대통령은 5·16군사혁명에 의해 집권함으로써 정치화된 군
부가 주요 지지세력이었으며 그들이 자주적 안보관의 배경을 제공하였
다. 그리고 성장과정과 군경험을 통해 정립된 대북·대미관을 기초로
하여 한국의 안보에 있어서 결국 제일 중요한 것은 자력이라는 인식
하에 자주국방 안보관을 가지게 되었다.

1) 5·16군사혁명 과정과 군부의 성향

1960년 4·19혁명 이전부터 공산당의 세포조직과 유사하게 점조직
으로 포섭하기 시작한 혁명세력은 1960년 5월 8일의 1차 거사계획이
4·19혁명으로, 1961년 4월 19일 2차 계획은 기대했던 폭동진압 상황
의 불발로, 5월 12일 3차 계획은 부주의에 의한 계획 탄로로 각각 불발
되자 1961년 5월 16일 새벽 3시를 D데이 H시로 하는 계획을 5월 12일
확정하였다. 2군부사령관이던 박정희 소장이 상경하여 주관한 주점
'경복' 회합에서 옥창호, 김종필, 김형욱, 오치성, 이석제, 유승원, 김동

---

38) "… 5·16군사혁명— 이것은 … 단순한 정권교체가 아니고 멀리는 분방(分邦)과
상잔(相殘)의 고, 중세대—, 가까이는 이조 5백년간의 침체와 왜정 36년간의 피
맺힌 학정(虐政)—, 해방 이후 이질적인 구조위에 배태된 각가지 고질(痼疾)을 총
결산하여 다시는 가난하지 아니하고, 약하지 아니하고, 못나지 아니한 예지(叡
智)와 용기(勇氣)와 자신(自信)을 가진 신생민족의 우렁찬 신등정(新登程)임을 뜻
한다. … 그런고로 이 혁명은 정신적으로 주체의식의 확립혁명이며, 사회적으로
근대화 혁명이자, 인간개조—, 즉 국민개혁의 혁명인 것이다." 박정희,『국가와
혁명과 나』, 향문사, 1963, 26~27쪽.

환 등 핵심 멤버들이 모여 토의하였다. 5월 14일은 일요일로 관료들이 주말여행을 가고 장병들도 외출하는 문제가 있고, 5월 15일은 장면 총리가 1군사령부 창설기념식에 참석하는 것을 고려하여 5월 16일 새벽 3시로 결정하였다.[39]

박 소장을 중심으로 한 혁명세력은 육사 8기생과 육사 5기생을 주축으로 하여 정군운동, 불발된 쿠데타 기도를 통하여 사회변혁을 꿈꾸는 군인들을 포섭하였고 세포조직화하였다. 이들은 유엔군사령관이 가지고 있는 작전통제권에서 벗어나 부대를 혁명작전에 투입할 수 있는 결속력을 배양시키면서 미국에 의존한 현실은 직시하면서도 혁명의 목표는 자력을 중시하는 자강을 통해 국가를 개조하는 것이었다. 특히, 대부분 이전의 군 주류로부터 소외당했거나 진급에 불이익을 받은 이들이 많았던 만큼 기존의 대미의존 체제에 대한 불만과 총체적 사회변혁을 위한 혁명 의지가 높았다.

5월 14일 일요일 아침 10시 약수동 김종필의 형 김종락 집에서 최종회의를 갖고 투입할 혁명군을 지정하고 임무를 할당하였다. 제1선봉대는 제1공수단으로서 단장 박치옥 대령 지휘하에 반도호텔, 통신 및 방송기관을 점령하며, 제2대는 해병 1여단으로 여단장 김윤근 준장 지휘하에 내무부, 치안국 및 시경을 점령하고, 제33예비사단은 제3대로서 연대장 이병화 대령 지휘하에 시청앞과 덕수궁에 위치하며 중앙전신국 및 마포형무소를 점령하며, 제30예비사단은 제4대로서 참모장 이갑영 대령의 지휘하에 중앙청, 청와대, 시경탄약고, 서대문형무소 등을

---

39) 한국군사혁명사편찬위원회, 『한국군사혁명사 제1집 상』, 한국군사혁명사편찬위원회, 1963, 212쪽.

점령하며, 제6군단 포병단은 제5대로서 포병사령관 문재준 대령의 지휘하에 육군본부에 집결하여 예비대로서 임무를 수행하고, 영등포의 제6관구사령부내에 참모장 김재춘 대령의 지휘하에 혁명군지휘본부를 개소하는 것이었다.[40] 공수단, 해병대, 6군단 포병 및 6관구사령부 예하부대들이 박정희의 혁명세력의 핵심이었다.

5월 15일 밤 11시 30분 박정희 소장은 거사계획의 탄로로 인해 예정보다 30분 늦었지만 신당동 자택을 나와 헌병의 미행을 간신히 따돌리고 5월 16일 00시 15분경에 6관구사령부에 도착하였다. 혁명과 반혁명세력의 출동독촉과 출동엄금의 틈바구니에서 박 소장은 김재춘 대령에게 6관구사령부를 맡기고 직접 공수단과 해병대의 출동을 독려하기 위하여 김포가도로 이동하였다. 01시에 출발한 해병 1대대는 02시 30분 공격개시선인 남창교에서 박 소장을 만나 공수단의 지연으로 인한 제1선봉대 임무를 부여받았다. 공수단은 02시 10분 출발하여 제2진으로 김포가도를 달렸다. 03시 20분경 한강에 이르러 GMC 트럭에 의한 3중의 장애물로 저지선을 구축하고 있는 헌병과 마주쳤고 새벽 4시가 넘어 총격전으로 이를 돌파하고 한강교를 건넜다.

혁명군이 서울에 진입하여 주요 목표를 점거하는 시간 미 8군 지하벙커 전쟁상황실에서는 유엔군사령관 매그루더(Magruder) 대장, 미고문단장 하우스 소장 등 주요 장성들과 CIA요원인 드실버를 비롯한 정보요원들이 모여들었다. 3년간의 전쟁을 치렀고 전쟁에 대비하여 구성된 조직적인 상황실이지만 한국군 쿠데타를 어떻게 다룰 것인가를 판단하고 결정할 만한 능력을 갖출 리 없었다. 그것은 특히 한미 정치관

---

40) 위의 책, 213~214쪽.

계의 매우 중요한 문제였으며 최종 결심은 백악관의 고유 권한에 속하는 것이었기 때문이다.[41] 다만 한국군에 대한 작전통제권을 가지고 있는 유엔군사령관은 북한의 남침 기도를 저지한다는 목적하에 혁명군 특히, 미 1군단의 작전권 계선상에 있는 6군단포병의 원대복귀를 종용하면서 혁명성공의 발목을 잡고 있었다. 혁명에 참가한 군부를 중심으로 한 혁명세력과 기존체제를 유지했던 주력으로서 유엔군이 대치하는 상황이 전개되었다.

한편 미 8군사령부 바로 옆의 한국군 육군본부에서는 장 총장이 참모들과 혁명 제1성 방송을 듣고 그 직후 미 8군사령부로 가서 매그루더 대장을 찾아 사태를 설명하였으며, 다시 육본으로 돌아온 장 총장은 하우스 소장과 남산 중앙방송국에서 총장을 설득하기 위하여 육군본부로 내려간 박 소장과의 3자 대담을 하였지만, 혁명 초기의 험악한 분위기 속에서 합의를 도출하기는 어려웠다. 이어 장면 총리의 정치고문 위터커가 나타나 장 총장에게 "군대를 동원하여 일부 반란군을 진압하지 않으면 미국의 대한군사원조는 중단될 것이다"라는 협박성 발언을 들었다. 그리고 9시 가까이 혁명위원회와 육군본부 일반참모 간의 합동회의가 있은 후 박 소장은 군사혁명위원회 의장 장도영 총장의 이름으로 오전 9시부로 비상계엄을 선포하였다.[42] 이것은 혁명을 기정사실화하고 계엄조치를 통하여 혁명을 반대하는 미국의 개입을 조기에 차단하기 위한 조치였다.

그러나 한국군에 대한 작전통제권을 가진 미국과 주한미군(유엔군)

[41] 짐 하우스만·정일화 저, 『한국 대통령을 움직인 미군대위』, 한국문원, 1995, 47~49쪽.
[42] 한국군사혁명사편찬위원회, 『한국군사혁명사 제1집 상』, 243~245쪽.

의 지지를 받기에는 많은 시간과 노력이 필요하였다. 유엔군사령관 매
그루더 대장과 그린 미 대리대사는 5월 16일 04시 긴급연락을 받았고
아침 6시에 회동하여 상황을 논의했으며 장면 총리와 접촉에 실패한
후 오전 10시 30분에 각각 성명을 발표하기로 합의하였다. 이에 따라
매그루더 사령관은 "장면 총리 정부를 지지하고 혁명 가담병력의 복귀"
를 요구하는 성명을 발표하였고 이어 그린 대리대사도 "합헌적인 장면
총리 정부를 지지"한다는 성명을 발표하였다.[43] 이 성명은 즉각 11시에
는 'UN군의 소리'인 주한미군방송을 통하여 전파되었다. 그리고 11시
10분경 청와대에 도착하여 대통령에게 자기들은 1군 병력을 움직여 혁
명군을 반격하려고 하며 이에 동의하라고 강요하였다. 그러나 윤보선
대통령은 "올 것이 왔다"[44]라는 혁명에 지지하는 듯한 발언과 함께 무
력충돌에 반대하였다.

　5월 17일 아침 유엔군사령관은 회의를 소집하고 야전군 일부병력과
미 1기갑 1개 대대를 투입하여 혁명군을 진압한다는 결정을 내리고 오
후 4시에는 원주의 1군사령부를 방문하여 사령관 이한림 중장과 밀담
을 나누고 6군단 예하 8사단과 육사병력 및 미 1군단 예하 1기갑 병력
에 의한 진압계획을 구체화하였다. 그리고 6군단 5개 포병대대를 18일
새벽 4시까지 복귀시킬 것을 군사혁명위원회 의장인 장도영 총장에게
직접 요청하였다. 이때 1군사령부 건의에 의한 인참부장의 부대이탈

43) "자유선거로 선출된 합헌적인 대한민국 정부를 지지하는 UN군 총사령관의 견해
에 본인은 전적으로 동감한다. 본인은 미국이, 지난 7월 국민이 선출하여, 8월의
총리 선출과 함께 구성된 합헌적인 대한민국 정부를 지지한다는 사실을 명백하
게 분명히 하고자 한다." The New Times, 1961년 5월 16일자를 양성철, 『박정희와
김일성』, 한울, 1992, 208쪽에서 재인용.
44) 심지연, 『한국정당정치사』, 백산서당, 2004, 155쪽.

자 보고 명령도 발령되었다. 유엔군사령부가 혁명을 저지하기 위한 행동을 구체화하기 시작한 것이다.

혁명진압을 위해 출동한다는 풍문이 있는 9사단장에 혁명위원회에서 윤태일 준장을 부임시켜 확인하는 한편, 육사생도의 혁명지지행진을 방해한 혐의로 육사교장 강영훈 중장을 연금한[45] 5월 17일은 유엔군사령관과 1군사령관을 필두로 한 반혁명세력 대 혁명세력 간의 대립이 극심한 하루였다. 즉, 혁명군 대 1군을 포함한 유엔군의 유혈사태 내지는 내전으로 번질 수 있는 중대한 고비였다. 그러나 박정희는 3가지 중요사항을 결심하고 18일 이를 결행함으로써 반혁명의 기운을 잠재웠다. 즉, 새벽 3시 12사단 1개 대대가 춘천방송국을 점령하고 2군단장 민기식 중장이 혁명지지 성명을 방송하였고, 비슷한 시간 채명신 준장이 이끄는 5사단이 출동하여 새벽 4시 50분에 퇴계원에 도착하였으며, 새벽 4시 10분경 1군사령관 이한림 중장을 체포하여 7시에 서울로 압송하였다.[46] 이로써 1야전군 전체를 반혁명에서 적극적인 혁명지지로 급회전하게 함으로서 유엔군이 고립되는 형국이 되었다.

그리고 같은 18일 9시에는 육사생도의 지지행진이 있었으며 12시 30분에는 장면 총리가 나타나 내각의 총사퇴와 정권을 군사혁명위원회에 이양할 것을 결의하였다. 이와 함께 주한미군을 움직이는 미국 당국의 지지가 필수적이라는 인식을 하게 된 박정희 소장은 8군사령관 특별보좌관인 하우스만 중령의 집을 찾아가 다음날 미국으로 가는 그에게 "잘 부탁하오"라고 했다. 하우스만은 워싱턴으로 가서 육군참

45) 한국군사혁명사편찬위원회, 『한국군사혁명사 제1집 상』, 251~265쪽.
46) 정호, 『여명: 5·16혁명비사』, 홍익출판사, 1967, 263쪽.

모총장에게 혁명에 도움이 되는 보고를 했으며, 미 중앙정보국, 국무
부 등에도 한국의 사태를 설명하였다.[47] 물론 같은 18일 보올즈 미국
무차관의 성명발표로[48] 미국은 군사혁명 사실을 인정하게 되었지만,
19일 오전 9시 유엔군사령관이 김종필 중령과 회담했을 당시 "쿠데타
로 인한 사태는 대전협정에 의한 지휘권을 침해"한 것이라고 비난하
며 6군단포병, 해병대를 포함한 혁명군의 원대복귀를 요구한 점을 볼
때 국무부와 국방부의 상당한 견해차이가 있었음을 알 수 있다. 유엔
군사령관의 요구에 김 중령은 "혁명 인정과 적어도 헌병 5개 중대와
수도방위사령부를 혁명위원회 직속 지휘"로 남길 것을 요구하였다.

　오후 3시에는 군사혁명위원회를 국가재건최고회의로 개칭하고 삼
권을 장악한 국가최고기관으로 새 출발을 하였다. 20일에 유엔군사령
관은 국가재건최고회의 측에 다시 협상을 제의하면서 대전협정의 위
반, 작전지휘권의 침해문제는 따지지 않기로 함으로써[49] 유엔군의 반
혁명은 잠재워졌다. 그리고 23일에는 매그루더 사령관과 최고회의 고
위층과 3시간에 걸친 회담을 통하여 박정희 부의장이 혁명군을 조속
히 유엔군 산하로 복귀시키기로 했다고 언명하였다.[50] 25일에는 혁명

47) 박정희의 하우스만 집 방문과 관련해서는 짐 하우스만·정일화 저, 『한국 대통령
　을 움직인 미군대위』, 53~64쪽 참조.
48) "한국국민이 민주적 과정을 통해서, 공산주의의 위협에 맞서 국가안보뿐만 아니
　라, 건전한 경제성장과 국민복지의 증진을 위한 필수적 기반으로서의 안녕, 질
　서, 합헌적 정부와 법치를 달성하도록 돕는 것이 한국에서의 우리의 목적이었으
　며, 지금도 여전히 그러하다. 우리는 정부를 민간인들의 손에 넘겨주고자 하는
　군부 지도자들의 강한 의지에 고무되고 있다." US State Department Historical Office,
　American Foreign Policy: Current Document, 1961, Washington, D.C.: Government
　Printing Office, 1965, p. 974 ; 양성철, 『박정희와 김일성』, 209쪽에서 재인용.
49) 한국군사혁명사편찬위원회, 『한국군사혁명사 제1집 상』, 265~270쪽.
50) 한국군사혁명사편찬위원회, 『한국군사혁명사 제1집 하』, 한국군사혁명사편찬위

정부를 대표하여 김종필 중령이 매그루더와 약 2시간 반에 걸친 회담을 하고 이견이 해결될 것임을 밝혔다. 이 같은 일련의 한미 간 접촉으로 26일에는 군사혁명 측과 유엔군사령관의 한미공동성명이 발표되었다.[51]

그리고 이후 6월 27일 그린 미 대리대사는 버거 대리로 교체되었으며, 4일 후 7월 1일에는 매그루더 사령관이 멜로이 대장으로 교체되었다. 그리고 7월 27일 딘 러스크 국무장관은 군사정권을 지지한다는 공식성명을 발표하였다.[52] 또한 9월 20일에는 국가비상사태 발생 시 한국군이 유엔군사령관 작전권에서 이탈하기 위한 사전합의조건으로 "한국의 차관급 각료의 사전 전화통보 및 사후 서면통보"하기로 합의되었다.

이상의 5·16군사혁명 과정에서 나타난 혁명세력과 유엔군 간의 대립은 작전통제권이 빌미가 되었지만 한국전쟁 이래로 고착화된 한국의 의존적 전쟁지도체제에 기인하였다. 기존의 장면 정부를 지지했던 유엔군 측이 이들을 혁명대상으로 삼은 혁명 군부를 순순히 지지할 수도 없었을 것이다. 묵인 내지는 저지해야 하는 상황에서 묵인보다는 소극적 반대를 택함으로써 혁명세력과 무력충돌은 회피하면서 한국의 자체적인 반혁명을 유도했으나 결국 실패하였다. 5·16군사혁명의 성공여부는 한강저지선을 돌파한 이후 유엔군 측을 승복시키는 과정이었고 혁명에 참여한 군부의 성향은 유엔군의 현실적 지위를 인정하

원회, 1963, 257쪽.
[51] 서울신문사 편저,『주한미군 30년』, 행림출판사, 1979, 323쪽 ; 한국군사혁명사편찬위원회,『한국군사혁명사 제1집 상』, 270쪽.
[52] 서울신문사 편저,『주한미군 30년』, 324쪽.

되, 이들을 무혈에 의한 방법으로 혁명에 지지하게 함으로써 혁명의 기반을 공고히 하고자 하였다.

특히, 유엔군의 혁명 반대에 부딪치면서 혁명 군부의 좌장 박정희 소장은 대미 창구로서 하우스만을 시기적절하게 활용하여 국무부의 혁명 지지를 조기에 이끌어 내었고, 대미협상은 김종필 중령이 맡으면서 유엔군사령부의 작전권 행사범위를 명확하게 명시하고 혁명성공에 필요한 부대의 작전권을 확보하였다. 혁명반대를 무력충돌이 아니라 협상에 의해서 극복함으로써 동맹을 유지하고 향후 대등한 협력관계로 발전시키는 계기가 되었다.

박정희와 김종필 이 둘은 다분히 자주적이면서도 미국과는 협력을 통하여 국가를 부국강병할 수 있는 배경으로 삼겠다는 당시 혁명세력으로서 군부의 성향을 대표하였다. 혁명성공 이후에도 1962년 중앙정보부장 김종필이 주도하여 공화당을 창당함으로써 1963년 박정희를 대통령으로 당선시켰으며[53] 미국의 지원을 받으면서 1970년대까지 군부 권위주의체제를 유지하였다.

2) 좌익경험과 대북관

대구사범을 졸업한 박정희는 문경소학교 교사로 2년간 있다가 신경군관학교(만주군관학교) 예비과정을 수료하고 일본육사 유학생대에 편입하여 1944년 3등으로 졸업, 황군장교로 임관하여 관동군에 배속되었다. 1945년 일본이 패망하자 북경으로 가서 광복군 장교가 되었다가 1946년 귀국하여 조선경비사관학교에 29세로 입교하였고 12월 육군소

---

53) 심지연, 『한국정당정치사』, 171~181쪽 참조.

위로 임관하였다.[54] 1948년 숙군과정에서 남로당 프락치 활동을 한 사실이 드러나 군사재판에서 사형선고를 받았으나 백선엽 등의 구명으로[55] 1949년 1월 강제 예편되어 정보국의 문관으로 한국전쟁을 맞이하였다. 정일권, 김점곤, 백선엽, 장도영, 김안일 등의 도움으로 사형수에서 구명되어 전쟁 발발로 육본 정보국 문관에서 현역으로 복귀하였다. 박정희는 좌익경력으로 인해 휴전 이후에도 주로 참모직위를 하면서 늦었지만 진급을 계속하였다.

군 생활동안 일본육사, 만주군 장교, 다시 한국군의 장교를 거치면서 일제치하, 해방정국과 한국전쟁 그리고 휴전 후 이승만의 독재기간을 통하여 개인적 가난과 군인으로서 느끼는 국가적 가난 콤플렉스가 형성되었다. 그래서 군사혁명은 그 가난 콤플렉스를 해결하는 것이며, 혁명을 성공하기 위해서는 가난한 국가를 부강한 국가로 만드는 것이었다. 부강하지 않은 상태에서 북진통일이나 북한과의 대결은 불가능함을 군 생활에서 얻은 정보를 통해 누구보다도 잘 알고 있었다.

박정희가 언제 공산주의운동에 개입했는지는 알 수 없지만 그의 형 박상희의 친구인 이재복에게 포섭됐을 가능성이 있다. 1948년 10월 대구폭동사건 때 경찰에 의해 피살된 형 박상희와 일제 때부터 막역한 친구였던 이재복은 춘천 8연대 시절 박정희의 삼촌으로 소개되며 직속상관이던 중대장 김점곤과 연대장 원용덕과 술자리를 함께 하기도 하였다. 그리고 이재복은 빨치산 두목 이중업의 직계선상에 있었으므로 이중업-이재복-박정희로 이어져, 박정희는 군내 좌익침투조직을

54) 김호진, 『한국의 대통령과 리더십』, 청림출판, 2008, 215~218쪽.
55) 이에 대해서는 백선엽, 『군과 나』, 대륙연구소, 1989, 347~348쪽 ; 양성철, 『박정희와 김일성』, 한울, 1992, 75~76쪽 참조.

세밀히 알았다. 그러나 그가 직접 활동을 하지는 않은 것으로 알려져
있고[56] 그가 알고 있었던 군 내부 좌익정보를 수사당국에 고스란히 넘
김으로써 구명된 것으로 보아 북한에 경도되지는 않은 것으로 보인다.

박정희의 좌익경력 때문인지는 몰라도 북한은 5·16군사혁명 이후
에도 상황을 주시면서 1967년까지 특별한 대남위협을 가하지 않았다.
1970년 박정희 대통령의 8·15선언은 북한의 존재를 인정하고 북한에
대하여 봉쇄에서 개방으로 정책변화를 언명하였고 북한도 변화를 보
임으로써 1973년까지 남북대화가 이어지기도 했다.[57]

1968년 북한이 1·21사태로 청와대를 직접 습격 목표로 삼자 박정희
대통령은 심각한 위협과 함께 분개를 토로하기도 하였다.[58] 그리고
1974년 광복절 행사에서 문세광에 의한 육영수 여사 저격사건으로 충
격을 받았음에도 불구하고 이날 평화통일 3대원칙을 발표하여 남북
불가침 협정체결과 대화 및 교류 그리고 자유총선거를 제안하였다.
1975년과 1977년 연두기자회견에서 북한이 주장하는 유엔군사령부해
체와 주한미군 철수도 남북불가침협정이 체결된 이후 논의할 수 있다
는 전제하에 남북회담 개최를 촉구하였다. 1979년에는 시기나 장소,
수준 등 전제조건 없이 평화통일을 위한 남북한 당국회의를 제의하였
다.[59] 한편으로는 국가총력전 체제와 한미 연합협력 체제를 구축하면

56) 짐 하우스만·정일화, 『한국 대통령을 움직인 미군대위』, 29~41쪽.
57) 이기종, 『한국국제관계사』, 설영출판사, 1993, 281~285쪽.
58) 1·21사태 직후 박정희 대통령이 윌리엄 포터 주한 미국대사를 불러 몹시 격분한
    상태에서 "북을 공격해야 겠소, 이틀이면 평양에 닿을 수 있다고 생각 하오"라고
    결의를 표명한 바 있었다고 함. 국방부, 『율곡사업의 어제와 오늘 그리고 내일』,
    국방부, 1994, 20쪽.
59) 위의 책, 286~289쪽.

서 거의 2년 단위로 북한에 대화를 제의하였다.

군사혁명의 제일의로 내세운 반공도 북진통일의 기치나 승공의 구호가 아니라 실질적인 능력을 배양하는 것으로 가능하며 그 능력배양은 경제발전을 통한 근대화에서 온다는 점을 분명히 하였다.[60] 부국강병에 의한 자주국방만이 실력을 바탕으로 북한과 선의의 경쟁과 대화를 가능하게 함을 알고 이를 실천하였다. 북진통일과 같은 구호보다는 실력배양을 강조하는 박정희식 대북관은 '적대적 경쟁중시'라는 면에서는 이승만 대통령과 외형을 같이했지만 실질적인 내용은 달랐다. 그리고 부단히 미국에 의존적인 현실을 극복하고자 하였다.

3) 자주적 대미관

박정희는 청년 장교시절 미 고문관과 언쟁을 한 바 있으며, 원용덕 연대장이 "한국군 장교들은 영어를 좀 배워야 한다"고 하자 "이것이 미국 군대입니까 한국 군대입니까"라고 치받았다는 일화가 있듯이[61] 박정희는 자주적 대미관을 가지고 있었다. 미국을 모국과 동일시하며 미국에 요구하고 미국의 힘을 철저히 이용한 이승만과는 달리 박정희는 분단에 책임이 있는 미국은 한국이 원하는 방향으로 보상차원의 지원을 해야 한다고 역설했다.[62]

- -

[60] 남북대립은 "남북한 5천만 민족과 국제공산당의 대립"이라고 지적하고 "소련의 주구인 북한공산집단이 무너지고, 북한인민들의 민주역량이 성장하고, 우리도 자립경제를 성취하여 국력을 키웠을 때, 민주화통일의 새날은 밝아올 것이다"라고 함. 박정희,『우리민족의 나아갈 길』, 동아출판사, 1962, 180~187쪽을 정윤재,「제3, 4공화국의 성격과 리더십」, 250쪽에서 재인용.
[61] 짐 하우스만 · 정일화,『한국 대통령을 움직인 미군대위』, 31~32쪽.
[62] 박정희,『국가와 혁명과 나』, 222~229쪽.

우리는 미국을 좋아한다. 자유민주주의제도가 그렇고, 우리를 해방시켜 준 것이 그렇고 … 우리가 미국을 더욱 좋아하는 까닭은 그와 같은 은혜를 주었으면서도, 우리를 부려먹거나, 무리를 강요하지 않는다는 데 있는 것이다. … 그러나 그렇다고 우리대로의 할 말이 없을 수 있겠는가. … 우리의 고난은 세계사에서도 찾아보기 힘들만큼 심대하다는 것이다. 그 요인이 무엇인가. 국토 분단이다. 이것은 물론 미국의 단독 행위가 아닌 것을 모르는 바는 아니나, 적어도 그 일단의 책임이 그 사람들에게 있는 것만은 사실이다. … 또한 우리는 6·25동란을 잊을 수 없다. 이 모두가 분단의 씨로 뿌려진 소산이기 때문이다. … 이러한 근본정신에서 다시 몇 가지의 소신을 밝히고자 한다. 첫째, 미국은 서구식 민주주의가 우리의 실정에 알맞지 않는다는 것을 이해하여야 한다는 것이다. … 둘째, 민주주의의 이상과 경제 원조의 정신적인 의욕은 높이 사는 바이나, 그렇다고 이를 통하여 한국사회로 하여금 일율적인 미국화를 기대하여서는 안 된다는 것이다. … 군사, 경제면에 걸친 미국의 원조는 이왕에 줄 바에야 우리의 뜻에 맞도록 하여 달라는 것이다. … 말하자면 달콤한 사탕보다는 한 장의 벽돌을 우리는 원하고 있다는 말이다. … 허술한 반공의 기치나 구호는 이미 한 물 갔다. 승공의 첩경은 피와 땀과 눈물로만 자라는 경제의 재건, 이 하나에 달려 있는 것이다.

현실인식을 바탕으로 주권국가로서 한국의 뜻에 맞는 미국의 지원을 요구하였다.

군사혁명과정에서 나타난 성향에서도 워싱턴 당국과 접촉이 가능한 개별 인사를 통하여 기존 체제를 보호하려는 관성을 타개하고 미국과 새로운 관계를 정립하고자 하였다. 그것은 미국이 혁명정부를 인정함으로써 정상적 국가로서 협력하는 것을 의미했다. 그리고 1961년 11월에는 일본을 거쳐 미국을 방문하여 케네디 대통령을 만났으며 "나는 미국 자본이건, 서독 자본이건, 이탈리아 자본이건 혹은 다른 유럽 국가의 자본이건, 심지어 일본 자본일지라도 만일 그 돈이 우리나라의 경제발전을 위해 쓰인다면 개의치 않는다"[63]라고 밝혔다. 자주를 위해서는 국력의 향상이 필수적이라는 것도 잘 알고 있었기 때문이다.

박정희 대통령의 안보관은 "조국근대화에 대한 신념하에 경제부국의 건설, 줏대 있는 근대국가의 건설, 북한의 공산주의를 극복하는 민주통일"이라는 '선건설 후통일'로 정리된다. "가난은 본인의 스승이자 은인이다"라고 할 정도로 국가적 빈곤을 극복하려는 의지가 강했으며 경제적 부국이 강병의 근원임을 명치유신이나 비스마르크의 개혁에서 이미 알고 있었다. 또한 한국의 근대화는 사상면에 있어서도 맹목적 서구화가 아닌 정신적 가치관과 전통을 기초로 하여야 함을 강조했고 물량적 성장이 아닌 자주적 의식의 발전을 추구했다.[64] 경제발전을 통해 국력을 배양하고 궁극적으로 동맹의 힘보다는 자력으로 안보를 해결하고자 하는 '자력중시'의 안보관을 신념으로 가지고 있었다.

나. 전두환 대통령의 안보관

전두환 대통령은 1931년 1월 18일 경남 합천군 율곡면 내천리에서 가난한 농부의 아들로 태어났다. 강한 성격의 아버지와 여장부 기질의 어머니를 닮았으며 만주로 이주했다 돌아오면서 초등학교를 늦은 나이에 졸업했다. 그리고 육사를 우수한 성적으로 졸업하지는 못했지만 "멸사돌진"의 정신으로 군대생활에서는 기필코 으뜸가는 장교가 되

[63] 『박정희 대통령 선집 I』, 199쪽 ; 양성철, 『박정희와 김일성』, 255쪽에서 재인용.
[64] 정윤재, 「박정희 대통령의 근대화리더십: 그의 개발독재에 대한 재검토」, 276~277쪽 참조.

겠다는 추월의 의지와 승부욕을 가진 야심가였다.[65]

1) 박정희 대통령의 안보관 계승

전두환 대통령은 미 포트베닝 보병학교에서 유격훈련과정에 유학하면서 차지철을 만났으며 5·16 직후 혁명군의 최고지도자 박정희 소장을 찾아가 면담한 뒤 육사생도들의 지지행진을 이끌어 냄으로써 그와 깊은 인연을 맺게 되었다. 박정희 대통령과의 공통점도 많았다. 둘 다 경상도에서 가난한 농부의 아들로 태어났고 쿠데타 당시 40대의 젊은 장군이었다. 반면 다른 점으로는 박정희는 수재형, 무혈쿠데타, 반대파 포용의 특성이 있었던 반면 전두환은 투사형, 유혈쿠데타, 반대파 배척이라는 특징이 있었다.[66] 전두환 대통령은 안보관에 있어서도 경제발전을 통한 부국강병이 살길이라는 점에서 박정희 대통령을 계승하였지만 취약한 정통성으로 인해 미국의 눈치를 보지 않을 수 없었고 정책을 추진하면서 변질되기도 하였다.

10·26 당시 전두환 소장은 박정희 대통령이 임명한 마지막 보안사령관이었던 관계로 합수부장이 되었으며 이를 발판으로 12·12사건을 통하여 군권을 장악하고 5·17비상계엄 확대를 통하여 국가보위비상대책위원회를 발족시킨 후 정권에 다가갔다. 따라서 그는 '박정희 유신정권의 유복자'라고 치부되었으며 스스로 신군부의 핵심인 '하나회'를 이끌면서 박정희 대통령에 대한 절대적 충성을 매개로 친위세력들을 사조직화했다. 하나회는 박정희 대통령에 대한 충성을 서약한 유신의 후예들이었다.

65) 최진, 『대통령리더십』, 나남출판, 2003, 103~104쪽.
66) 위의 책.

전두환은 1979년 12·12, 1980년 5·18을 거쳐 9월 1일 대통령으로 취임하였다. 그는 박정희 대통령이 구축해 놓은 유신체제의 국가를 보위하겠다는 '국가보위비상대책위원회'라는 기구를 중심으로 위기를 극복하고, 통일주체국민회의를 통한 간접선거에 의해 11대 대통령으로 당선되었다. 그리고 다음해인 1981년 3월 1일에 다시 대통령제를 7년 단임으로 바꾸고, 선거인단에 의한 간접선거에 의해 제5공화국 12대 대통령으로 취임하였다. "정통성을 결여한 유신의 후예 또는 역사의 반항아"[67]로서 각종 억압기재를 통한 민중배제적 국내정치를 추구하였다. 대외적으로 형성된 국제적 신냉전 구조에 편승, 미국에 의존하여 북한과의 경쟁구조를 심화시켰고 이를 국내정치에 활용하기도 하였다.

동시에 5공화국 내내 박정희 대통령이 추진했던 경제성장을 이어나감으로써 박정희의 근대화 혁명정신을 계승하기도 하였다. 그러나 박정희 대통령이 말기에 방위산업의 자주화를 위해 국내 무기개발을 추진했던 것과는 달리 전두환 대통령은 취약한 정통성으로 인해 미국으로부터 무기 직구매를 선호했다.[68] 부분적으로 변질된 유신의 후예였다. 더구나 미국의 압력으로 1980년 11월 국방과학연구소의 축소 개편(1,800명 중에서 800명의 연구원을 해고)과 유도탄 개발 폐기는[69] 박정희 대통령의 자력중시에 기초한 자주국방 안보관과는 거리가 있었다는 것을 나타내는 것이었다.

67) 이남영, 「제 5, 6공화국의 성격과 리더십」, 『동북아 연구』 제1집 제1호, 1995, 276~279쪽.
68) 김형균, 「한국 군수산업의 구조와 발전」, 부산대 대학원 박사학위논문, 1995, 136~145쪽.
69) 신동호, 「한국 과학기술계의 실세, ADD인맥」, 『신동아』 1993년 6월호, 512~513쪽.

전두환 대통령도 국가안보, 경제성장 및 신뢰사회정착 등에 역점을
두었다. 1984년까지 정부 시정목표를 기준으로 하면 국가안보가 가장
중요한 목표로 상정되었고 경제성장이 두 번째였다. 또한 1980년대부
터는 한국의 국력이 북한을 능가한다는 자신감으로 적극적인 통일정
책을 추진하였다. 1981년에는 남북정상회담을 제의하였고 1982년에는
'민족화합민주통일방안'을 발표하였다. 그리고 민족자결, 민주, 평화의
원칙을 제시하고 북한의 대남전략전술에 의한 무력통일을 원천봉쇄하
기 위하여 대응하였다. 1984년부터는 실질적으로 적십자회담, 체육회
담, 국회예비회담 등을 재개하였고 이산가족과 예술공연단 방문 등 한
정적이지만 남북교류를 실시하기도 하였다.[70] 신장된 국력을 바탕으
로 점차 자신감을 가지고 남북관계의 개선을 시도하기 시작한 것이다.

2) 12 · 12사건 과정과 신군부의 성향

1979년 6월에는 카터 미 대통령이 방한하였으며, 이어 7월 시한부로
주한 미 지상군의 철수를 중지하고 81년 이후에 재평가한다고 선언하
였다. 78년 연합사 체제로 전환된 후 미 지상군(미 2사단)이 잔류한 상
태에서 군사적 안정을 찾아가고 있었다. 그러나 10월에 부마사태(釜馬
事態)가 발생하여 유신체제반대 시위가 격화되면서 10월 18일에 부산
에 비상계엄령이 선포된 가운데 20일에는 마산, 창원에 위수령이 내려
졌고, 급기야 경호실장 차지철과의 갈등으로 10월 26일에 중앙정보부
장 김재규가 박정희 대통령을 시해하였다. 다음날인 27일에 제주도를
제외한 전국에 비상계엄령이 선포되었으며, 대통령권한대행에 최규하

---

70) 이민룡, 「한국 안보정책의 역사적 전개」, 육군사관학교, 『국가안보론』, 박영사,
　　2001, 531~537쪽.

국무총리가 취임하였다. 이후 10·26 사건을 처리하는 중 발생한 12·12
는 쿠데타적 사건으로 신군부가 이를 통해 군권을 장악하고 본격적으
로 정치권력을 획득하여 전면에 등장하였다.

10·26 사건 수사를 총지휘한 보안사령관 겸 합동수사본부장인 전
두환 소장은 하나회의 수장으로서 이미 박정희 대통령 시절부터 군내
독자적인 세력을 형성해 왔다. 30경비단, 청와대 경호실 작전차장보 등
권력의 주변에서 주요 보직을 하나회 후배들에게 계승하면서 박정희
대통령의 친위세력으로 강한 정치적 성향을 가지고 세력화하였다. 이
들이 결정적으로 권력을 장악할 수 있었던 것은 1979년 3월 전두환 소
장이 보안사령관에 임명됨으로서 10·26 사건이 터지자 합동수사본부
장에 임명된 것이었다. 그리고 이 수사과정에서 보안사 핵심 측근들
의 치밀한 계획과 하나회 멤버들을 주축으로 계엄사령관을 연행함으로
써 군권을 장악할 수 있었다.

12월 6일 전두환 합수부장의 지시로 총장 연행계획을 검토하여 총
장공관에서 체포하는 것으로 12월 8일 최종 확정하고 12월 11일에는
대통령 결재용으로 "정 총장 연행조사 승인 요청문"을 작성하였다.[71]
반대세력으로 분류한 수경사령관, 특전사령관, 헌병감 등은 총장 연행
당일인 12월 12일 저녁 6시 30분에 연희동의 모 요정으로 유인하였
다.[72] 그리고 같은 시각 전두환 합동수본부장은 9사단장 노태우 소장
등 핵심 신군부 인사들을 "생일집 잔치"라는 은어로 비밀에 수경사 30경

71) 대한민국 재향군인회, 『실록: 12·12 / 5·18』, 대한민국재향군인회, 1997, 48쪽.
72) 당시 우국일 보안사 참모장과 수경사 헌병단장 조홍 대령도 참석하였으며, 전두
환은 검찰진술조서에서 조홍 대령이 자신의 진급에 대하여 한턱 낸 다고 하여
모였다고 주장. 조선일보사, 『총구과 권력: 12·12와 5·18수사기록 14만 페이지
의 증언』, 조선일보사, 1991, 26쪽.

비단장실로 집결시켰다.[73] 이들은 주로 육사 11기와 하나회 후배 및 그들을 지원한 인사들이었다. 박정희 대통령에 대한 충성을 서약한 점에서 군부권위주의 유신체제를 유지하려는 성향이 지배적이었다.

12월 12일에는 반대세력의 유인, 쿠데타적 지휘계선에 의한 지휘소 설치, 정승화 총장의 연행 및 대통령의 재가가 동시에 추진되었다. 정 총장 연행은 보안사 정보처장을 사칭한 허삼수 대령이 12일 오전 10시에 방문한다는 전화 연락을 한 후 저녁 7시에 정 총장 공관으로 가서 단행하였다.[74] 정 총장 연행 이후 대통령의 재가가 거부되는 가운데 합수부 측의 30경비단 5분대기조가 출동하였고 한남동 공관촌에서 다음날 아침까지 국방부와 육본, 수경사 5분대기조와 대치하였다. 대통령 재가요구는 최규하 대통령이 "국방장관과 같이 와서 보고하라"는 지시와 함께 거부되었다.

그리고 난 후 밤 11시에 국방장관과 통화에서 장관의 결재를 위해서는 병력투입이 불가피함을 확인,[75] 지휘계통을 접수하기로 결정하

---

[73] 유학성 중장(국방부 군수차관보), 황영시 중장(1군단장), 차규헌(수도군단장)·박준병 소장(20사단장), 백운택 준장(71훈련단장), 박희도 준장(1공수여단장), 최세창 준장(3공수여단장), 장기오 준장(5공수여단장), 장세동 대령(수경사 30경비단장), 김진영 대령(수경사 33경비단장) 등 10명임. 대한민국 재향군인회, 『실록: 12·12 / 5·18』, 47~48쪽.

[74] 정 총장이 2층에서 내려오자 허삼수 대령이 대통령으로부터 연행재가를 받았다는 말과 함께 '김재규로부터 돈을 받은 사실에 대하여 진술을 받아야 겠으니 녹음 준비가 되어 있는 곳으로 가 주셔야 하겠습니다'라고 우경윤 대령과 정 총장의 팔장을 끼고 나오다가 우경윤 대령이 연행 작전팀의 오인사격으로 쓰러지자 한길성 소령, 박원철 상사가 합세하여 저녁 7시 27분 보안사 서빙고분실로 강제 연행하였다. 한편, 공관에서 총격이 있자 33헌병대 병력은 저녁 7시 10분 공관 정문초소, 해병경비대 본부 및 총장공관 관리병 내무반을 점거하고 연행을 지원하였으나 정 총장 연행 이후 이들은 해병경비대 기동타격대에 의해 체포되었다가 다음날 13일 아침 해군참모총장 김종곤 대장의 지시로 방면되었다. 위의 책, 54~58쪽 참조.

고 먼저 선제 출동한 1공수여단을 출동시켜 국방부와 육본을 점령한 후 국방장관을 보안사로 연행하도록 지시하였다. 또한 육군참모총장 대리, 합참본부장 및 수경사령관을 체포하여 보안사로 연행토록 하였으며, 3군사령관과 특전사령관도 연행토록 하였다.

또한 전두환 부장은 5공수여단도 국방부와 육본으로 출동하도록 지시하였으며, 노태우 9사단장은 참모장에게 29연대를 중앙청으로 출동토록 지시하였고, 1군단장은 0시 30분 2기갑 전차 1개 대대를 중앙청 광장으로, 13일 새벽 1시 10분에는 30사단 1개 연대를 고려대로 출동토록 지시하였다. 1시 15분경에는 1공수여단이 국방부 및 육본에 도착하여 소규모 총격전을 치르면서 청사들을 점거하였다. 2시경에는 3공수여단 600여 명이 경복궁 국립박물관 주변에 배치되었다.[76]

국방부를 점거 중이던 1공수여단장은 2시 40분경 국방장관실에 총격을 가한 후 난입하였으나 장관은 피신한 상태에서 합참의장, 연합사 부사령관 등 8명을 무장해제 시켰다. 그러는 가운데 미군의 상황 파악 및 협의를 위해 연합사 부사령관이 미 8군 벙커로 갔으며, 미 8군 벙커에서 국방장관실에 있는 합참의장과 통화에서 "전선 이상 없다. 미군이 이 사건을 확대 해석한다. 아무것도 아닌 것으로 축소해야 한다. 미 8군사령관이 미 대통령과 통화했다"라고 하였다.[77]

당시 특별히 주한미군과 관계를 이어주는 수단이 없었던 전두환 합수부장 측으로서는 연합사부사령관의 이러한 노력이 한국군에 대한

<hr>

75) 노재현 국방장관은 "국방부에 와서 보고하라"고 하였으며, 전두환 합수부장은 "보안사에 와서 보고 받으라"고 맞섬. 위의 책, 67쪽.
76) 위의 책, 67~83쪽.
77) 위의 책, 70쪽.

작전통제권을 가지고 있는 연합사령관 위컴(John A. Wickhan, Jr.) 대장의 합수부 측에 대한 지지는 아니더라도 최소한 저지행동을 막는데 일정한 역할을 한 것으로 평가된다. 12·12사건 이후 연합사부사령관은 신군부에 합류하여 합참의장, 주미대사로 임명되었기 때문이다. 당시 수경사와 특전사는 육본 직할부대였지만 9사단, 2기갑여단, 30사단 등은 연합사부사령관이 역할을 할 수 있는 한미연합사령부의 작전통제권하에 있는 3군 예속부대였다.

새벽 3시 50분경에는 국무총리와 중앙정보부장서리가 국방장관실에 도착하였다. 58분에는 국방장관이 지하상황실 입구에서 발견되어 국방장관실로 연행되었으며, 4시에 총리와 함께 삼청동 공관으로 향했다. 이동 도중 국방장관이 탑승한 차량은 보안사 정문에서 무장병력에 의해 정차되어 보안사령관실로 강제연행 되었고 거기에서 합수부측 장군들의 협박적 요구에 의해 정 총장 연행 보고 문서를 결재하였다. 그리고 5시 10분 총리공관에 도착하여 대통령에게 정 총장 연행조사의 재가를 건의했다. 이에 최 대통령은 말없이 서명하고 05:10 AM이라고 적었다.[78) 이로서 정 총장 연행을 계기로 하나회로 대표되는 신군부가 군권을 장악하며 전면에 등장하게 되었다.

신군부는 3군사령관, 수경사령관, 특전사령관을 체포, 연행함으로써 당시 동원되었던 3군사령부 예하 9사단, 30사단, 2기갑여단과 수경사령부 예하 30 및 33경비단 그리고 특전사령부 예하 1, 3, 5공수여단의 지휘체계를 무력화시켰다. 그리고 계엄사령관 겸 육군참모총장을 강제연행하기 위해 대통령과 국방장관을 병력을 동원하여 압박하였다.

78) 위의 책, 67~83쪽.

5 · 16이 국가개조를 위한 군사혁명이었던 반면 지휘체계 문란과 하극
상에 의한 총장연행 강제결재로 요약되는 12 · 12사건은 전두환을 필
두로 한 하나회가 신군부의 핵심세력으로서 군부권위주의를 유지하려
는 유신체제에 대한 계승적 성향이 강했다.

　군의 정치개입을 반대하는 한미연합사령관과[79] 미국의 지지를 얻
는 것이 무엇보다도 절실하였다. 12 · 12사건을 통하여 최소한 군권이
장악되고 미국 당국과 주한미군의 반대가 없는 묵시적 인정이 이어
지자 점차 정치권력을 향해 나아갔다. 그리고 1980년 비상계엄의 전
국 확대, 5 · 18광주민주화운동, 국가보위비상대책위원회(국보위) 설
치, 군부의 전두환 대통령 추대로 이어졌다.[80] 1980년 8월 대통령이
된 후 획득한 권력을 강화하기 위하여 국가보위입법회의를 통해 헌법
을 개정하고 패권 정당으로 민정당과 위성정당인 민한당, 국민당 등
을 창당하여 1981년 제5공화국을 출범시켰다.[81]

　전두환 대통령의 안보관을 종합하면 하나회를 주축으로 한 신군부
를 주요 지지세력으로 하여 박정희 대통령의 자주국방 안보관을 계승
하였지만 취약한 정통성으로 인해 동맹 미국과의 관계를 우선적으로
고려하지 않을 수 없는 한계를 가지고 있었다고 볼 수 있다. 집권 후
반기에 자주적 안보관에 치우치면서 미국과의 갈등을 빚은 박정희 대
통령이 사망하자 전두환 대통령은 갈등을 일으킬만한 사안은 사전에

. . . .

[79] 1979년 12월 28일 위컴사령관은 전방시찰에서 군인은 정치에 초연해야 하며 방위
　 에 전념해야함을 강조. 국방부, 『국방사 4』, 1019쪽.
[80] 국가보위비상대책위원회, 『국보위백서』, 국가보위비상대책위원회, 1980, 9~14쪽 ;
　 조선일보사, 『한국을 뒤흔든 광주의 11일: 5 · 18사건 수사 기록』, 조선일보사,
　 2005, 14~43쪽 참조.
[81] 심지연, 『한국정당정치사』, 307~336쪽 참조.

회피하면서 미국과의 협력유지에 주력하였다. 즉, 대북관에서 적대적 경쟁중시는 다소 완화된 가운데 '자력중시'보다는 '동맹중시'적 시각으로 안보관이 변화된 것이다.

제2절 연합형 전쟁지도체제의 구조

1961년 군사혁명 세력들이 추진한 자본의 대내외 축척을 통한 공업화가 추진되면서 한국은 이전과는 다른 국가로 변모하게 되었다. 군사혁명이 가져온 경제발전을 통해 국력이 상승하였고, 위기적 안보환경과 군출신 대통령의 안보관은 전쟁지도체제를 연합형으로 성장하게 하였다. 또한 정치권력을 장악한 혁명세력으로서 군부는 권위주의 정권을 유지하면서 국가의 대내적 자율성을 최대화하고 대외적 자율성도 강화하여 나갔다.

연합형 전쟁지도체제는 국가의 총체적 역량을 집결해서 전쟁을 수행하도록 자원을 동원하고 한미 군사력을 최대한 활용할 수 있는 체제로 성장하였다. 연합형 전쟁지도체제는 유엔군사령부를 정전유지를 위한 상징적 조직으로 축소하고 한미연합군사령관(이하 연합사령관)에게 한국군에 대한 작전통제권을 부여함으로써 실제하는 전쟁지도체제의 구성단위로 연합사를 탄생시켰다. 이러한 연합형 전쟁지도체제하에서 군사원조는 국방비 대비 비율이 대폭 감소하면서 종결되었고 한미 간 대등한 협력관계로 점차 변화하였다.

1. 전쟁지도체제 구성과 연계

군사혁명 이후 경제발전이 가속화됨에 따라 국력이 성장하였고, 한편으론 위기적 안보환경에 직면하면서 박정희 대통령의 자주국방 안보관이 점차 구체화되고 현실 정책에 적용되기 시작하였다. 서구국가들이 이미 구축하고 있었던 전쟁지도 보좌 구성단위들이 만들어졌으며 국가총력전 수행기구와 군사연합협력 조직들 간의 연계성도 강화되었다.

가. 전쟁지도체제 구성단위의 성장

성장한 연합형 전쟁지도체제의 구성단위로는 중앙정보부, 합동참모본부, 국가안전보장회의, 대통령 외교안보수석실, 향토예비군 창설 등을 들 수 있다. 먼저 중앙정보부는 미국의 중앙정보국(CIA: Central Intelligence Agency)을 모델로 하여 군사혁명 직후인 1961년 6월 창설하였다. 초대 부장은 군사혁명의 실세인 김종필이 취임하였으며 1963년 12월에는 법률 제1510호에 따라 대통령 직속기구로 개편하였다.[82] 주로 국내정치의 정치공작 분야에서 그 역할을 집중하여 비판 받긴 했지만[83] 국가적 정보조직을 처음 창설한 것은 오랜 정보장교로 활동한 박정희가 국가 전략정보의 중요성을 인식한 데에서 기인했다고 볼 수 있다.

둘째, 합동참모본부는 대통령 직속으로 있었던 연합참모회의 및 연

----

82) 「국가정보원 발자취」, 『국가정보원』, http://www.nis.go.kr/docs/intro/greeting. html.
83) 심지연, 『한국정당정치사』, 158~160쪽.

합참모본부를 1961년 10월 국방부에 연합참모국을 설치하면서 폐지하였다가 제3공화국이 출범하면서 미국의 합동참모본부(JCS: Joint Chiefs of Staff)를 모델로 하여 국방부에 현대적 조직으로 재설치하였다. 1963년 5월에는 국군조직법을 전면 개정하면서 합동참모회의와 합동참모본부를 법률상 조직으로 설치하였다. 창설 이후 1966년 6월에는 월남파병을 뒷받침하기 위한 합동상황실을 개설하였으며 1968년 2월에는 대간첩작전본부가 설치되었다. 합동참모본부장이 대간첩작전본부장 임무를 수행하면서[84] 북한의 침투도발에 대해서도 독자적으로 군사작전을 수행하여 국방부장관과 대통령의 군령분야를 보좌하는 조직이 되었다.

셋째, 1962년 12월 제3공화국 헌법 제87조에서 처음으로 국가안전보장회의를 설치할 것을 규정하였다. 1963년 12월 국가안전보장회의법이 제정, 공포되었고 16일 사무국이 설치되었다. 대통령의 자문에 응하면서 안보문제에 대한 국무회의의 사전심의기관으로 전쟁지도체제의 핵심적인 역할을 수행토록 조직되었다. 국가안전보장회의는 이와 유사한 국방위원회가 1953년 대통령령으로 설치되었지만 휴전과 더불어 유명무실화되었다가 미국의 국가안보회의(NSC: National Security Council)를 모델로 하여 군사혁명 이후 제3공화국이 출범하면서 창설된 것이다.

국가안전보장회의는 창설 이후 1964년 11월부터 1969년 9월까지 사무국장이 실무자회의를 운영하여 실질적으로 업무를 관장하였고 사무국은 총무과와 정책기획실 및 조사동원실로 구성되었다. 1967년에는

---

84) 국방부, 『국방사 3』, 109~114쪽.

별정직공무원 2명을 상근위원으로 확보하였으며 1969년에는 국가안전
보장회의 산하로 비상기획위원회가 설치되어 국가동원 업무를 전담하
도록 하였고 사무국장이 비상기획위원회 위원장을 겸임하였다. 1974년
사무국을 확대하여 88명의 정원으로 6담당관 1과의 내부조직으로 확
대 개편하였다. 1979년 2월에는 비상기획위원회가 국가안전보장회의에
서 별도 분리되었으며 사무국은 총무과와 의사과로 다소 축소되었다.[85]
국가안전보장회의는 전시에도 대통령의 전쟁지도를 위한 조직으로서
그 역할을 수행토록 하였다.

넷째, 대통령 비서실에서 외교안보분야도 대폭 확대 개편되어 1968년
처음으로 안보특별보좌관이 임명됨으로써 미국을 모델로 한 현대적
국가안보분야의 조직이 갖춰졌다. 안보를 위해 창설, 보강된 조직들
의 연계된 활동에 의해서 의존형 전쟁지도체제가 총력형으로 성장하
였다.

다섯째, 향토예비군은 국가총력 체제를 위한 병력의 동원과 운영을
획기적으로 개선한 것으로 1968년 북한의 분쟁유발전술에 의한 군사
적도발이 결정적인 계기가 되었다. 박정희 대통령은 1·21사태 직후
2월 7일 하동에서 열린 경전선 개통식 연설에서 "미군 중심의 의존적
태세에서 자주적 국방태세로의 전환"을 천명하고, 향토예비군 250만
명의 무장과 그것을 위한 무기생산 공장의 건설을 역설하였다. 그리
고 1968년 4월 1일 대전에서 향토예비군 창설식이 거행됨으로써 향토

85) 국가안전보장회의,『연혁집』, 1990, 12~28쪽을 백종천·이민룡,『한반도 공동안보
론』, 일신사, 1993, 535쪽에서 재인용 ; 박재하·정길호,「국가안전보장회의의
활성화 방안연구: 기능 및 기구정립을 중심으로」,『국방논집』제7호, 1988, 177~
179쪽.

방위 전력이 조직화되었다.

1971년 7월부터는 군에 의한 지휘체계가 정착되었고 조직과 인원이 계속적으로 보강되었다.[86] 1968년 창설 시부터 1987년까지 예비군의 부대수, 병력 및 장비보유 현황을 보면 부대수는 1978년까지 계속 증가하였으며 1975년부터 1977년까지 확장일로의 예비군의 교육훈련과 자원관리를 위하여 제60, 61, 62, 63, 65, 66, 67, 68, 69, 70, 71훈련단이 창설되기도 하였다.[87]

기타 군내 군사작전을 위한 정보 조직들도 더욱 보강되었다. 1968년 3월에는 기존의 방첩부대와 통신보안부대를 통합하여 보안사령부를 창설하였으며,[88] 1972년 2월에는 육군 첩보부대, 군사정보부대, 제5연구소를 통합하여 정보사령부를 창설하였다.

그리고 유엔군사령부에 의한 일방적인 미국의 전쟁지도에 의존하는 체제에서 벗어나기 위하여 1968년부터는 양국의 대통령이 합의하여 국방장관 간 한미안보협의회의(SCM: Security Consultative Meeting)를

....

86) 1968년 3월 7일 향토예비군설치법 시행령이 제정, 공포되었고, 동년 3월 15일부터 전국 시, 군, 구에 현역대대장이 파견되어 향토예비군을 조직한 후 4월 1일 창설식을 가졌다. 초창기 경찰에 의한 지휘로 인한 혼란을 정비하고 1971년 7월부터 군이 지휘하였으며 최초 2,716개의 지역중대와 502개 직장중대에 인원은 2,050,531명이었으며, 1971년에는 4,200개 지역중대에 18개 직장대대 및 1,041개 직장중대에 인원은 2,336,032명에 달하였다. 국방부, 『국방사 3』, 336~338쪽.

87) 이 훈련단들은 1982년 8월에 전부 동원사단으로 개칭되었으며 1980년에는 예비군자원이 많은 대구에 501, 광주에 502, 대전에 505여단이 창설되기도 하였다. 그리고 계속 증강된 향토예비군은 1987년에 총 12개 여단, 73개 연대, 249개 대대, 5272개 중대에 4,434,052명에 달하였다. 최대 부대 수는 1978년의 8,564개였으며 병력은 1986년에 4,832,822명이었고, 무장은 1987년에 1,917,667정(문)을 갖추었다. 위의 책 참조.

88) 방첩부대는 1950년 10월 육본직할의 특무부대로 창설하여 1960년 7월 방첩부대로 개칭하였음. 국방부, 『국방사 4』, 497쪽 참조.

정례적으로 개최키로 합의하였다. 또한 같은 해에 한미연합참모기획
단을 발족하여 합동참모본부와 주한미군사령부의 공동조직으로 편성
하여 군사작전에 있어서 한국의 입장을 반영토록 추진하였다.

1974년 7월 2일에는 전시 국가전쟁수행본부인 B-2벙커가 완성되었
으며 1975년 12월 31일부터는 합참의장이 수행하는 국방장관에 대한
군령 '자문' 기능을 군령 '보좌' 임무로 변경하여 군령에 관한 지휘권,
즉 작전지휘권을 명문화하였다.[89] 그때까지도 작전지휘는 형식상 국
방장관에게 있었지만 실질적으로는 유엔군사령관이 작전통제 이상의
권한을 행사하고 있었다. 따라서 이러한 조치로 미국과의 대등한 협
력 의지를 과시하고 전쟁지도에 있어서 한미연합 군사협력체제를 분명
히 함으로써 연합형으로 성장하였다. 미국의 합참과 대등한 기능을 수
행할 수 있도록 1976년 6월 21일부터는 합동참모회의를 국방부에서 합
동참모본부에 편성하는 것으로 전환하였다.[90] 그리고 한미군사위원
회 설치와 한미연합사령부 창설을 추진함으로써 연합형 전쟁지도체
제가 완성되어 갔다.

나. 전쟁지도체제 구성단위의 연계성

1961년 5·16군사혁명 후 제3공화국이 출범하기까지 국가개조를 위
한 차원에서 다른 조직들과 마찬가지로 전쟁지도보좌 조직들이 정비

[89] 합동참모본부, 『합참 60년사: 역사는 말한다』, 합동참모본부, 2008, 20~26쪽.
[90] 따라서 1982년 1월 20일까지 합참 조직은 작전기획국, 전략기획국, 통신전자국, 연구개발국 및 행정실과 합동참모회의 그리고 대간첩작전본부로 구성되었음. 위의 책, 26쪽.

되었다. 그리고 1968년부터 1970년대까지의 위기적 안보환경이 박정희 대통령의 자주국방 안보관과 결합하면서 의존형 전쟁지도체제를 연합형으로 성장시켰다. 따라서 연합형을 구성하는 조직들은 시기적으로 1968년을 전후해서 국가총력전을 위한 구성단위들이, 1970년대 중후반에는 연합협력을 위한 구성단위들이 조직되었다.

1) 국가총력전을 위한 구성단위

1960년대 이전 의존형 전쟁지도체제에서도 핵심 구성단위였던 국방부 외에 헌법기관으로 국가안전보장회의, 법률기관으로 중앙정보부 및 합동참모본부가 새롭게 포함되었다. 대통령의 자문에 응하는 국가안전보장회의는 핵심구성단위로서 국무회의의 전심의(前審議) 기관으로 1967년부터 증대된 북한의 위협에 대비하기 위하여 상근위원 2명을 확보하고 회의를 주도하면서 관련사항을 조정하였다. 여기에는 국방, 외교, 통일관련 장관들과 당시 중앙정보부장이 참가하고 합참의장도 필요시 참가함으로써 전쟁지도를 위한 관련조직들을 통합한 연계체 형태를 가지게 되었다.

그리고 1968년 신설된 대통령 안보특별보좌관은 대통령의 지근거리에서 전쟁지도에 관한사항을 직접 보좌하는 조직이었다. 또한 1969년 안전보장회의 조직 내에 설치된 비상기획위원회는 전시 국가동원에 관한 업무를 수행하는 상시 조직으로서 정부의 전시연습을 조정통제하였다. 이러한 국가총력전 수행을 위한 구성단위들은 연합협력의 구성단위들과 연계를 기초로 연합형 전쟁지도체제로 성장하게 되었으며 이를 도식화하면 〈그림 10〉과 같다.

<그림 10> 연합형 전쟁지도체제의 구성조직과 연계[91]

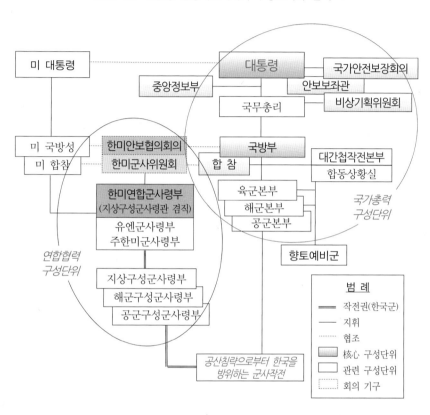

2) 연합협력 구성단위

국가총력전을 위한 구성단위들이 군사혁명으로 탄생된 반면 한미 연합협력을 위한 구성단위들은 1968년 분쟁 시까지 제도화되지 못했다. 단지 미국에 의존하여 양측이 필요할 때 특사파견이나 직접방문

91) 박충제, 「합참의 전쟁지도 보좌업무 발전방향: 북한의 도발에 대비한 합참의 임무를 중심으로」, 『합참』 제15호, 2000, 108쪽 〈표 2-1〉 참조 1978년을 기준으로 재구성.

에 의해 고위급회의를 통해 사안별로 해결하던 의존체제가 지속되었다. 그러나 1968년 위기적 안보환경에 직면하면서 박정희 대통령과 존슨 대통령은 4월 17일 정상회의에서 연례 국방장관회담에 합의하였다. 이것이 연례 '한미안보협의회의'의 시발이 되었다. 그리고 이후 군사작전 분야를 연합협력으로 운영하기 위하여 논의를 계속하였고, 1977년 7월 제10차 한미안보협의회의에서는 한미연합사를 창설하고 그것을 통제하기 위한 한미군사위원회 설치를 합의하였다.

그리고 1978년 7월 28일 제1차 한미군사위원회의에서 전략지시 제1호를 발령하여 한미연합사를 창설토록 지시하였다. 10월 17일에는 한미연합사 창설에 관한 교환각서에 서명함으로써[92] 11월 7일 한미연합군사령부가 창설되었다. 유엔군사령부로 상징되는 의존형 전쟁지도체제가 박정희 대통령이 임석해서 창설된 연합사에 의해 한미연합체제로 재편된 것이다. 특히, 전쟁지도의 핵심이 군사작전에 관한 정치적 목적 달성이라는 점에서 완전한 자율성은 제한되지만 한국의 국익을 반영할 수 있도록 연합사는 한미 동일비율에 의한 연합참모조직으로 창설되었다.

3) 연계성의 고리

국가총력 구성단위와 연합협력 구성단위를 연결하는 고리는 한미 상호방위조약과 대통령 간 합의에 기초한 한미안보협의회의였다. 여기에는 한미 국방 및 외교 관계관들이 참석하기 때문에 전쟁에 대한 국가전략적 이해를 공감하고 이견을 논의할 수 있었다. 그 외에 양국

---

[92] 연합사 창설에 관한 교환각서 전문은 국방부, 『국방사 4』, 885~886쪽 참조.

정상회의 및 군사위원회의가 안보협의회의의 상, 하에서 지침을 주거나 지침을 받아서 한미 양국의 연합협력에 관한 연계성을 유지하였다.

그리고 국가총력체제 내의 핵심 구성단위와 관련 구성단위의 연계는 법규에 의한 지휘관계, 업무 협조관계에 의하여 연결되었다. 관련 법규로는 1961년 제정된 반공법과 1963년의 합참 창설 관련사항을 포함한 개정된 국군조직법, 중앙정보부 조직과 국가안전보장회의 조직에 관한 법률, 1968년 향토예비군설치법이 대표적이다. 이러한 법률을 근거로 하여 각 구성단위는 대통령령이나 각 부 훈령 및 하위조직의 내부규정으로 관련사항 처리를 명시하고 있다. 법규에 의해 업무를 수행하는 과정에서 인적인 연계로 강화되기도 하였다.

법규에 의해 각 구성조직 간의 연계체로 성장한 연합형 전쟁지도체제는 1972년의 유신헌법으로 더욱 강화되었다. 그리고 이후 안전보장회의 사무국 폐지 등 부분적인 조정과정을 거쳤으나[93] 제5공화국 출범 후에도 안보상황에 대한 위협인식이 저하되지 않았고 대통령의 안보관이 연합협력을 강조하는 방향으로 전개됨으로써 1987년까지 이 연합형 체제는 안정적으로 유지, 발전되었다.

2. 전쟁지도체제 역할의 증대

5·16군사혁명 이후 전쟁지도체제가 국가총력과 연합협력 구성단위들이 결합되어 연합형으로 성장하자 그 역할도 점차 증대하였다. 역할 증대는 국력의 상승으로 인한 군사력의 성장에 기인한 바가 컸으며

---

[93] 백종천·이민룡, 『한반도 공동안보론』, 535쪽.

대표적으로는 수도권 방어계획과 연합연습의 발전을 들 수 있다.

가. 역할증대의 배경

한국 전쟁지도체제의 역할증대는 국가총력 체제의 확고한 기반을 배경으로 연합협력체제를 제도화하기 위한 노력에서 기인하였다. 국가총력전을 수행하는 체제는 향토예비군 창설을 상징으로 시작했지만 전반적인 국력의 향상에 따른 군사력 증강이 배경요인이 되었다. 특히, 해·공군의 성장, 베트남전 파병에 따른 실전 경험과 작전지휘에 대한 자신감 및 방위산업 육성에 따른 장비의 현대화가 군사력 증강을 견인하였다.

5·16군사혁명 당시 육군은 1군 예하 5개 군단 18개 사단을 보유하고 있었으며, 그중 6군단과 그 예하 8, 20, 26, 28사단은 미 1군단의 작전통제를 받고 있었다. 2군 예하에는 4개 군관구와 10개 예비사단이 있었다. 그러다가 1965년 수도사단(맹호부대)이 월남으로 파병되고 1966년 9월 9사단(백마부대)이 증파됨에 따라 7월에 32사단을 완전 편성하여 2군에서 1군으로 예속변경하고 9월에는 51사단을 창설하여 2군에 예속시켰다. 맹호, 백마사단이 복귀했을 때에도 32, 51사단이 계속 유지됨으로써 2개 사단이 추가되었다. 해군도 1967년 6전단이 창설되어 함대사령부 예하 3개 전단(1, 2, 6전단)으로 증편되었고, 해병대도 1965년 10월 제2여단을 창설하였으며 1966년 11월 23일에는 제5해병여단을 창설하여 1개 사단 2개 여단이 되었다. 공군도 1961년 7월 1일 공군작전사령부가 창설되었으며 1964년 6월 1일에는 1전투비행단이 대구에서 창설됨으로써 3개 전투비행단으로 증편되었다.[94]

1968년 향토예비군을 창설한 이후 1970년대에는 사령부급을 보강하여 1973년에는 주월한국군사령부를 모체로 제3군사령부를 창설하였으며 해군에 각각 1, 2, 5해역사령부가 창설되었다. 그리고 1974년에는 3, 6해역 사령부가 창설됨으로써 한국함대사령부 예하 5개 해역사령부 체제로 전환되었다. 해병대는 1981년 4월에 2해병여단을 다시 2해병사단으로 증편하였다. 공군은 1974년 5월 1일 서울기지에서 15전투비행단을, 1976년 8월 1일 예천기지에서 16전투비행단을, 1977년 6월 1일에는 강릉기지에서 18전투비행단을, 1978년 9월 1일에는 청주에서 17전투비행단을 각각 창설하였다[95] 기존의 1, 10, 11전투비행단과 함께 공군작전사령부예하 7개 전투비행단 체제로 증편되었다.

이러한 군사력의 증강은 베트남전에서 쌓은 실전경험과 함께 한국군의 작전수행능력을 대폭 증대시켰으며, 미국과 대등한 연합작전을 수행할 수 있는 파트너로 인식되기 시작하였다. 또한 1976년 8·18판문점 도끼만행사건에 대한 한미 공동대처에서 한국의 적극적인 조치는 한국군이 연합협력체제에서 충분히 역할을 할 수 있다는 자신감을 갖게 되었고 미군도 이를 신뢰하게 되었다.[96] 군사력 증강에 따른 자신감과 미국의 신뢰는 연합형 전쟁지도체제에서 한국이 보다 증대된 역할을 할 수 있는 배경요인으로 작용하였다.

94) 국방부, 『국방사 3』, 287~332쪽.
95) 위의 책, 506~638쪽.
96) 유병현, 「한미연합사 창설 과정과 의의」, 한국국방안보포럼 편, 『전시작전통제권 오해와 진실』, 플래닛미디어, 2006, 25~30쪽 참조.

나. 역할증대의 사례

한미 간 국가이익이 상충되는 상황에서 자국의 이익을 구현하기 위한 노력이 어떻게 결과적으로 나타났는가를 보면 그 역할의 증대여부를 알 수 있다.

1) 수도권 방어계획

1968년 이후 1970년대의 북한의 분쟁유발전술하에서 한미가 인식하는 국가이익은 서로 상충되었다. 한국은 청와대를 포함한 수도권을 사활적 국가이익으로 판단하고 방어 및 방호해야 하는 가장 우선적인 과업으로 식별하였다. 그러나 미국은 푸에블로호 선원과 수도권에 거주하는 자국민을 안전하게 본국 또는 안전지역으로 철수시키는 것이 최우선적인 과업이었다.

그러나 그때까지 한국은 전쟁수행을 위한 계획수립에서 배제되어 있었으며 군사혁명 이후 유엔군사령부가 독점하는 한국방위계획 수립에 한국이 능동적으로 참여해야 한다는 당위론이 확산되었다. 따라서 한국 측의 제의로 1966년 1월 한미연합기획단을 주한미군사령부 내에 설치하기로 미국의 동의를 이끌어내었다. 그러나 미국 측의 소극적인 자세로 진전을 보지 못하다가 1968년 사태에 직면하여 자국의 이익을 우선적으로 고려하는 미국에 대한 비난 여론이 증대하자 한국은 수도권 방어라는 국가이익을 계획에 반영하기 위하여 1968년 5월 27일 워싱턴 '한미 국방장관회담'에서 이를 공식적으로 제기하였다. 그리고 그동안 미뤄지던 '한미 연합기획참모단'을 미국 측과 합의하여 그해 10월 15일에 주한미군사령부 내에 설치하였다.[97]

한편 한국은 이 시점에 전쟁을 수행하기 위해서는 국가이익과 국가목표를 분명히 하여 국방목표와 군사작전의 목적 및 목표를 제시해야할 필요성을 절감하고 1972년 국회의 승인을 통하여 국가목표 및 국방목표를 제정하였다.[98] 또한 1973년 을지연습 시찰 중 박정희 대통령은 전쟁지도에 관한 "장기전략 지침"[99]을 하달하고 철저한 준비를 통해 장기적으로 국가이익을 스스로 구현하기 위한 전략수립과 전력의 증강을 역설하였다.

국가보위라는 국가이익을 구현하기 위한 전쟁지도 지침에 의해 1973년 7월에는 수정된 육군 작전계획에 의거 수도권작전개념이 설정되었다.

. . . .

[97] 국방부, 『국방사 3』, 114~116쪽.
[98] 국방부, 『국방백서』, 국방부, 1968, 58쪽을 인용한 국방부, 『국방사 4』, 177쪽에 의하면 1968년 국방백서상의 잠정적인 국가목표는 "자유민주주의 이념하의 국토통일 및 영구적 독립 보장, 국민의 자유와 권리보장 및 조국근대화추진을 위한 복지사회건설, 국제적 지위 강화와 국제평화유지에의 노력"이었으며, 국방목표는 "임전태세 완비, 장병 정신무장과 교육훈련 강화, 장비현대화와 군사시설의 요새화, 자유우방과 군사유대 강화 및 월남전의 지속지원"이었다. 또한 한용원, 「한국국방정책의 변천과정」, 차영구·황병무, 『국방정책의 이론과 실제』, 오름, 2002, 84쪽에 따르면 1972년 12월 29일 처음으로 제정한 국방목표는 "첫째, 국방력을 정비 강화하여 평화통일을 뒷받침하고 국토와 민족을 수호한다. 둘째, 적정군사력을 유지하고 군의 정예화를 기한다. 셋째, 방위산업을 육성하여 자주국방체제를 확립한다"이고 1973년 2월 국무회의 의결로 부분 개정된 국가목표는 "첫째, 자유민주주의 이념하에 국가를 보위하고 조국을 평화적으로 통일하여 영구적 독립을 보전한다. 둘째, 국민의 자유와 권리를 보장하고 국민생활의 균등한 향상을 기하여 복지사회를 실현한다. 셋째, 국제적인 지위를 향상시켜 국위를 선양하고 항구적인 세계평화유지에 이바지 한다"이었음.
[99] "①자주국방을 위한 군사전략을 수립하고 군사력 건설에 참여하라. ②작전지휘권을 인수시에 대비한 장기 군사전략을 수립하라. ③중화학공업발전에 따라 고성능 전투기와 미사일 등을 제외한 소요무기 및 장비를 국산화해야 한다. ④장차 1980년대에는 이 땅에 미군이 한 사람도 없다고 가정하여, 합참은 독자적인 군사전략, 전력증강계획을 발전시키도록 하라." 국방부, 『율곡사업의 어제와 오늘, 그리고 내일』, 22쪽.

즉, 전쟁이 발발하면 1973년 7월 1일 창설된 3군사령부가 서울을 방어하는 마지막 방어선인 전투지역전단(FEBA: Forward Edge of the Battle Area) "D"에 2개 방어사단 및 13개 방어지단(防禦肢端)을 운용하는 개념이었다. 그리고 1975년 5월에는 수도방위기본계획인 "녹지계획"[100]을 완성하였고 이를 시행하기 위한 지휘통제 임무를 8월에 창설된 수도군단에게 부여하였다.

그리고 이후 한미연합기획참모단을 모체로 하여 연합사령부가 창설됨으로써 한국군은 정상적 연합활동에 의해 작전계획수립에 참여할 수 있게 되었다. 결과적으로 1·21사태에 의해 국가 핵심이익으로 식별된 수도서울을 사수하기 위한 한국의 노력이 연합사 창설을 가져온 것이다.

2) 연합연습

전쟁을 지도하기 위한 훈련이 전쟁연습이다. '연습은 실전처럼 실전은 연습처럼'이란 말이 있듯이 이 시기 연합형 전쟁지도체제로 성장하면서 전쟁연습에서도 국가 총자원과 미국의 연합자원을 어떻게 전승을 위하여 군사작전에 운용할 것인가를 숙달하는 것으로 발전하였다. 특히, 한국은 자국의 자원뿐만 아니라 후견국인 미국의 자원을 최대한 활용하는 것이 전승의 관건이 된다. 따라서 연합연습에 대한 적극적인 참여와 미국의 자원을 수용 및 활용하는 연습이 더욱 중요해졌다.

· ·

[100] 1975년 4월 15일 박정희 대통령의 지시로 전쟁초기 혼란을 방지하고 서울을 사수하기 위하여 일보도 물러나지 않는다는 기본방침을 확고히 하고 수도방위계획단을 편성하고 수도방위계획을 발전시켰으며 동년 6월 19일 완성하여 대통령 재가를 받음. 국방부, 『국방사 4』, 225쪽.

을지포커스렌즈(UFL: Ulchi Focus Lens)연습은 전쟁지도 및 전쟁수행 능력을 숙달하기 위한 연습으로 1968년부터 한국 정부가 실시해온 을 지연습과 1954년부터 유엔군사령부가 주관한 포커스렌즈연습을 통합 한 것이다. 포커스렌즈(Focus Lens)는 1954년부터 유엔군사령부에서 주관하여 주로 미 증원군 전개절차 및 작전계획시행절차를 연습했으 며 을지연습은 1968년 1·21사태 이후 한국 정부주관으로 위기관리와 전시전환절차 등을 연습하였다. 두 연습은 1973년 유엔군사령부에서 먼저 제의하고 박정희 대통령이 승인함으로써 1976년 7월부터 최초로 통합하여 실시하였다.[101]

박정희 대통령이 두 연습을 통합하는 것을 승인한 것은 전쟁이 발 발하면 미국의 자원을 능동적으로 수용, 활용하는 연습이 필요하다고 판단했기 때문이며 국가보위라는 국가이익을 위해 당시 동맹미국의 첨단 전력은 전승의 필수적인 요소임을 인식했기 때문이었다. 1978년 이후 한미연합사령부가 창설됨으로써 군사분야는 연합사에서, 민간분 야는 국가안전보장회의 비상기획위원회에서 을지포커스렌즈연습을 주관하여 실시하였다. 한국의 의지가 반영되어 역할분담이 이뤄졌다.

팀스피리트(TS: Team Spirit)연습은 베트남 공산화 이후 주한미군의 철수에 대비하기 위하여 1976년 6월에 처음 실시하였다. 그리고 연합 사령부가 창설된 1978년 제 11차 한미연례안보회의에서 한미연합체제 의 효율성을 제고하기 위하여 매년 실시하기로 합의하였다. 1981년부 터 팀스피리트연습은 년 1회 약 2~3개월에 걸쳐 대규모로 실시되었으

---

101) 국방부 전사편찬연구소, 『한미군사관계사 1871-2002』, 616~627쪽 ; 국방부, 『국방 사 4』, 329~339쪽.

며 1987년까지 총 12회 실시하여 미25사단, 7사단, 해병 및 7함대 등이 참가하는 대규모 기동훈련으로 확대되었다.[102] 을지포커스렌즈연습으로 전쟁지도를 숙달함은 물론 팀스피리트에 의해 군사작전을 위한 기동분야까지 연계하여 연습을 확대함으로써 한미의 자원을 투입한 실전과 같은 연합연습 체제가 구축되었다.

제3절 연합형 전쟁지도체제의 전개과정

1961~1987년간 연합형으로 성장한 전쟁지도체제는 미국과의 협의를 통하여 내부적 군사작전 통제기재인 작전통제권의 행사범위를 '공산침략으로부터 한국을 방위함에 있어서 만'으로 한정하였다. 그리고 연합사를 창설하여 '한미연합 행사 방식'으로 조정하였다. 미국으로부터의 군사원조는 국방비 대비 비율이 대폭 감소된 후 종결시켰다. 1970년대까지는 군사원조를 최대한 확보하고자 하였으나 경제성장과 방위세의 신설 등으로 자체 국방비가 상대적으로 큰 폭으로 증가하자 군사원조의 비율이 감소되었고, 1980년대에는 완전 종결되었다.

---

[102] 을지포커스렌즈와 팀스피리트 이외에도 1961년부터 연합특수작전, 후방지역작전 및 군단급 합동작전능력 향상을 위해 실시하는 독수리연습(Foal Eagle)과, 1994년부터 실시하는 미 증원군의 한반도 전개절차와 이에 대한 지원절차를 숙달하는 연합전시미군증원연습(RSOI: Reception, Staging, Onward Movement and Integration)이 대표적인 한미연합 연습임. 국방부, 『국방사 4』, 329~339쪽.

1. 한미연합사 창설과 작전통제권 조정

1968년 위기적 안보환경에 의한 한미연합기획참모단 창설과 1971년 미 7사단의 철수에 따른 한미 1군단의 창설은 한미연합사령부 창설의 시발이었다. 그리고 데탕트(detente)에 의한 공산 중국의 유엔가입 및 유엔사해체 요구가 또 다른 국제적인 요인이기도 했다. 닉슨 독트린을 계기로 미소냉전의 국제질서가 급격하게 데탕트로 전환되자 1971년 10월 중국의 유엔가입 및 안전보장이사회 상임이사국 진출이 현실화되었다. 그리고 제3세계 국가들의 유엔에서의 발언권이 증대하였다.[103]

1972년 6월 21일 유엔군의 일원으로 미군 외에 유일하게 한국에 주둔해 온 태국군이 철수하였으며 1974년 7월부터 유엔군사령부, 주한미군사령부, 미 8군사령부의 기능이 통합, 운영되기 시작하였다. 또한 1974년 8월 미육군태평양사령부가 해체됨으로써 주한미군은 미 합참의 직할이 되었고 1974년 공산 측 대표가 '유엔군사령부의 해체 안'을 건의하자 12월에는 유엔군에 대한 작전명령권을 미 합참으로 이관하였다.[104]

1975년에는 자유진영에서 "중국과 북한이 유엔군사령부의 권능과 책임을 한미 양국군에 이양하는 것을 동의하면 유엔군사령부를 자진 해체하겠다"는 결의안을 제출하였다.[105] 11월에 공산 및 자유진영 양측의 안이 모두 유엔총회에서 통과되었다. 유엔의 결의과정과 동시에 한미 양국은 유엔군사령부의 해체에 대한 대안을 논의하게 되었고 한

· ·

103) 국방부, 『국방사 4』, 141~160쪽.
104) 서울신문사, 『주한미군 30년』, 376~377쪽.
105) 위의 책.

국정부는 미군의 계속적인 주둔과 휴전협정체제의 유지를 전제로, 미국정부는 한국군에 대한 작전통제권을 선임 미군장성 지휘하에 있는 연합사령부에 이관하는 것을 전제로 협상이 진행되었다.

본격적인 한미연합사 창설 작업은 1977년 1월 취임한 카터 대통령이 주도한 주한미군 철수정책과 동시에 이뤄졌다. 1977년 5월 26일 하비브(Philip C. Habib) 미 대통령 특사와 브라운(Harold Brown) 미 합참의장이 방한하여 주한 미 지상군의 철수계획을 통보하면서 연합사 창설을 위한 한미실무위원회의 발족에 합의하였다. 따라서 1977년 6월 9일 서종철 국방부장관과 유엔군사령관 베시(John W. Vessey) 대장의 지시로 한미 공동실무위원회가 발족되었다. 1977년 7월 25일 제10차 한미안보협의회의에서는 한미연합군사령부 창설연구위원회 구성과 연합사를 통제하기 위한 군사실무위원회 설치문제가 논의되었다. 그리고 7월 26일 공동성명에서 "미 지상 전투병력 제1진이 철수완료 전에 한국방위작전의 효율화를 위해 한미연합군사령부를 설치하기로 합의하였다"라고 발표하였다.[106]

다음해인 1978년 7월 26일에서 27일까지 미 샌디에고(San Diego)에서 제11차 한미안보협의회의와 제1차 한미군사위원회의를 동시에 개최하면서 28일 한미군사위원회에서 전략지시 제1호를 서명, 하달하여 한미연합군사령관을 지명하였다. 그리고 10월 17일 '한미연합군사령부 설치에 관한 교환각서'를 외무부장관과 주한미대사가 서명한 후 11월 7일부로 연합사가 창설되었다.[107] 연합사의 창설은 양국의 대통령,

---

106) 국방부, 『국방백서 1988』, 국방부, 1988, 120~121쪽 ; 국방부, 『국방사 4』, 693쪽 ; 서울신문사, 『주한미군 30년』, 403~407쪽 참조.
107) 국방부, 『국방백서 1988』, 120쪽.

국방장관, 합참의장에 이르는 전쟁지도체제의 대등한 관계정립에 의하여 이루어졌으며, 한미연합 군사협력의 상징이 되었다.

즉, 최고사령관인 대통령 간의 합의에 의해서 한미 간 연례안보협의회의와 군사위원회가 제도화되었다. 특히 군사위원회는 한미연합사령관에게 한국의 방위를 위한 양국의 합참의장이 합의하는 작전지침 및 전략지시를 제공하는 기구로서 1968년 한미연합기획참모단을 설치했던 목적을 이를 통해 실현한 것이다.

그러나 연합사 창설과정에서 이를 반대하는 논쟁도 있었다. 당시는 박정희 대통령의 총력안보와 자주국방 의지가 확산되었던 시기로서 한미연합사령부의 창설이 자주성의 약화를 가져온다는 반대 의견이 있었다. 그 이유로는 ①연합작전통제체제가 발족하면 각군 본부나 합참, 국방부의 권한과 기능이 상대적으로 감축된다. ②미국 측이 우리와 뜻을 달리할 때는 연합사를 이용하여 한국 측을 견제할 수가 있다. ③연합사에 근무할 유능하고 자질을 갖춘 요원이 많지 않다. 따라서 잘못하면 연합사는 미국 측의 심부름꾼이 된다는 우려였다.[108] 이러한 반대의견은 의존형에서 바로 자주형으로 가야한다는 이상적 희망의 표현이었으나 주한미군의 감축을 최대한 줄이고 유사시 동맹인 미국의 증원전력을 최대한 활용하기 위해서는 현실적으로 불가능한 것이었다.

비슷한 맥락에서 장기적으로는 전략적인 대안 마련이 필요하다는 견해도 있었다. 즉, 국제정치사적으로 보면 연합사의 창설은 나토의 '결합'정책과 달리 미 지상군의 한반도에서의 철수라는 '분리'정책을 전제로 하기 때문에 한국의 군사문제에서 '독립'없이는 연합사의 원만

108) 유병현, 「한미연합사 창설 과정과 의의」, 32쪽.

한 관계 확립이 불가능할 것이라는 주장이 있었다.[109] 따라서 합참과 군사정책결정체계 및 한미 군사문제에 관한 정치적 평가기능 등을 자주적으로 보강하여 연합사를 정상적인 국가 간 전쟁지도 차원에서 한국의 국익에 부합토록 운영해야 한다는 것이었다.

이런 반대의견은 이후에 일부는 현실로 나타나기도 했고, 한국의 전략적 접근에 대한 자극제가 되기도 했다. 그러나 당시까지 미국의 대통령과 합참에 의해서 지휘되는 유엔군사령관에게 이양되었던 한국군에 대한 작전권이 한미 대통령과 장관의 협의에 의해서 한미 합참의장의 전략지침과 지시를 따르는 한미연합사령관에게 조정된 것은 이상과 현실을 적절히 조합한 결과였다. 또한 한미연합사령관은 같은 수로 구성된 한미 연합참모에 의해서 보좌됨으로써 일방적으로 이양되었던 작전권을 연합 행사하는 것으로 조정한 것이었다.

그러나 연합사 창설을 반대했던 의견과 같이 연합사에 의존한 채 전쟁과 군사작전의 문제보다 국내정치에 관심을 기울인 정치군인들이 등장하기도 하였다. 또한 1980년대 신냉전 시기에는 민주적 정통성이 취약한 제5공화국의 등장으로 세계최고의 군사력을 가진 미국이 주도하는 군사전략, 작전기획 등에 한국의 의견을 반영하는 것은 쉬운 것이 아니었다. 단지 한국은 단기적으로 연합능력을 배양하면서 장기적인 국가전략하에 주한미군으로부터 '분리'되는 시기를 고려하여 '자주'의 문제를 고민하지 않을 수 없었다.

· ·

109) 이기택, 『한 · 미 연합사 창설에 따른 법적지위 및 작전통제권 행사범위』, 1~2쪽.

2. 군사원조의 감소

〈표 7〉 국방예산 및 미군사원조(1961~1987년)

년도	총국방비 (억달러)	국방예산 (억달러)	미군사원조 (억달러)	총국방비에서 미군사원조 비율(%)
1961	3.59	1.26	2.33	64.9
1962	3.24	1.36	1.88	58.0
1963	3.25	1.14	2.11	64.9
1964	2.89	1.02	1.77	61.2
1965	3.55	1.12	2.43	68.5
1966	3.20	1.44	1.76	55.0
1967	3.21	1.67	1.54	48.0
1968	4.41	2.12	2.31	52.4
1969	5.36	2.69	2.67	49.8
1970	6.49	2.69	3.50	53.9
1971	6.67	3.74	2.93	43.9
1972	8.32	4.42	3.90	46.9
1973	6.36	4.61	1.75	27.5
1974	8.75	6.97	1.78	20.3
1975	10.99	9.14	1.85	16.8
1976	17.36	14.54	2.82	16.2
1977	21.93	19.62	2.31	10.5
1978	28.65	26.44	2.01	7.0
1979	31.43	30.36	0.97	3.1
1980	37.94	37.05	0.89	2.3
1981	41.74	41.45	0.36	0.9
1982	43.85	43.45	0.41	0.9
1983	43.07	43.82	-0.75	-1.7
1984	44.09	44.36	-0.27	-0.6
1985	45.44	45.46	-0.02	-0.04
1986	46.43	47.17	-0.74	-1.5
1987	55.71	57.70	-1.99	-3.6

출처: 함택영, 『국가안보의 정치경제학: 남북한의 경제력, 국가역량, 군사력』, 법문
사, 1998, 206쪽의 표 5.1에서 발췌 재정리. 경상가로서 괄호안의 수치는 추
정치임.

군사원조는 일반적으로 의존상태가 심할수록 더 많은 지원을 후견

국가에 요구하게 되는 반면 의존상태가 낮아지고 자주성이 강화되면 그 요구는 줄어든다. 따라서 의존형보다 연합형 전쟁지도체제에서는 군사원조의 의존적 성격이 약화됨에 따라 군사원조가 감소하여 국방비에서 차지하는 비율도 낮아지게 된다. 실제 1961년부터 1988년까지 미국의 대한 군사원조는 점차 감소하였고 국방비 대비 비율에서도 낮아진 후 종결되었음을 알 수 있다.

〈표 7〉에서 보듯이 1960년과 1970년대 초까지도 미국의 대한 군사원조는 국방비의 50%를 상회하거나 근접하면서 지속적으로 많은 비중을 차지하였다. 더구나 국제군사교육훈련(IMET) 및 1966~1973년간의 베트남전과 관련한 군사원조지원금(MASF: Military Assistance Service Funded)은[110] 산정에서 제외되었기 때문에 이를 포함하면 실질적인 미군사원조의 비율은 여전히 높았다. 이는 경제개발에 박차를 가하던 시기에 안보에 대한 무임승차 현상으로 볼 수도 있을 것이다.

반면에 1978년 연합사령부가 창설된 이후부터 그 비율이 한 자릿수 이하로 내려갔다는 점에서 작전권의 행사방식을 조정한 내부적 현상과 함께 외부적으로 군사원조에 큰 변화가 있었음을 보여준다. 그리고 한국전쟁과 베트남전 참전으로 계속된 군사지원사업(MAP) 혹은 군사원조지원금(MASF)에 의한 대한 무상군사원조는 1971년 이후부터 한국의 경제성장과 더불어 유상판매 위주로 전환되었다. 특히, 한국이 추진하는 자주국방을 위해 방위산업 건설에 필요한 군사기술이전과 전

----

[110] IMET는 1952년 시작하여 1987년까지도 계속 지원되었으며, MASF는 1966년부터 1973년까지는 베트남전과 관련하여, 1979부터 1982년까지는 철수한 주한미군 장비의 한국군으로 이전한 것임. 황동준·한남성·이상욱, 『미국의 대한안보지원 평가와 한미방위협력 전망』, 민영사, 1990, 31~32쪽의 표 2-2 참조.

력증강에 소요되는 대외군사판매(FMS) 위주로 이뤄졌다. 그리고 1986년
에는 FMS 지원도 중단됨으로써 미국의 유·무상 대한 군사원조는 사실
상 종결되었다.[111]

물론 전술한 바와 같이 1966년부터 1973년까지 베트남전에 참전한
국가들에게 제공한 무상군사원조인 군사원조지원금(Military Assistance
Service Funded)이 한국에도 지원되었고, 1979년에서 1982년에는 카터
대통령의 주한미군 감축정책에 따라 주한미군 군사 장비를 한국군에
이양하는 지원이 있긴 하였다.[112] 그리고 1952년부터 시작된 국제군사
교육훈련(International Military Education Training) 자금은 1987년까지도
지속적으로 지원되었다. 그리고 미국의 대한 무상군사원조는 한국전
쟁을 거쳐 휴전 이후부터 1970년대 초까지 한국의 국방비 재원의 절반
정도를 차지하면서 과도한 의존적 현상을 구조화하는 요인으로 작용
하였다.

그러나 1971년부터 미국의 직접군원이 한국에 이관되었고 무상군원
에서 대외군사판매 차관 형식으로 전환됨에 따라 점차 그 비율이 감
소되었다. 그리고 한국의 총력안보, 자주국방 정책에 의해 1975년부터
신설된 "방위세"[113]로 인해 미군사원조의 국방예산 대비 비율이 더욱

111) 1971년부터 1986년까지 FMS차관으로 직접차관 6,170만 달러와 보증차관 228,690
만 달러 등 총 234,860만 달러를 제공받았으며 국방비 대비 평균 5.5%를 차지함.
황동준·한남성·이상욱, 『미국의 대한안보지원 평가와 한미방위협력 전망』,
28~35쪽 참조.
112) 1979년 미군철수에 따라 한국은 어네스트존(Honest John), 나이키 허큘리스(Nike
-Hercules), 호크(Hawk), 토우(TOW) 등을 제공받음. 전호훤, 「미국의 대한군원정
책(1976-1980) 연구: 카터행정부의 특징적인 정책내용을 중심으로」, 『군사』 제66호,
2008, 241쪽 참조.
113) 방위세는 최초 전력증강사업인 율곡사업의 재정확보를 위한 방위세법으로 1975년
7월 16일부터 시작되었으며 2차까지 연장하다가 1990년 12월 31일 폐지되었다.

감소하였다. 〈표 7〉에서 보듯이 그 이전 국방비대비 미군사원조 비율이 20% 이상에서 1975년부터는 10%대로 감소하였음을 알 수 있다. 지속적인 경제성장에 의한 세원의 증대에 따라 방위세를 신설함으로써 자체 국방예산의 총액을 증가시켜 군사원조의 비율을 대폭 감소시키게 된 것이다.

대외군사판매 자금의 경우 원리금 상환을 공제한 금액을 기준으로 하였기 때문에 한국의 경우 이후 성실한 상환을 했다는 점을 고려하여 이를 제외한다면 이미 1971년부터 국방예산대비 미군사원조의 비율이 한 자릿수로 감소되었다고 할 수 있다.[114] 따라서 1968년 이후 1970년대의 위기적 안보환경에 직면하여 대통령의 자주적 안보관에 의해서 구축된 총력안보 체제는 1975년부터 국방비에서 차지하는 군사원조의 비율을 10%대로 감소시켜 과다한 의존상태에서 벗어났다. 특히, 연합형 전쟁지도체제로 성장한 1978년 이후에는 그 비율이 한 자릿수 이하로 내려가면서 미국과 대등한 연합 협력을 시작했다고 볼 수 있다.

· · · · · · · · · · · · · · ·

처음 징수된 1976년을 기준으로 보면 GNP대비 약 2%로서, 기존 국방비가 GNP대비 4%로 방위세를 통해 이 수치가 6%로 상승함. 국방부, 『율곡사업의 어제와 오늘 그리고 내일』, 25~27쪽 참조.

114) Shi Young Lee and Taejoon Han, "An Economic Assessment of USFK: Linking Public Perception and Value," *The Korean Journal of International Relations*, vol. 15, no. 2, 2003, p. 135의 Table 1 참조.

제5장 전쟁지도체제의 전환:
자주형(1988~2008년)

　이 장에서는 제2장 이론적 접근에서 제시한 추론구조 "한국 전쟁지도체제의 발전(유형변화)은 안보환경과 대통령의 안보관이 결정적 요인으로 작용하며, 전쟁지도체제의 발전과정은 작전권과 군사원조의 변화로 나타난다"를 1988년부터 2008년까지 적용하여 한국 전쟁지도체제가 자주형으로 전환되는 것을 분석하였다.

　분석결과 한국은 이 시기 북한에 비해 월등한 국력 속에서도 핵개발 위협에 의한 새로운 대남전략전술 그리고 탈냉전과 대테러전에 따른 미국의 대한안보정책의 변화로 인해 새로운 안보환경이 조성되었다. 또한 민주적 정통성을 가진 대통령들의 안보관이 결합하면서 전쟁지도체제는 자주성을 강화하는 방향으로 발전하였다.

　그리고 연합사령관에게 이양된 작전통제권으로 인해 여전히 의존적인 구조라는 비판과 함께 이를 개선해야 한다는 여론을 수렴하면서 평시 작전통제권을 환수하였고 전시 작전통제권도 한국 합참의장에게로 전환하기로 합의하였다. 또한 한국이 미국에게 주한미군에 대한 방위비 분담과 해외파병을 지원하는 등 군사원조 역전현상이 나타나기도 하였다.

제1절 자주형 전쟁지도체제로의 전환요인

이 시기 북한보다 월등한 국력과, 균형을 이루기 시작한 군사력을 바탕으로 북한의 대남전략전술에 여유를 갖고 대응하기 시작하였으나 1993년부터 급부상한 북한의 핵위협은 새로운 접근과 대응이 필요한 과제로 부상하였다. 미국의 대한안보정책이 탈냉전 이후 동아시아 전략구상(EASI: East Asia Strategic Initiative)과 대태러전 이후 해외주둔미군재배치검토(GPR: Global Defense Posture Review)에 의해 변화함에 따라 주한미군도 점차적으로 규모와 역할을 조정하게 되었다. 이전과는 다른 새로운 안보환경이 한국에 조성된 것이다.

그리고 이전 정권들과는 달리 노태우, 김영삼, 김대중, 노무현 대통령은 공통적으로 국민적 지지라는 정통성을 가지고 집권함으로써 여론이 원하는 대북·대미관에 의한 민주적인 안보관을 유지할 수 있었다. 총체적 국력의 우위 속에서 새로운 안보환경과 대통령들의 민주적 안보관은 전쟁지도체제를 점차 자주형으로 전환시켜 나갔다.

1. 탈냉전, 북핵위협 및 새로운 안보환경

1989년 몰타(Malta) 미소정상회담과 1990년 동서독의 통일 그리고 동구권과 소련의 붕괴로 상징되는 탈냉전은[1] 세계질서의 재편을 가져왔다. 그리고 한국은 1988년부터 2008년까지 북한대비 국력의 우세와 군사력 균형, 북한의 핵위협 및 미국의 대한안보정책의 변화에 의한 주한미군의 부분감축이라는 새로운 안보환경에 직면하게 되었다.

가. 국력의 우세와 군사력 균형

민족통일원의 연구보고서에 따르면 1992년을 기준으로 남북한의 국력을 비교하면 한국은 경제, 교육, 과학기술, 외교력에서 절대우위를 확보하고 있으며 정치력에서는 대체로 열세하나 사회관리능력은 균형을 유지하고 있으며 군사력에서는 상대적으로 약간 열세한 가운데 불안정한 균형을 유지하는 것으로 분석하였다.[2] 대체로 한국의 총체적 국력이 북한에 비해 앞선다는 데에는 이견이 없었다.

그러나 군사력에 있어서는 북한우세론, 한국우세론 및 남북한균형론이 각각의 논거를 근거로 관계당국 및 비정부기관들에 의해 서로 다르게 주장되었다.[3] 북한우세론에서는 1988년 국방백서의 전력지수 비교방법을 적용하여 남북한의 재래식 군사력을 비교하여 북한의 월등한 수적 우세와 한국군의 부분적인 질적 우위를 주장하였다. 한국의 군사력을 북한의 65%로 평가하였으며 주한미군을 포함한 한미연

[1] 자세한 냉전체제의 붕괴과정은 이기택, 『국제정치사』, 박영사, 1993, 571~589쪽 참조.
[2] 민족통일연구원, 「남북한 국력추세 비교연구」, 민족통일연구원 연구보고서 93-24, 1993, 676쪽.
[3] 세 가지 시각에 대한 자세한 내용은 장명순·양승립, 「북한의 군사위협 평가」, 『국방논집』 제26호, 1994, 56~57쪽 참조.

합전력을 고려 시 70% 수준으로 평가하였다.[4] 그러나 1990년에는 전력지수 수치를 빼고 전쟁수행 잠재력 면에서는 한국이 우세하지만 동원군사력 면에서는 남북이 대등하고 상비군사력에서는 북한이 우세하다고 기술하였다.[5]

한국우세론은 1980년대부터 한국군이 우세를 보이기 시작했다고 주장하였다. 한국은 율곡사업에 의해 기계화사단이 편성되었고 해·공군의 전력이 급격히 증강하였으며 이미 1986년 미 FMS차관의 중지는 한미 양국 정부의 여유 있는 태도라고 지적한다. 그리고 더니건((J.F Dunnigan)이 북한을 한국의 38% 수준이라고 분석한 논거를 제시하면서 1994년 북한의 군사력을 한국의 40~60% 수준으로 평가하기도 하였다.[6]

그러나 이러한 북한 혹은 한국 우세론은 처음에는 질적분석과 양적분석에서 오는 차이에서 기인한 것으로 균형론이 대두되기도 했으며 최근에는 북한의 핵개발 등 비대칭 전력에 의해서 비교 차체가 무의미하다는 비교무용론이 대두되기도 하였다. 따라서 1995년 이후 2008년 국방백서에서도 남북한 군사력에 대한 비교 없이 병력 및 장비별 현황만 표로 제시하고 있으며 북한정세 및 군사위협에 핵개발과 장거리 유도무기 및 화학무기 위협을 추가 반영함으로써 이를 간접적으로 표현하고 있다.[7]

. . . .

4) 국방부, 『국방백서 1988』, 국방부, 1988, 151~152쪽.
5) 국방부, 『국방백서 1990』, 국방부, 1990, 125쪽.
6) 함택영, 『국가안보의 정치경제학: 남북한의 경제력, 국가역량, 군사력』, 법문사, 1998, 185~191·244쪽.
7) 국방부, 『국방백서 1995~1996』, 국방부, 1995, 60~72쪽 ; 국방부, 『국방백서 2008』, 국방부, 2009, 28~31·260쪽.

더니건이 한국을 1,020점(동아시아에서 중국 다음으로 2위)으로 북한을 389점(베트남과 대만에 이어 5위)으로 평가한 1995년과는 달리 2003년에 재평가를 통하여 한국과 북한을 각각 지상군사력을 289점 대 274점으로 부여하고 세계 6, 7위로 동아시아에서는 중국에 이어 2, 3위로 평가함으로써 한국이 약간 우세한 가운데 균형을 이루는 것으로 평가하였다.[8] 그러나 북한의 비대칭전력과 한미동맹 군사력을 고려한다면 비교하는 기준에 의해 차이가 날 수 있지만 1990년대 평가와는 달리 2000년 이후 남북한의 군사력은 서로 균형을 이루고 있다고 볼 수 있다.

나. 대남전략전술 차원의 북한 핵

북한은 자력갱생의 원칙에 의해 자력으로 핵개발을 추진하고, 평화적으로 이용한다는 미명하에 "①한반도공산화를 위한 수단이면서 ②핵위협을 병행하는 이중성, ③핵개발을 위한 시간벌기 전략, ④체제유지를 위한 정권안보의 수단"이라는 네 가지 기본적인 정책기조를 가지고 있다.[9] 특히, 대남전략전술 차원에서 은닉에 의한 고도의 비밀유지, 핵사찰 거부의 구실을 팀스피리트훈련 등 대남문제와 연계하는 등[10] 공산화를 위한 통일전술의 일환으로 활용하고 있다.

북한은 1990년대 초까지 탈냉전에 의한 국제질서의 미국 독주체제

8) James F. Dunnigan, *How to Make War: A Comprehensive Guide to Mordern Warfare in the 21th Century*, 4th ed., New York: Harper Collins Publishers, 2003, pp. 619~648 참조.
9) 북한연구소, 『북한총람1983~1993』, 북한연구소, 1994, 874~875쪽.
10) 위의 책, 875~876쪽.

로의 재편, 88올림픽을 계기로 선명해진 국력차이 그리고 그동안 한국
이 추진한 율곡사업에 의한 군사력의 증강과 함께 1991년 소련의 해체
와 1980년대부터 중단된 중국의 군사원조 등으로 군비증강이 곤경에
처하게 되었다. 따라서 핵 및 장거리 미사일 개발에 의한 비대칭 경쟁
이나 위장평화공세 전술을 선택할 수밖에 없었다.[11] 따라서 1993년부
터 대두된 북한 핵위협은 이러한 대남전략전술에서 핵을 수단화했다
는 것을 의미했다.

　1988~1992년까지만 해도 북한은 대남전략전술에서 이전의 비타협
강경노선기를 지나 대화공세 및 통일투쟁 선동기로 변화하였다.[12] 그
리고 외교정책에서도 한국의 북방정책과 맞물려 남방정책을 추구하기
도 하였다. 북한은 대남 평화공세기 동안 남북대화에 적극적인 자세
를 취하였다. 노태우 대통령의 1988년 7·7선언 이후 1988년 8월부터
1990년 1월까지 10차례의 남북 국회회담 준비 접촉이 있었고 1989년
9월부터 12월까지 8차례의 남북적십자 실무대표 접촉이 지속되었다.
1990년 4월부터 1992년 9월까지 남북 고위급회담이 실시되면서 남북
간의 대화는 8·15해방 이후 처음으로 총리가 참가하는 최고위급 회
담이 개최되었다. 그리고 1991년 12월에는 "남북한 화해와 불가침 및
교류협력에 관한 기본합의서"와 "한반도비핵화 공동선언"이 채택되고
1992년 2월 제6차 고위급회담에서는 "남북한 고위급회담 분과위원회
구성·운영에 관한 기본합의서"에 서명하였다.[13]

11) 함택영, 「남북한 군비경쟁 및 군사력 균형의 고찰」, 함택영 외, 『남북한 군비경쟁
과 군축』, 경남대학교 극동문제연구소, 1998, 40쪽 참조.
12) 북한연구소, 『북한총람1983~1993』, 949쪽.
13) 통일원, 『통일백서 1994』, 통일원, 1994, 295~320쪽 참조.

　그러나 8차례에 이르는 고위급회담에도 불구하고 북한은 핵개발을 계속하였다. 1992년 5월부터 1993년 2월까지 6차례의 핵사찰을 실시한 후 국제원자력기구(IAEA: International Atomic Energy Agency)가 1993년 2월 16일 사찰결과 플루토늄 추출량 등에서 북한이 신고한 것과 중대한 차이가 있음을 발표하고 특별사찰을 요구하였다. 2월 22일 북한은 이를 거부하였고 2월 25일 국제원자력기구는 "대북한 핵 특별사찰 수용결의안"을 채택하였다.14) 그리고 팀스피리트연습이 시작되자 김정일은 3월 8일 전국 · 전민 · 전군에 '준전시 상태'를 선포하였다. 같은 날 한국은 이인모를 송환하여 유화분위기를 유도하기도 했지만 북한은 3월 12일에 핵확산금지조약(NPT: Treaty on the Non-Proliferation of Nuclear Weapons)을 탈퇴하면서 제1차 북핵위기를 조성하였다.15)

1) 1차 북핵위기

　북한의 핵확산금지조약 탈퇴 이후에도 미북 간의 제네바 고위급회담이 열렸지만 북한은 1994년 3월 19일 '서울 불바다' 발언과 함께 6월 13일 국제원자력기구에서 탈퇴를 선언하였다. 이때 북한은 미국과의 양자협상을 통하여 북미수교를 포함한 일괄타결을 시도한 것으로 보인다. 즉, 1993년 10월 3일과 11월 11일, 1994년 6월 9일에 일관되게 카네기 재단의 세리그 헤리슨과 CSIS의 윌리엄 테일러 부소장 등이 처음 제안하였던 "북한이 NPT영구 잔류, 특별사찰 수용 및 한반도 비핵화 선언 이행 등의 조치를 취하는 대신 미국이 북한과의 관계정상화, 경

---

14) 국방부, 『국방백서 1995~1996』, 268쪽.
15) 이춘근, 『북한 핵의 문제: 발단, 협상과정, 전망』, 세종연구소, 1995, 73~74쪽.

수로지원 및 평화협정 체결 등을 취하는 소위 일괄타결, 동시실천"[16]
을 제의한 것이다. 그러나 미국과의 관계정상화와 평화협정은 주한미
군의 전면적 철수를 목적으로 하는 북한의 공산화전략이란 점에서 미
국은 수용하기 어려운 것이었다.

위협이 고조되는 가운데 1994년 6월 10일 국제원자력기구 이사회는
중국이 기권한 가운데 56만 달러어치의 기술지원 중단을 주 내용으로
하는 대북 제재 결의안을 채택했다. 그러자 6월 13일 북한은 국제원자
력기구에서 즉각 탈퇴와 사찰불가를 선언하였다. 6월 15일에는 미국
이 대북 제재 결의안을 유엔 안전보장이사회 상임이사국들에게 돌렸
다. 3~4주의 유예기간을 북한에 주고 전면적인 사찰을 응하지 않을 경
우 무기금수, 정기노선을 제외한 항공기의 이착륙 금지, 과학기술교류
중단, 유엔을 통한 경제지원을 중단하고 2단계로 석유금수, 일본의 대
북한 송금중단 등으로 전개되어 북한과 유엔 간의 전쟁 형국으로 나
아갈 상황이었다.[17] 이렇게 되자 해외언론들도 한국에 대거 입국하여
전쟁전야의 분위기를 취재하려 했다.

그러나 이 1차 북핵위기는 6월 16일 카터의 방북과 이어진 회담에서
김일성이 핵동결 및 흑연로의 경수로 교체 용의를 표명하고 남북정상
회담을 제의함으로써 해결되었다. 물론 반대급부로 경수로 및 중유
제공이 조건이었다. 6월 18일 클린턴 미 대통령과 국무부는 긍정적인
성명을 발표하였고 클린턴 대통령은 북핵해결을 위한 제네바 회담준
비가 되어있음과 남북정상회담을 환영한다는 성명을 발표하였다. 7월

----

16) 윤덕민, 『대북 핵협상의 전말』, 해르, 1995, 80~91쪽.
17) 이춘근, 『북한 핵의 문제』, 164~176쪽.

8일 북미는 제네바에서 3단계 회담을 진행하였으나 이날 김일성의 갑작스런 사망으로 회담이 연기되었다. 그리고 8~10월까지의 회담에서 경수로와 중유제공, 남북대화 및 북미관계 정상화를 추진하고 북한은 흑연감속원자로 동결 및 핵연료봉 봉인을 합의한 북미 기본합의서에 서명하였다.[18] 1차 북핵 위기가 북미 합의에 의해서 타결된 것이다.

이후 1995년 1월 북미 간 베를린 전문가 회담을 거쳐 3월 9일에는 한반도에너지개발기구(KEDO: Korean Peninsula Energy Development Organization)가 발족하였고 7월 31일에는 창립총회가 있었다. 그리고 핵문제는 경수로 사업과 중유지원에 의해서 잠잠해 졌다. 하지만 1996년 9월 18일에는 강릉잠수함 사건으로 인민무력부 정찰국의 대남 침투공작이 계속되고 있다는 것이 입증되기도 하였다.[19] 1998년 8월에는 대포동 1호를 발사하였으며 1999년 6월 15일에는 북한의 함정이 북방한계선(NLL: Northern Limit Line)을 침범하여 제1차 서해교전이 발생하기도 하였다. 그리고 1999년 10월 23일에는 북한행 러시아 열차에서 방사능이 검출되어 북한과 러시아 간 핵 밀거래 의혹이 제기되기도 하는 등[20] 북한은 핵문제가 잠잠해지면 장거리 미사일, 해상에서의 도발 등 다양한 대남위협전술을 이어갔다.

---

[18] 위의 책, 302~313쪽 ; 윤덕민, 『대북 핵협상의 전말』, 276~277쪽 ; 이삼성, 『한반도 핵문제와 미국외교』, 한길사, 1995, 362~373쪽.

[19] 이 사건으로 11월 5일까지 3공수여단, 11사단 및 703특공여단이 투입되어 13명을 사살하고 1명을 생포하였고 총 26명의 승조원 및 정찰조 중 나머지 11명은 피살되었으며 1명은 도주 추정, 미확인채로 작전이 종결되었으며 아군도 전사 11명, 부상 27명, 민간인 사망 4망, 예비군 사망 1명이 있었음. 국방부 군사편찬연구소, 『대비정규전사 III』, 국방부 군사편찬연구소, 2004, 182~198쪽.

[20] 국방부, 『참여정부의 국방정책』, 국방부, 2003, 192쪽.

2) 2차 북핵위기

2000년대에 들어서 북한은 2001년 부시(George Walker Bush) 대통령 취임과 9·11테러 그리고 아프가니스탄 전쟁 등으로 경수로사업이 지연되는 가운데 북한은 2002년 6월 제2차 서해교전을 일으켰다. 그리고 10월 3일부터 15일까지 켈리(James Kelly) 미 특사가 방북하여 핵·미사일·재래식무기·인권·테러 등과 관련 대북압박을 가하는 가운데 북한은 고농축 우라늄을 이용한 비밀 핵무기 프로그램의 존재를 시인함으로써 2차 북핵위기가 조성되었다.

2002년 10월 25일에는 북한 외무성이 선 핵개발계획 포기의 전제조건으로 핵문제 해결을 위한 "미북 불가침조약체결"을 주장하였다. 11월 15일 한반도에너지개발기구(KEDO: Korea Energy Development Organization) 집행이사회는 중유공급 중단과 활동의 재검토 방침을 표명하였으며 북한은 12월 12일 핵시설 가동 및 건설을 재개할 것을 선언하고 2003년 1월 10일 다시 핵확산금지조약(NPT)에서 탈퇴를 선언하였다.[21] 10년 전 제1차 북핵위기의 상황으로 다시 돌아간 것이다. 그러나 1차 북핵위기 당시와 비교하면 그 위협의 강도는 김대중 정부에 이은 노무현 정부의 등장으로 남북화해협력 정책이 일관되게 유지됨으로써 약화되었다.

이후 2003년 3월에는 미국의 이라크전쟁이 시작되었으며 북한은 6월 25일 "우리는 날로 그 위험성이 현실화되고 있는 미국의 대조선 고립압살전략에 대처할 정당방위 조치로서 우리의 자위적 핵 억제력 강화에 더욱 박차를 가할 것"[22]이라는 자위적 핵 억제력 강화를 방송으로

· ·

21) 위의 책, 194~196쪽.

공언하였다. 이후 2003년 8월 1차 6자회담을 시작으로 2004년 2월에 2차, 6월에 3차 회담이 있은 후 2005년 2월 10일 북한은 부시 대통령의 2기 취임식을 앞두고 6자회담 무기한 참가 중단 및 핵 보유를 선언하였다. 2005년 7~8월에는 제4차 1단계 회담이 있었으며 9월의 2단계 회담에서 9·19공동성명이 채택되었다.[23] 제5차 회담은 2005년 11월부터 2007년 2월까지 3단계에 걸쳐 열렸으며 2·13합의[24]가 있었다. 그러나 북한은 방코델타아시아(BDA: Banco Delta Asia) 계좌동결을 비난하면서 회담기간 중인 2006년 7월 대포동 2호 미사일과 SCUD 및 노동 미사일 등의 발사로 긴장을 조성하였으며 10월에는 전격적으로 지하 핵실험을 실시하였다.[25]

제6차 1단계 회담은 2007년 3월 베이징에서 열렸으며 동시에 2,500만 달러의 BDA 북한자금 동결이 해제되었다. 9월에 열린 2단계 회담에서는 2007년 말까지 북한이 핵시설을 불능화하고 핵 프로그램을 신고하는 대신 미국은 북한에 대한 테러지원국 명단 삭제와 적성국무역법에 따른 제재 해제를 하며 5개국이 중유 100만에 해당하는 경제적 보상을 완료하는 이른바 "10·3합의"가 채택되었다. 이를 계기로 2008년 6월 27일에는 영변 원자로 냉각탑을 폭파하였고 2008년 10월에는 미국이

<hr/>

[22] 국방부, 『국방백서 2004』, 국방부, 2005, 253쪽 참조.
[23] 9·19공동성명의 주요 골자는 ①북한은 모든 핵무기와 현존 핵계획을 폐기하고 ②조속한 시기에 NPT 및 IAEA 복귀하며, ③미국은 한반도 비핵화를 지지하고 북한에 대한 침공 의사가 없음을 확인하는 것이었다. 그러나 바로 다음날 미국 재무부가 북한의 BDA계좌 2,400만 달러를 동결하였다.
[24] 2·13합의의 주요 골자는 ①60일 이내 영변 핵시설 폐쇄 및 봉인 ②IAEA 사찰 인원 복귀 ③대북 중유 제공과 5만 톤 상당의 에너지 지원 ④북미 및 북일 관계 정상화 등 5개의 워킹그룹 설치 등이었다.
[25] 국방부, 『국방백서 2006』, 국방부, 2006, 24·202~205쪽.

테러지원국에서 북한을 해제하였다.[26] 그러나 12월 다시 임의사찰을 위한 시료 채취를 거부하고 오바마(Barack Hussein Obama) 정부가 시작된 2009년 4월에는 위성발사 실험을 하였으며, 5월 25일에는 2차 핵실험을 강행하였다.

이로 인해 2차 북핵위기를 해결하기 위한 "10·3합의" 사항 중에서 북한은 6,500여 개의 폐연료봉에 대한 봉인과 구동장치의 통제 및 1,200개의 미사용 연료봉을 봉인하는 문제와 북한 외 6자회담 참가국들은 총 100만 톤의 중유 제공 분량 중 22.5만 톤을 남겨두고 결렬되었다.[27] 그러나 문제는 이것이 모두 이뤄진다 해도 북한의 핵위협은 제제유지 차원에서 힘의 균형을 유지하는 북한의 전략적 수단이며 전한반도공산화를 목표로 한 대남전략전술의 새로운 축이라는 점에서 근원문제를 다루지 않고는 해결될 수는 없는 것이다.

탈냉전 이후 체제유지를 위한 북한의 핵위협과 서해상에서의 간헐적 교전상황에도 불구하고 한국은 세계유일의 군사적 패권국인 미국과 군사동맹관계에 있다는 점으로 인해 이를 위협적으로 인식하지 않는 배경이 되었다. 한국의 국력 상승과 북핵 및 한미동맹에 의한 비대칭적 균형이 불안정한 상황임에도 불구하고 안정적이라는 인식을 갖게 하는 새로운 안보환경을 조성한 것이다.

· · · · · · · · · · · · · · · ·

26) 국방부, 『국방백서 2008』, 263~268쪽.
27) 「생방송 통일카페: 10·3합의 1년과 힐 방북」, 『네이버블로그』, http://blog.naver.com/615615615/50035867622

다. 대한안보정책의 변화: EASI, GPR

1) 동아시아전략구상(EASI)

1980년대에 "강력한 미국의 재건"을 기치로 내걸고 레이건 대통령은 아프가니스탄의 대소련 게릴라전을 지원하였다.[28] 그러나 소련은 이 전쟁으로 국력의 약화와 붕괴의 길로 나아갔고, 결국 냉전 해체로 이어졌다. 레이건 정부에서 부통령을 역임한 부시(George Herbert Walker Bush) 대통령이 1989년 취임한 시기에 고르바초프 현상으로 시작된 동구권의 붕괴는 냉전 해체를 상징하게 되었고, 이로 인해 미국의 외교정책은 일시적으로 "무정형성"[29]을 나타내기도 하였다. 하지만 탈냉전으로 인한 미국의 대한안보지원 정책은 장기적으로 주한미군을 지원적인 역할로 전환하면서 해·공군 위주로 주둔한다는 것으로 기본적인 방향에는 변함이 없었다.

동구권의 붕괴 및 탈냉전 당시, 미국 상원군사위원회 재래식 전력 및 동맹방위소위원회의 레빈(Aarl M. Levin)은 1989년 1월에 한국 및 일본에 주둔하는 미군과 태평양사령부를 방문한 후 보고서를 작성, 의회에 제출하였다. 그는 이 보고서에서 미국은 한국에 대한 안보 공약을 준수한다는 상징으로 1개 여단규모의 병력만 주둔시키고 나머지

---

[28] 미국이 소련의 아프가니스탄 침공시 중앙정보국(CIA: Center Intelligence Agency)을 투입하여 비밀리에 빈라덴(Bin Laden), 마수드(Massoud) 등의 대소(對蘇) 게릴라전을 지원했다는 Steve Coll, *Ghost War: The Secret of the CIA, Afghanistan, and Bin Laden, from the Soviet Invasion to September 10, 2001*, New York: The Penguin Press, 2004 참조.

[29] 탈냉전기의 미외교정책의 무정형성과 동아시아 안보정책의 기조에 관해서는 김기정, 「탈냉전기의 미국 안보정책의 기조와 동아시아」, 서정갑 외, 『미국정치의 과정과 정책』, 나남, 1994, 531~560쪽 참조.

병력은 전부 철수시켜야 한다는 견해를 밝혔다. 그리고 이어 1989년 6월 23일에는 범퍼스(Dale Bumpers) 등 6명의 의원들이 이른바 "1989 주한미군 재조정법안"을 제출함으로써 주한미군의 감축 및 철수 논의를 더욱 촉발시켰다.[30]

7월 31일에는 넌(Sam Nunn), 워너(John W. Warner), 멕케인(John McCain) 등 많은 의원이 공동으로 발의한 "한미 안보관계에 관한 수정안(제533호)"은 1990년대 초 주한미군 감축 논의를 촉발시켰다. 이 수정안에 의하면 동아시아 및 한국 주둔 군사력을 재평가하고 한국의 방위비 분담을 증가시키며, 감군 협의를 진행할 것을 주문하였다. 이에 따라 미 국방부의 대의회보고서에서는 3단계 감축계획으로 제1단계는 1990년 10월부터 1993년 12월까지 주한 미공군 및 지상군 비전투요원 5천 명을 감축하고, 제2단계(1994~1995년), 제3단계(1996년 이후)는 당시의 상황을 재평가하여 감축규모를 협의하여 결정하는 것을 제시하였다.[31] 이것이 넌·워너 수정안에 의한 "아시아·태평양지역의 전략적 기초에 관한 보고서(A Strategic Framework for the Asian Pacific Rim: Looking Toward the 21st Century)"였다. 이로 인해 동아시아전략구상(EASI)으로 구체화되면서 주한미군의 역할과 규모의 조정을 가져왔다.

"아시아·태평양지역의 전략적 기초에 관한 보고서"에서 한국방위를 위한 한국군의 주도적 역할(leading role)과 주한미군의 지원적 역할(supporting role)을 제시하고 EASI에서는 주한미군을 3단계로 감축할 것을 제안하였다. 이에 따라 1990~1992년간 동아시아전략구상 1단계

30) 황동준·한남성·이상욱,『미국의 대한안보지원 평가와 한미방위협력 전망』, 민영사, 1990, 65~67쪽 참조.
31) 위의 책, 67~68쪽.

(EASI I)에 의해 약 7,000명의 주한미군이 감축되었다. 그리고 1991년
군사정전위원회의 수석대표를 한국 육군소장으로 임명하고 1992년 한
미야전사령부를 해체하였으며 연합사 지상구성군사령관을 한국군 육
군대장으로 임명하고 평시작전통제권의 전환을 합의하였다. 그러나
1993년부터 계획되었던 주한미군에 대한 추가 감축은 EASI II로 조정
되면서 감축을 연기하였고 주일미군은 규모를 대폭 축소하였다. 이후
1996년부터 시행 예정이었던 3단계는 클린턴 행정부의 신동아시아전
략구상에 의해 백지화되었다.[32]

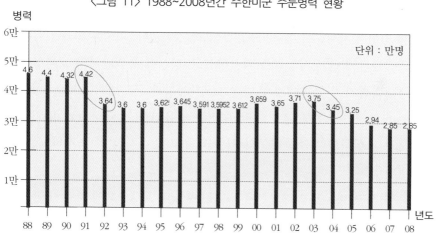

<그림 11> 1988~2008년간 주한미군 주둔병력 현황

출처: 국방부 군사편찬연구소, 『한미군사관계사 1871-2002』, 국방부 군사편찬연구소,
2002, 677쪽의 〈표 5-45〉 ; 오관치·황동준·차영구 공저, 『한·미 군사협력관계
의 발전과 전망』, 세경사, 1990, 56쪽의 〈도표 4-1〉 ; 국방부, 『국방백서 2004』, 60
쪽 ; 『국방백서 2006』, 88쪽 ; 『국방백서 2008』, 65쪽 참조 재구성.

· ·

[32] 윤종호·허남성, 「한·미 군사관계의 역사적 분석과 전망」, 국방대학원 안보문제
연구소 정책연구보고서 98-18, 1998, 445~490쪽 참조.

〈그림 11〉에서 보듯이 북한의 핵위협에 따라 1991년과 1992년 사이에 비전투병 중심의 주한미군 육·공군 약 7,800명이 감축되는 수준에서 그쳤다. 이 과정에서 평시작전통제권은 1994년 12월 1일 한국이 환수함으로써 자주성을 강화하는 계기가 되었다.

2) 해외주둔미군재배치검토(GPR)

2001년이 되면서 아들 부시(George Walker Bush) 대통령이 취임하였고 9·11테러에 이은 보복으로 미국은 아프가니스탄전쟁을 개시하였다. 그리고 2002년 1월 29일 그는 국정연설에서 북한을 이라크, 이란과 함께 "악의 축(Axis of Evil)"으로 표현하면서 21세기의 미국 대외정책에 있어서 새로운 위협을 구체적으로 설정하였다. 미국은 2003년 이라크전에서 첨단 군사능력을 과시하였고, 동시에 능력발휘의 효율성을 극대화하기 위한 해외주둔미군재배치계획과 군사변혁(military trans formation)을 추진하였다. 그리고 "전략적 유연성(strategic flexibility)"[33]으로 표현하면서 주한미군의 역할과 규모를 다시 한번 조정하게 되었다.

이 시기 미국은 이라크전에 투입된 부대의 교대소요에 따라 주한미군에 대한 전략적 유연성이 한미 간 합의되기도 전인 2004년 8월 2일 미 2사단 2여단을 철수시켰다. 그리고 2004년 8월 후방지역 제독작전, 10월 판문점 공동경비구역(JSA: Joint Security Area) 경비임무를 한국군

· ·

[33] 돌발(surprise), 불확실성(uncertainty) 및 우연(chance)적인 상황하에서도 군사작전을 각개의 상황이 요구하는 데에 따라 교조적 독단을 피하고 대처하는 능력으로 설명한 최종철, 「주한미군의 전략적 유연성과 한국의 전략적 대응 구상」, 『국가전략』 제12권 1호, 2006, 59~99쪽 참조.

에 전환하면서 절약된 병력을 포함하여 2004년에 약 5천 명을 감축하였다. 군사임무전환 문제는 2002년 한미안보협의회의에서 합의했지만 미 2여단의 철수는 미국의 일방적인 조치였다. 2004년 10월 22일에 워싱턴에서 있었던 제36차 한미안보협의회의에서 뒤늦게 미 국방장관이 1만 2천5백 명의 감축계획을 설명하였고, 한국 국방장관은 이에 동의하였다.[34]

합의한 2005~2006년까지 2단계 추가 감축 5천 명, 2007~2008년까지 3단계로 2천5백 명을 감축하여 2008년 말에는 2만 5천 명까지 감축하기로 하였다. 그러나 2008년 4월 한미정상회담에서 2만 8천5백 명의 주한미군 병력수준을 계속 유지하기로 합의하였다. 실제로 2단계 추가 감축이 있었던 2006년까지 주로 "10대 군사임무"[35] 전환으로 절약된 병력을 철수하면서 2만 8천5백 명으로 주둔규모가 낮아졌지만 그 이후 계속 그 수준을 유지하고 있다.

2004년에는 미 2여단의 철수에 이어 실현되지는 않았으나 미 2사단과 미 8군사령부를 철수하고 미 1군단을 4성 장군이 지휘하는 규모로 확대하여 일본에 주둔시키면서 한반도 작전을 담당한다는[36] 구상을 추진하면서 한일 간 미국과의 군사동맹에 대한 경쟁을 유발시키기도 하

· ·

34) 국방부, 『국방백서 2004』, 270~271쪽.
35) 10대 군사임무 전환은 2004년 8월부터 2008년 9월까지 "후방지역 제독작전, 판문점 공동경비구역 경비, 신속지뢰 설치, 공지사격장(매향리) 관리, 대화력전 수행본부, 주 보급로 통제, 해상 대특작부대 작전, 근접항공지원 작전, 기상예보, 주야 탐색구조"를 한국군이 인수하였음. 허성필, 「주한미군 변화에 대한 단·중기 군사 대비 방향」, 『국방정책연구』 제65호, 2004, 66~67쪽 ; 국방부, 『국방백서 2008』, 65쪽 참조.
36) 김정익, 「미 지상군의 작전능력 변화와 한·미 연합작전」, 『국방정책연구』 제71호, 2006, 70~75쪽 참조.

였다. 미 8군과 2사단이 철수하고 주한 미 지상군의 주둔 규모가 1개
여단으로 변화한다면 이는 1949년 1월 미 24군단과 6사단이 철수하고
제5전투단만 남겨놓았던 상황과 유사해지는 것이다.

  이상의 1990년대와 2000년대 미국의 대한안보정책은 한국이 주도적
역할을 수행할 수 있도록 하면서 지상군을 철수하는 것을 골격으로
하였다. 병력의 우선적 해결은 자국에 의해 이뤄져야 한다는 닉슨 독
트린이 유효한 것이다. 그러나 그때마다 북한의 핵위협 상황과 마주
치면서 소규모의 감축에 그치게 되었다. 북한과 미국은 서로 적이지
만 한국을 대상으로 자기 존재의 중요성을 부각시키면서 이익을 챙기
는 같은 배를 탄 동업자 성격을 가지고 있기도 하다. 이런 한반도의
특수한 안보환경은 북한의 핵위협에도 불구하고 견고한 한미동맹에
의해 주한미군이 일정수준 유지됨으로써 불안정한 상황을 안정적으로
인식하게 하는 이율배반적인 원인을 제공하였다. 견고한 두 외부 요
인이 내부적으로 발양되어야 할 자주성을 막고 있는 것이다.

2. 노태우, 김영삼, 김대중, 노무현 대통령의 안보관

  1987년부터 2008년까지 20년간 4명의 대통령이 집권하였다. 노태우,
김영삼, 김대중 그리고 노무현 대통령이다. 민주화에 의해 1988년에
시작된 제6공화국은 이후 문민정부, 국민의 정부, 참여정부로 이어지
면서 민주화가 더욱 성숙하였다. 1987년 6·29선언을 통한 직선제 수
용은 신군부의 약화로 이어졌고, 이후 문민정부에 의한 하나회 숙정으
로 군의 탈정치화가 이뤄졌다. 그리고 국민의 정부는 대북포용정책을
지속하면서 대북 적대감을 상당부분 해소시켰다. 그리고 참여정부에

서는 기득권 세력을 교체하면서 미국과 대등한 협상노선을 추구하기
도 하였다. 특히, 노태우 대통령은 8·18계획으로 평시작전권 환수를,
노무현 대통령은 전시작전권 전환을 위한 국방개혁 2020을 추진하였
다. 국민의 지지를 받기 위해 여론을 수렴하고 안보문제도 민주적 절
차에 의해 접근하는 민주적 안보관이 네 대통령들의 공통점이었다.

가. 노태우 대통령 안보관

소극적 상황적응형 리더십의 유형으로 분류되기도 하는 노태우 대
통령은[37] 1932년 12월 4일 경북 팔공산 기슭인 공산면 용진리에서 태
어났다. 7세 때 아버지를 잃고 어려서부터 가장노릇을 해야 했으며 말
이 적지만 어른스럽다는 칭찬을 들으며 인물 좋고 똑똑한 젊은이로 자
랐다. 군 생활과 정치활동을 통하여 육사동기생 전두환 대통령의 후
광으로 2인자가 되었고, 1987년 직선제를 수용하고 야권의 분열로 대
통령에 당선되었다. 1988년 2월 취임식에서 표방한 북방정책은 역점
시책으로서 국제적 탈냉전에 의해 한국안보에 한층 유리하게 작용하
였다.

노태우 대통령의 주요 지지세력은 신군부에 뿌리를 두었으며 집권
과정에서 합류한 관료, 정치가 및 야권분열에 의해 획득된 국민적 지
지를 기반으로 하였다. 집권 초기 국민의 지지와 여론에 많이 의지하
였으나 1989년 봄 이후 민주화의 과도기적 진통이 계속되고 지도력에
대한 비판이 점증하자 정책집행을 힘에 의존하게 되었다. 특히 기무

------

37) 김호진, 『한국의 대통령과 리더십』, 청림출판, 2008, 307~339쪽.

사령부와 안전기획부를 정권의 정치적 목표 달성을 위해 이용하였고 군부도 자신의 인맥으로 교체하면서 친위체제를 구축하였다.[38]

선거를 통해 민주적 절차에 의해서 집권하였고 국민여론을 중시하였으나 시간이 흐르면서 점차 권위주의적 성격으로 회귀하는 모습을 보이기도 하였다. 1987년 민정당 후보로 대통령이 된 후 여소야대의 정국하에서 한계를 느끼고 1990년 김영삼의 민주당, 김종필의 공화당을 통합하여 민자당으로 합당함으로써 지지세력의 확대를 도모하였다. 그러나 동상이몽체제에 의해 조기에 차기대권에 대한 경쟁구도가 조성되었을 뿐 지지세력의 강화로 나타나지는 않았다.[39] 따라서 노태우 대통령의 주요 지지세력은 신군부의 체제유지적 성향 외에는 일정한 특징을 보이지 않았으며 이합집산적 성격이 강했다.

1) 북방정책과 안보관

북방정책의 모태가 되는 1988년 7 · 7선언의 주요 내용을 살펴보면 "자주, 평화, 민주, 복지의 원칙에 입각하여 민족 구성원 전체가 참여하는 사회, 문화, 경제, 정치공동체를 이룩함으로써 민족자존과 통일 번영의 시대를 열어 갈 것"[40]이었다. 개방=통일이라는 신념하에 제6항에 "한반도의 평화를 정착시킬 여건을 조성하기 위하여 북한이 미국, 일본 등 우리의 우방과의 관계를 개선하는데 협조할 용의가 있으며, 또한 우리는 소련, 중국을 비롯한 사회주의 국가들과의 관계 개선

---

38) 김대회, 「한국 대통령의 정치적 리더십 특성 연구」, 국방대학교 석사학위논문, 2004, 40~41쪽.

39) 심지연, 『한국정당정치사』, 백산서당, 2004, 384~394쪽 참조.

40) 외교통상부, 『한국외교 50년 1948~1998』, 외교통상부, 1999, 144~147쪽.

을 추구한다"[41]라고 명시함으로써 중국 및 당시 소련 등 공산권과의 관계 개선을 분명히 하고 북한과 화해공존으로 전환할 것을 제시하였다. 민족자존과 통일번영의 시대를 강조하면서 자력, 동맹중시를 기본으로 하되 민족중시에도 신경을 쓴 안보관을 표현한 것이었다.

7·7선언 이후 1989년 2월 헝가리와, 1990년 9월 소련과 수교하였으며 남북한 협의를 거쳐 1991년 9월 남북한이 국제연합에 동시에 가입하였다. 그리고 1992년 8월에는 중국과 수교하는 외교적 성과를 거두었다. 그리고 1989년 기능적 통합인 화해와 공존을 원칙으로 하는 '한민족 공동체통일방안'을 발표하고, 20여 차례 남북한 고위 실무회담을 가진 후 1990년 남북총리회담도 개최하였다.

다음해인 1991년 12월 13일에는 남북한 기본합의서가 채택되었다. 남과 북이 바야흐로 대결에서 화해와 공존으로 변화하였다.[42] 1992년 남북 기본합의서는 '남북사이의 화해와 불가침 및 교류·협력에 관한 합의서'로 남북한 총리 간에 서명함으로써 남북대결에서 통일을 지향하는 화해공존으로의 전환을 명시하였다.[43] 정치활동을 통하여 넓힌 노태우 대통령의 변화를 읽는 식견이 민족중시 성향의 안보관을 구체

---

41) 노태우, 『노태우 회고록』, 조선뉴스프레스, 2011, 145쪽.

42) 김성주, 「남북한 통일외교의 비교」, 백학순 편, 『남북한 통일외교의 구조와 전략』, 세종연구소, 1997, 112~116쪽 ; 김호진, 『한국의 대통령과 리더십』, 325쪽.

43) "남과 북은 분단된 조국의 평화적 통일을 염원하는 온 겨레의 뜻에 따라 7·4 남북 공동 성명에서 천명된 조국 통일 3대 원칙을 재확인하고 정치 군사적 대결 상태를 해소하여 민족적 화해를 이룩하고 무력에 의한 침략과 충돌을 막고 긴장 완화와 평화를 보장하며 다각적인 교류·협력을 실현하여 민족 공동의 이익과 번영을 도모하며 쌍방 사이의 관계가 나라와 나라 사이의 관계가 아닌 통일을 지향하는 과정에서 잠정적으로 형성되는 특수 관계라는 것을 인정하고 평화 통일을 성취하기 위한 공동의 노력을 경주할 것을 다짐하면서 다음과 같이 합의하였다." 외교통상부, 『한국외교 50년 1948~1998』, 377쪽.

화하여 실현하고자 한 것이다. "(한국은) 중국, 소련, 동구권과의 급속한 관계개선으로 북한을 포위한 셈이다. 이제 우리는 북한을 적으로 삼지 말고 포용하는 자세를 취해야 한다"[44]고 역설한 점은 민족중시의 안보관을 확실하게 표현한 것으로 볼 수 있다.

남북기본합의서는 1992년 1월 20일 "남북 비핵화 공동선언"으로 이어졌고, 9월 17일에는 남북 부속합의서가 서명됨으로써 남북화해, 남북불가침, 남북교류협력에 대한 이행과 준수를 위한 구체적인 문제들을 합의하였다. 그러나 이후 증폭된 북한의 핵위협으로 김영삼 정부하에서는 그 의미가 퇴색되기도 하였다. 그러나 이후 국민적 지지를 받은 김대중, 노무현 대통령이 집권하면서 남북화해의 정책기조가 유지되어 남북정상회담으로 발전하게 되었고 민족중시의 안보관이 더욱 확산되었다.

이와 같이 북방정책은 국제사회의 흐름을 간파하고 민주적 정통성을 배경으로 국제사회에 대한 자주적 발언권을 행사하고 민족의 자존심 위에서 대외문제를 대처하고자 한 것이었다.[45] 한국을 더 이상 변방이나 주변국가가 아닌 국제사회의 중심국가라고 보는 인식이 기초가 되었으며[46] 자력중시, 동맹중시를 기본으로 하되 이제는 남북화해

---

44) 최진, 『대통령리더십총론』, 법문사, 2007, 381쪽.
45) 노태우 대통령의 집권에 대한 민주적 정통성은 논란이 있을 수 있으나 여기에서는 "민주화 추진과정의 서두를 장식한 정권"으로 평가한 이남영, 「제 5,6공화국의 성격과 리더십」, 『동북아 연구』 제1집 제1호, 1995, 284~292쪽 참조.
46) "북한의 남침을 … 미국의 억지정책에 의존해 안이하게 대처할 수는 결코 없습니다. 그 이유로 자신의 안보를 남의 손에 맡길 수 없다는 당연한 명분 말고도 … 우리 대한민국이 이제는 국제사회에서 중심국가(中心國家)의 하나로 자리 잡았다는 사실입니다. 우리 조국은 더 이상 주변국가(周邊國家)가 아닙니다. 국제정치의 흐름 속에서 마치 열강이 놓은 장기판 속의 졸(卒)처럼 이리저리 밀리던 변방국가(邊方國家)가 결코 아닙니다." 노태우, 『위대한 보통사람들의 시대』, 을유

협력에 의한 민족중시의 시대로 가야한다는 점을 밝혔다고 볼 수 있다.

2) 8·18계획과 안보관

한국적 작전지휘체계를 구축하기 위하여 추진한 일명 8·18계획으로 명명된 군구조개선은 1990년 10월 1일을 기해 합참의 조직을 합동군체제로 대대적으로 개편하여 국방부장관의 군령보좌 체계를 구축하였다.[47] 이 계획은 1987년 대통령 선거에서 당시 민정당 후보였던 노태우 대통령이 자주국방과 한국적 작전지휘체계의 확립을 대선공약으로 제시한 것에서 출발하였다.[48] 1988년 취임 이후 8월 18일부터 시작된 장기국방태세발전방향연구에서 출발하였으며 합참에 연구위원회를 편성하고 본격적으로 추진하였다.[49]

제1단계 연구는 기본방향의 정립을 위해 1988년 9월부터 그해 12월 31일까지 합참의장 책임하에 전략기획국장을 실무추진위원회 위원장으로 하여 육·해·공군의 장성 6명을 포함한 각 군 영관장교 및 국방연구원·국방대학원의 전문가 등 42명으로 군사전략·군구조·군사력

• •

문화사, 1987, 189~192쪽.
[47] 합참작전기획본부, 「평시작전통제권 환수와 우리 군의 역할」, 『합참』 제5호, 1995, 17쪽.
[48] 노태우, 『위대한 보통사람들의 시대』, 을유문화사, 1987, 203~205쪽.
[49] "1988년 3월 합동참모본부에 군 구조연구위원회에서 통합군체제 연구를 계속하는 한편, 미래 전략환경에 부응하는 전략개념 정립과 공세적 군사력 건설, 한정된 국방자원을 효율적으로 사용하기 위한 군 구조의 종합적인 검토의 필요성이 제기되었다. 그리하여 그해 8월 18일 장기국방태세발전방향연구계획(일명 818계획)을 마련하여 한국군의 대혁신작업이 본격화되었다. 제1단계는 기본방향 정립에 관한 연구, 제2단계는 보완 연구, 제3단계는 제2단계에서 확정된 군 구조개선방안을 실제로 시행하여 정착시키는 단계로 추진되었다." 「818계획」, 『나라기록연구원』, http://contents.archives.go.kr/next/cont ent/listSubjectDescription.do?id= 006275.

의 3개 분과위원회를 구성했다. 연구의 결과는 1988년 12월 14일 노태우 대통령에게 직접 중간보고 되었으며, 다시 보완한 후 12월 24일 군무회의의 심의를 거쳐 1989년 1월 24일 대통령에게 다시 재보고 되었다.[50] 노태우 대통령이 직접 이 문제를 챙겼으며 한국군이 자력으로 군사작전지휘기능을 확립하는 계기가 되었다.

제2단계 연구결과는 1989년 11월 16일 최종 연구안이 작성되어 대통령의 재가를 받았는데, 여기에는 군사전략으로 입체기동전 개념이, 군사력 건설로서는 "고저배합(high-low mix)"의 개념이, 그리고 군구조는 합동군제를 기본으로 하는 국방참모총장제의 채택이 포함되었다. 제3단계 "국군조직법"의 개정은 1989년 3월 3일 초안이 작성되어 제148회 임시국회에 상정되었다. 그리고 의결과정에서 국방참모총장을 합동참모의장으로, 국방참모본부를 합동참모본부로, 국방참모차장 2인을 군을 달리하는 3인 이내의 합동참모차장으로 수정하여 7월 제150회 임시국회에서 통과되었고 8월 1일 법률 제4249호로 공포되었다.[51]

8·18계획의 출발은 민주화의 열망이 분출된 1987년 당시 한국군이 독자적으로 작전통제권을 행사하기 위하여 필요한 지휘체계와 조직을 만들겠다는 노태우 대통령의 의지에서 출발하였다. 당시의 반미 여론을 배경으로 민족자존을 중시하는 자력중시의 안보관이 표현된 것이다.[52] 따라서 노태우 대통령의 안보관은 북방정책의 추진과 같이 대북관에서는 같은 '민족 간 협력중시'를, 8·18계획의 추진처럼 대미관에서는 '자력중시' 성향을 나타냈다.

· ·

50) 위의 글.
51) 위의 글.
52) 노태우, 『노태우 회고록』, 394~395쪽.

나. 김영삼 대통령의 안보관

김영삼 대통령은 1927년 12월 20일 경남 거제군 장목면 외포리에서 1남 5녀 중 장남이자 외아들로 태어났다. 서당에서 공부한 그는 통영 중학시절 일본인 학생들과의 잦은 싸움에서 무기정학을 맞기도 하였다. 일제치하에서는 문제 학생이었지만 해방 이후 서울대 문리대를 들어가서 정치적 모범생으로 성장하였다. 최연소 의원 및 원내총무, 최연소 제1야당 총재가 되었으며 호헌동지회에 참여하기도 했고 이 때문에 1958년 4대 총선거에서 환표부정 술책으로 낙선하기도 했다.[53]

김영삼의 주요 지지세력은 의리와 인간적 유대에 의해서 형성된 강한 집단정체성을 가진 민주인사들을 주축으로 하였으며 지연, 학연, 정치연에 의한 세력의 확대로 나타났다. 부산경남(PK)인사의 대거 발탁을 통해 독단적인 인사결정으로 문민독재라는 우려를 낳기도 했다. 그 만큼 지역적 지지기반을 주축으로 하였으며 삼당합당으로 창당된 민자당에 의해서[54] 대통령이 된 후 내각제 파기에 따라 탈당한 김종필이 자민련을 창당하자 1995년 12월 신한국당으로 당명을 바꾸기도 했다.[55] 그러나 민자당과 신한국당 모두 지역정당으로서 한계를 극복

----

53) 김대회, 「한국 대통령의 정치적 리더십 특성 연구」, 국방대학교 석사학위논문, 2004, 41~43쪽.
54) "…불행을 막기 위해 결단이 필요하다는 생각을 하면서도 많이 망설였다. 아침에 결심했다가도 저녁에 마음이 돌아서고 자고 일어나면 결심이 변했다. 민주주의를 하는 데도 힘이 필요하다. 민주화 의지를 함께 할 수 있다면 힘을 보태는 것이 보다 나은 선택이라고 생각했다. 과거에만 매달리면 미래를 잃는다는 금언을 생각하면서 합당하는 쪽으로 마음을 정해 나갔다.…" 김영삼, 『나의 정치비망록, 민주화와 의정40년』, 심우, 1992, 16~17쪽 ; 김대회, 「한국 대통령의 정치적 리더십 특성 연구」, 62쪽에서 재인용.
55) 심지연, 『한국정당정치사』, 429~431쪽.

하지 못하였다. 삼당합당에 의해 대통령이 되긴 했지만 전체 국민의 지지를 받았다고 할 수는 없었다.

　김영삼 대통령은 1960년 무장공비에 의해 모친을 잃었던 관계로 북한에 대한 적대적 심리가 형성되어 있었고, 김대중 대통령과 경쟁할 때면 색깔론을 들고 나오기도 했다. 북한을 고립하기 위한 차원에서 김영삼 대통령은 취임 전 소련과의 수교활동에 대통령 특사자격으로 직접적인 역할을 수행하는 등 대소외교에 많은 공을 들였다. 북한의 후견국인 소련 쪽에 강한 집착을 보였으며, 소련을 지렛대로 삼아 북한과 미국, 중국에 대한 관계를 재정립하고자 하였다.[56] 1989년 6월 소련을 처음 방문하였고, 1990년에는 3당 합당 이후 여당인 민자당 대표 자격으로 공식 방문하여 고르바초프를 만났다. 적국의 동맹국과 수교하려는 일종의 간접접근전략으로 대북관에 있어서 일종의 '적대적 경쟁중시' 성향과 맥락을 같이하였다.

　김영삼 대통령은 집권 이후 기존에 추진해온 8·18계획과 평시작전통제권 환수정책을 이어받아 취임한 1993년에 그동안 지연되어온 한미협의를 가속화시켜[57] 1994년 12월 1일부로 평시작전권을 환수하였다. 이것을 통하여 대미관에 있어서는 '자력중시' 안보관의 일단을 나타내기도 하였다. 그리고 하나회를 과감하게 숙정하고 군을 탈정치화시킴

----

[56] "나의 방소외교는 성과가 컸고, 한소국교수립의 밑거름이 되었다"라고 한 김영삼, 『나의 정치비망록』, 심우, 1992, 31쪽을 위의 책, 409~410쪽에서 재인용.

[57] 김영삼 대통령 취임전해인 1992년 10월 8일 제24차 한미안보협의회의에서는 '한국군에 대한 평시작전통제권을 늦어도 1994년 12월 31일까지 한국에 전환하기로 합의'하였으며, 김영삼 대통령이 취임한 1993년 11월 4일 한미안보협의회의에서 '한미연합사령관에게 부여된 지정된 한국군부대에 대한 평시작전통제권을 1994년 12월 1일부로 한국 합참의장에게 이양하기로 합의'함. 국방부 군사편찬연구소, 『한미군사관계사 1871-2002』, 783~786쪽.

으로서 전쟁지도체제를 객관적 문민통제형으로 변화시키기도 하였다. 그러나 '세계화'를 추진하면서 보인 무정형성은 김영삼 대통령의 안보관이 너무 넓은 세계를 대상으로 한 세계일원주의적 성향으로 인해 대통령으로서 특징적인 안보관이 무엇이었다고 단정하기는 어려웠다.

다. 김대중 대통령의 안보관

김대중 대통령은 1924년 1월 6일 전남 신안군 하의도에서 서자이지만 장남으로 태어나 2009년 8월 18일 서거했다. 주요 지지세력은 광주, 전남지역의 압도적인 지지와 함께 민주화 운동과정에서 획득한 전국민적 지지를 바탕으로 하였다. 그리고 군사정권과 맞서면서 더욱 공고해진 민주투사로서 지지세력을 규합했으며[58] 정치세력관계에서 지도력과 사회적 쟁점에 대한 높은 식견 등이 카리스마를 형성하여 지지세력을 점차 확대하였다. 그리고 민주당에 뿌리를 둔 새정치국민회의를 창당, 김대중－김종필(DJP) 연합에 의해 수평적 정권교체를 달성하였다. 지역적 지지가 기반이 되기는 마찬가지였지만 정치적 연합에 의해 세력을 확대함으로써 국민적 지지로 확산시킬 수 있었다.[59] 그의 지지세력은 주로 민주, 평화주의자들로서 대북관에 있어서는 '민족 간 협력중시' 성향이 강했다.

김대중 대통령은 5·18로 내란음모와 광주사태 선동 죄목으로 사형선고를 받자 미국 천주교계의 구명운동으로 1982년 12월 미국으로 망명하여 하버드대 객원연구원으로 있으면서 명예법학박사학위를 받는

---

58) 김대회, 「한국 대통령의 정치적 리더십 특성 연구」, 48쪽.
59) 심지연, 『한국정당정치사』, 448~451쪽 참조.

등 미국으로부터 많은 도움을 받았다. 그리고 1992년 대선에서 패하자 영국으로 건너가 체류하기도 하였다. 김대중 대통령은 미국망명과 영국체류 등으로 세계의 안보질서와 변화에 대한 균형적 시각을 갖추었다.

한반도의 냉전구조를 해체하기 위한 틀로서 제네바합의를 기본으로 하여 북한이 핵문제를 해결해 나가는 과정에서 북미, 북일 간의 수교를 지원하고 식량, 에너지 및 경제협력을 통한 이른바 햇볕정책인 대북포용정책을 추진하는 것이었다. 이것을 추진하는 바탕으로 김대중 대통령은 굳건한 한미동맹 관계를 변함없이 유지하였다. 국제사회의 흐름을 읽고 한반도의 평화에 대한 자신의 안보관을 햇볕정책으로 나타낸 것이다.[60] 레드컴플렉스(red complex)의 피해자인 김대중 대통령은 남북정상회담을 통하여 노벨평화상을 수상하였으며 지속적인 햇볕정책을 추진하였다.

1998년에는 정경분리 원칙을 구체화하여 '남북경협 활성화조치'를 발표하고 연간 30만 명 규모의 금강산 관광 사업을 추진하였다.[61] 민족간 협력중시 성향으로 1999년 6월 1차 서해교전에도 불구하고 남북정상회담을 추진하여 2000년 6월 북한을 방문하여 김정일과 남북정상회담을 갖고 6·15남북공동선언을 통하여 다섯 가지를 합의하였다.[62]

• •

[60] 김호진, 『한국의 대통령과 리더십』, 402~403쪽.

[61] 외교통상부, 『한국외교 50년 1948~1998』, 150~151쪽.

[62] 1. 남과 북은 나라의 통일문제를 그 주인인 우리 민족끼리 서로 힘을 합쳐 자주적으로 해결해 나가기로 하였다. 2. 남과 북은 나라의 통일을 위한 남측의 연합제안과 북측의 낮은 단계의 연방제안이 서로 공통성이 있다고 인정하고 앞으로 이 방향에서 통일을 지향시켜 나가기로 하였다. 3. 남과 북은 올해 8·15에 즈음하여 흩어진 가족, 친척방문단을 교환하며 비전향장기수 문제를 해결하는 등 인도적 문제를 조속히 풀어 나가기로 하였다. 4. 남과 북은 경제협력을 통하여 민족경제를 균형적으로 발전시키고 사회·문화·체육·보건·환경 등 제반 분야의 협력과 교류를 활성화하여 서로의 신뢰를 다져 나가기로 하였다. 5. 남과 북은

한편 김대중 대통령은 내향적, 남성적 세계관, 꼼꼼한 기획형으로[63] 미국의 지지 속에 강력한 한미군사동맹을 변함없이 유지하였다. 민족 간 협력을 위해 대북포용정책을 추진하면서도 남북정상회담에서 주한미군의 필요성을 설득할 정도로 한미동맹을 기초로 하는 '동맹중시'의 대미관을 배경으로 하였다.[64] 김대중 대통령의 안보관은 햇볕정책이라는 장기적 통일전략을 통해 나타났으며 이는 민족 간 협력중시 안보관을 추구하면서 현실적으로는 동맹중시를 수단으로 하였다.

라. 노무현 대통령 안보관

노무현 대통령은 1946년 9월 1일 경남 김해 봉하마을에서 가난한 빈농의 아들로 태어나 2009년 5월 23일 자살했다. 가난을 이기려는 치열한 도전과 좌절 그리고 다시 극적으로 회생하는 반골기질의 그는 어렵게 부산상고를 졸업하고 독학으로 사법고시에 합격한 의지의 사람이었다. 그리고 정치에 입문해서는 지역주의 타파를 외치며 패배할 것을 알면서도 부산지역에서 출마한 것처럼 불합리한 기존체제에 대한 저항을 정의에 대한 신념으로 행동화한 이상주의자였다.[65] 따라서

이상과 같은 합의사항을 조속히 실천에 옮기기 위하여 이른 시일 안에 당국 사이의 대화를 개최하기로 하였다. 「6·15 남북 공동선언」, 『위키백과』 http://ko.wikipedia.org(검색일: 2009. 9. 13)

[63] 최진, 『대통령리더십총론』, 609~610쪽.

[64] 김대중, 『김대중 자서전』, 삼인, 2010, 290쪽.

[65] 정의에 대한 그의 신념은 "김구 선생을 생각할 때마다 '우리 근현대사에서 존경할 만한 사람은 왜 패배자밖에 없는가? …' 이런 질문은 '우리 역사에서 정의가 패배 한다'는 역설적 당위로 귀착되었고, 나는 그것을 도저히 인정할 수 없었다. 패배하는 정의의 역사 … 옳다는 것이 패배하는 역사를 가지고, 이런 역사를 반복하면서, 아이들에게 옳은 길을 가라고 말하고 정의는 승리한다고 말하는 것은

노무현 대통령의 안보관도 이상적 평화주의로서 대북관에 있어서 같은 '민족 간 협력중시' 성향이 나타났다.

노무현 대통령의 주요 지지세력은 '노무현을 사랑하는 모임'으로써 인터넷에 의한 자발적 참여활동을 중심으로 한 새로운 경향의 시민사회였다. 그리고 노무현의 인간적인 매력에서 무조건 그를 따르는 그들은 노무현의 대중 집회에 무보수 혹은 자체 자금조달에 의해 참여하는 열성적인 지지성향을 가지고 있었다. 정당은 새천년민주당에 의해서 당선되었으나 이후 열린우리당을 창당하면서 적극적 지지세력을 중심으로 집권체제를 강화하였다.

그를 지지하는 세력의 성향은 대부분 민족을 중시하는 민주, 평화주의적 성향이 강했다. 국가안보의 위협요인으로 북한 핵위협은 물론 미국의 강경한 대북정책도 또 다른 요인이라는 인식을 가지고 있었고, 따라서 위협을 줄이는 방안으로 한미협력체제의 강화보다는 북한과의 교류확대와 자주국방을 추구했다.[66]

1) 대미·대북관과 평화번영정책

링컨을 존경하는 것과는 별개로 어린 시절부터 형성된 노무현 대통

얼마나 공허한가? 이 자문의 틈을 자연스레 비집고 올라온 것이 링컨이었다. … '정의는 항상 패배한다'는 것이 가당찮은 역설에 지나지 않도록 만들면서 진리를 대하는 사람들의 이중성을 깨끗이 씻어준 본보기는 김구 선생이 아니라 링컨이었다"에서 잘 나타나 있음. 노무현, 『노무현이 만난 링컨』, 학고재, 2001, 5~6쪽.

66) 2003년 여론조사에서 한국의 국가안보에 위협을 주는 대외요인으로 북한의 군사적 위협이 16.6%로, 미국의 일방적 외교를 14.4%로 답변하였으며, 안보위협을 줄이는 방안으로는 북한과의 교류확대가 33.7%인데 반해 한미협력체제의 강화는 16.3%로 나타남. 정영진, 「한국 안보문화에 대한 실증적 연구: 1988~2006」, 국방대학교 안보과정 연구논문, 2007, 83~89쪽 참조.

령의 반골기질은 대미관에서도 나타났다. 1982년 3월 18일 부산 미(美) 문화원 방화사건의 변호인단으로 참여하면서 시작된 저항적 대미관은 2002년 월드컵의 흥분과 미순·효순사건으로 반미감정이 증폭된 시기에 대학생들 앞에서 "반미주의면 또 어떠냐"고 목청을 높이기도 했다.[67]

2006년 7월 전시작전통제권 환수추진 논의가 본격적으로 공론화되고 전직 국방장관 및 군 원로들이 반대를 공론화하자 12월 21일 민주평화통일자문회의 발언에서 "(미국) 바지가랑이에 매달려 미국 엉덩이 뒤에 숨어서 형님, 형님, 형님 백만 믿겠다"[68]라고 했고 "한국사람 중에는 미국사람보다 더 친미적인 사람이 있어 걱정"[69]이라는 표현을 쓰며 저항적 대미관을 솔직하게 표현하기도 했다. 이러한 저항적 대미관은 '동맹중시'보다는 '자력중시'의 성향으로 분류된다.

노무현 대통령은 북한에 대해서 김대중 대통령의 포용정책을 평화번영정책으로 계승하여 남북화해의 기조를 유지하였다. 노무현 대통령은 장인이 한국전쟁 때 반동조사위원회 부위원장 겸 조사원으로 활약한 부역혐의로 장기 복역하다가 1971년 옥사한 사건으로 대선 때 사상시비가 일기도 했다.[70] 처가 쪽의 이 사건은 노무현 대통령의 진보적 역사의식과 함께 '민족 간 협력중시'의 성향에 긍정적으로 작용했을 것으로 보인다.

노무현 대통령 재임기간 중인 2004년 3월 처음으로 국가안전보장회

* *

67) 김호진, 『한국의 대통령과 리더십』, 436~437쪽.
68) 최진, 『대통령리더십총론』, 571~572쪽.
69) 김호진, 『한국의 대통령과 리더십』, 456쪽.
70) 위의 책, 472~473쪽.

의에서 발간한 '평화번영과 국가안보'에서 국가안보목표로 "첫째, 한반도 평화와 안정, 둘째, 남북한과 동북아의 공동번영, 셋째, 국민생활의 안전 확보"71)를 제시함으로써 한반도의 평화를 위해 남북한의 공동번영이 필수적임을 표현하였다. 그리고 북한 핵문제에 대한 해결책으로 북한 정권의 비타협적인 태도에도 불구하고 대북압박이나 강경책보다는 대화와 타협을 강조하였다.72) 그리고 2007년 10월 방북하여 제2차 남북정상회담을 갖고 남북평화체제 구축의 기조를 포함한 8개 항의 "10 · 4남북정상선언문"73)을 발표하였다.

노무현 대통령의 이러한 '민족 간 협력중시'의 대북관에 따라서 평화번영이라는 국가안보정책이 구상되었으며 동맹재조정이 추진되었다. 기존의 패러다임에서 벗어나 한미동맹관계를 의존적 관계에서 보

---

71) 2004년 3월 1일 정부수립 이후 최초로 안보정책 구상을 공식 문서화하여 발간한 『평화번영과 국가안보』라는 책자에 실림. 신성호, 「한국의 국가안보전략에 대한 소고: 참여정부의 평화번영정책」, 『국가전략』 제14권 1호, 2008, 43쪽.

72) 위의 책, 48쪽.

73) 1. 남과 북은 6 · 15 남북 공동선언을 고수하고 적극 구현해 나간다. 2. 남과 북은 사상과 제도의 차이를 초월하여 남북관계를 상호존중과 신뢰 관계로 확고히 전환시켜 나가기로 하였다. 3. 남과 북은 군사적 적대관계를 종식시키고 한반도에서 긴장완화와 평화를 보장하기 위해 긴밀히 협력하기로 하였다. 4. 남과 북은 현 정전체제를 종식시키고 항구적인 평화체제를 구축해 나가야 한다는 데 인식을 같이하고 직접 관련된 3자 또는 4자 정상들이 한반도지역에서 만나 종전을 선언하는 문제를 추진하기 위해 협력해 나가기로 하였다. 5. 남과 북은 민족경제의 균형적 발전과 공동의 번영을 위해 경제협력사업을 공리공영과 유무상통의 원칙에서 적극 활성화하고 지속적으로 확대 발전시켜 나가기로 하였다. 6. 남과 북은 민족의 유구한 역사와 우수한 문화를 빛내기 위해 역사 · 언어 · 교육 · 과학기술 · 문화예술 · 체육 등 사회문화 분야의 교류와 협력을 발전시켜 나가기로 하였다. 7. 남과 북은 인도주의 협력사업을 적극 추진해 나가기로 하였다. 8. 남과 북은 국제무대에서 민족의 이익과 해외 동포들의 권리와 이익을 위한 협력을 강화해 나가기로 하였다. 「2007 남북정상선언문」, 『위키백과』, http://ko.wikipedia.org(검색일: 2009. 9. 13)

다 대등한 관계로 전환하는 여건을 마련하고자 하였다.74) 이를 위해 청와대 비서실에 국가안보보좌관을 두었다가 조직이 정비되면서 안보정책실을 제도화하였고, 통일외교안보 정책수석을 두고 전략 및 정보와 위기관리를 담당하는 부서를 만들었다. 또한 유명무실했던 국가안전보장회의 상임회의 의장을 안보실장으로 임명하고 외교, 통일, 안보 분야를 총괄하게 하였으며75) 국가안전보장회의 사무처를 두고 청와대 위기관리상황실을 별도로 유지하게 하였다.

2) 국방개혁 2020과 안보관

국방개혁 2020은 노무현 대통령이 취임하면서 국방부의 업무보고를 받는 과정에서 "자주국방의 전략과 일정표를 검토하여 보고하라"라는 지시에서 출발하였다. 그리고 2003년 "참여정부의 국방정책"76)으로 보고하였으나 2004년 3월 참여정부의 안보정책이 평화번영정책으로 정리되자 대통령은 2005년 4월 프랑스를 모델로 한 국방개혁을 계획하여 추진할 것을 국방장관에게 다시 지시하였다.

이어 국가안전보장회의는 16명으로 구성된 대통령 자문위원회를 구성하였다. 그리고 국방부는 9월 ①병력감축 및 병력절약형 군 운영, ②국방부의 문민화, ③합참의 강화, ④장기국방예산 확보, ⑤협력적 자주국방을 위한 한미동맹 유지 및 발전을 골자로 하는 국방개혁 기본법안을 발표하였다.77) 노무현 대통령의 민족중시의 안보관에서 나

74) 이수형, 「노무현 정부의 동맹재조정정책: 배경, 과정, 결과」, 이수훈 편, 『조정기의 한미동맹: 2003~2008』, 경남대학교 극동문제연구소, 2009, 395~418쪽 참조.
75) 최진, 『대통령리더십총론』, 525~526쪽.
76) 국방부, 『참여정부의 국방정책』, 국방부, 2003 참조.
77) Yong-sup Han, "Analyzing South Korea's Defense Reform 2020," *The Korean Journal*

온 평화번영정책을 보장하기 위한 것이었다. 김대중 대통령이 한미동
맹을 바탕으로 대북정책을 추진한 반면에 노무현 대통령은 자력을 추
구했다는 점이 차이가 있었다.

총 621조 3,000억 원을 투입하여 정보 및 해·공군 전력을 증강하면
서 병력을 50만 명으로 줄이는 것으로 지상작전사령부를 창설하고 10개
군단을 6개로, 47개 사단을 24개로 육군을 재편하는 것이었다. 여기에
는 3,000톤 급 잠수함을 2018년 전력화하고, 2011년에 글로벌 호크와
2013년에 공중급유기를 도입하는 것을 포함하였으며 북핵에 대비해서
는 탄도탄조기경보레이더, 합동원거리공격탄 및 패트리어트 미사일
도입이 포함되어 있었다.[78] 해·공군에 대한 전력 증강대비 육군은
인력을 절약하는 정예화와 첨단화를 주문하였다.[79]

이렇게 추진된 국방개혁 2020은 10년 동안 년 11.1%의 국방예산 증
액이 뒷받침되어야하는 점에서 실현가능성과 과다한 병력의 감축이
전력약화를 불러올지 모른다는 비판이 있었으며 특히, 동맹 미군과 상
호운용성이 보장된 네트워크중심전을 수행할 수 있을 것인가에 대한
의문이 제기되기도 했다.[80] 그러나 국방개혁 2020은 자주국방을 염두
에 둔 노무현 대통령의 평화번영정책을 뒷받침하는 힘을 자주국방에
서 찾고자 한 안보관에서 나왔다는 점에서 일관되게 추진되었다. 그

of *International Relations*, vol. 18, no. 1, 2006, p. 112 참조.

[78] 유호상, 「정예화된 선진강군 육성을 위한 국방역량 강화: 국방부 국방개혁 기본
법안 2009~2020 확정·발표」, 『국방저널』 제427호, 2007. 7, 29쪽.

[79] 육·해·공군사관학교 졸업식 치사에 나타난 3군에 대한 인식을 비교한 김동한,
「군구조 개편정책의 결정 과정 및 요인 연구: 818계획과 국방개혁2020을 중심으
로」, 서울대 대학원 박사학위논문, 2009, 126~127쪽 참조.

[80] Chang-hee Nam, "Realigning the U.S. Forces and South Korea's Defense Reform 2020,"
The Korean Journal of International Relations, vol. 19, no. 1, 2007, pp. 165~189 참조.

리고 2006년 12월 국회 승인을 거쳐 "국방개혁에 관한 법률"로 공포되었다.[81] 따라서 국방개혁 2020은 '자력중시'의 대미관에 기초하여 미국의 안보정책 변화에 대비 동맹재조정을 극복하기 위해 추진한 것이며 협력적 자주국방이라는 모순적 정책을 뒷받침하는 것이었다.

노태우, 김영삼, 김대중, 노무현 대통령의 안보관을 종합해 보면 모두 민주적 성향을 지닌 대통령들로서 국민의 지지를 받을 수 있는 방향으로 정책을 추진하고자 하였다. 따라서 안보관은 공통적으로 민주적이었으나 대북관에 있어서는 노태우, 김대중, 노무현 대통령이 '민족 간 협력중시' 시각을 나타낸 반면 김영삼 대통령은 '적대적 경쟁중시' 시각을 보였다. 그리고 대미관에 있어서는 노태우, 김영삼, 노무현 대통령은 '자력중시'적 시각을 김대중 대통령은 '동맹중시'적 시각으로 각각 구분되는 성향을 보였다.

제2절 자주형 전쟁지도체제의 구조

1988년부터 2008년까지 한국은 이전의 공업화 경제발전시대와는 다른 정치발전이 병행하여 급속히 진행된 시기로서, 민주화에 따른 시민사회의 성장으로 국민의 여론지지를 받을 수 있는 정책을 추진하게 되었다. 또한 그러한 정책을 투명하게 진행함으로써 전쟁지도체제의 변화와 관련해서도 국민적 논란이 야기되기도 하였다.

· · · · · · · · · · · · · · · · · · · ·
81) 김동한, 「군구조 개편정책의 결정 과정 및 요인 연구: 818계획과 국방개혁2020을 중심으로」, 124~132쪽 참조.

그리고 정치, 군사관계에서 반군사문화가 확산되고 군부가 탈정치화하면서 군은 본연의 위치로 돌아가 전문직업군 의식이 확산되었고, 일부 잔존했던 정치군인들은 진급에서 배제되거나 스스로 군을 이탈하였다. 그리고 이전의 전쟁양상과는 다른 걸프전, 이라크전을 목격하면서 정보, 지식, 과학기술전 개념을 수용하고 이를 통한 조직의 변화를 추구하였다.

이 시기 한국은 국력의 상승, 탈냉전, 북핵 등으로 새로운 안보환경에 직면하게 되었고 대통령의 민주적 안보관에 의한 민족중시 경향으로 이어지면서 이전의 연합형 전쟁지도체제가 자주성을 강화하는 체제로 전환하게 되었다.

1. 전쟁지도체제의 구성과 연계

2008년까지 자주형 전쟁지도체제의 구성단위는 이전의 연합형 구성단위들과 크게 다르지는 않았다. 전환과정에 있는 상태에서 그 구성단위들이 완전히 새롭게 만들어지지는 않았으며 부분적으로 변화하거나 역할이 조정되었기 때문이다. 그리고 연합형 전쟁지도체제에서 특징적인 연합협력 조직들은 한국의 요구와 미국의 지원이 필요하다는 점에서 완전히 자주형 전쟁지도체제라 하더라도 대체되기는 곤란하기 때문이다.

한국은 1988년부터 2008년까지 새로운 안보환경과 대통령들의 민주적 성향의 안보관이 이어지면서 자주형 전쟁지도체제로 점차 전환되었다. 자주형 전쟁지도체제는 전쟁지도에 있어서 군사적 주권을 자율적으로 행사할 수 있는 조직과 체계를 갖추는 것을 의미한다.

가. 전쟁지도체제 전환구조

자주형 전쟁지도체제로 전환은 한국의 자체적인 전쟁지도와 군사작전지휘체제의 확립을 기본으로 하였으며 미국과의 협의를 통해서 2단계로 진행되었다. 1단계는 노태우 대통령이 추진한 북방정책 및 8 · 18계획과 미국의 동아시아전략구상이 추진된 1990년대이며, 2단계는 평화번영정책 및 국방개혁 2020과 미국의 해외주둔미군재배치검토(GPR)가 추진된 2000년대이다.

1단계는 노태우 대통령이 민족자존을 기치로 북방정책을 추진하면서 군구조의 발전과 한미지휘체제의 변화를 추진한 것이다. 그것이 국민적인 요구이기도 하였다. 따라서 8 · 18계획으로 한국군의 지휘체계를 확립하고 미국의 동아시아전략구상에 의한 한국군의 주도역할을 받아들임으로써 자주형 전쟁지도체제로 전환하는 것이었다. 그러나 1단계에는 1993년 북한의 1차 핵위협에 직면하면서 합참의 군사작전지휘기능을 보강하여 평시 작전통제권만 환수하고 마무리되었다.

이후 북핵문제 해결이 지연되는 와중에 미국의 2001년 아프간전쟁, 2003년 이라크전쟁까지 겹쳐졌다. 특히, 9 · 11 이후 미국은 "일방적(unilateral) 정책"[82]을 추구하면서 다음 차례는 북한을 목표로 할 것이라는 추측까지 가져오게 하였다.[83] 그러나 노무현 대통령이 집권하면서 대북 강경정책에 제동을 걸었고 한국의 안보문제를 한국 스스로 해

---

[82] Jong Wan Kim, "The Emergence of American Unilaterlist Foreign Policy in the Wake of September 11: Iraq as the First Test Case," Sejong Research Studies 2004-8, 2004, pp. 1~43 참조.

[83] 이민룡, 『북한군대의 해부』, 황금알, 2004, 68쪽.

결해야 한다는 자주적 성향이 다시 등장하였다. 대북 강경노선을 지향한 미 부시 정부와는 달리 북한과의 공동번영을 목표로 하는 정부가 등장하자 미국은 전략적 유연성을 배경으로 한 해외주둔미군재배치검토를 가지고 주한미군의 역할 조정 및 감축을 시도하였다.

따라서 2단계는 미국의 해외주둔미군재배치검토와 노무현 정부의 평화번영정책으로 한미동맹재조정을 통하여 진행되었다. 한국은 국가안전보장회의에 상임위원회를 두어 상설화하고 국방개혁 2020으로 군사작전지휘의 조직 정비 및 전력의 증강을 추진하게 되었다. 그리고 한미안보협의회의와 군사위원회회의는 그대로 유지하되 2012년 한미연합사령관에게서 한국 합참의장으로 전시 작전통제권을 전환하기로 합의함으로써 동맹의 유지와 자주성 강화에 합의하였다.

나. 전쟁지도체제의 구성단위와 연계

외교안보보좌관, 안전보장회의 및 합동참모본부를 중심으로 자주형 전쟁지도체제로 전환되면서 변화된 구성단위 간의 연계를 정리하면 〈그림 12〉와 같다.

첫째, 대통령의 전쟁지도를 직접 보좌하는 조직으로 노태우 대통령이 집권하면서 청와대 비서실에 외교안보수석이 정식으로 편성되었다.[84] 대통령을 가까이에서 보좌하도록 장관급으로 편성하여 통일, 국방 및 국제안보와 외교분야를 담당함으로써 연속성 있게 안보 및 전쟁과 평화의 문제를 대통령이 전략적으로 판단할 수 있도록 보좌하

84) 최진, 『대통령리더십』, 나남출판, 2003, 267~269쪽.

〈그림 12〉 자주형 전쟁지도체제의 구성조직과 연계[85]

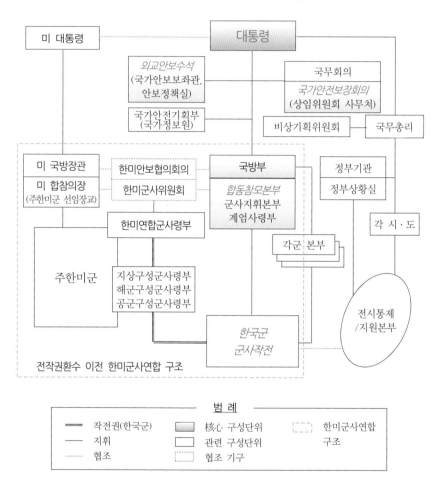

85) 정찬권,「안보환경변화에 부합된 국가위기관리체제 발전방향」,『합참』제32호, 2007,
   102쪽 ; 국방부,『국방백서 2008』, 56쪽 ; 한미연합사령부,『미국과 미군을 위한
   이해』, 한미연합군사령부, 2009, 182 · 278쪽 ; 박충제,「합참의 전쟁지도 보좌업무
   발전방향: 북한의 도발에 대비한 합참의 임무를 중심으로」,『합참』제15호, 2000,
   109쪽 등을 참조 재구성.

였다. 그리고 이어진 문민정부에서는 1993년 3월 18일 국가안전보장회의(NSC) 사무처 개편안을 의결함으로써 정부의 외교·안보 및 위기관리에 대한 종합 조정체제를 마련하였다.[86]

이후 노무현 대통령이 집권하면서 외교안보수석보좌관을 국가안보보좌관으로 바꾸면서 그 기능을 대폭 강화하였다. 즉, 대통령은 외교보좌관과 국방보좌관을 별도로 두고 보좌를 받았으며 위기관리센터를 통해 전반적인 안보상황을 상시 조정 통제하고 대통령을 보좌토록 하였다.[87] 국가안보보좌관은 2006년에는 국가안보, 외교, 국방보좌관을 통합한 통일외교안보정책실장으로 조정되었다. 1988년부터 2008년까지 대통령 외교안보보좌관 제도가 정착되었다고 볼 수 있다.

둘째, 국가안전보장회의는 노무현 대통령이 집권하면서 상임위원회를 두었고 사무처를 강화하여 12명이던 사무처를 3실 1센터 69명 규모로 확대하였다. 2003년 3월 강화된 국가안전보장회의는 대통령이 주관하면서 상임위원장은 국가안보보좌관이 사무처장을 겸하였다. 외교, 국방, 통일부장관과 국정원장 및 국무조정실장이 상임위원으로 임명되었으며, 사무차장 아래 전략기획실, 정책조정실, 정보관리실과 위기관리센터를 두었다. 사무처 정책조정실이 기존의 외교안보수석실 기능을 맡아 종합판단 기능을 강화하였고 전략기획실은 군비통제, 평화구축 방안, 주한미군 재배치 등의 안보전략을 맡았다.[88]

셋째, 합동참모본부의 군사작전 지휘조직 및 기능보강은 8·18계획으로 독자적 군사작전 지휘체계를 갖추기 위한 노력에서 시작하였다.

86) 「NSC 위기관리 역할 강화(2003. 3. 18)」, 『한겨레』, www.hani.co.kr.
87) 최진, 『대통령리더십』, 276~280쪽.
88) 「NSC 위기관리 역할 강화(2003. 3. 18)」.

전문가들의 연구로 한국군은 통합군체제가 적절하다는 결론을 얻었으나 국회 동의 과정에서 문민통제 논란에 휩싸이면서 합동군제로 변화되긴 했지만 스스로 전쟁 발발 시 군사작전지휘본부로서 역할을 할 수 있는 조직으로 1990년 10월 1일에 합동참모본부가 재창설되었다. 즉, 각 군의 작전부대에 대한 작전지휘 감독과 합동 및 연합작전을 수행하는 체제로 조직되었다. 이때 재창설된 합참 조직은 〈그림 13〉과 같다.[89]

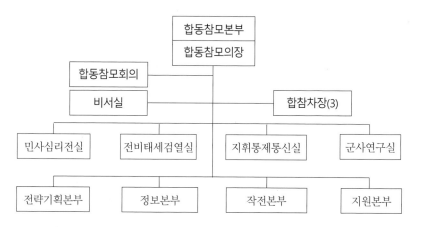

〈그림 13〉 1990년 10월 1일 합동군제로 재창설된 합참 조직[90]

합참은 이후에도 평시작전통제권 환수와 관련하여 1992년과 1995년에 조직정비가 이뤄졌다. 1992년 3월에는 3본부, 4참모부제로 조직개편이 이뤄졌으며 1994년 12월 1일에 평시작전통제권이 환수된 후인

---

89) 위의 글.
90) 합동참모본부, 『합참 60년사: 역사는 말한다』, 합동참모본부, 2008, 29쪽.

1995년 4월 12일에도 정보본부가 국방부로 조직되면서 참모조직을 일반참모부 형태로 전환하였다. 그리고 통합방위법이 시행됨에 따라 대간첩대책본부를 통합방위본부로 개칭하고 합참의장이 통합방위본부장을 겸임하게 되었다. 그리고 2005년에는 방위사업청 개청에 따른 조직을 일부 이관하면서 방위기획 및 전쟁수행체제의 확립을 위하여 4본부, 2참모부 4실로 개편하였다.[91]

이를 종합해 보면 이 기간 자주형 전쟁지도체제의 구성조직에서 가장 큰 특징은 대통령 외교안보보좌관의 제도화와 국가안전보장회의의 강화 및 합동참모본부의 군사작전지휘본부로서 기능 보강이었다. 이전에는 군사위원회의 지침하에 연합사령부에 의한 연합협력에 중점을 두었던 군사작전지휘체제가 점차 합동참모본부를 중심으로 하는 자주형 전쟁지도체제의 모습으로 변화되었다. 국방부장관의 군령을 보좌했던 기능에서 작전지휘권을 행사할 수 있는 조직으로 발전한 것이다.

그 외의 관련 구성단위들로는 비상기획위원회가 비상대비자원관리법에 의하여 국무총리 직속으로 국가동원에 관한 업무를 관장하였다. 국무총리는 정부상황실을 통하여 행정자치부가 주관하는 전시 충무계획에 의해 정부기관과 각 시·도의 각종 통제 및 지원에 관한 업무 전반을 관장하였다. 중앙정보부는 대통령 직속으로 국가심리위원회를 통하여 정보, 심리에 관하여 대통령을 보좌하였다.

· ·

91) 위의 책, 32~33쪽.

2. 전쟁지도체제로의 역할 변화

전쟁지도체제가 자주형으로 전환되면서 그 역할도 변화였다. 특히, 평시에 발생하는 국지적 군사작전에서 한국 합동참모본부가 작전통제권을 성공적으로 행사하면서 자주형 전쟁지도체제에 대한 신뢰가 형성되었다. 그 역할 변화의 배경은 미국의 전략적 유연성에 따른 주한미군의 행동부대화와 한국의 자주형 의지가 결합된 데에 기인하였다. 전쟁이 발발한다면 상황은 달라지겠지만 평시에 발생하는 국지적 상황은 이제 한국이 자율적으로 교전을 결정하고 종결시킬 수 있는 체제를 구축하게 된 것이다.

가. 역할 변화의 배경

한국의 자주적 역할이 증대된 배경에는 한국의 국력과 군사력 증강이 밑거름이 되었기 때문이며, 한국의 주도적 역할과 주한미군의 지원적 역할이라는 한미 군사동맹의 성격변화를 반영한 것이기도 했다. 미국은 탈냉전 이후 아버지 부시 대통령 당시 동아시아전략구상(EASI: East Asia Strategic Initiative)에 의해 주한미군을 완전히 지원하는 역할로 전환하고자 하였다. 그러나 전술한 바와 마찬가지로 2단계에서 평시 작전통제권만을 넘기고 북한의 핵위협으로 인해 더 이상 진척되지 않았다. 1994년 12월 1일부로 한국에 평시 작전통제권을 환원시키면서 전면전을 제외한 한반도에서의 국지적 교전에 대한 책임에서 벗어났으며, 한국이 그것을 독자적으로 수행할 수 있는 역량이 있다고 인식하게 되었다.

아들 부시 대통령의 집권기인 2000년대 해외주둔미군재배치검토
(GPR)와 주한미군에 대한 전략적 유연성 문제로 전개되면서 2004년
8월 미국이 일방적으로 미 2여단을 철수하였다. 한국은 동맹재조정의
필요성을 인식하고 한미 간 동맹정책구상회의(FOTA: Future of the
Alliance Policy Initiative)와 안보정책구상회의(SPI: Security Policy Initiative)
를 통하여 주한미군의 전략적 유연성과 전시작전통제권 문제를 협의
하였다. 2007년 6월까지 총 13차례의 안보정책구상회의를 개최하면서
한미군사동맹을 조정하였고[92] 그 결과 주한미군에 대한 전략적 유연
성을 보장하는 대신 전시작전통제권 환수를 포함한 한국의 주도적 역
할을 합의하였다.

전쟁에 있어서 자주적인 역할은 자국의 군사작전에 대한 주도적 역
할과 일맥상통하며 자주성 강화라는 것은 상대적인 것이지만[93] 오랜
기간 미군에 이양되었던 전시 작전통제권을 한국이 회복한다는 데 의
의가 있다고 할 수 있다. 스스로 전쟁, 분쟁, 위기 시에 군사작전 전반
을 지휘한다는 것은 자주성에 대한 하나의 시금석이 되기 때문이다.
그리고 자국의 국가이익[94]에 부합토록 전승과 군사작전의 승리를 책
임지고 평화를 보장할 수 있기 때문이다.

92) 외교통상부, 『2007년 외교백서』, 외교통상부, 2007, 45쪽.
93) 절대적 자주와 상대적 자주에 관해서는 문정인, 「전시작전통제권 전환의 국제정
치학」, 한국국제정치학회 전시작전통제권 전환에 대한 대토론회 발제자료, 2006.
9. 20, 3~6쪽 참조.
94) 참여정부에서 처음으로 정의한 국가이익은 "국가안전보장, 자유민주주의와 인권
신장, 경제발전과 복리증진, 한반도의 평화적 통일, 세계평화와 인류공영에 기여"
임. 국방부, 『국방백서 2004』, 47쪽.

나. 역할증대의 사례: 서해교전

1988년부터 시작된 8·18계획으로 1994년 12월 1일 합참이 평시 작전통제권을 환수하였다. 그리고 1995년 대간첩작전본부가 통합방위본부체제로 개편되면서 방어준비태세[95] 3단계 이전의 평시작전은 합참에서 행사하게 되었다. 물론 "6대 연합권한위임사항(CODA: Combined Delegation Authority)"[96]과 10대 군사임무에 대한 책임은 여전히 연합사령관에게 남아있었다 하더라도 평시 지상 및 해상경계, 공중초계, 해상활동 등에 대해서도 부분적인 권한을 행사할 수 있었다.

서해 북방한계선(NLL: Northern Limit Line)[97]은 주변에서 수시로 분쟁이 발생할 수 있다. 북한이 NLL을 무력화하기 위한 전술을 구사하면서 미국 등 국제사회의 관심을 유도하고 정전협정의 불안정성을 부각시킬 수 있다. 한반도 평화협정 체결의 필요성을 상기시키기 위한[98] 국지적 도발위험이 상존하는 지역인 것이다. 한국 전쟁지도체제의 역

---

[95] DEFON: Defense Condition으로서 평시에는 4단계를 유지하다가 위기가 점점 전쟁으로 진행하면서 3, 2, 1단계로 격상됨.

[96] 이는 최초 ①연합작전계획 수립 및 발전 ②연합연습 준비 및 시행 ③연합/합동교리 발전 ④조기경보 제공을 위한 연합정보관리 ⑤C4I 상호운용성에서 ⑥정전협정 유지가 포함된 연합위기관리를 추가하였음. 이인호, 「한반도 평화체제 구축과 한미동맹 제조정의 상관성에 관한 연구」, 국방대학교 안보연구소 주최 학술회의 발표 논문, 2007. 12. 7, 134쪽 ; 이대우, 『국제안보 환경변화와 한미동맹 재조명』, 한울, 2008, 210쪽에서 재인용 ; 「한국군, 전작권과 함께 정전유지 임무도 인수」, 『네이버뉴스』, http://news.naver.com/main/read.nhn?mode=LSD&mid=sec&sid1=100&oid=001&aid=0001812055 ; 국방부, 『국방백서 2008』, 국방부, 2009, 68쪽 등 참조.

[97] 북방한계선 문제 전반에 관해서는 이상철, 『NLL 북방한계선(기원, 위기, 사수)』, 선인, 2012를 참조 바람.

[98] 김태준·최종철, 「북한의 NLL 침범사례 분석과 대응방안」, 국방대학교 안보문제연구소 정책연구보고서, 2004. 4. 22, 17쪽 ; 통일연구원, 「제1차 연평해전 분석과 향후 북한태도 전망」, 『통일정세분석』 99-06, 1999. 8, 12~14쪽.

할증대 사례로 이 지역에서 발생한 1999년 제1차 서해교전은 특히, 군사작전에 대한 평시 작전통제권의 행사에 있어서 합동참모본부에서 작전사에 이르는 시스템이 확립된 첫 사례였다.

교전기간은 1999년 6월 7일 09시 10분부터 6월 15일 09시 48분까지이며 남북한의 투입전력으로 남한은 고속정이 북한은 경비정과 어뢰정이 참가하였다. 교전결과 북한 어뢰정 1척이 침몰하고 경비정이 대파되었으며 남한 고속정은 경미한 손상을 입었다. 당시의 교전상황의 전개를 살펴보면 꽃게잡이가 한창인 6월 7일부터 15일까지 9일간에 걸쳐 북한은 3~10척의 경비정 및 어뢰정을 동원하여 북방한계선을 침범하고 철수하기를 반복하였다. 마지막 15일에 북한 경비정 및 어뢰정과 한국 고속정 간의 출동전과 사격에 의한 교전으로 북한 어뢰정 1척이 침몰하고 경비정이 대파되어 북방한계선 이북으로 퇴각함으로써 교전이 종료되었다.[99]

6월 6일 및 11일에는 3차에 걸쳐 북한 함정과 충돌하였으며, 북한은 이 충돌이 남한의 도발이며 작전계획 5027의 전반적 수정, 보완을 위한 시험이라고 주장하였다.[100] 6월 13일에는 북한 어뢰정이 북방한계선을 침범하였으며, 15일 09시 07분부터 남북 함정 간의 충돌이 시작되었고, 결국 09시 28분 북한 경비정 1척(PC381)이 선제사격을 가하였고, 한국 함정에서 응사하면서 사격에 의한 교전이 시작되어 14분간 교전 후 종료되었다. 이날 북한은 유엔사－북한군 간 장성급회담에서 "북방한계선을 인정할 수 없다고 주장하면서 남한의 고의적인 북한

99) 국방부 군사편찬연구소, 『대비정규전사 Ⅲ』, 223~224쪽.
100) 동일연구원, 「제1차 연평해전 분석과 향후 북한태도 전망」, 『통일정세분석』 99-06, 1999. 8, 4쪽 참조.

영해에 대한 침범"이라고 주장하였다. 또한 평양중앙방송에서는 "남한 의 선제 사격으로 북 함정 1척이 침몰하고 3척이 파손"되었으며 남한 측에 의한 "엄중한 무장도발행위"[101]라고 비난하였다.

교전기간 한국군의 대응을 보면 6월 7일 09시경 북한 경비정 1척이 북방한계선을 침범하자 해군 2함대사령부에서는 연평도와 이작도기 지에 대기 중인 고속정 2개 편대 5척을 긴급 출항시켜 전투 배치하였 으며, 해군 작전사령부 및 제2함대사령부는 초기대응 및 위기조치반 을 소집하여 대응 태세를 유지하였다. 또한 공군전력에 대한 즉각 출 격태세를 합동참모본부에 요청하였다.[102]

이후 2함대사령부에서는 경비정을 퇴각 조치하기 위한 고속정 1개 편대 3척의 적색선 진입허가를 해군작전사령부에 건의했고, 해군작전 사령부는 이를 즉각 허가하고 합참예규상의 긴급 상황별 세부대응지 침에 의거 대응토록 지시하였다. 이에 따라 북한경비정 약 1km까지 접근하여 합동참모본부 작전예규에 의거 경고방송, 사이렌(경적)과 발 광, 기류 등 시각신호와 고속 시위기동으로 북한 경비정의 퇴각을 강 요하였다.[103] 그러나 이례적으로 이에 응하지 않고 계속 대치하여 2함 대사령부에서는 인천대기 호위 구축함 및 초계함에 대한 긴급 출항 준비지시를 하달하였다.

6월 8일과 9일에도 비슷한 상황이 발생하였는데 9일에는 처음으로 북한 경비정이 충돌공격을 감행하여 아군 고속정이 손상되자 합참과 해군작전사령부는 작전지침을 하달하면서 강력한 대응의지를 표명하

101) 위의 글, 5쪽.
102) 국방부 군사편찬연구소, 『대비정규전사 III』, 224~225쪽.
103) 위의 책, 225쪽.

였다. 이에 따라 6월 10일에는 고속정 4개 편대 8척과 2척의 초계함을
투입하여 항로차단과 선회기동을 실시 북한 경비정 4척을 퇴각시켰으
며 합동참모본부와 해군작전사령부에서는 북한의 의도를 분석한 작
전지시를 하달하였다. 6월 11일에도 북한 경비정 침범이 계속되자 전
투전대장을 해상 함정(호위구축함 또는 초계함)에 전개시키고 해군작
전사령부에서는 증강전력을 운용토록 하였다. 또한 이날 쌍방은 '후미
충돌 밀어내기 작전'으로 피해가 발생하였으며 북한 경비정 1척의 함
미 폭뢰대가 대파되었다.[104] 이날 합동참모본부 및 해군작전사령부에
서는 북한의 지속적인 도발행위에 대한 강력한 대응 및 준비태세를
지시하였다.

13일에도 북한의 맹렬한 충돌공격 시도가 있었지만 회피기동과 선
회기동으로 대처하였으며 이날 해군참모총장(대장 이수용)이 직접 연
평기지를 방문하여 현장지도를 하였다. 14일에는 북한어선군이 북방
한계선 이남으로 침범하여 조업을 하였으며 북한 경비정의 충돌공격
기도도 계속되었다.[105] 결정적 교전일인 6월 15일 북한 경비정 10척이
고속으로 접근하여 아군 고속정 5개 편대 10척 및 초계함 2척에 대한
충돌공격을 감행하면서 혼전상황이 전개되었고 북한 경비정(상해급
PC 381호)이 아군 고속정(참-325/338)에 대해 25밀리, 14.5밀리 기관포
및 소병기로 선제사격을 가하였다.

이에 대해 아군 초계함 및 고속정이 자위권 차원에서 초계함은 76밀
리 함포로, 고속정은 40밀리와 20밀리 포로 즉각 대응 사격을 실시하여

....

104) 위의 책, 225~233쪽.
105) 위의 책, 239~241쪽.

북한 어뢰정 1척이 초계함의 함포에 명중되어 침몰하였으며 다른 어뢰정과 경비정도 손상을 입고 도주하였다. 아군 해군의 작전지휘부(해군작전사령부와 2함대사령부)는 북한의 지대함유도탄(SILK WORM) 확전방지와 인도적 조치차원에서 합참 완충구역 남단으로 남하토록 조치하였다.[106] 이후 6월 16일 합동참모본부에서는 연합사와 긴밀히 협조체제를 유지하고 연합사 정보감시체계를 워치콘-II로 강화하였고, 미 해군 및 공군전략과 정보수집 자산 등에 대한 한반도 전개를 요구하였다.

이상의 사례에서 보듯이 합동참모본부는 세 차례의 작전지침(6.9), 작전지시(6.10), 준비태세지시(6.11)를 하달하면서 직접적으로 군사작전을 지휘, 감독했다. 그리고 해군작전사령부와 2함대사령부를 통하여 서해교전을 현장지휘하게 함으로써 유엔사의 해상완충구역에 도달하기 이전에 격퇴시킴으로써 평시군사작전지휘체제를 실질적으로 가동시켰다. 따라서 초기대응의 실패라든가[107] 합참예규의 구체화 미흡 등의 문제점이 부분적으로 노출되기도 했으나 군사작전차원에서 이뤄진 제1차 서해교전은 군사작전지휘를 총괄하는 합동참모본부와 그 지휘를 받는 해작사가 증대된 역할에 의해 평시작전통제권을 행사하여 교전을 결정하고 종결하는 체제로 성장하였음을 입증한 사례였다.

106) 위의 책, 241~245쪽.
107) 통일연구원, 「제1차 연평해전 분석과 향후 북한태도 전망」, 16쪽.

제3절 자주형 전쟁지도체제의 전개과정

1988~2008년간 자주형으로 전환된 전쟁지도체제는 미국과의 협의를 통하여 평시 작전통제권을 환수하였으며, 전시 작전통제권의 환수도 합의하였다. 주한미군은 전략적 유연성을 확보하여 보다 자유로운 활동이 가능하게 되었으며 주한미군을 작전 · 전술적 자원에서 전략적 전쟁자원으로 조정하였다.[108]

그리고 자주형 전쟁지도체제는 미국으로부터의 외부적 전쟁준비 자원인 군사원조 수혜를 종결하고 방위비 분담과 미국이 주도하는 전쟁에 대한 해외파병을 통하여 오히려 한국이 미국을 지원하는 군사원조 역전현상을 가져오기도 하였다.

1. 전·평시 작전통제권 환수추진

새로운 안보환경과 대통령들의 민주적 안보관에 의해서 자주형 전쟁지도체제로 전환된 후 나타난 내부적 현상은 이양된 작전통제권의 환수였다. 1994년 12월 1일부로 평시 작전통제권을 먼저 환수한 후 2006년에는 전시 작전통제권을 2012년 4월 17일부로 전환하기로 합의하였다.

가. 평시 작전통제권 환수

한국은 1987년 8월 당시 노태우 대통령 후보의 "작전통제권 환수 및

---

[108] Chang-hee Nam, "Realigning the U.S. Forces and South Korea's Defense Reform 2020," pp. 166~178 참조.

용산기지 이전"이라는 선거공약 제시 이후 장기적으로 작전권의 환수를 염두에 두고 8·18계획을 본격적으로 추진하였다. 5·18민주화운동 당시 진압병력 투입에 대한 미국방조책임론 등으로 반미감정이 악화되는 상황에서 1990년 2월 15일 한미 국방장관회담에서 평시작전통제권을 1991년에 한국군에 전환할 것을 미국 측이 먼저 제의하였다. 그러나 한국은 주한미군의 철수명분을 줄 수 있다는 염려로 8·18계획 정착이후로 지연하고자 하였다.

미국은 이미 1989년 8월 넌-워너(Nunn-Warner) 수정안이 의회에서 통과된 후 1991년 1월 1일부로 평시 작전통제권을 전환할 의도가 있음을 표명하였고, 1990~1992년 "동아시아전략구상"을 기초로[109] 1990년 4월 19일 의회 비밀보고서를 통하여 주한미군 2단계 철수기간 동안(1993~1995)에 평시 작전통제권을 한국에 전환할 것을 계획하였다.[110] 그러나 미국은 협상과정에서 연합사령부의 위상약화, 방위비 분담문제 및 한국군의 임의적 병력운용 등을 고려하여 연합사령관이 시기상조 서한을 발송하는 등 점차 소극적인 자세로 변하였다.[111]

미국 측은 작전통제권을 넘기는 사전조치로 1992년 7월 1일 한미 1군단이 모체인 한미연합야전군사령부의 책임을 3군사령부에 넘긴 후 해체하였으며, 1992년 12월 1일에는 한미연합사령관(미군 대장)이 겸직하던 지상구성군사령관을 한미연합사 부사령관(한국군 대장)이 겸직

109) 윤덕민·박철희, 『국방정책연구보고서 06-04: 한미동맹과 미일동맹 조정 과정 비교 연구』, 한국전략문제연구소, 2007, 84쪽.
110) 유재갑, 「주한미군에 대한 한국의 입장」, 백종천 편, 『한·미동맹50년: 분석과 정책』, 세종연구소, 2003, 295~297쪽 ; 국방부 군사편찬연구소, 『한미군사관계사 1871-2002』, 633~634쪽.
111) 위의 글.

하는 것으로 조정하였다. 그리고 한반도 유사시 미증원군에 대한 즉
응작전 협조체제를 지원하기 위한 전시주둔국지원(WHNS: Wartime
Host Nation Support)협정을 1992년 12월 23일 발효하였다.[112]

　1993년 김영삼 정부가 출범하면서 8월부터 작전통제권 문제에 대한
한미 실무추진위원회를 운영하였고 11월 4일 제25차 한미안보협의회
의에서 평시작전통제권을 1994년 12월 1일부로 한국 합참의장에게 이
양하기로 합의하였다.[113] 합의 이후 합참의 작전기획부장과 연합사 기
획참모부장 간의 추진위원회의를 통하여 1994년 4월 7일 기본사항에
합의하였고 연합사령관에게 작전계획발전 등 5가지의 연합권한위임사
항(CODA)을 부여하였다.[114]

　그러나 7월 12일 래피드썬더(Rapid Thunder)연습 시 한미연합사령관
은 지휘통일의 원칙을 고려하여 위기관리가 포함된 정전협정 유지를
연합권한위임사항에 포함할 것을 요구하였다. 그 후 8월 15일 합참의
장에게 연합사령관이 서한을 보내 합의사항에 대한 보완을 제의하였
고 합참의장은 9월 23일 이를 수용하였다. 그리고 1994년 10월 6~7일
간 워싱턴에서 열린 제26차 한미안보협의회의 및 16차 군사위원회회
의에서 이를 포함한 "관련약정과 전략지시 2호"에 서명함으로써 공식

----

112) 국방부, 『국방백서, 1995~1996』, 국방부, 1995, 106~107쪽.
113) 제25차 한미 연례안보협의회의 공동성명서 6항에서 '양국 대표단은 한국이 한국
　　방위에 대하여 점차 주도적 역할을 담당하게 됨에 따라 미국의 한반도 방위역할
　　이 지원적 역할로 순조롭게 전환되고 있다는데 만족을 표명하였다. 권 장관과 애
　　스핀 장관은 한미군사위원회로부터 평시작전통제권 전환계획에 대한 보고를 받
　　고 현재 한미연합사령관에게 부여된 지정된 한국군 부대에 대한 평시작전통제
　　권을 1994년 12월 1일부로 한국 합참의장에게 이양하기로 합의하였다. 양측은
　　또한 한미연합전비태세 유지차원에서 한미 연합연습이 필요하다는데 인식을 같
　　이하였다.' 국방부 군사편찬연구소, 『한미군사관계사 1871-2002』, 786쪽.
114) 국방부 군사편찬연구소, 『한미군사관계사 1871-2002』, 637~639쪽.

적인 합의 절차가 마무리되었다. 11월 30일에는 한승주 외무장관과 레이니(James Thomas Laney) 주한미대사가 교환각서를 체결하였다.[115]

1994년 12월 1일 "전략지시 제2호"에 의해 평시작전통제권이 한국 합참에 이양됨으로써 한국군의 경계임무, 평시 부대이동, 합동전술훈련 등의 부대운영 권한이 한국 합참의장에게 이양되었다. 그러나 6대 연합권한위임사항(CODA)으로 "정전협정 유지를 포함한 연합위기관리, 작전계획수립, 연합교리 발전, 연합연습 준비 및 시행, 연합정보관리, C4I 상호운용성"은 계속 한미연합사령관이 그 권한을 유지하였다. 그리고 1995년 3월 23일에는 그 후속조치로 "유엔사/연합사와 한국 합참 간 평시 작전통제권 전환에 따른 합의 각서"가 서명되었다.[116]

8·18계획으로 합참이 전쟁을 수행하는 군사지휘본부로서 기능을 구축하여 자주형 전쟁지도체제로 전환한 후 내부적 통제기재인 작전통제권 중 평시작전통제권을 환수한 것이다. 전시작전통제권은 이후 상황을 고려하여 추진하기로 하였다. 협의과정에서 한미연합사령관이 합참의장에게 보낸 두 번의 서한, 즉 1992년 7월 14일의 "시기상조"[117]와 1994년 8월 5일의 "정전협정 관리를 포함한 연합위기관리 이양불가"[118]는 안전보장을 책임지는 사령관으로 책임의식을 엿볼 수 있는 반면, 피후견국이 후견국에게 이양한 권한을 실질적으로 환수하는 것이 얼마나 어려운가를 동시에 보여준 것이었다. 실질적 권한은 CODA에 의해 그대로 연합사령관에게 남아 있게 되었기 때문이다.

· ·

115) 위의 책.
116) 위의 책.
117) 한국국방연구원, 「미국의 전략태세 변화와 한미군사관계 발전방향」, 연구보고서, 1992. 12, 206쪽을 유재갑, 「주한미군에 대한 한국의 입장」, 296쪽에서 재인용.
118) 국방부 군사편찬연구소, 『한미군사관계사 1871-2002』, 637쪽.

나. 전시 작전통제권 전환추진

평시작전통제권을 환수한 후 김영삼, 김대중 정부를 지나면서 한반도에서는 북핵위협으로 주한미군 감축도 잠정적으로 중단되었고 전시작전통제권 환수에 관해서는 더 이상의 진전을 보이지 않았다. 그러나 2001년 9·11테러와 이어진 아프간전쟁, 2002년 '미군 장갑차에 의한 여중생 사망사건(미순·효순 사건)' 및 2003년 노무현 정부의 출범과 이라크전쟁은 한미 양국의 안보환경을 변화시킴으로써 전시작전통제권 문제를 다시 대두시키게 되었다.

한미 양측의 군사동맹 조정을 협의하기 위한 국방부 정책실장과 미국 국방부 동아시아태평양담당 부차관보를 단장으로 한 한미동맹정책구상회의(FOTA)가 발족하였다. 용산기지 이전과 미2사단 후방배치 등을 포함한 주한미군의 규모와 부대 재배치, 주한미군의 역할, 한국군과의 지휘관계 개선 그리고 주한미군 주둔 및 유사시 미군의 개입을 규정한 한미상호방위조약 개정 등이 대상의제가 되었다. 2003년 4월 서울에서 1차 회의가 개최되어 한미 양측은 한미동맹의 영역을 동북아와 세계로 확대키로 하고 이러한 틀 속에서 전시작전통제권 환수와 주한미군 재배치 등 안보 현안을 단계적으로 추진키로 하였다.

2004년 9월까지 총 12차례의 미래 한미동맹정책구상회의를 개최하였으며 이를 통해 용산기지 이전을 포함한 주한미군 기지 이전 및 재배치, 군사임무전환, 연합전력증강 등 주한미군 재조정 문제를 토의하였다. 2004년 8월 2일 주한 미 2사단 2여단의 이라크출병을 위한 일방적 철군으로 촉발된 주한미군의 전략적 유연성 문제가 대두되면서 전시작전통제권 문제가 부각되었다. 따라서 2004년 10월 개최된 제36차 한미안보협의회의에서는 동맹정책구상회의를 한미 외교 담당관들이 참여하는 안보정책구상회의(SPI: Security Policy Initiative)로 확대하여 2005년부터 개최하기로 합의하였다.

2005년 2월 제1차 회의를 시작으로 미국의 해외주둔미군재배치검토(GPR)[119]에 의한 주한미군의 전략적 유연성 문제가 논의되었다. 그리고 2006년 1월 19일 제1차 한미장관급 전략대화 공동성명을 통해 전략적 유연성에 관하여 합의하였으며[120] 2007년 6월까지 총 13차례의 안보정책구상회의를 개최하면서 전시작전통제권이양 문제를 포함한 군사동맹문제를 협의하였다.[121]

2005년 9월 제4차 한미 안보동맹정책구상회의에서 전시 작전통제권 전환에 대한 논의를 가속화하기로 합의하였으며 참여정부는 2012년을 목표로 전시작전통제권 단독행사를 추진했으나 미국은 전시작전통제권 전환이 2009년에 이루어져도 문제가 없을 것이라고 주장했다. 당시 럼스펠드 장관은 이와 관련, 새로운 지휘구조로의 전환은 한반도 전쟁

---

[119] 해외주둔 미군을 신속하게 투사할 수 있도록 재배치하기 위한 것으로 2003년 11월 25일 부시 대통령이 발표하면서 공식화하였으며 전 세계 미군기지를 전력투사거점(PPH: Power Projection Hub), 주요작전기지(MOB: Main Operating Bases), 전진작전기지(FOS: Forward Operating Site), 안보협력대상지역(CSL: Cooperative Security Locations)으로 구분하여 재검토함. 이상현, 「주한미군 1개 여단의 이라크 차출」, 『정세와 정책』 2004년 6월호를 지효근, 「동맹안보문화와 동맹결속력 변화: 한미동맹 사례연구, 1968-2005」, 연세대 대학원 박사학위논문, 2006, 172쪽에서 재인용.

[120] 양측이 양해를 합의한 사항은 "한국은 동맹국으로서 미국의 세계군사전략 변혁의 논리를 충분히 이해하고, 주한미군의 전략적 유연성의 필요성을 존중한다(반기문 외교부 장관)"와 "전략적 유연성의 이행에 있어서, 미국은 한국이 한국민의 의지와 관계없이 동북아 지역분쟁에 개입되는 일은 없을 것이라는 한국의 입장을 존중한다(콘돌리자 라이스 미 국무장관)"임. 외교통상부, 『2007년 외교백서』, 47쪽.

[121] 위의 책, 45쪽.

억제 및 한미 연합방위능력이 유지·강화되는 가운데 진행될 것임을 보장했고, 한국이 충분한 독자적 방위능력을 갖출 때까지 미국이 상당한 지원전력을 지속적으로 제공할 것임을 확인했다. 따라서 미국은 용산기지 이전사업이 마무리 되는 2008년에 맞추고, 한국 내의 반미감정의 증폭을 차단하며, 증강된 한국군 능력에 대한 신뢰 등을 바탕으로 조기에 전환할 것을 주장했다.[122]

2005년 전략적 유연성 문제가 나오면서 급진전된 전시작전권 문제는 10월에 열린 제37차 한미안보협의회의에서도 한미국방장관이 "전시작전통제권 전환에 관한 논의를 적절히 가속화"하자는 데 합의하였다. 그 이후 2006년 3월 한미 양국은 "지휘관계 연구를 위한 관련약정"을 체결하고, 이를 근거로 연합실무단을 구성하여 10월 한미안보협의회의에 보고하기로 했다. 당시 한국은 이후 2010년에서 2012년 사이에 환수를 추진했으나 2006년 7월 13일 서울에서 열린 제9차 한미안보정책구상회의 직후, 미국이 전시작전통제권을 2010년 이전에라도 한국에 이양할 수 있다는 발표를 하면서 전시 작전통제권 환수문제는 논쟁에 휩싸였다.[123]

· · · · · · · · · · · · · · · · · · · ·

122) 이대우, 『국제안보 환경변화와 한미동맹 재조명』, 한울, 2008, 210~213쪽 참조.
123) 이 논쟁은 전시작전통제권 이양에 대한 찬성과 반대론 그리고 절충적 대안론으로 구분된다. 찬성론은 정부 측과 진보적 지식인들을 중심으로 조성렬, 「전작권 환수하면 한·미 동맹 더욱 발전: 한반도 위기 때 민족 운명 외국에 맡길 수 없어」, 『시사저널』 제883호, 2006, 48~49쪽 ; 홍현익, 「전시작전통제권 환수하여 한·미동맹 정상화하자」, 『정세와 정책』 제123호, 2006, 5~8쪽 ; 윤광웅, 「전시작전통제권 환수 추진현황과 입장」, 『국회보』 제469호, 2006, 53~58쪽 ; 이철기, 「전시작전권 환수는 통일과 안보를 위한 것이다」, 『인물과 사상』, 2006년 10월호, 54~64쪽 등이 있었으며 반대론은 보수성향 인사들을 중심으로 류병현, 『한미동맹과 작전통제권』, 대한민국재향군인회, 2007 ; 남주홍, 「전시작전통제권 환수의 문제점: 한반도 유사시 미군 65만 명 투입 작전권 환수는 곧 동맹파기 선언」,

미국이 전시 작전통제권의 조기 이양을 주장하고 있는데 대해 일각
에서는 한국사회의 반미감정과 군사현안 문제에 대한 "서운한 감정"이
표출된 것으로 해석하기도 하였다.[124] 전시 작전통제권 환수문제는
2006년 7월 13일 서울에서 열린 제9차 안보정책구상회의에서 한미 간
본격적으로 논의된 것으로 보인다. 왜냐하면 이후 한국사회 내에서도
찬성과 반대 논쟁이 격화되었을 뿐만 아니라 미국방부와 연합사령관
의 의견개진이 이어졌기 때문이다. 논쟁이 본격화되자 2006년 8월 2일
군 원로들은 국방장관과의 면담에서 환수 협의를 중단할 것을 요구했
고, 이에 대해 윤광웅 국방부장관은 "오래 전에 군 생활을 하거나 장관
을 지낸 분들이 대체로 우리 군의 발전상을 정확하게 이해하지 못한
가운데 전시작통권의 단독행사에 대해 상대적으로 염려하거나 반대
하는 경향이 있다"고 반박함으로써 논란은 가열되었다.

8월 7일에는 미 국방부에서 고위관리에 의한 기자회견이 있었으며
여기에서 "노무현 정부는 전시작전통제권 확보를 요청했으며, 미국이
보기에도 이는 합당하며 한국군의 능력으로 볼 때 그럴 때가 왔다고

『월간조선』 제308호, 2005, 172~177쪽 ; 박용옥, 「전시작전통제권 조기 환수, 서
두를 일 아니다」, 『정세와 정책』 제123호, 2006, 9~12쪽 ; 송영선, 「성급한 작전통
제권 단독행사, 오히려 자주국방에 역행」, 『국회보』 제478호, 2006, 36~39쪽 ; 신
일순, 「신일순 전 한미연합사 부사령관의 직격탄: '전작권 환수는 전쟁 유발, 민
족 공멸 자초 행위'」, 『주간동아』, 2006년 9월 26일자, 18~21쪽 ; 이상훈, 「전시작
전통제권을 다시 생각한다: 자주 명분 집착하다 교각살우 저지를 수도」, 『신동
아』 제48권 12호, 2005, 228~231쪽 ; 이인제, 「국민 불안 야기하는 환수논의, 중단
되어야」, 『국회보』 제479호, 2006, 69~71쪽 등이 있었고 한편 정책적 대안론으로
는 정옥임, 「주권 문제가 아니라 효율과 비용의 문제다: 북한의 군사적 위협 소멸
된 뒤 전작권 환수해야」, 『시사저널』 제883호, 2006, 50~51쪽 ; 최강, 「전시 작전
통제권 문제의 전개과정과 의미」, 『국회보』 제479호, 2006, 48~52쪽 등이 있었음.
124) 군사현안으로 공대지 사격장, 환경오염 토지문제 등이 미해결된 문제였음, 한국
국방안보포럼 편, 『전시작전통제권 오해와 진실』, 플래닛미디어, 2006, 102 · 121쪽.

본다"[125]라고 발표하였다. 이어 노무현 대통령은 8월 9일 연합뉴스와의 특별회견에서 한국군의 전시 작전통제권 단독 행사 시기와 관련하여 "작전통제권이야말로 자주국방의 핵심입니다. 자주국방이야말로 주권국가의 꽃이라는 게 핵심입니다. … 미국 수준(에 도달하기)에는 시간이 걸립니다. 그래서 2012년으로 했는데, 2009년이(미측에서) 나왔는데 그 사이에 어느 때라도 상관없다고 봅니다. 그 이전에도 작통권 행사에는 지장이 없습니다"[126]라고 언급, 환수에 대한 의지를 표명하였다.

전직 국방장관 17명은 8월 10일 군 원로 9명과 함께 성명서를 내고 전작권 조기 환수 방침에 반대의사를 표명했다. 그리고 서울 용산과 광화문 등 도심에서 전시작전통수권 단독행사에 대한 찬성, 반대집회가 잇따라 열렸다. 또한 8월 15일 광복절 기념사에서 노 대통령은 "강대국들이 동북아시아의 미래를 얘기할 때 한국인의 운명에 대한 자율권을 존중하도록 우리가 적극적으로 설득해 나가야 합니다. … 전시 작전통제권 환수는 나라의 주권을 바로세우는 일입니다. 국군통수권에 관한 헌법정신에도 맞지 않는 비정상적인 상태를 바로 잡는 일입니다. 또한 달라진 우리 군의 위상에 걸 맞는 일입니다"라고[127] 언급하면서 거듭 전시작통권 환수 의지를 분명히 했다. 그리고 시기문제도 2009년에서 2012년 사이로 검토되고 있음을 이미 밝혔다.

9월 7일 벨(Burwell B. Bell) 연합사령관은 중앙일보와 현대경제원이 주최한 21세기 동북아 미래포럼 강연에서 한국이 전시작전권을 환수

125) 위의 책, 98쪽.
126) 위의 책, 87~91쪽.
127) 대통령비서실, 『노무현대통령 연설문집』 제4권, 대통령비서실, 2007, 289~290쪽.

하기 전 한미가 공동으로 해결해야 할 세 가지 중요한 문제가 있음을 언급했다.[128] 벨 사령관의 이 질문의 내용들은 이후 전시작전통제권 환수를 위해 한국이 풀어가야 할 과제가 되었으며 한미 간 협조기구를 통해 미군의 지원적 역할이 유지되어야 함을 암시하였다.

그리고 2006년 9월 14일 백악관에서 열린 한미정상회담에서 양국 정상은 전시작전통제권 전환을 정치적 차원이 아니라 실무 차원에서 합리적으로 시기를 합의하도록 국방장관에게 위임했음을 밝혔다. 그리고 같은 해 10월에 열린 제38차 한미안보협의회의에서 양국 국방장관은 전시작전통제권 전환 이후의 새로운 동맹 군사구조 로드맵(roadmap)에 합의하였다. 합의 내용은 "2009년 10월 15일 이후 그러나 2012년 3월 15일보다 늦지 않은 시기에 신속하게 한국군으로의 전시작전통제권 전환을 완료"[129]하는 것이었다.

시기가 분명해 지고 전시작전권이 환수되면 한미연합사령부를 해체한다는 것이 발표되자 역대 연합사부사령관 10인은 12월 12일 벨 연합사령관을 면담하고 "세계에서 가장 강력한 전쟁수행능력을 갖춘 연합사가 해체되어서는 안 되며 전시작전통제권 이양을 중단"[130]할 것을 요청하였다. 3년여에 걸친 모호한 일정은 불확실성을 내포하고 있

----

[128] "첫째, 전시작전통제권을 행사하고, 미래 동맹의 전쟁계획을 발전시키는 데 있어, 한국정부의 전략적 전쟁 목표, 군사 목적, 요망하는 전쟁 최종상태의 기준은 무엇인가? 둘째, 한국군의 독자적인 전시 작전 지휘가 미군이 전쟁에 투입할 미군 전력의 적합한 수준을 결정하는 데 어떠한 영향을 미칠 것인가? 마지막으로, 새로운 지휘구조가 유엔사의 임무와 정전 유지에 어떠한 영향을 미칠 것인가? 한국 정부가 독자적인 작전권을 행사함에 있어 미래 북한과 정전 관련 대치 시 정전 및 위기관리 방법은 어떻게 할 것인가?" 한국국방안보포럼 편, 『전시작전통제권 오해와 진실』, 105쪽.
[129] 국방부, 『국방백서 2006』, 215쪽.
[130] 『동아일보』, 2006년 12월 13일.

없고, 군내에서도 시기상조론이 대두되는 가운데 2007년 1월 한미 상설 군사위원회에서 '한미 지휘관계 연합 이행실무단 운영을 위한 관련 약정'을 체결하였다. 그리고 2007년 2월 24에 열린 한미 국방장관회담에서는 "2012년 4월 17일"[131]에 전시작전통제권을 전환하기로 최종 합의하였다.

이와 관련 합의한 네 가지 원칙은 "①한미 상호방위조약을 바탕으로 하고 ②주한미군 지속주둔과 미증원군 전개를 보장하며 ③정보자산 등 한국군 부족전력은 미측이 지속지원하고 ④연합대비태세와 억제력을 유지"하는 것이었다. 환수일자가 결정된 후 한미 연합이행실무단(CIWG: Combined Implementation Working Group)이 구성되어 '한미 연합군사령부로부터 한국 합동참모본부로 전시작전통제권 전환 이행을 위한 전략적 전환계획(STP: Strategic Transition Plan)'을 작성하였다. 그리고 2007년 6월에 전시작전권 환수일자를 붙인 일명 417계획을 한국 합참의장과 주한미군 선임장교(미합참의장 역할을 대신하는 연합사령관)가 서명하였다.[132]

평시작전통제권의 환수는 8 · 18계획을 추진하면서 지휘구조를 사전에 개선하여 준비된 상태에서 이뤄졌다. 그러나 전시작전통제권은 환수를 위한 준비가 선행되지 않았고, 해결해야 할 과제와 필요조건만

131) 이승만 대통령이 맥아더 장군에게 서한을 보낸 7월 14일을 거꾸로 하여 4월 17일로 한 것으로 "당시 김장수 국방장관이 한미국방장관 회담 전에 나한테(안보정책실장 백종천) 환수날짜에 대한 사항은 장관에게 융통성을 좀 달라고 했고, 회담결과를 2012년 4월 17일로 합의했다고 노무현 대통령에게 보고하자 대통령도 별 말씀은 없었다"라고 회고함. 백종천 안보정책실장과 저자와의 인터뷰, 2009년 5월 14일.

132) 외교통상부, 『2007년 외교백서』, 44쪽.

식별한 상태에서 환수날짜가 먼저 결정되었다. 전환 일정은 우선 2009년
에는 초기작전운영능력(IOC: Initial Operation Capability)확보를 위해
새로운 작전계획을 작성하며 한미 군사협조체제를 구축한다. 이후
2010년부터 2012년 3월까지 연습을 통해 완전작전운영능력(FOC: Full
Operation Capability)을 검증하기로 했다. 전환능력 검증을 위한 연습
은 총 다섯 차례로, 2010년과 2011년 3월에는 기존의 작전계획인 5027-04
로 키리졸브독수리연습(KR/FE: Key Resolve/Foal Eagle)이 실시되며, 8월
에는 새로운 작전계획으로 을지프리덤가디언연습(UFL: Ulchi Freedom
Guardian)을, 그리고 2012년 3월 마지막 전환능력검증연습을 실시하기
로 하였다. 특히 전환연습이 시작되는 2010년에는 새로운 공동방위체
제에서 중요한 역할을 담당할 한미 동맹군사협조본부(AMCC: Alliance
Military Coordination Center)가 구성될 예정이었다.[133]

　전시작전통제권 전환을 추진하기 위해서 2007년 말에 합동참모본부
에 '전작권전환추진단'이 공식적으로 출범했다. 이 추진단의 임무는 전
시작전통제권 환수와 관련된 동맹군사협조본부 창설준비, 군사위원회
보좌 및 대미 협의, 전작권 추진업무 조정통제를 수행하였다.[134] 2009년
4월에는 작전본부를 합동작전본부로 개편하여 인사, 정보, 작전, 군수,
작전기획, 지휘통신, 공병의 7개 전투참모단을 일반참모부 형태로 편성
하여 전구작전지휘능력을 구비토록 하였다.[135]

　전·평시 작전통제권 전환추진 과정을 종합해 보면 탈냉전 이후 형
성된 새로운 안보환경과 대통령들의 자력중시 민주적 안보관이 결합

133) 이대우,『국제안보 환경변화와 한미동맹 재조명』, 217쪽.
134) 위의 책.
135) 「작전본부를 합동작전본부로 확대」,『국방일보』, 2009년 4월 1일.

하면서 전쟁지도체제를 자주형으로 강화시켰다. 자주형 전쟁지도체제는 국민적 여론을 배경으로 이양되었던 작전통제권의 환수를 추진하였으며 미국도 자국의 정책을 변화시키면서 적극적으로 주한미군을 지원적 역할로 전환토록 추진하였다. 그리고 협상과정에서 북핵위협과 대내외의 다양한 의견들이 분출되면서 일정과 범위가 수정되기도 하였다. 그러나 견고한 한미군사동맹을 유지하면서 한미연합작전을 이상 없이 수행할 수 있도록 협의하면서 합의된 일정에 의해 정상적으로 진행되었다.

2. 군사원조 역전현상

1988년부터 2008년까지 미국으로부터 받는 군사원조는 소멸되었다. 국제군사교육훈련(IMET)의 일환으로 한국군이 미국의 군사교육기관에 위탁교육을 받는 것이 계속되고 있기는 하지만 경화로 지원하는 것은 종료되었으며 일방적 지원이라기보다는 미국의 필요에 의한(군사교리 전파, 군사작전의 표준화 등) 쌍방향적 성격이 강해졌다.

반면에 1989년부터 주한미군의 주둔비용을 지불하는 방위비 분담과 1990년 걸프전으로 시작된 미국주도의 해외전쟁에 대한 파병지원 등 군사원조의 역전현상이 발생하였다. 특히, 1965년부터 1973년까지의 베트남전의 경우 한국군의 파병비용을 미국이 부담했던 것에 비해 이 때부터는 한국이 그 비용을 직접 지불하면서 미국의 전쟁을 지원하였다. 이 점에서 한국이 미국을 원조한 것으로 일종의 역전현상이었다.

미국은 탈냉전 후 주한미군 3단계 철수정책과 연계하면서 처음에는 주한미군의 경비를 절감한다는 '비용분담(cost sharing)' 차원에서 한국이 필요한 주한미군에 대한 주둔경비 분담을 한국에 요구하였다. 1989년 처음으로 4,500만 달러가 지불되었으며 이후 1991년부터 주한미군의 한국인 고용원 인건비 및 군사건설비용을 지원하기 시작하였다. 이때 부터 '방위비 분담'이란 용어로 정리되었고 분담금은 협정을 통해 결정 하여 1억 5,000만 달러를 지불하였다.136)

또한 평시작전통제권 환수협상과 함께 재협상을 거듭하면서 1995년 까지 주한미군 주둔 경비의 3분의 1을 한국이 부담하게 되었으며 근로자임금, 연합작전, 전쟁비축물자, 군사시설 건축 등을 지원하였고 1995년에는 3억 달러를 분담하게 되었다.137) 주한미군이 한국에 주둔 하는 것은 안정적 안보환경을 제공하는 공공재이기 때문에 방위비 분 담을 통해 한국이 이를 지원해야 한다는 경제적 논리를 근거로 하게 되었다.

그리고 〈표 8〉에서와 같이 1995년 이후에도 계속적으로 방위비 분 담은 증가하였으며 경제 환란으로 약간 감소했던 1998년에 3억 1,400만 달러를 기록하였고 2005년에는 6억 5,800만 달러를 지불하였다. 2005년 6월부터 외교통상부가 방위비 분담 협상을 담당하여 이후부터는 전액 원화로 지급하는 것으로 조정되었으며 2008년에는 7,415억 원으로 1달 러당 1,000원을 기준으로 했을 때 약 7억 4,150만 달러를 지불하였다.

1989년 비용분담이 시작된 이래 20년간 총액대비 약 12배의 증가를 기록하였으며 국방예산대비 최초 0.5%에서 최고 3.7%까지 증가하였 다. 이렇게 지불한 방위비 분담에 의해 한국이 주한미군과 협조하여

---

136) 지효근, 「동맹안보문화와 동맹결속력 변화: 한미동맹 사례연구, 1968-2005」, 163쪽.
137) 문창극, 『한미갈등의 해부』, 나남, 1994, 143쪽.

<표 8> 국방예산 및 주한미군 방위비 분담(1988~2008년)

년도	국방예산 (억달러, *억원)	방위비 분담 (억달러, *억원)	국방예산대비 방위비분담 비율(%)	방위비 분담 결정 방식
1988	75.56	-	-	
1989	89.60	0.45	0.5	.
1990	93.75	0.70	0.7	
1991	101.59	1.50	1.5	원화로 지출되는 현지발생비용의 1/3 분담(1, 2차 협정)
1992	107.71	1.80	1.7	
1993	114.80	2.20	1.9	
1994	125.14	2.60	2.1	
1995	143.63	3.00	2.1	
1996	*12조 2,434	3.30(*2,640)	2.2	달러화기준 연 10% 증액(3차 협정)
1997	*13조 7,865	3.63(*2,904)	2.1	
1998	*13조 8,000	3.14(*3,591)	2.6	
1999	*13조 7,490	3.39(*4,004)	2.9	경제성장률 + 소비자물가지수 상승률 적용(4차 협정)
2000	*14조 4,774	3.91(*4,244)	2.9	
2001	*15조 3,884	4.44(*4,934)	3.2	
2002	*16조 3,640	4.72(*5,689)	3.5	8.8% + GDP디플레이터 증가율 적용(5차 협정)
2003	*17조 5,148	5.57(*6,559)	3.7	
2004	*18조 9,412	6.22(*6,983)	3.7	
2005	*21조 1,026	6.58(*6,804)	3.0	4% 이내에서 전년도 물가상승률 반영 전액 원화로 지불(6차 협정)
2006	*22조 5,129	*6,804	3.0	
2007	*24조 4,972	*7,225	3.0	
2008	*26조 6,490	*7,415	2.8	

출처: 함택영,『국가안보의 정치경제학: 남북한의 경제력, 국가역량, 군사력』, 법문사, 1998, 206쪽의 표 5.1 ; 지효근,「동맹안보문화와 동맹결속력 변화: 한미동맹 사례연구, 1968-2005」, 163~166쪽 ; 국방부,『국방백서 2006』, 91쪽 ;『국방백서 2008』, 72·293쪽을 참조 재구성하였으며 1996년이후 국방예산대비 방위비 분담비율은 원화에 의한 계산임.

활용할 수 있는 주둔전력으로는 미 8군 예하의 미 2사단, 2항공여단, 35방공포여단, 19전구지원사, 501정보여단, 1통신여단, 19의무사를 들 수 있다. 해군과 해병대의 경우 평시에는 사령부만 전개되어 있으며, 공군은 미 7공군예하 8전투비행단과 51전투비행단이 있다. 전체적으로 평시에는 병력 2만 8,500여 명에 전투기 90여 대, 공격헬기 40여 대, 전차 50여 대, 육군전술유도무기체계(ATACMS: Army Tactical Missile System) 40여 기, 패트리어트 60여 기를 보유하고 있다.[138]

주둔전력 외에도 유사시 증원되는 전력은 신속억제방안(FDO: Force Deterrence Option), 전투력증강(FMP: Force Module Package), 시차별부대전개제원(TPFDD: Time Phased Force Deployment Data)에 의한 증원으로 구분되어 총 병력 69만 명, 함정 160여 척, 항공기 2,000여 대의 규모가 상황에 따라 전개된다.[139]

한국은 양적, 질적으로 전력이 증강되었지만 주변국의 개입을 차단하고 정치적 목표를 달성하기 위해서 아직까지 주한미군 및 증원전력이 필요한 것은 사실이다. 그러나 미국은 세계 유일 패권국으로서 동아시아지역에서 지역패권의 등장을 차단하기 위한 전략의 일환으로 주한미군을 주둔시키고 있으며 특히, 전략적 유연성을 확보함으로써 방위비 분담은 실상 미국에 대한 한국의 군사원조적 성격을 띠고 있는 것도 사실이다.

주한미군 방위비 분담 외에도 1991년에는 미국의 걸프전쟁을 지원하기 위하여 사우디아라비아에 국군의료지원단을, 아랍에미레이트에 공군수송단을 파병하여 총 314명을 지원하였다. 2001년에는 미국의 아프간전쟁을 지원하기 위하여 해군수송단 823명, 공군수송단 446명

138) 국방부, 『국방백서 2008』, 58쪽.
139) 위의 책.

을 지원하였고, 다산·동의부대 2,110명을 파병하여 의료지원 및 시설
공사를 지원하였다. 또한 2003년 미국의 이라크전쟁을 지원하기 위하
여 서희·제마부대는 물론 자이툰 사단과 다이만 부대를 파병하여 재
건지원과 민사활동을 지원하였다.[140] 걸프전쟁, 아프간전쟁, 이라크전
쟁은 다른 평화유지활동과 달리 미국이 패권전략차원에서 수행한 전
쟁으로서 한국이 파병한 것은 물론 국익차원에서 결정되었지만 미국
의 전쟁을 지원한 군사원조적 성격을 가진 것도 사실이었다.

  종합적으로 1988년 이후부터 2008년까지 한국은 이전에 미국으로부
터 일방적으로 수혜받았던 군사원조와는 반대로 방위비 분담을 통해서
주한미군의 주둔을 지원하였으며 그 비율은 국방예산대비 평균 2~3%
수준 규모를 유지하였다. 또한 미국의 해외전쟁을 지원함으로써 이전
에 원조를 받는 것에서 완전히 탈피하여 오히려 후견국을 지원하는
군사원조의 역전현상이 나타난 것이다.

----

140) 합동참모본부, 『합참 60년사: 역사는 말한다』, 30쪽.

제6장 북한의 도발과
한국 전쟁지도체제의 대응(2009년~)1)

이 장은 수정증보판 발간으로 추가된 내용으로 2009년 이후의 북한의 천안함 폭침과 연평도 포격도발, 그리고 이어진 핵미사일 전력화라는 국면에 직면한 한국 전쟁지도체제의 구조적 대응을 다루었다. 이 시기 북한의 도발에 대한 한국 전쟁지도체제의 대응은 국민들에게 확고한 믿음을 주기에 충분하지 못하였다. 분리된 함수가 침몰하고, 연평도가 화염에 휩싸이며, 연이은 핵실험 소식과 대륙간탄도미사일이 날아오르는 장면을 지켜보며 불안에 휩싸이기도 했다. 그 이후 한국은 대미 의존의 구조적 대응을 강화했음에도 불구하고 위협과 불안은

1) 이 장은 저자가 기고하여 『한국군사학논집』 제76집 제3권(2020.10)에 게재되었던 「2010년대 북한의 도발과 한국 전쟁지도체제의 대응 분석」을 수정 보완하여 수록하였다.

여전한 실정이다.

왜 2010년대 북한의 도발에 한국의 전쟁지도체제는 국민, 영토 및 주권 수호 의지를 확고하게 심어주지 못했을까? 언제든 긴장이 조성될 수 있는 북방한계선 주변의 도발이었고, 협상으로 막지 않으면 계속 증강되는 북한의 핵미사일 전력은 사실상 예견된 위협이었다. 결코, 신출귀몰(神出鬼沒)한 현상이 아니었다는 점에서 2009년 이후 북한의 도발 궤적을 한국의 실시간 대응을 포함하여 고찰하고, 이에 대한 구조적 대응과 그 심층요인을 고찰할 필요성이 있다. 그래야만 미래에 닥칠 수 있는 또 다른 도발을 제대로 억제하거나 유사시 단호한 대응을 할 수 있기 때문이다.

제1절 천안함·연평도 도발과 한국의 대응

북한은 2010년 서해 북방한계선 일대에서 3월 26일 천안함 폭침과 11월 23일 연평도 포격을 연이어 감행하였다. 한국의 실시간 대응조치를 포함한 북한의 천안함·연평도 도발의 전개 과정을 고찰하고 한국 전쟁지도체제의 구조적 대응을 분석한 후 그 요인을 살펴보았다.

1. 천안함·연평도 도발 전개 과정

2010년의 천안함 폭침과 연평도 포격 도발은 공공연한 1, 2차 핵실험을 배경으로 대남강압전략을 구현하고 김정은 후계체제를 구축하려는 의도를 가지고 있었다.[2] 따라서 북한의 기습이라기보다는 사전

위협과 전조 과정을 통해 예측이 가능한 도발이었다.

가. 2009년 대청해전과 보복 전조

북한의 천안함 · 연평도 도발은 남북의 대결구조 속에서 서해 북방 한계선(NLL: North Limitation Line) 일대에서 발생한 여러 충돌의 연장 선에서 이뤄졌다. 특히, 천안함 폭침은 군사적으로 2009년의 대청해전 에 대한 보복적 성격이 강했다. 대청해전은 2009년 11월 10일 11시 27분 대청도 동쪽 북방한계선을 침범한 북한의 경비정에 대해 우리 해군이 수차례의 경고통신에 이어 11시 37분에 경고사격을 하자 북한 경비정 이 조준사격을 가했고 이에 우리 해군의 대응격파사격으로 11시 40분 북한 경비정이 화염에 휩싸여 퇴각하였다. 대청해전 후 북한은 "남측 이 먼저 도발한 무장도발사건"이라고 주장하고 "무자비한 군사적 조치 가 취해질 것"이라고 협박하였다.3) 한국은 대청해전이 끝나고 통상적 인 사격상한선을 넘은 것에 대해 과잉대응 논란이 일자 청와대와 국 정원은 이를 조사하기도 했으나4) 결과적으로 군의 발표를 수용하여

2) 김승기, 「북한의 핵무장과 선군 강압전략 연구: 제1, 2차 핵실험 및 천안함 · 연평 도 도발 사례 연구」, 경기대 정치전문대학원 박사학위논문, 2014, 153~229쪽.
3) 이상철, 『NLL 북방한계선』, 선인, 2012, 139~141쪽.
4) 당시 북한 경비정은 우리 해군 참수리 325호에 25밀리와 37밀리 함포 등 50여 발 의 사격을 가하여 그중 15발이 좌현 함교와 조타실 사이에 맞았으며, 우리 해군 은 거의 100배에 달하는 20밀리와 40밀리 함포 4,960발을 발사하였으며, 함포와 기관포를 파괴하고 북한군 8명을 사망케 것으로 판단하였다. 당시 노동부장관 (임태희)이 싱가포르에서 북한의 통일전선부부장(김양근)을 만나 정상회담을 협 의하였는데 대청해전에서 과잉대응이 이를 무산시킬 수 있었고, 그래서 2함대사 령부도 검열을 받았다는 연구도 있다. 배봉원, 「전략적 관점에서 본 북한의 군사 적 도발행태: 천안함 피격 · 연평도 포격 · 핵 사례를 중심으로」, 경남대 대학원 박사학위논문, 2019, 57~58쪽.

북방한계선 수호 의지를 옹호해 주었다.

그런데 대청해전 직후 북한은 총참모장인 김격식을 해주를 관할하는 4군단장으로 내려보내고 김정일, 김정은 부자가 수시로 서해를 방문하는 등 보복을 준비하였다. 해안포도[5] 100문 이상 증강되었고 장사정포, 잠수함 및 잠수정, 대공미사일, 인간 어뢰 부대, 공기 부양정 등이 본격 증강되었다. 2010년 1월 28일 이명박 대통령은 다보스포럼에 참석하여 김정일을 만날 준비가 항상 되어있다는 등 남북정상회담에 미련을 보였으나 북한은 오히려 위협을 더욱 강화하였다. 1월[6] 15일 '거족적 성전'을 언급하며 위협하였고 키리졸브 독수리연습에 대해 '무자비하게 죽탕쳐 버릴 것'이라고 하면서 1월 25일부터 3월 29일까지 서해 북방한계선 일대에 해상사격구역과 통항금지구역을 설정하였다. 실제로 1월 27일부터 30일까지 300~400발의 포탄을 발사하고 일부는 NLL을 넘기도 하였다.

나. 천안함 피격과 대응조치

한국 해군 제2함대사령부 소속의 1,200톤급 천안함(PCC-772)은 3월 16일 평택항을 떠나 백령도 서쪽의 경비구역을 운항하고 있었다. 3월 8일부터 26일까지 실시된 키리졸브독수리(KR/FE: Key Resolve/Foal Eagle) 연습 기간에 천안함도 백령도 인근에서 작전 활동 중인 것이었다. 3월 25일 풍랑주의보가 발효되어 대청도 동남쪽에 피항해 있다가 다음날

---

[5] 김종대, 『서해전쟁』, 메디치, 2013, 173쪽.
[6] 배봉원, 「전략적 관점에서 본 북한의 군사적 도발행태: 천안함 피격·연평도 포격·핵 사례를 중심으로」, 58쪽.

인 3월 26일 아침 기상이 호전되어 경비구역으로 복귀하기 위한 항해를 개시했다. 그런데 전날인 3월 25일 북한군 상어급 잠수함 2척과 연어급 잠수함 1척이 미식별 되었음에도, 한국 합참의 정보평가서는 그것을 해상훈련을 위한 준비 활동으로 추정했다. 3월 26일 정보평가서에는 잠수함 미식별 사항이 아예 누락되었다.

그러는 사이 천안함은 북한의 잠수함 침투 가능성에 대한 아무런 정보를 받지 못한 상태에서 3월 26일 오후 5와 7시경에 수심 50m 이상 수역으로 진입했다가 백령도 인근 서남쪽 2.5km 인근 지점으로 들어와 시속 2노트의 저속으로 머물거나 가속과 감속, 변침을 하면서 운항하였다. 21시 10분 경 북서 방향으로 대변침을 하고 두무진 방향으로 해안선과 나란히 6.7노트(시속 12km) 속도로 움직여 21시 17분경 수심 50m 지점으로 접어들었고 같은 방향, 같은 속도로 나아가다 22분경 침몰하였다.[7] 선체가 크게 두 쪽으로 분리된 채 침몰하였고 승조원 104명 중 46명이 사망하였다.

천안함 피격은 최초에는 좌초 또는 기뢰에 의한 침몰 등의 논란이 있었으나 5월 24일 민군합동조사단 다국적 연합정보분석TF 발표에 따라 북한의 연어급 잠수함의 어뢰공격에 의해 침몰된 것으로 판명되었다. 침몰 2~3일 전 북한의 소형 잠수함이 기지를 이탈했다가 피격 2~3일 후에 복귀하였으며, 그 어뢰는 북한제 고성능폭약 250kg 규모의 CHT-02D 라고 공개하였다. 수중폭발에 의한 충격파와 버블(Bubble)효과에 의해 절단되어 침몰된 것으로 밝혔다.[8] 백령도 인근에 머물던 천안함은 적

---

7) 이종헌, 『천안함 전쟁 실록 스모킹 건』, 맥스교육, 2015, 238~239쪽.
8) 대한민국 국방부, 「합동조사결과보고서: 천안함 피격사건」, 명진출판, 2010, 262~263쪽.

잠수함 어뢰 위협을 고려하지 않은 채 항해했으며 휴대폰이 잘 터지는 해안 가까이에서 머물면서 장병들은 피격 직전까지 150통이 넘는 통화를 하기도 했다.

북한의 어뢰공격에 피격된 21시 22분 그 시각, 천안함 함장은 두 차례의 폭발음과 함께 몸이 30~40cm 솟아오르는 충격을 받고 왼쪽으로 쓰러져 정신을 잃고 우현에 깔렸다. 한참 후 통신장이 부르는 소리를 듣고 부하들의 도움으로 갑판에 나온 시각은 21시 30분이었다. 2분 전인 21시 28분에 포술장이 이미 제2함대사령부 상황반장에게 "천안함인데 침몰되었다. 좌초다"라고 구조를 요청하였다. 함장이 깨어나고 21시 30분에는 전투정보관이 "천안함이 백령도 근해에서 조난당했으니 대청도 235편대를 급히 출항시켜 달라"고 요청했다. 통신장도 백령도 레이더기지 무전병과 교신하면서 침몰 사유를 "어뢰로 사료됨"으로 교신하였다. 함장은 전대장과의 전화에서 "어뢰에 맞은 것 같고 함미와 연돌이 안 보인다"고 보고하면서 고속정과 리브(RIB: Rigid Inflatable Boat, 고속단정)를 요청하였다.[9]

그러나 전대장과 제2함대사령부는 "어뢰 같다"라는 함장의 최초보고를 빼고 "뭔가에 맞은 것 같다"라고 해군작전사령부와 합참에 보고했다. 합참은 청와대 위기상황실로 21시 45분에 보고했으며, 청와대는 22시 00분에 안보관계장관회의를 소집했다. 그런데 합참의장이 천안함 피격에 대한 최초 보고를 받은 시각은 22시 11분경이었다. 대전 육군교육사령부에서 합동성 강화 대토론회를 주관하고 KTX를 타고 상경하는 와중에 취중이라 기차에 내려서야 보고를 받았다.[10] 국방장관

....

9) 김종대, 『서해전쟁』, 189쪽.

은 3분이 더 늦은 22시 14분경에 보고를 받았다. 피격 직후 해상 및 대잠경계태세가 A급으로 격상되었고 제2함대사령부의 지시로 속초함이 전속력으로 달려 현장에 22시 40분에 도착[11]하였다. 이어 청주함, 왕건함 등이 현장에 급파되고 링스(LYNX)헬기가 23시 20분에, 해상초계기(P-3C)가 23시 50분에 출격하여 대잠수함 경계를 강화했지만 특이사항을 발견하지 못했다. 공작사령부에서도 북한의 공중 상황을 확인하였으나 항적이 발견되지 않았다. 합참은 3월 27일 새벽 3시 30분에 작전본부장이 '군 대비태세 강화'를 전군에 하달한 후 합참의장이 기상한 새벽 5시가 넘어서야 사후 결재를 받았다.[12]

청와대에서는 3월 26일 피격당일 밤 대통령 주관으로 22시 10분에 외교안보장관회의를 개최하였으나 국정원장의 보고와 군사동향에 특이사항이 없는 점 등으로 승조원 구조대책회의로 진행되었다. 다음날 아침 07시 30분에 2차 외교안보장관회의에는 합참의장도 참석하였으며 신속한 원인파악에 주력할 것과 비상 근무태세 유지를 논의하였다. 이후에도 각종 회의, 언론 브리핑, 검열, 감사 및 조사 등이 이어졌지만 북한의 도발을 특정하지 못하고 좌초, 기뢰에 의한 침몰 등이 부각되었고, 언론의 각종 의혹 제기와 그에 대한 대처 미흡으로 국가적 혼

10) 김종대, 『위기의 장군들』, 메디치, 2015, 262~263쪽.
11) 속초함은 22시 55분에 시속 40노트로 고속 북상하는 미상물체를 탐지하여 23시 00분경에 76밀리 함포 130여 발을 사격했지만 그 물체는 NLL을 넘어 사라졌다. 이후 2함대사령부는 이를 '새떼'로 판단하였다. 배봉원, 「전략적 관점에서 본 북한의 군사적 도발행태: 천안함 피격·연평도 포격·핵 사례를 중심으로」, 72쪽.
12) 당시 경찰은 22시가 조금 넘은 시간에 인천해양경찰청에 갑호 비상령을, 전국 경찰에는 을호 비상령을 하달했으며, 타이완에서는 해외출장 중이던 마잉주 타이완 총통이 관련 보고를 받고 23시경 국가안전보장회의를 소집하고 전군에 비상령을 하달했다. 김종대, 『위기의 장군들』, 265~266쪽.

란이 야기되기 시작했다. 4월 15일 함미 인양, 4월 24일 함수 인양에 이어 5월 15일 결정적 증거물인 어뢰추진동력장치가 수거되었다. 그리고 5월 20일 합동조사단에 의해 조사결과가 발표되었고, 6월 2일 지방선거를 일주일 앞두고 5월 24일에는 정부의 대북조치 담화문이 발표되었다.[13]

천안함 피격에 대한 한국군의 실시간 대응에서 문제점은 무엇보다 '정보분야'에 있었다. 군사작전의 시작은 정보에서 출발하는 데 이미 2, 3일 전부터 식별되지 않은 북한의 잠수정을 훈련 준비로 판단하였고 작전부대에 공유조차 하지 않았다. 한편 제2함대사령부는 함장의 "어뢰에 맞은 것 같다"라는 최초보고를 누락하는 바람에 혼란을 자초하였고, 합참은 당일 음주한 합참의장부터 늑장 대응에 대한 책임회피에 급급했다.[14]

다. 북한의 반발과 재도발 전조

천안함 피격이 북한의 소행임을 밝힌 5월 20일 발표와 5.24 대북조치[15]에 대한 북한의 반발은 거세었다. 5월 20일에는 국방위원회 대변인 성명으로 '제재에는 전면전쟁을 포함한 강경조치로 대응'하겠다고 위협하였고 5월 24일 전선중부지구사령관 공개경고장으로 '심리전 재

---

13) 대한민국 정부, 『천안함 피격사건 백서』, 인쇄의 창, 2011, 259~262쪽.
14) 주충근, 「국가위기관리의 통합성에 관한 연구: 천안함과 세월호 사고를 중심으로」, 경남대 대학원 박사학위논문, 2019, 113~115쪽.
15) 5.24 대북조치는 남한 해역에서 북한 선박 운항금지, 개성공단을 제외한 남북 간 교류와 교역의 중단 및 방북 제한, 북한의 사과와 재발방지 및 책임자 처벌 요구, 대북 심리전 재개, 대량살상무기확산방지구상(PSI: Proliferation Security Initiative) 훈련 참가 등이었다. 조성훈, 『대남도발사』, 백년동안, 2015, 121~122쪽.

개 시 직접조준사격'을 협박하였다. 5월 27일에는 총참모부 중대 통고
문에서 '남북교류협력에 대한 군사적 보장 합의 전면 철회'를 6월 12일
에는 '서울 불바다까지 내다 본 무자비한 군사적 타격'을 언급하며 위
협 수위를 높였다. 7월에는 일곱 번이나 개최한 유엔사-북한군 대령
급 접촉에서 국방위 검열단의 현지조사와 공동검열단을 구성하자는
주장을 반복했다.[16]

<그림 14> 서해5도와 북방한계선 및 주변 각종 선·구역[17]

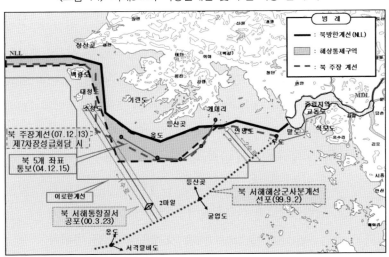

그리고 8월 들어서 북한은 9일에 연평도에 인접한 NLL 일대에서 120여
발의 해안포를 사격하였다. 한국이 천안함 피격에 대한 대응조치로

. . . .

16) 대한민국 정부, 『천안함 피격사건 백서』, 172~173쪽.
17) 대한민국 국방부, 『2018 국방백서』, 2018, 129쪽; 고길동, 「북측의 '해상경비계선'
    이란 무엇인가?」, https://blog.naver.com/pyowa/221570018939(검색일: 2020.7.20);
    김승기, 「북한의 핵무장과 선군 강압전략 연구: 제1, 2차 핵실험 및 천안함·연평
    도 도발 사례 연구」, 277쪽 등의 그림을 활용.

실시한 육해공 합동훈련 마지막 날에 북한은 백령도 부근에 해안포 10여 발을 쏘았는데 그 가운데 일부는 NLL 이남 1~2km 지점에 떨어졌다. 일각에서는 해안포뿐 아니라 장사정포도 쐈다는 분석도 나왔다. 이는 천안함 피격이 있기 직전인 1월과 같이 다시 사격을 시작한 것으로 우리의 경고를 무시한 것이었다. 왜냐하면, 합동참모본부는 국립해양조사원 항해경고에 해병 연평부대가 8월 1주 해상사격계획에 6일과 8일 오후 1~5시 연평도 근해에서 사격훈련을 한다고 예고를 하고 사격을 했기 때문이다.

이러한 사전 경고에도 불구하고 8월 3일 북한 인민군 전선지구사령부는 조선중앙통신을 통해 대남 '통고문'을 발표하고 한국군이 해상사격훈련을 할 경우 '강력한 물리적 대응 타격으로 진압할 것'이라고 위협했다. 연평부대의 사격훈련 전날인 5일에는 조국평화통일위원회에서 '예상을 초월한 가장 위력한 전법과 타격 수단으로 도발자들과 아성을 짓뭉개 놓을 것'이라고 발표하고 7일에는 '우리 경고가 결코 빈말이 아니다'라고 한 뒤 9일 포격도발을 감행한 것이다.[18] 북한은 한국군의 포격 낙탄이 〈그림 14〉와 같이 그들이 그어놓은 경비계선을 넘었다고 판단하면 NLL 이남으로 대응 사격을 하곤 한 것이다.

그런데도 한국군은 북한의 포격이 NLL을 넘어오지 않았다고 주장하다 하루 만에 몇 발이 넘어왔다고 번복해 논란을 빚기도 했다. 더욱이 한국군은 당시 북한의 사전 경고에도 불구하고 제대로 대비하지 않았고 NLL을 넘은 것은 명백한 북한의 공격행위인데도 응징하지 않았다.

18) 『동아일보』 2010년 12월 3일자, 「북, 연평도 포격 도발 '협박→도발' 경보 무시… 8월 방식 그대로」, http://www.donga.com(검색일: 2020.1.3)

5.24 대북조치로 대북 심리전 방송을 재개하겠다고 공표하고도 북한이 스피커 직접 타격을 위협하면서 못한 것과 비슷한 현상이 벌어지고 있었다. 한국의 강력한 대응은 말뿐인 것으로 비쳤을 것이다.[19]

라. 연평도 포격과 대응조치

2010년 11월 초 한국 정부는 국정원 1차장을 비밀리에 평양에 보내 '천안함 피격에 대한 북한의 사과를 6자회담과 연계하지 않겠다'는 이명박 대통령의 의견을 전달하였다. 11월 11일부터 12일까지 서울에서는 G-20 정상회의가 개최되었기 때문이기도 했다. 11월 16일 합참은 23일과 24일 이틀간 연평도 남서 측 수역에서 해상사격훈련을 한다고 국립해양조사연구원 항행경보에 공지했다. 호국훈련이 시작된 22일, 즉 사격훈련 전날부터 북한은 국제상선망을 통해 '군사훈련 중지 및 사격훈련을 감행하면 군사적 대응을 하겠다'는 경고를 보내왔다.[20] 사격일인 11월 23일 오전에도 장성급군사회담 단장 명의의 대남전화통지문으로 사격훈련을 하면 응징할 것이라고 경고하였다. 한국군은 이를 무시하고 사격훈련을 하였고 북한군은 연평도를 향해 해안포와 방사포를 무더기로 발사했다. 8월 9일 도발 때에는 위협에서 행동으로 6일이 걸렸지만, 연평도 포격도발에는 반나절 정도 걸린 것이다.[21]

연평부대의 포병중대는 10시 15분부터 K-9 자주포 6문 중 2문은 대

---

19) 오병흥, 『나비와 천안함』, 지성의 샘, 2016, 223~224쪽.

20) 김종대, 『위기의 장군들』, 279~280쪽.

21) 『동아일보』 2010년 12월 3일자, 「북, 연평도 포격 도발 '협박→도발' 경보 무시…8월 방식 그대로」, http://www.donga.com(검색일: 2020.1.3)

기포로 운용하고 4문으로[22] 오전 사격훈련을 실시하였다. 오후 13시 정각부터 오후 사격을 실시하다 K-9자주포 1문에 불발탄이 발생하여 정비에 들어갔지만 14시 30분까지 사격을 완료하였다. 그러나 약 4분 후부터 북한의 포격도발이 개시되어 14시 34분부터 46분까지 개머리에 배치된 방사포와 무도에 배치된 해안포가 150여 발의 포탄을 발사하여 60여 발이 연평도에 투하되었고 나머지는 그 주변 해상에 떨어졌다. 이에 한국군 연평부대는 14시 47분부터 15시 15분까지 K-9자주포로 북한의 무도 해안포 부대에 50여 발의 대응사격을 하였다.

북한군의 2차 도발은 15시 12분부터 29분까지 방사포와 해안포 20여 발로 연평부대 지휘소와 레이더(AN/TPQ-36) 기지를 사격하였다. 이에 한국군 연평부대는 15시 25분부터 41분까지 K-9자주포로 북한의 개머리 해안포 진지에 30발의 대응사격을 하였다.[23]

한국군의 대응은 천안함 피격 이후 북한의 도발에 대한 강력한 응징을 다짐했지만 실제로는 그렇지 못했다. 이미 오전 사격훈련 간에 나타난 북한의 수호이 전투기 출현, 탄약차량 움직임 등 화력도발 및 무력시위 비행가능성이 포착되었다. 그럼에도 불구하고 국방장관은 국회에 출석하였다가 안보관계장관회의에도 참석하지 못하고 교전이 끝난 후 청와대에 들어갔다.

북한의 연평도 도발이 시작된 시각 합참의장과 작전사령관들의 화상회의가 진행 중이었다. 화상회의 중 갑자기 연평부대장이 포탄 낙하 상황을 보고하자 합참의장은 '대충 몇 발 떨어진 것 같으냐?'고 물

22) 이상철, 『NLL 북방한계선』, 146~147쪽.
23) 대한민국 국방부, 『2010 국방백서』, 2010, 266쪽.

었고, 연평부대장은 '백여 발'이라고 답변했으나 합참의장은 단호하게 대응하라는 지침을 바로 내리지 못했다. 합참은 당시 이미 초기 대응반이 소집되어 있었으며 공군작전사령관과 해병대사령관도 모두 화면에 등장해 있었고, 공중에는 최신예 전투기가 미사일을 탑재하고 명령을 기다리고 있었다. 포격이 진행 중이던 시각 대통령은 합참의장에게 '단호하게 대응하되 확전하지 말라'는 지시를 하였다.

15시경에는 한미연합사령관은 화상회의에서 합참의장에게 위기선포 여부를 물었으나, 합참의장은 위기선포를 하지 않았다고 답변했다.[24] 15시 40분경 합참의장은 작전사령관들과 다시 화상회의를 하면서 공대지 무장을 한 F-15K 전투기의 현장 대기를 지시했다.[25] 결국 한국군은 무도와 개머리 해안포 진지에 대한 K-9 자주포 대응사격 외에는 더 이상의 자위적 응징을 하지 못하였다. 즉각적이고 강력한 자위권 대응이 가능한 상황인데도 합참의장은 확전 방지에 무게를 두었고, 결국 민간인 2명과 해병대원 2명이 사망하고 16명의 군인이 중경상을 입었으며 다수의 민간인 부상자와 시설 피해를 입은 채 상황이 종료되었다.

전술적으로도 연평도에 있던 기상측정 장비가 11월 4일부터 고장이 났는데도 11월 23일 정비를 하지 않고 사격훈련을 하였고, 대응 사격 때에도 기상 수정량을 적용하지 않았다. 합참에서 내려준 북한군의 122mm 방사포 야지 전개에 대한 특수정보도 연평부대에는 전달되지 않고 해병대사령부에서 멈춰 있었다. 또한, 북한군은 열압력탄을 사격

[24] 오병흥, 『나비와 천안함』, 225~227쪽.
[25] 김종대, 『위기의 장군들』, 282~285쪽.

했는데도 한국군은 고폭탄 순발신관 만 사용하였다. 지면에서 1차 폭발 후 다시 2차 폭발하여 살상 효과를 크게 증대시킨 이중목적개량고폭탄(DPICM)을 생각하지 못했다. 게다가 접근신관(목표 20m 상공에서 자동 폭발하는 신관)이나 시한신관(장입한 시간에 따라 목표 상공에서 폭발하는 신관)도 마찬가지였다.[26]

대응에 대한 논란이 일자 이명박 대통령은 합참의장이 아닌 천안함 피격 직후 제출되었던 국방장관의 사표를 연평도 포격도발 3일 만에 수리하였다. 청와대 위기관리센터는 위기관리실로 증편되었고 실장에 수석비서관급을 임명하였다.[27]

2. 한국 전쟁지도체제의 구조적 대응

북한의 천안함 · 연평도 도발에 따른 한국의 실시간 대응은 여러 가지 문제점을 노출하였다. 그리고 이는 이후 전쟁지도체제의 구조적 대응과 연결되어 나타났다. 전쟁에서 승리를 담보하기 위한 조직과 시스템을 갖추기 위해 한국 전쟁지도체제는 구조적으로 한국군에 대한 전작권을 스스로 행사하는 전환 시기를 연기하고 한미연합 조직도 확대하였다.

가. 전작권 전환 연기

천안함 피격에 따른 5.24 대북조치 후 약 1개월 뒤인 6월 26일에 한

----

26) 오병흥, 『나비와 천안함』, 229~230쪽.
27) 이종헌, 『천안함 전쟁 실록 스모킹 건』, 504쪽.

미는 정상회담에서 전작권 전환을 2012년 4월 17일에서 2015년 말로 조정하기로 합의하였다.[28] 북한의 도발에 대한 대응에 대한 문제점을 해결하는 대책으로 전작권 전환을 연기한 셈이다. 실상 천안함·연평도 도발대응의 문제점은 전작권 전환을 추진했기 때문이라기보다는 그 반대이다. 즉, 자위권에 의해 가용 전력을 스스로 제 때에 단호하게 사용하지 않고 책임을 피하거나 미군에 의지하려는 속성에서 기인했기 때문이다. 그러나 전쟁지도부는 전작권 전환 연기를 신속하게 결정하고 합참의장을 경질하는 것으로 마무리하려 했다.

주권의 자율성 문제를 해결하기 위해 1988년 노태우 정부에서부터 전쟁지도체제를 자주형으로 전환하기 시작하였고, 김영삼 정부에서는 1994년 12월 1일 그 일부인 평시작전통제권을 환수하였다.[29] 나아가 2000년대 중반 노무현 정부는 전시작전통제권(이하 전작권) 전환을 추진하였다. 2008년까지만 해도 전작권 전환 시기인 2012년 4월 17일에는 우리 국군에 대한 완전한 권한을 모두 회복할 수 있을 것으로 기대했었다.[30] 그러나 이명박 정부가 들어서 남북관계가 경색되고, 북한이 2009년 5월 25일 2차 핵실험을 감행한 후 전작권 전환 연기에 대한 여론이 증가하기 시작하였다. 동시에 정책적으로 전작권 전환 연기를

---

[28] 합참 전작권전환추진단, 『전시 작전통제권 전환사』, 2011, 67쪽.

[29] 『국방일보』 1994년 12월 1일자, 「전쟁지도체제·전쟁수행능력 구비」, http:// ebook.dema.mil.kr(검색일: 2020.7.28)

[30] 전작권 전환은 노무현 정부에서 2007년 6월 28일 한국 합참의장과 주한미군 선임장교가 '한미연합군사령부로부터 대한민국 합동참모본부로 전작권전환 이행을 위한 전략적 전환계획(STP: Strategic Transition Plan)'에 서명하고 2012년 4월 17일 전환하기로 하였다. 이 계획은 한미연합사령부를 해체하고 주한미군사령부를 전투사령부인 미한국사령부(US-KORCOM: US-Korea Command)로 재편하여 한국 합참을 지원하는 개념이다.

암중모색하던 중 북한의 천안함 도발은 그 연기에 좋은 계기를 제공한 것이다.

2010년 2월부터 미국과 다양한 채널을 통해 전작권 전환 시기 조정에 관한 협의를 이미 시작하였다. 전작권 전환을 위한 초기운용능력 검증을 2010년 UFG연습 기간에 하도록 일정이 잡혀있었기 때문에 그해 전반기 중에 조정 여부를 결정할 필요가 있었다. 보안을 유지하면서 협의를 진행하는 와중에 천안함이 피격되었다. 정부는 이를 전작권 전환을 연기하기 위한 논리로 활용하였다. 예비역 장성들이 주도한 연합사 해체 반대 서명운동도 1,000만여 명이 참가하고, 여론조사에서도 50% 이상이 전작권 전환 연기에 찬성하였다.[31] 그리고 6월 26일 이명박 대통령은 오바마 미 대통령과 캐나다의 토론토에서 만나 전작권 전환을 2015년 말로 연기하는 데 전격 합의하였다.

전작권 전환은 이전부터 한미가 협의를 진행하고 있었지만, 천안함 피격 이후 "불확실성과 불안정성이 증대되고 있는 한반도 안보상황을 안정적으로 관리하여 안보에 대한 국민적 우려를 해소"하기 위한 것이라고 홍보하였다. 또한 "보다 안정적인 전작권 전환과 한·미동맹의 강화를 위해 변화하는 안보환경을 고려하여 한국 정부가 전작권 전환 시기 조정을 미국 정부에 요청"했다고 보도자료를 배포하였다.[32]

정상 간의 합의에 따라 2010년 10월 8일 워싱턴에서 개최된 제42차

----

[31] 2009년 11월 문화일보 여론조사에서 예정대로 전환하자는 의견이 24.9%, 연기 또는 반대가 54.8%였으며, 2010년 5월 동아일보에서는 예정대로 전환 의견이 32.3%, 연기 또는 반대가 51.4%였다. 합참 전작권전환추진단, 『전시 작전통제권 전환사』, 65쪽.

[32] 대한민국 국방부, 「한미 전시작전통제권 전환시기 조정 합의」, 2010년 6월 27일자 보도자료.

한미 안보협의회의(SCM: Security Consultative Meeting)에서 양 국방장
관들이 전작권 전환 연기를 공식화한 '전략동맹 2015'에 서명하였다.[33)
'합참 주도, 미한국사 지원'의 기조를 유지하되 2년 8개월을 연기하여
2015년 12월에 전환하기로 합의한 것이다.

나. 한미 연합조직 확대

한미 연합조직의 확대는 이명박 정부가 들어서서 남북관계가 급속
히 악화된 가운데 북한의 핵실험과 기습도발로 자주적 조직과 능력의
한계를 실감한 상태에서 한미연합형 제도적 장치의 확대를 추진한 데
에서 비롯되었다. 첫째는 2009년 5월 북한의 2차 핵실험 이후부터 한
미가 구상한 확장억제정책위원회(EDPC: Extended Deterrence Policy
Committee)를 연평도 포격도발 이후부터 실제로 가동하였다. 즉, 2009년
10월 제41차 SCM에서는 미국이 한국에 대한 확장억제 공약을 재확인
하는 수준에 그쳤으나[34) 천안함 폭침 이후인 2010년 10월 제42차 SCM
에서 EDPC를 제도화하기로 하였고, 연평도 포격이 일어난 이후인
2011년부터 EDPC를 실제로 가동한 것이다.

둘째는 천안함 · 연평도 포격도발 이후 동맹위기관리합의각서를 체
결한 것이다. 즉, 2011년부터 한국은 능동적 억제(Proactive Deterrence)
로 군사전략에서 변화를 시도하면서[35) 한미 공동의 위기관리와 대응

---

33) 대한민국 국방부, 『2010 국방백서』, 305~307쪽.
34) 대한민국 국방부, 『2010 국방백서』, 303쪽.
35) Won Gon Park, "A Theoretical Review of and Policy Implication for South Korea's
Proactive Deterrence Strategy," *The Korean Journal of Security Affairs* Vol. 20, No. 2,
2015, p. 12.

을 요청하였다. 미국은 한국의 선제타격과 이로 인한 한반도의 긴장 고조 가능성을 우려하였지만,36) 한미는 2012년 들어 북한의 위협에 대응한 공동작전계획을 수립하는 데에 합의하였다. 그리고 양측의 역할을 구체화한 세부계획을 2012년 전반기에 세우기로 하고 이를 뒷받침할 수 있도록 2012년 4월 18일 '동맹위기관리 합의각서'를 체결하였다.37)

연합사령관이 권한을 행사하는 데프콘 III 이전의 위기도 한미가 공동으로 관리하기로 한 것이다. 이 각서에 근거하여 2013년 3월에는 한미공동 국지도발대비계획이 수립되었고 미국의 지원전력을 포함시켰다.38) 한미동맹위기관리 합의각서를 체결하면서 한국은 권한위임조차 되지 않았던 평작권의 일부인 데프콘 III 이전의 위기관리를 한미가 공동 조치하기로 한 것이다. 평시 자위권에 대한 일종의 분담을 제도화한 것이다.

북한의 천안함·연평도 도발로 가동된 EDPC와 동맹위기관리 합의각서는 북한의 재래식 국지도발을 한국이 자위권 차원에서 독자적으로 대응하기보다 미국과 협력하기로 한 것이다. 이는 국지도발이 전쟁으로 확전되는 것을 가정하여 확실한 승리를 담보하기 위한 전쟁지

· ·

36) Beomchul Shin and Jina Kim, "ROK-US Cooperation in Deterring North Korea's Military Threat," *The Korean Journal of Security Affairs* Vol. 17, No. 1, 2012, p. 38.
37) 2012년 4월 18일 체결한 '동맹위기관리 합의각서'에 따라 전시 또는 위기 시가 아닌 평시(이 각서 체결이전에는 정전 시 작전통제권 가진 한국 합참의 권한이었음)에도 북한의 국지도발이 있을 경우 한미군의 역할과 통보와 협조 등의 사항이 규정되어 있다. 미국은 전작권 전환을 위한 이에 대한 개정 협상과정에서 '미국 유사시'를 포함하는 것을 요구한 것으로 보도되어 논란이 일었다. 『국민일보』 2019년 10월 29일자, 「美, 미국 위기도 한미동맹이 관리 제안 논란」, http://news.kmin.co.kr(검색일: 2019.12.30)
38) Richard Weitz, "Transforming Korea-US Defenses: The Agenda Ahead," *The Korean Journal of Security Affairs* Vol. 19, No. 1, 2014, p. 56.

도체제 차원의 구조적 대응으로서 한미 연합조직의 확대로 이어졌다.

3. 구조적 대응 요인 분석

2010년의 북한 천안함·연평도 도발에 대한 구조적 대응으로 한국은 전작권 전환을 연기하고, 연합조직을 확대하는 것으로 방향을 조정하였다. 따라서 한국군에 대한 전작권 행사와 6대 권한위임사항[39]은 여전히 주한미군사령관이면서 유엔군사령관인 한미연합사령관이 2015년까지 계속 행사하게 되었다. 그리고 동맹위기관리합의각서를 체결하면서 데프콘 III 이전의 위기관리도 한미가 협력해서 하기로 하였다. 노태우 정부부터 노무현 정부까지 정권의 변화와 관계없이 계속된 자주형으로 전환 추진이 이명박 정부에서 사실상 좌절된 것인데 그 요인은 무엇이었을까?

가. 대통령의 안보관

헌법상 한국의 대통령은 군 통수권자이면서 선전포고 또는 강화에 대한 책무와 권한을 가진다.[40] 그만큼 전쟁지도체제의 구조적 대응에

---

[39] 미군인 한미연합군사령관이 행사하는 전작권은 실질적으로 평시에도 한국군에 대해 권한위임사항에 의해 ①연합작전계획 수립 및 발전 ②연합연습 준비 및 시행 ③연합/합동교리 발전 ④조기경보 제공을 위한 연합정보관리 ⑤C4I 상호운용성 ⑥정전협정관리가 포함된 연합위기관리 권한을 가진다.

[40] 대한민국헌법 제5조 "①대한민국은 국제평화의 유지에 노력하고 침략적 전쟁을 부인한다. ②국군은 국가의 안전보장과 국토방위의 신성한 의무를 수행함을 사명으로 하며, 그 정치적 중립성은 준수된다"와 제73조 "대통령은 조약을 체결·비준하고, 외교사절을 신임·접수 또는 파견하며, 선전포고와 강화를 한다"를 참조.

대한 대통령의 영향력은 클 수밖에 없다. 특히 한국의 안보환경 특성상 적국이면서 동족인 북한과 동맹인 미국에 대한 인식, 즉 대북관과 대미관을 포함하는 안보관이 안보정책의 방향을 좌우해 왔다.

2008년에 집권한 이명박 대통령은 1941년 12월 19일 일본 오사카에서 출생하여 포항에서 성장한 후 수십 년간 현대건설에 재직하면서 기업인으로서 실용적 리더십을 발휘하였다. 그러나 정치인으로 전향한 이후 야당 시절 자서전에서 쓴 "북한이 먼저 스스로 변해야 도움을 받을 수 있으며 자국민을 굶주리게 하는 정치지도자가 남아 있을 곳이 없다는 것을 깨달아야" 한다며 비판적 대북관을 드러냈다.[41] 그리고 2007년 대통령에 당선되면서 비핵개방 3000을 기치로 한 북한의 선 핵포기와 이에 따른 상호주의를 강조하며 한미동맹의 복원을 강조하였다.[42] 북한이 먼저 핵을 포기하면 북한 주민들의 소득을 연간 3000달러로 만들어주겠다는 것으로 북한은 이를 극렬하게 비난하였다.

한편, 그는 자신을 실용주의자로 자처하면서 실용주의의 상징인 미국 사회를 이상적으로 표현하였다. 예를 들어 "우리의 운전면허 시험에는 그 어려운 기능문제까지 다 출제되는 데 반해 미국의 운전면허 시험에는 없다. … 실용을 철저히 중시하는 나라, 이것이 바로 세계정책을 이끌어가는 미국의 위대한 힘"[43]과 같이 일종의 친미적 시각을 표현하기도 했다. 이는 한국의 자주적인 역할보다는 미국의 정책에 따라야 한다는 논리로 발전하였다. "미국의 보수당인 공화당이 집권

· ·

41) 이명박, 『절망이라지만 나는 희망이 보인다』, 말과 창조사, 2002, 33~34쪽.
42) 장혁, 「참여정부와 이명박 정부의 전시작전통제권 전환정책 비교 연구」, 경남대 대학원 박사학위논문, 2012, 182-184쪽.
43) 이명박, 『절망이라지만 나는 희망이 보인다』, 25~27쪽.

하면 남북관계가 새로운 양상으로 전개될 것이고 이런 미국의 정책을
냉철하게 받아들이고 이해하고, 판단해야 미국의 우방으로 남을 수 있
다"⁴⁴⁾고 생각하였다.

노무현 정부가 붕괴시킨 한미동맹을 복원해야 한다고 주장하고, 전
작권 전환을 잘못된 것으로 인식하였다. 퇴임 후 자서전에서 "전작권
연기, 2012년은 취약한 시기, 3년 8개월을 연기하다, 대북정책의 DNA
가 바뀌다."⁴⁵⁾ 등의 내용과 같이 적대적 대북관을 선명하게 기술하였
다. 이는 2008년 집권하면서 노무현 정부시기 운용했던 국가안전보장
회의 사무처를 폐지하고 그 예하의 위기관리센터도 위기관리상황팀
으로 축소하면서 전쟁지도체제의 자주형 조직과 기능을 축소하였다.
2008년 7월 2일의 금강산 관광객 피살사건이 있자 이를 국가위기관리
센터로 격상하고 외교안보수석이 센터장을 겸임하는 조치를 하기도
했으나⁴⁶⁾ 기본방향은 바뀌지 않았고, 이후 천안함·연평도 도발을 거
치면서 전작권 전환의 연기와 한미 연합조직을 확대하는 방향으로 나
아갔다.

이명박 대통령의 적대적 대북관은 북한의 반발을 불러, 집권 초기
에 남북관계가 냉각되었다는 점에서 안보관이 환경을 변화시킨 측면
이 있다. 그리고 자주보다 미국의 제도가 더 우수한 것으로 보고 이를
활용하고 일정 부분 의존해야 한다는 인식이 동맹중시 안보관을 형성
하였다. 이는 천안함·연평도 도발 이후에 한국 전쟁지도체제의 구조

----

44) 위의 책, 33~34쪽.
45) 이명박, 『대통령의 시간(2008~2013)』, 알에이치코리아, 2015, 247~251 · 303~305쪽.
46) 이용호, 「남북 군사통합에 대비한 국가 및 국방 위기관리체제 발전방안(위기관리
    활동 중 예방과 대비를 중심으로」, 『군사연구』 제146집, 2018, 375쪽.

적 대응에서 전작권 전환 연기와 연합조직 확대로 나타난 중요한 동기를 제공하였다. 이는 미국의 대한안보정책이라는 환경적 요인과 관료주의 행태라는 촉발요인이 결합하여 실제 정책으로 나타났다.

나. 미국의 대한(對韓)안보정책

한미는 북한의 2차 핵실험 이후 2009년 6월 16일 개최된 정상회담에서 '한미동맹을 위한 공동비전'에 합의하였고, 천안함 폭침 이후[47]인 2010년 10월 제42차 SCM에서는 한미동맹의 역할 강화를 담은 '한미 국방협력지침'도 서명하였다. 이는 미국의 세계 및 아시아전략에 한국이 가담하기로 한 첫 공식적 문서였다. 한국이 미국의 지원을 요청한 만큼 미국도 한국의 기여를 요구한 것이다. 중국이 급부상에 따라 미국은 아시아 중시정책(Pivot to Asia)을 도모하는 데 있어 한국의 참여를 독려하기 시작한 것이다.

그리고 2010년 6월 26일 캐나다 토론토에서 개최된 한미정상회담에서는 이명박 대통령이 천안함 폭침에 대한 대북 조치의 일환으로 전작권 전환 연기와 함께 미 항공모함의 한반도 해역 파견을 요청하였다. 따라서 8월에 서해에서 항공모함 조지워싱턴호가 참가하는 한미 연합군사훈련을 추진하기로 했다. 그러나 중국이 11월 한국에서 개최되는 G-20 정상회의에 대한 불참을 카드로 미 항공모함의 서해 진입에 강력하게 반대하자 오기로 한 항공모함을 오지 말라고 재고를 요청하여 이미 출항한 항공모함이 필리핀으로 항로를 변경하는 일이 벌

---

47) 대한민국 국방부, 『2010 국방백서』, 308~310쪽.

어지기도 했다.48) 이처럼 미중의 경쟁 속에서 한국은 선택을 강요받
는 현상이 증대되어 갔다.

미국의 오바마 정부가 추진한 재균형 정책(Re-balancing Policy)은
2011년 '아시아 중시(Pivot to Asia)' 전략으로 구체화되었으며, 한반도를
둘러싼 미중관계가 점차 대결 구도로 변화하였다.49) 그리고 미국의
대한안보정책은 이를 위한 그 하위 수단화되는 경향으로 나아갔다.
오바마 정부는 아시아 중시전략의 일환으로 중국의 부상에 대응하기
위해 일본과 한국에 더욱 관심을 기울이기 시작했다. 군사적으로는
중국의 A2/AD(Anti-Access/Area Denial)에 대응해서 공해전투(Air-Sea
Battle)를 포함하는 합동작전접근개념(JOAC: Joint Operational Access
Concept)으로 맞대응하면서 주한미군을 전방추진 배치전력으로 고려
하였다.50) 중국의 성장으로 변화된 아시아의 안보지형이 북한의 천안
함·연평도 도발을 거치면서 한미동맹을 다시 검토하게 되는 배경이
된 것이다.51)

즉, 서해상으로 미 항모진입에 반대하면서 체감한 중국의 도전을
보면서 한국에 대한 미국의 안보 전략적 가치를 재인식하게 되었다.
따라서 미국의 대한안보정책은 기존의 냉전적 구조를 유지하여 한국

48) 김종대, 『위기의 장군들』, 271~274쪽.
49) Jahyun Chun and Yangmo Ku, "Clashing Geostrategic Choices in East Asia, 2009-2015: Re balancing, Wedge Strategy, and Hedging," *The Journal of International Studies* Vol. 18, No. 1, 2020, pp. 40~43.
50) 양재하, 「미·중 군사전략의 변화와 한국군의 대응방안: A2AD전략과 JOAC 영향을 중심으로」, 『군사연구』 제143집, 2017, 443~462쪽.
51) Jinhak Jung, "A Study on the Decision Factors in the Delay of the ROK-U.S. Wartime OPCON Transfer: Focusing on the Domestic Determinants," Naval Postgraduate School Thesis for MA, 2015, pp. 63~64.

의 전작권 전환연기 요구를 수용하되, 한국을 대중 압박에 활용하는
국제주의는 확대하고자 하였다.[52] 구조적으로는 미국이 가진 한국군
에 대한 전작권과 평시의 권한위임사항을 계속 활용하는 것이 미국의
이익에 유리하다고 판단하고 운용적으로 한국을 미국의 대중(對中)
전선의 하위 수단으로 인식하기 시작한 것이다.

　한국전쟁 이래로 한반도는 중국과 미국이라는 강대국 속에서 남북
한이 경쟁하는 구조적 이중성이 계속되고 있으나, 1970년대 중반 이후
데탕트와 1990년대 탈냉전을 거치면서 중국의 변수는 반감된 것이 사
실이다. 특히 1992년 8월 한중수교는 외교적으로 북한을 고립시키면
서 이러한 현상을 심화시켰다. 그러나 2000년대에 미국이 중동으로 집
중한 10년 동안 중국의 급격한 국력 성장은 미국의 아시아 중시정책
을 가져왔고 한반도 안보환경을 과거의 냉전 구조로 회귀시켰다. 게
다가 이명박 대통령의 안보관과 북한의 천안함·연평도 도발은 그러
한 현상과 결합하여 한국 전쟁지도체제의 구조적 대응에 변화를 가져
왔다.

다. 관료주의 행태

　한국 전쟁지도체제가 자주형으로 전환을 해나가는 과정에서 북한
이 천안함·연평도 도발을 했더라도 한국이 실시간 자위권에 의해 자
주적 대응에 성공했다면 전작권 전환이 연기되고 연합조직 확대가 당
겨지진 않았을 것이다. 천안함·연평도 도발을 통해서 보여준 한국군

52) 손대선, 「전시작전통제권 전환정책 결정요인에 관한 연구」, 『군사연구』 제143집,
　　2017, 412~413쪽.

의 문제점, 즉 기존 표준운영절차(SOP: Standard Operation Procedure, 보통 '예규'라고 함)에 따른 정보판단과 상황 조치가 실패하면서 평작권과 자위권에 의한 자주적 조치보다는 전작권 전환을 연기하고 연합조직을 확대하는 구조적 대응을 선택하게 된 것이다.

연평도 포격 시 합참이 유엔군사령부에 문의한 교전규칙도 마찬가지로 평가된다. 유엔군사령부는 정전 시 교전규칙을 관리하고, 한미연합군사령부가 정전협정관리가 포함된 연합위기관리 권한을 가지고 있다. 그러나 평시 즉, 위기를 선포하지 않은 상황에서 기습도발을 받으면 평작권과 자위권을 가진 합참의장이 정전 시 교전규칙과 무관하게 과감한 응징을 지휘하는 것이 정상이다. 그러나 강력한 자위적 조치보다는 유엔군사령부에 교전규칙을 문의하며 자주적 권한을 행사하지 않았다. 이것은 전작권의 문제가 아니며, 전작권 전환이 되지 않아 이원화된 지휘 통일의 문제라고 해도 과언이 아니다. 그러나 한국 전쟁지도체제는 전작권 전환을 연기하는 역설적 선택을 한 것이다.

심리적 충격을 준 북한의 도발, 대통령의 동맹중시 안보관 및 미국의 대한안보정책 외에도 군 관료주의 행태가 그 요인인 것이다. 더 구체적인 예로 천안함 피격 당시 정보 분석의 실패는 이를 상징적으로 보여준다. 북한의 상어급 잠수함 2척은 3월 23일부터 28일까지, 연어급 잠수정은 3월 24일부터 31일까지 미식별된 상태였다. 미군이 제공하는 위성사진에 비파곶과 남포의 해군기지 등이 구름에 가려 이들을 포착할 수 없었기 때문이다.[53] KR/FE(Key Resolve/Foal Eagle)보다 주체적으로 대청해전 이후 북한이 보복을 공언한 점을 고려 첩보를 분

---

53) 이종헌, 『천안함 전쟁 실록 스모킹 건』, 236쪽.

석했다면 도발 징후를 포착할 수 있었을 것이다. 미군이 제공하는 정
보에 의존해 기존 절차를 답습하고 안주하는 관료주의 행태[54]에서 비
롯된 것이었다.

 구조적 대응으로 선택한 전작권 전환 연기와 연합조직 확대도 기존
의 연합사령부 체제를 유지하고 미 전력에 의존한 전쟁 수행을 통해
책임을 덜 지면서 안주하려는 관료주의 속성의 표현으로 평가할 수
있다. 스스로 책임지는 지휘의 통일을 이루기 전에는 근본 문제를 해
결하기는 어려울 것이다. 연기되어 2015년에 전환될 전작권을 합참의
장이 행사하는 것과 병행 추진하던 국방개혁307의 상부지휘구조 개편
이 2011년 3월 7일 대통령의 재가까지 받았지만, 2012년 들어 각 군의
이해관계가 맞물려 정치권과 여론의 반대에 봉착하자 연말 대선국면
에서 동력을 상실하였다.[55] 그리고 이후 북한의 핵미사일 전력화 위
협에 본격적으로 직면하게 되었다.

제2절 북핵·미사일 전력화와 한국의 대응

 북한은 1994년 1차 북핵 위기에 이어 2002년 농축 우라늄 개발을 시
인하며 2차 북핵 위기를 조성한 후 2006년 10월 9일 1차 핵실험, 2009년
5월 25일 2차 핵실험을 실시하였다. 그리고 2010년대는 천안함·연평

---

[54] Graham Allison and Philip Zelikow, *Essence of Decision: Explaining the Cuban Missile Crisis*, 2ed. Addison Wesley Longman, 1999, p. 180.
[55] 『연합뉴스』 2011년 3월 29일자, 「국방개혁 307계획 논란·갈등 지속」, http:// news.naver.com(검색일: 2020.1.6)

도 도발을 거친 후 2013년 2월 12일 3차 핵실험으로 핵 위기를 재현한
후, 2016년 1월 6일 4차, 9월 9일 5차 핵실험에 이어 2017년 9월 3일 6차
핵실험까지 강행하였다. 동시에 중·장거리 탄도미사일 시험을 병행하
며 실질적으로 핵미사일을 전력화하는 단계로 진입하였다. 여기서는
2010년대 북한의 핵미사일 전력화 전개 과정을 고찰하고 한국 전쟁지
도체제의 구조적 대응, 그리고 그것을 가져온 심층요인을 분석하였다.

1. 북한의 핵미사일 전력화 전개과정

김정일 시대 선군정치를 통한 체제생존 차원에서 감행한 1, 2차 핵
실험과는 달리 3차 핵실험 이후부터 북한은 김정은의 통치체제를 안
정화하면서 당의 경제건설과 핵무력 병진 노선으로[56] 집중적으로 핵
미사일을 전력화하였다. 따라서 2013년 이후 북한의 핵미사일은 실제
전력화 단계로 나아갔다.

가. 3차 핵실험과 고농축우라늄 무기화

2011년 12월 17일 김정일이 사망한 후 김정은이 권력을 장악하면서
2012년 4월 13일에 개정된 헌법에 '핵무기 보유국'을 명시하였다. 그리
고 바로 그날 은하 3호로 명명된 장거리 미사일을 발사하였다. 같은
해 연말인 12월 12일에는 광명성 3-2호기로 명명한 장거리 미사일을
발사하여 우주 궤도에 진입시켰다. 유엔안보리가 2013년 1월 23일 결

---

56) 이홍석, 「북한 핵무기 개발과 비핵화 동인」, 『한국군사학논집』 제76집 제1권,
2020, 21쪽.

의 2087호를 채택하며 신속하게 북한의 광명성 3-2호기 발사에 대한 대북제재를 발표하자 북한은 기다린 듯이 2월 12일에 3차 핵실험을 감행하였다. 3차 핵실험은 고농축우라늄을 이용하여 성공함에 따라 핵탄두를 다양한 사거리의 미사일에 탑재할 수 있게 되었다.[57] 북한의 3차 핵실험은 그 규모에 있어서 인공지진 4.9 정도로 증대되었고, 약 6~7kt의 위력을 가진 것으로 평가되었다.[58]

국제적으로 인정만 하지 않을 뿐이지 사실상(de facto) 북한이 주장하는 대로 핵보유국이 된 것이다. 3차 핵실험 직후인 2013년 3월 31일 북한은 노동당중앙위원회 전원회의를 개최하여 '경제건설과 핵무력 건설 병진 노선'을 채택하였고, 다음날인 4월 1일에는 '자위적 핵보유국의 지위를 더욱 공고히 할 데 대하여'라는 법령을 채택함으로써 핵미사일의 전력화에 대한 자신감과 의지를 드러냈다. 3차 핵실험에서 확보한 고농축우라늄으로 무기화 기술을 발전시켜 핵무장, 전력화에 집중하겠다는 것으로 해석되었다. 이를 뒷받침하듯 4월 2일 영변 핵시설을 재가동하고, 4월 11일에는 원자력공업성 설치를 발표하였다. 본격적으로 핵미사일 전력화를 추진하겠다는 의지를 실천으로 구현하기 시작하였다.

---

57) 권태영 · 노훈 · 박휘락 · 문장렬 공저,『북한 핵 · 미사일: 위협과 대응』, 북코리아, 2014, 27~28쪽.

58) 2006년 북한의 1차 핵실험은 플루토늄을 이용하였고 인공지진 규모로 3.9 정도에 위력은 1kt 이하였다. 2009년의 2차 핵실험은 플루토늄 양을 늘려 규모 4.5, 위력 3~4kt 정도를 나타냈다.

나. 북한의 4 · 5차 핵실험과 SLBM/IRBM 개발

2014년에는 동해상으로 SCUD 미사일과 노동 미사일을 발사하며 기초를 다진 후 2015년 '북극성' 미사일을 발사하며 잠수함발사탄도미사일(SLBM: Submarine Launched Ballistic Missile) 개발을 추진하였다. 원래 액체원료를 쓰던 미사일에 고체연료로 개발하여 탑재하였고, SLBM을 쏠 수 있는 '고래급' 잠수함도 만들었다.[59] 그리고 2016년 새해 벽두인 1월 6일에 4차 핵실험을 강행하였다. 북한은 이를 최초의 수소탄 시험으로 밝혔으며, 규모 4.8에 위력은 6kt 정도로 평가되었다. 4차 핵실험에 자극을 받은 미국도 전략적 인내를 종결하고 근본적 변화, 즉 정권 붕괴를 통해 해결하거나 협상을 병행하자는 논란이 증폭되었다.[60]

4차 핵실험에 고무된 북한은 2016년 5월에는 6일부터 9일까지는 7차 노동당 대회를 개최하여 김정은을 노동당 위원장으로, 이어 6월 29일에는 최고인민회의 13기 4차 회의에서 국무위원회 위원장으로 추대하였다.[61] 그리고 4월 15일부터 무수단 미사일 시험 발사를 시작하여 6월 22일에는 약 400km 거리를 비행하는 데까지 성공하였다. 동시에 4월 23일, 7월 9일 및 8월 24일로 이어진 단발형 SLBM을 '고래급' 잠수함에서 발사하는 데도 성공하였다.[62]

· ·

[59] 양욱, 「북한의 ICBM 개발」, 『국방과 기술』 제462호, 2017, 44~45쪽.
[60] 김재천, 「4차 북한 핵실험과 전략적 인내의 종언: 미국의 대북정책 변화 분석」, 『통일정책연구』 제25권 1호, 2016, 3~7쪽.
[61] 조경근, 「제7차 당대회와 북한 핵문제의 전망과 함의」, 『통일전략』 제16권 제3호, 2016, 50쪽.
[62] 위의 논문, 68쪽.

감당하기 힘든 충격이 이어지는 가운데, 북한은 9월 9일에 5차 핵실험으로 규모 5.0에 위력 10kt의 위력을 과시하였다. 5차 핵실험 직후 '표준화, 규격화, 소형화, 경량화 및 다종화된 핵탄두를 마음먹은 대로 필요한 만큼 생산할 수 있게 됐다고 주장하였다.[63] 그리고 2017년 2월 12일에는 액체연료를 쓰던 북극성을 고체연료로 바꾸어 '북극성-2'라 칭하고 지상의 전차 차대 위에서 발사하는 데 성공하였다. 고체연료는 액체연료와 달리 발사를 위해 별도의 연료 주입이 필요 없어 신속한 사격이 가능하며, 차대 발사 시스템에서 사격 후 신속한 회피가 가능해 탐지가 곤란해졌다. 그 사거리는 2,000km급으로 중장거리탄도미사일(IRBM: Intermediate Range Ballistic Missile)을 전력화한 것이다.[64]

북한의 김정은은 2017년 신년사를 통해 동방의 핵강국, 군사강국을 언급하며 "수소탄 시험과 각이한 공격수단으로 시험발사, 핵탄두 폭발 시험이 성공적으로 진행되었으며 대륙간탄도로케트 시험발사 준비사업이 마감단계에 이르렀다"고 주장하였다. 다음 단계는 대륙간탄도미사일(ICBM: Intercontinental Ballistic Missile) 능력을 완성할 것임을 감추지 않았다.

다. 북한의 6차 핵실험과 ICBM 능력 확보

그사이 한국의 박근혜 대통령은 비선 실세 문제로 대규모 촛불시위가 일어나 탄핵 절차에 따라 파면되었으며, 2017년 5월 10일 문재인

---

63) 전재성, 「5차 핵실험 이후의 북한 핵문제와 우리의 대응 전략 방향」, 『전략연구』 제23권 제3호, 2016, 16쪽.
64) 양욱, 「북한의 ICBM 개발」, 44쪽.

정부가 출범하여 남북협력에 대한 기대감이 높아졌다. 그러나 북한은
4일 후인 5월 14일에 KN-08 탄도미사일에 고출력 백두산 엔진을 장착
한 화성-12호를 발사하였다. 고도 2,111km까지 올라간 후 다시 대기권
으로 재진입에 성공한 것으로 평가되었다.

〈그림 15〉 2017년 북한의 핵미사일 전력화 전개[65]

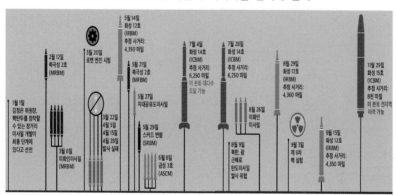

이어 북한은 미국의 독립기념일인 7월 4일에는 화성-14호라고 이름
을 붙인 장거리미사일을 시험 발사하였다. 2단 분리방식으로 고도
2,802km, 사거리 933km를 비행하여 지금까지 발사한 북한의 미사일 중
에서 가장 높은 고도와 먼 사거리를 보였다. 정상 각도였다면 7,000~
8,000km 비행하여 미국의 서부 연안까지 타격이 가능한 수준이었다.[66]

[65] 주한미군사령부, 『전략 다이제스트: 주한미군 2018 한반도의 한해』, 2019,
https://www.usfk.mil/Portals/105/Documents/Strategic%20Newsletter/2019%20KOR%
200900-06W_FKJ5-SC_IP_2019-Digest-KOREAN_20190703.pdf?ver=2019-07-09-011123-880
(검색일: 2020.7.12), 9~10쪽의 그림을 활용.
[66] 북한 원산에서 괌은 3000여km, 알래스카는 5000여km, 하와이는 7000여km, 미국 서
부 연안은 8000여km이다.

여기에다 대기권 재진입을 위한 방열판과 단열방어막, 후추진체(PBV: Post Boost Vehicle, 또는 후추진장치) 기술 능력을 확보했음을 드러냈다.[67]

화성-14호로 ICBM 능력까지 선보인 북한은 2017년 9월 3일 6차 핵실험을 통해 규모 6.3의 인공지진을 만들어 내며 매우 강한 파괴력을 과시하였다. 실험 직후 대륙간탄도로케트 장착용 수소탄 시험을 했다고 주장하며 "우리의 핵무기 설계 및 제작기술이 핵탄의 위력을 타격 대상과 목적에 따라 임의로 조정할 수 있는 수준에 도달"[68]했다고 발표하였다. 워낙 큰 충격으로 실험 직후 위력평가 수치가 공개되지 않았으나 이후 인도의 우주연구기구(ISRO: Indian Space Research Organization)는 당시 방출된 에너지는 최소 245kt에서 271kt으로 1945년 히로시마에 투하된 원자폭탄의 17배에 달하는 것으로 보도하였다. 폭발 시 핵실험을 한 만탑산 전체가 54cm 이동하고 수십 센티미터가 상승하였다고 분석하였다.[69] 수소탄을 포함하여 핵 위력 증강을 위해서는 더 이상의 실험이 필요 없을 정도가 되었다.

나아가 2017년 11월 29일에는 결국 화성-15호를 발사함으로써 핵탄두를 장착하고 미국 본토 전역을 타격할 수 있는 초대형 대륙간탄도미사일이 마침내 등장하였다. 다음날인 11월 30일자 노동신문에 화성-15호의 시험발사 성공은 "국가핵무력 건설 위업의 완수를 만천하에 시위한 쾌거"라고 보도했다.[70] 주한미군도 〈그림 15〉와 같이 화성-15호

67) 양욱, 「북한의 ICBM 개발」, 47~48쪽.
68) 『노동신문』 2017년 7월 29일자의 내용을 김창희, 「북한 병진노선의 경제건설 총력집중노선으로 전환」, 『정치정보연구』 제22권 제2호, 2019, 10쪽에서 재인용.
69) 『미국의 소리(VOA)』 2019년 11월 19일자, 「북 2017년 6차 핵실험, 히로시마 원폭 17배」, http://www.tongilnews.com(검색일: 2020.1.10)

탄도미사일의 추정 사거리를 8천 마일(약 1만 2874km)로 표기하며 '미본토 전 지역 타격 가능'이라고 기술하였다. 세계 전역을 타격할 수 있는 ICBM과 탑재할 핵탄두까지 개발을 완료한 상태에서 미국으로서도 북한과 협상에 나서지 않을 수 없는 상황에 놓이게 되었다.

이러한 핵미사일 전력화를 바탕으로 북한은 2018년 신년사에서 전면적인 남북관계 개선을 촉구하며 협상 국면으로 전환하였다. 이어 평창동계올림픽 참가 후, 4월 20일 노동당 중앙위원회 제7기 제3차 전원회의에서 병진 노선의 승리와 경제건설 총력집중노선으로 전환을 선언하였다. 핵미사일 전력화가 완료된 상황에서 북한은 관계 개선을 통해 경제발전을 추진할 준비가 된 것이다.

2. 한국 전쟁지도체제의 구조적 대응

2010년 북한의 천안함·연평도 도발에 대한 한국 전쟁지도체제의 구조적 대응은 전작권 전환을 연기하고 연합조직을 확대하는 것으로 나타났다. 이러한 방향은 2013년부터 2017년까지 이어진 북한의 3~6차 핵실험과 각종 중장거리미사일 전력화에 대한 대응에서도 이어졌고 그 정도는 더욱 심화되었다.

가. 전작권 전환의 재연기

박근혜 정부가 출범하기 직전인 2013년 2월 12일 북한이 감행한 3차

---

70) 『통일신보』 2017년 12월 15일자, 「국가핵무력 완성 선포 이어 7차 당대회 과업 관철 다짐」, http://www.tongilnews.com(검색일: 2020.1.10)

핵실험은 전작권 전환의 재연기 논의를 조기에 촉발시켰다. 2013년 4월에 한국은 정부 차원에서 전작권 전환 재연기 방침을 정하고 관련 협의를 진행하자고 미국에 요청했다. 5월 7일 한미정상회담에서 한국은 연합방위력 강화에 기여하는 방향으로 전작권 전환을 추진하자고 언급하였다. 같은 달 샹그릴라에서 열린 한미 국방장관회담에서 한국은 전작권 전환 재연기를 공식 제의하였다.[71] 이어서 2013년 10월 2일 제45차 SCM에서 '조건에 기초한 전작권 전환'[72] 추진에 공감한 후 2014년 6월부터 10월까지 4차례에 걸쳐 갖춰야 할 조건 등 세부사항에 대해 한미협의를 하였다. 2014년 10월 23일 제46차 SCM에서 '조건에 기초한 전작권 전환'[73]에 공식 합의함으로써 정해진 특정 전환 시기 없이 재연기되었다.

재연기는 조건으로 합의한 사항들이 갖춰져야 전환하는 것으로 합의한 만큼, 전환을 위해서는 설정된 세 가지 조건인 ①한미 연합방위를 주도할 수 있는 핵심군사능력 ②북한의 핵·미사일 위협에 대한 초기대응 능력 ③북한의 비핵화 진전을 포함한 안정적인 한반도 및 역

· ·

71) 장순휘, 「전시 작전통제권 전환 연기 및 재연기에 관한 연구」, 경남대 대학원 박사학위논문, 2015, 137~138쪽.

72) 한미가 처음으로 '조건에 기초한 전작권 전환'이란 용어를 SCM 공동성명에 포함하였으며 당시에는 전략동맹 2015에 기초하여 주기적으로 평가·점검하고 '조건에 기초한 전작권 전환과 전작권 전환 검증계획이 중요하다는 점에 주목하였다'라고 명시하였다. 대한민국 국방부, 『2014 국방백서』, 2014, 265쪽.

73) 한미는 '조건에 기초한 전작권 전환'에 합의하여 관련 문서를 서명하였으며 '대한민국과 동맹이 핵심 군사능력을 확보하고 한반도 및 역내 안보환경이 안정적인 전작권 전환에 부합할 때 양국 국가통수권자들은 SCM의 건의를 기초로 전작권 전환에 적정한 시기를 결정할 것'과 '전작권 전환이 이루어질 때까지 필수 최소 규모의 인원과 시설을 포함한 연합사령부 본부를 현재의 용산기지 위치에 유지'하기로 결정하였다. 대한민국 국방부, 『2014 국방백서』, 265쪽.

내 안보환경 조성 진전 노력이 매우 중요하다. 그러나 박근혜 정부는 역대 최저 수준의 국방예산 증가율을 보이며[74] 글로벌 호크나 스텔스 전투기(F-35) 등 조건 ①과 ②를 달성하기 위해 필수적인 첨단 감시 및 타격자산의 도입이 계속 미뤄졌다. 이는 핵심군사능력을 갖추어 연합 방위를 주도할 수 있는 조건을 갖추는 실질적이고 적극적인 노력을 하지 않은 것으로 평가할 수 있다.

2013년에 이어 2016년의 4, 5차 북한의 핵실험과 중장거리미사일 발사가 계속되면서 박근혜 정부 말기에는 재연기된 전작권 전환 추진을 사실상 방치하는 정책적 포기 현상이 나타났다. 계속되는 북핵능력 고도화 상황에서 조건을 달성하는 것이 불가능해 졌으며, 핵전쟁 상황의 도래는 연합조직의 확대 심화 현상을 가중시켰다. 전작권을 전환한다 해도 한미(미래)연합사령부를 유지한 채 한국군 합참의장이 사령관을 맡는 형태로 합의한 것도 같은 맥락의 조치였다.

2017년 문재인 정부가 시작된 후에도 한미통합국방협의체(KIDD: Korea-US Integrated Defense Dialogue)는 그해 9월 28일 제12차 회의에서 '조속하고 효과적인 전작권 전환을 위한 공동 노력의 가속화'를 협의하였다.[75] 다만, 재연기된 전작권 전환을 가속화하기 위해 현 한미연합사령부를 유지하기로 하고, 합참의장이 아닌 별도의 한국군 대장이 사령관직을 맡기로 하고[76] 2019년에는 기본운용능력(IOC: Initial Operational

----

74) 평균 국방예산 증가율 4.1%(2014년 3.9%, 2015년 4.9%, 2016년 3.6%, 2017년 4.0%) 로서 2000년 이후 역대정부(참여정부 8.8%, 이명박 정부 5.5%, 문재인 정부 7.0%) 에서 최하위 수준이다. 하정열·권영근·박창희·이성희·정경영, 「전작권 전환 추진전략과 방향」, 국방안보포럼, 2018, 96쪽.
75) 대한민국 국방부, 「제12차 한미통합국방협의체(KIDD) 회의 결과」, 2017년 9월 28일 자 보도자료.

Capability) 검증을 실시하였다.[77]

나. 한미 연합조직의 확대 심화

2013년 3차 핵실험 이후 한미 연합조직의 수와 역할은 더욱 확대되었다. 2012년부터 가동한 KIDD에는 2013년 미사일대응능력위원회(CMCC: Counter Missile Capabilities Committee)를 신설하여 포함시켰다. 또한, 2015년에는 EDPC와 CMCC를 통합하여 억제전략위원회(DSC: Deterrence Security Committee)를 가동하였다.[78] 그리고 전작권 전환을 논의하는 공동실무단회의(SAWG: Strategic Alliance Working Group)는 2014년 전작권 전환의 재연기 결정에 따라 '조건에 기초한 전작권전환 실무단'(COTWG: Condition-based OPCON Transition Working Group)으로 2016년부터 용어를 변경하였다.[79] 그리고 기존의 EDPC와 안보정책구상회의(SPI: Security Policy Initiative)[80] 및 COTWG 등을 통합 감독하도록 하였다.[81]

· · · · · · · · · · · · · · · · · · · ·

76) *Korea Herald* 2019년 6월 4일자, "Seoul, Washington agree on S. Korean general to lead joint command".
77) 대한민국 국방부, 「제51차 한미안보협의회의 공동성명」, 2019년 11월 15일자 보도자료.
78) 대한민국 국방부, 「제8차 한미통합국방협의체(KIDD) 회의 공동언론 보도문」, 2015년 9월 24일자.
79) 대한민국 국방부, 「제10차 한미통합국방협의체(KIDD) 회의 공동언론 보도문」, 2016년 9월 13일자.
80) 2004년 10월 제36차 SCM에서 한미동맹에 대한 장기적인 미래 방향에 대하여 지속적으로 논의하기로 하고 처음에는 전작권 전환, 유엔사 정전관리 책임조정, 주한미군 기지이전, 한미안보협력, 기타 동맹현안을 협의하였으나 KIDD가 가동된 2012년 이후 한미안보협력과 동맹현안에 집중하게 된다. 「한미 안보정책구상회의」, 『네이버 지식백과』, http://tems.naver.com(검색일: 2020.1.14).

위와 같이 안보, 국방, 군사 등 전쟁지도체제 조직 전반에 걸쳐 각종 한미 연합조직들이 확대 심화되었고, 2015년 6월 3일에는 미2사단에 한국군이 참여하여 한미 연합사단이 창설되는 등 전술 제대로 확대되기도 하였다.[82] 2018년 6월 23일에는 주한 미 8군사령부 부사령관에 한국군 장성이 처음으로 보직되었다.[83]

그리고 2012년 시작된 KIDD는 2019년 9월 26일 개최된 제26차 회의까지 연 2~3회에 걸쳐 한미 간 긴밀한 대화를 통해 광범위한 각종 군사동맹 현안을 협의하였다. 특히, 한국은 미국의 핵우산을 포함한 방위공약과 자산 및 능력 제공을 확인하려 하였고, 미국은 한미일 안보토의를 병행하며 세계 및 아시아전략에 한국이 기여하는 방향으로 활동을 이어갔다.

나아가 2018년에는 한미 연합지상구성군사령부, 연합해군구성군사령부, 연합공군구성군사령부를 상설화하기로 합의하였다. 2019년에는 육군 1, 3야전군사령부가 통합된 지상작전사령부가 창설되면서 동시에 한미연합지상구성군사령부 역할도 수행하도록 일원화[84]하는 등 작전사령부의 연합조직과 기능도 강화되었다. 전체적으로 보면 이는 안보, 국방, 군사분야와 전술 제대에 이어 작전사령부와 전구사령부 차원으로 연합조직이 확대 심화되는 것이다.

81) 대한민국 국방부, 『2014 국방백서』, 260쪽.
82) 『SBS News』 2015년 6월 3일자, 「한・미 세계 첫 연합사단 창설, 한강 이북 지킨다」, http://www.new sbs.co.kr(검색일: 2020.7.29)
83) 『MBC 뉴스』 2018년 6월 22일자, 「주한 미8군 부사령관에 한국군 장성 첫 취임」, http://imnews. imbc.com(검색일: 2020.1.13)
84) 『KBS News』 2019년 1월 9일자, 「육군 1・3군 통합 지상작전사령부 창설, 효율적 전투수행」, http://news.kbs.co.kr(검색일: 2020.1.14)

3. 구조적 대응에 대한 요인 분석

위에서 살펴본 바와 같이 2013년부터 북한의 실질적인 핵미사일 전력화가 본격화됨에 따라 한국은 전작권 전환을 재연기하고 연합조직 확대를 심화하였다. 이런 현상은 이명박 정부에서 시작되었고 박근혜 정부에서도 계속되었으며 문재인 정부에서도 탈피하지 못하고 있다. 핵미사일이라는 북한의 위협 외에 어떤 요인이 이런 현상을 지속하게 한 것일까?

가. 미국의 대한(對韓)안보정책

2013년부터 2017년까지 네 차례의 북한 핵실험은 중장거리탄도미사일 시험과 함께 한반도에 전개될 전쟁 형태를 근본적으로 변화시켰다. 재래식 전쟁에서 핵전쟁으로 완전히 다른 성격으로 변화한 것이다. 그에 더해 미국의 대한안보정책은 아시아 중시정책을 넘어 대중견제를 위한 한국의 역할을 증대시켰다. 북한의 핵전쟁 위협에 대비한 한미의 연합조직들이 구성되고 제도를 갖추어 가면서 미국은 이를 급부상한 중국을 견제하는 수단으로 활용하기 시작하였다. 특히, 미국의 이런 정책상 징조는 한일 간 군사정보보호협정(GSOMIA: General Security of Military Information Agreement, 이하 지소미아)체결과 한반도 내 고고도미사일방어시스템(THAAD: Terminal High Altitude Area Defense, 이하 사드)배치라는 두 가지 선택을 압박하면서 분명하게 드러났다.

한일 지소미아와 사드 배치는 일본을 동아시아의 그 주축국으로 설정하고 한국을 동참시키는 전략의 일환이었다.[85] 지소미아는 원래

2012년 비밀리에 추진되다 국내 여론의 악화로 보류되었지만 2016년 북한이 핵미사일 전력화에 본격적으로 나서자 탄핵정국과 맞물리면서 미중 사이에서 유지해 온 균형을 포기하고 2016년 11월 23일 체결하였다. 국내 지지를 상실한 박근혜 정부가 미국의 압력에 굴복해 2016년 10월 27일 협상을 재개하고 26일 만에 일본과 군사정보보호협정, 즉 지소미아에 합의하였다.

한일 지소미아 체결을 압박하는 한편 동시에 추진한 미국의 한반도 내 사드 배치는 2013년 북한의 3차 핵실험 이후 본격적으로 추진되었다. 2014년 5월 28일 미 합참차장(James Winnefeld)은 '사드의 한국 배치를 검토 중'이라고 언급했고 6월 3일에는 연합사령관(Curtis Scaparrotti)이 '본국에 사드 전개를 요청'했다고 발표하였다.[86] 이후 사드 배치는 중국의 강력한 저항에 부딪혀 논란거리가 되었다. 특히, 목표물 탐지와 요격을 위해 사용되는 탐지 레이더(AN/TPY-2 X-Band)가 대중국 감시수단으로 활용될 수 있다는 점이 부각되면서 중국을 자극하였다.

중국이 반한감정을 자극하며 경제보복을 예고하며 한국 내 사드 배치를 반대했음에도 불구하고 북한의 4차 핵실험 이후 무수단 및 북극성 미사일 시험이 한창이던 2016년 7월 8일 한반도 내 사드 배치가 결정되었다. 논란 끝에 경북 성주로 그 배치 위치가 결정되었고, 박근혜 대통령 탄핵 결정 3일 전인 2017년 3월 7일에 배치작업이 개시되어 4월 26일 장비 가동을 시작하였다.[87] 한일 간 지소미아 체결과 한국

85) 홍현익,『미 오바마 행정부의 동아시아 중시전략과 한국의 대응전략』, 세종연구소, 2014, 20쪽.
86) 박휘락, 「한미동맹과 한중관계에서사드(THAAD) 논란이 갖는 의미: 자율성－안보 교환 모델의 적용」,『국제관계연구』제21권 제1호, 2016, 43쪽.
87)『위키백과』, 「대한민국의 사드 배치 논란」, http://ko.wikipedia.org(검색일: 2020.1.10)

내 사드 배치는 미국이 북한의 핵미사일 전력화에 대한 공동 대응과
병행, 대중국 견제를 위해 한국을 활용한 대표적 사례였다. 북한의 핵
위협에 대비하여 핵전쟁을 예방하고 대응하기 위해 미국의 핵 능력에
의존해야 하는 적대적 분단국가의 한계를 보여주었다.

그리고 2017년 집권한 미국의 트럼프(Donald Trump) 정부는 '미국을
다시 위대하게'(MAGA: Make America Great Again)를 외치며 '미국 최우
선'(America First)정책을 추진하면서[88] 대중국 압박정책을 강화하고 있
다. 더구나 지소미아 체결과 사드 배치는 미국이 대중국 압박을 위해
추진한 것임을 숨기지 않았다. 즉, 2018년 미중 간 무역·경제 전쟁이
촉발된 후 2019년 일본이 전략물자 수출통제 조치를 한국에 통보함에
따라 한국은 한일 지소미아 연장 중단을 결정했을 때 트럼프 정부는
이를 재고할 것을 한국 정부에 강하게 요구하여 결국 중단이 유예되
었다.[89]

미국은 북한의 비핵화보다도 대중국 견제와 압박이 더욱 절실한 것
이며,[90] 이러한 미국의 의도는 2017년 국가안보전략서에 '인도-태평
양 전략(Indo-Pacific Strategy)'으로 명문화되었고 일종의 대중 봉쇄적
성격을 띠어가고 있다.[91] 2018년 6월 12일 미북 간 싱가포르 센토사

88) Jonathan D. Pollack, "Donald Trump and the Future of U.S. Leadership: Some Observation on International Order, East Asia, and Korean Peninsula," 제5회 한국 국가전략연구원－미국 브루킹스연구소 국제회의 자료집, 2017, 56~61쪽.

89) 『한국경제TV』 2019년 11월 23일자, 「지소미아 종료 연기 외신 신속보도, 美 압박 영향」, http://news.wowtv.co.kr(검색일: 2020.1.13)

90) Lee Geun-Wook, 「The Prospects of ROK-U.S. Cooperation and Conflicts in the Era of the Required Policy Missions」 제5회 한국 국가전략연구원－미국 브루킹스연구소 국제회의 자료집, 2017, 114쪽.

91) 김동은, 「미국의 인도-태평양 전략은 신 봉쇄전략인가? 미 전략문서에 나타난 위협인식과 봉쇄전략의 비교」, 『한국군사』 Vol. 7, 2020, 73쪽.

합의가 있었음에도 2019년 2월 27일 베트남 하노이 협상이 결렬된 것도 맥락에서 해석할 수 있다. 즉, 미국은 중국을 압박하기 위해 북한의 핵문제를 활용할 뿐이며, 북한의 완전한 비핵화는 당장에는 바라는 바가 아니다. 따라서 북핵 대응을 포함한 미국의 대한안보정책은 대중견제의 하위 수단으로 작용하는 것이다. 이러한 미국의 대중국 봉쇄정책은 2021년 출범한 바이든(Joe Biden) 정부에서도 이어지고 있다.

미국의 대한안보정책 주한미군 규모와 한국의 주한미군 방위비 분담금 수치에서 추이를 보면 알 수 있다. 한국에 주둔하는 주한미군의 규모는 2007년 이후 공식적으로는 28,500명으로 변화가 없다. 그러나 실제로는 2008년 2만 8천여 명에서 2012년에는 약 3만 7천여 명으로 증가하였으며 2014년에도 3만여 명 넘게 주둔하였다.[92] 트럼프 대통령은 취임 이후 주한미군 수를 32,000명으로 주장하고 있으며[93] 실제로 2013년 10월 10일 미군 공격정찰헬기 1개 대대(OH-58D Kiowa Warrior 30대)가 한반도에 신규로 증강 배치되었다.[94] 2017년 3월에도 무인공격기 부대인 '그레이 이글' 1개 중대가 새로 한반도에 배치되었고[95] 사드 1개 중대의 성주 배치도 같은 시기에 이뤄졌다.

또한, 2017년 9월에는 제12차 KIDD 회의에서 한미가 한반도 및 한반도 인근에 대한 美 전략자산의 정례적 순환 배치를 강화하여 확장

---

92) 양재하, 「미·중 군사전략의 변화와 한국군의 대응방안: A2AD전략과 JOAC 영향을 중심으로」, 461쪽.

93) 『조선일보』 2020년 1월 13일자, 「한국이 5억달러 더 냈다, 또 방위비 부풀린 트럼프」, http://news.chosun.com(검색일: 2020.1.14)

94) 『NEWSIS』 2013년 10월 10일자, 「美 공격정찰 헬기 30대, 부산항 입항」, http://www.new sis.com(검색일: 2020.1.14)

95) 『연합뉴스』 2017년 3월 13일자, 「美 무인공격기 '그레이 이글' 배치, 北지도부 제거임무」, http://www.yna.co.kr(검색일: 2020.1.14)

억제력을 높이는 논의를 지속하기로 하였다.[96] 이러한 사항들로 볼
때 미국은 대중국 견제와 압박을 위해 스스로 한반도에 2010년대 이전
보다 주한미군의 주둔 규모를 증가시켜 왔다. 즉, 한국이 요구하는 북
한의 도발과 위협에 대비하는 동시에 중국 견제와 압박을 위한 JOAC
의 수단으로 주한미군을 증강한 것이다. 이는 방위비 분담금의 추이
를 보면 더욱 확실하게 알 수 있다.

〈표 9〉 한국의 주한미군방위비 분담금(2010~2021년)[97]

협정	년도	액수(억원)	증가액(억원)	인상율(%)	국방비대비(%)
8차	2010	7,904	304	4.0	2.67
	2011	8,125	221	2.8	2.59
	2012	8,361	236	2.9	2.54
	2013	8,695	334	4.0	2.53
9차	2014	9,200	505	5.8	2.58
	2015	9,320	120	1.3	2.49
	2016	9,441	121	1.3	2.43
	2017	9,507	66	0.7	2.36
	2018	9,602	95	1.0	2.22
10차	2019	10,389	787	8.2	2.22
결렬	2020	10,389	0	0	2.07
11차	2021	11,833	1,444	13.9	2.24

----

[96] 대한민국 국방부, 「제12차 한미통합국방협의체(KIDD) 회의 결과」, 2017년 9월 28일
자 보도자료.

[97] 대한민국 국방부, 『2010 국방백서』, 129와 243쪽; 『연합뉴스』, 2019년 2월 10일자,
「한미방위비분담협정 가서명, 8.2% 인상 1조389억 현물지원 강화(종합2보)」,
https://www.yna.co.kr(검색일: 2020.7.29); 『연합뉴스』, 2021년 3월 10일자, 「올해
방위비분담금 1조1천833억원 어디에 쓰이나」, https://www. yna.co.kr(검색일:
2021.6.6) 등 참조.

1991년부터 한국이 분담하고 있는 주한미군 방위비는 2010년대 이전인 2008년 12월에 협상을 통해 2009년부터 2013년까지 적용할 분담금 8차 협정에 합의하였다. 이때는 〈표 9〉에서 보듯이 연간 인상율이 최대 4%를 넘지 않기로 하였다.[98] 그 후 2014년 1월에 타결한 9차 협정에서는 첫해인 2014년 9,200억 원으로 하고 매년 배정 단계에서 사전에 조율하기로 하였다.[99] 인상율 면에서 2017년에는 0.7%까지 감소하였으며, 특히 전체 추이를 알 수 있는 한국의 국방비 대비 비율에서는 2010년대 전체를 거쳐 매년 감소하였다. 이는 국방비 대비 3% 이상을 유지하던 2000년대와 달리 2010년 2.7%에서 2018년부터는 2.2%까지 내려갔다는 점에서 미군의 한국 주둔 이유에서 한국의 필요성보다 미국의 필요성이 증가하고 있음을 알 수 있다. 즉, 주둔비용을 덜 받더라도 그들이 필요해서 계속 주둔하고 있다는 의미가 된다.

트럼프 정부가 추가 분담금을 한국에 요구하고 2019년에 적용할 10차 협정을 통해 한국의 분담금이 전년 대비 8.2% 올라 대폭 인상한 것 같지만[100] 국방비 대비 비율에서는 2018년과 비슷한 수준이라는 점에서 추이를 벗어나지 않는다. 더구나 방위비 분담금 협상을 위해 주한미군 철수 카드를 활용하려 하지만 미국은 중국 견제를 위해 의회의 반대로 주한미군을 감축하지 못하였다.

. . . .

[98] 대한민국 국방부, 『2010 국방백서』, 71쪽.
[99] 대한민국 국방부, 『2014 국방백서』, 110~111쪽.
[100] 트럼프는 2018년 10월 24일 "한국은 우리 때문에 돈을 벌고 있다. 한국에 3만 2천명의 미군을 주둔시키고 있지만 그들은 돈을 내지 않는다. 이제 돈을 내야 한다."라고 했고 10차 방위비분담 특별협정이 체결된 2019년 2월 10일 다음날 트럼프는 "한국이 어제 5억 달러를 더 지불하기로 동의했다. 전화 몇 통에 5억 달러"라면서 "앞으로 몇 년간 계속 오를 것"이라고 주장했다. 박기학, 「방위비분담금, 무엇이 문제인가」, 『창작과 비평』 제47권 제2호, 2019, 351~354쪽.

다만, 2020년 제11차 협상이 결렬될 당시 트럼프 정부는 무리하게 50억 달러(약 6조 원)의 증액을 한꺼번에 압박하기도 했다. 한국은 기지 공여, 호르무즈 해협 파병 등을 들며 상식적 수준에서 증액한다는 기조를 유지하였다.[101] 결국 2021년 바이든 정부에 들어와서 한미 간 11차 방위비 협상은 한국의 국방비 증액 수준으로 매년 증액하는 것으로 타결되었다. 따라서 증액되더라고 당분간 국방비대비 2%수준을 유지할 것으로 보인다.

위와 같이 2010년대 전반에 걸쳐 주한미군은 주둔비용의 부담에도 불구하고 규모를 증가시키며 중국을 견제하고 패권을 유지하려는 의지를 보여주었다. 북한의 재래식 도발과 핵미사일 전력화는 이를 위한 상황 논리를 제공하였고, 한국 전쟁지도체제의 전작권 전환 연기, 연합조직의 확대 심화라는 구조적 대응의 또 다른 환경요인으로 작용하였다.

나. 대통령의 안보관

2013년 2월 시작된 박근혜 정부는 북한의 핵미사일이 전력화되는 상황에서 미국의 대한안보정책과 맞물린 안보환경 속에서 이명박 정부에서 설정된 구조적 대응의 기조를 이어갔다. 즉, 전작권 전환을 조건에 의해 재연기하고 국방 및 군사 분야에서 한미 연합조직의 확대를 심화해 갔다. 핵미사일 위협과 미국의 대중견제라는 안보환경에 직면하여 박근혜 대통령의 안보관이 구조적 대응에 주는 영향은 감소

---

101) 『아시아경제』 2020년 1월 14일자, 「정은보, 방위비 포괄적 타결 이견 여전, 창의적 대안 도출 노력 중」, http://www.view.aslae.co.kr(검색일: 2020.1.14)

하였다. 다만, 4차 핵실험을 전후한 대북정책의 변화에 주목하여 환경에 따른 박근혜 대통령의 안보관 변화를 고찰할 필요가 있다.

2002년 5월 10일부터 3박 4일 북한을 방문하여 김정일로부터 청와대 습격에 대한 사과를 받고 "진심을 바탕으로 상호 신뢰를 쌓아야만 발전적인 협상과 약속을 기대할 수 있다. …북측과 툭 터놓고 대화를 나누면 그들도 약속한 부분에 대해 지킬 것은 지키려고 노력한다"[102]라고 생각할 정도로 남북관계의 가능성을 열어두었다. 이러한 신뢰중시 대북관이 집권 초기인 2013년부터 2015년까지 '한반도 신뢰프로세스'와 통일대박론을 형성한 배경이 되었다. 특히, 배신하지 않는 신뢰를 강조하며 다소 모호하지만, 북한과도 신뢰를 쌓아나가면 남북관계를 잘 풀어나갈 수 있을 것으로 생각하였다.

대미관에서는 일정한 모호성을 가지고 있었다. 한미동맹에 대한 질문에 워싱턴 한국전 참전용사 기념비 방문 때처럼 분명한 감사의 메시지를 보냈지만, 미국의 고압적 태도에 대해서는 불편함을 숨기지 않았다. 예를 들면 "비자를 받기 위해 이른 새벽부터 미국 대사관 앞에 늘어선 줄을 바라보면서 한미동맹을 지지하는 많은 한국인조차 자존심에 상처를 받고 있다"[103]고 표현하기도 했다. 다만, 전작권 전환은 그 자체를 부정적으로 생각하였고,[104] 1978년 박정희 정부 시기 탄생한 연합군사령부를 유지해야 한다는 생각은 분명하였다. 따라서 전작권 전환에 대해서는 집권 초기인 2013년 5월 한미정상회담에서 "전작

102) 박근혜, 『절망은 나를 단련시키고 희망은 나를 움직인다』, 위즈덤하우스, 2007, 195쪽.
103) 위의 책, 288쪽.
104) 장순휘, 「전시 작전통제권 전환 연기 및 재연기에 관한 연구」, 150쪽.

권 전환 역시 연합방위력을 강화하는 방향으로 준비하고 이행"해야
한다고 발언하면서 국방부의 재연기 협상에 힘을 실어주었다.

그러나 2016년 북한의 4차 핵실험 이후 박근혜 대통령이 2월 8일에
내린 개성공단의 전면철수 지시는[105] 북한이 돌아올 수 없는 다리를
건너 배신한 것으로 인식했을 것이다. 이전까지 신뢰 프로세스와 통
일대박론을 주창하며 남겨두었던 남북협력의 마지막 공간을 완전히
닫고 미련을 버린 것이다. 이후 박근혜 정부는 강력한 제재를 통해 북
한의 정권변화(Regime Change)를 추진하는 미국의 대북정책에 동참하
기 시작하였다.[106] 이는 이례적이지만 대통령의 안보관이 불변하는
것은 아니며 외부위협과 안보환경에 따라 변할 수 있는 것이며, 변화
이후 한일 지소미아 체결과 사드의 한국 배치가 신속히 결정되었다는
점에서 특징적 현상이었다.

다. 관료주의 행태

2013년부터 본격화된 북한의 핵미사일 전력화는 한국의 안보문제를
더욱 복잡하게 만들었다. 이전의 국방, 군사적 지식에 더하여 핵과 미
사일에 관한 기술적 전문성이 요구되었다. 군 통수권자로서 대통령이
학습하지 않으면 매일 관련 사항을 점검하는 관료들을 능가하기란 쉽
지 않은 것이다. 따라서 2013년 이후 북한의 핵미사일 전력화 상황에
따른 전쟁지도체제의 구조적 대응, 즉 전작권 전환 재연기 및 연합조

105) 『노컷뉴스』 2017년 12월 28일자, 「개성공단 폐쇄, 박근혜 독단적 결정, 배경은
    미궁」, https://www.nocutnews.co.kr(검색일: 2020.7.29)
106) 전재성, 「5차 핵실험 이후의 북한 핵문제와 우리의 대응 전략 방향」, 19쪽.

직 확대 심화에 대한 한 요인으로서 영향력이 증대된 관료주의를 추종과 순차적 처리 행태에 집중하여 고찰하였다.

박근혜 정부에서 안보실장(김장수), 국정원장(남재준), 국방장관(김관진) 등 안보 관련 요직은 육군이라는 같은 조직을 배경으로 참여정부에서 승승장구한 인물들이 임명된 공통점이 있었다. 오랜 기간 함께 군에 복무하여 강한 연대감과 서열에 따른 일사분란한 의사결정이 가능한 구조였다. 따라서 이명박 정부에서 추진하던 상부지휘구조 개편과 2015년 전작권 전환 추진은 2013년 3차 핵실험 이후 조기에 사문화되었다. 2014년 세월호 사태로 국정원장과 안보실장이 경질되면서[107] 국방장관이 안보실장으로 영전하였고, 새로운 국방장관에는 연평도 포격 당시 합참의장(한민구)이 임명되었다.

이들은 5차 핵실험 이후 개성공단을 철수하면서 보여준 신속한 지시이행과, 사드 배치와 지소미아 체결에서 목표달성을 위한 순차적 처리(Sequential attention to objectives) 행태로 절차를 중시하는 일종의 관료주의적 특징을[108] 보여주었다.

첫째, 개성공단 폐쇄는 천안함·연평도 도발 상황에서도 중단하지 않고 유지해 왔던 개성공단을 대통령의 지시로 신속하게 철수 및 중단하였다. 2013년 1월 6일 북한이 4차 핵실험을 하고 2월 7일 장거리 미사일을 발사하자 2월 8일 대통령이 외교안보수석을 통해 통일부에

---

107) 『서울경제』 2014년 5월 22일자, 「박근혜 대통령, 남재준·김장수 경질, 사표 수리했다, 이유는?」, http:/news.naver.com/main/read(검색일: 2020.7.29)
108) 문제가 발생하면 목표와 제약조건에 가장 밀접하게 관련된 부서에서 움직이고, 그 다음 또 문제가 발생하면 다른 부서에서 그 문제에 집중하는 식이다. Graham Allison and Philip Zelikow, *Essence of Decision: Explaining the Cuban Missile Crisis*, 2ed. 167쪽.

328 | 한국 전쟁지도체제의 발전

개성공단 철수를 지시를 하달하였다. 이를 절차적으로 처리하기 위해 2월 10일 안보실장, 국장장관이 참여한 국가안전보장회의 상임위원회에서 이를 협의하였고, 정부 성명문에 개성공단 전문중단을 포함하였다. 군사작전을 방불케 하는 철수로 많은 기업인들이 재산권 보존 조치를 제대로 하지 못하고 철수해야 했다.[109] 이는 군인 출신으로서 통상적인 대북 적대 인식과 신속한 수명과 같은 문화적 공감대에 의해 가능한 것이었으며, 전술한 바와 같이 전작권 전환의 재연기도 같은 방식으로 처리되었다.

둘째, 순차적 처리 행태로 사드 배치는 한미일 정보공유가 전제되어야 효과를 달성할 수 있다.[110] 따라서 배치 이전에 한일 지소미아 체결이 선결되어야 했고 지소미아는 위안부 문제 해결 없이 불가능했으므로 순차적 접근이 필요했다. 따라서 외교부가 주도하여 ①2015년 12월 28일 한일 일본군 위안부 협상을 먼저 타결하였고, 이후 국방부가 ②2016년 7월 8일 한국에 사드 배치를 결정하였다. 그런 다음 사드가 배치되기 전인 ③ 2016년 11월 23일에 한일 간 지소미아 체결을 하고 ④2017년 3월 7일 사드를 전격 배치하였다. 정해진 순서에 따라 순차적으로 해당 부서가 나서서 미국의 요구를 수용하는 위안부 협상 타결, 사드 배치 결정, 한일 지소미아 체결, 사드 실전배치 순으로 처리하였다.

일종의 최종 목표를 달성하기 위해 필수적인 중간 목표들을 순차적

---

109) 『노컷뉴스』 2017년 12월 28일자, 「개성공단 폐쇄, 박근혜 독단적 결정, 배경은 미궁」, https://www. nocutnews.co.kr(검색일: 2020.7.29)

110) 탄도미사일을 요격하기 위해서는 사드 레이더를 통해 수집한 정보공유가 필수적일 뿐만 아니라, 한미일이 가진 타 출처 정보와 교차 검증을 통해 효과를 극대화해야 요격의 성공 가능성이 높아지기 때문이다.

으로 점령하는 군사작전 방식이 적용된 것이다. 마찬가지로 구조적 대응의 한미 연합조직 확대도 이미 살펴본 바와 같이 안보, 국방, 군사뿐만 아니라 전술 제대와 작전사령부 및 전구사령부급까지 심화하며 모든 수준에서 일치시키는 목표를 향해 나아가고 있다.

이런 맹목적 추종과 순차적 처리라는 관료주의 행태는 결과적으로 문재인 정부로 넘어오면서 추진하는 조속한 전작권 전환, 남북관계 개선 및 외교적 융통성에 제어장치로 작동하면서 일종의 부담으로 작용하고 있다. 특히, 국익이 충돌하거나 적대적 관계 속에서는 달성하기 어려운 조건과 목표에 대한 추종은 분쟁을 유발하고, 순차적 처리는 돈좌되기 쉽다.

제3절 소결론: 구조적 변화와 타개책

2009년 이후 북한의 천안함·연평도 도발과 핵미사일 전력화를 중심으로 한국 전쟁지도체제의 구조적 대응과 그 심층요인에 대한 분석 결과를 종합해 보면 다음과 같이 요약할 수 있다.

첫째, 북한의 천안함 폭침은 대청해전에 대한 보복으로 전조가 시작되었고, 연평도 포격도발은 천안함 폭침 이후 강화된 한국의 서해해상 사격에 대한 과도한 대응으로서 충분히 예측 가능한 것이었다. 그러나 이를 사전에 간파하지 못했고 실시간 단호하게 대응하지 못했다. 전쟁으로 비화되는 것에 대비한 전쟁지도체제의 구조적 대응으로 전작권을 연기하고 한미 연합조직을 확대하였다. 그러한 결정의 심층요인으로는 이명박 대통령의 대북 적대 및 동맹중시 안보관, 미국의 아시아 중시정책에 따른 대한안보정책의 수단화, 그리고 기존 절차에 안주하는 관료주의 행태가 주효한 것으로 분석되었다.

둘째, 2013년 북한의 핵미사일 전력화는 4차 핵실험 이후 본격화되었으며 김정은 체제의 안정화를 위해 노동당의 병진 노선으로 추진되었다. 핵전쟁 상황으로 변화된 전쟁환경 속에서 한국 전쟁지도체제는 전작권을 조건이 확보되면 전환하는 것으로 재연기하고, 한미 연합조직 확대를 심화하였다. 이러한 결정의 주요요인은 미국이 대중견제를 위한 대한안보정책과 4차 핵실험 이후 박근혜 대통령의 대북관 변화, 추종과 순차적 조치라는 관료주의 행태에서 기인한 것으로 분석되었다.

이제 한국은 지난 2009년 이후 북한의 도발에 대한 전쟁지도체제의 구조적 대응이 지닌 한계와 문제점을 극복하고 새로운 타개책을 강구해야 한다. 이는 근본적으로 한국의 대내외 구조에서 상당한 변화가 있었다는 점을 감안하여 다음의 네 가지 차원에서 수립해 나가야 할 것이다.

첫째는 북한의 위협 구조가 변화하였다. 가장 심각한 한국의 안보 위협이 북한의 재래식 전력에서 핵전력으로 변화되었다. 천안함·연평도 도발과 같이 재래식 도발은 주체적인 입장에서 가능한 모든 정보를 놓고 판단하면 사전 예측이 가능하며, 이를 통해 단호하고 주도적인 억제와 응징이 가능하다. 그러나 핵미사일이 전력화된 북한의 위협은 전혀 새로운 것이라는 점에서 냉철한 판단과 대응이 필요한 시기이다. 비핵화 협상을 병행하되 정치군사적으로 미국의 확장억제, 즉 핵우산을 실질적으로 구현하고, 한국의 자체 억제 및 응징능력을 확보해야 한다. 어느 순간에는 자체 핵 개발까지 진전되어야 할 것이다.

둘째, 미국의 대한안보정책은 구조적으로 점점 한국을 대중견제 전선으로 몰아가고 있다. 한미 간 다양한 안보, 국방 및 군사적 연합조직과 한일 지소미아 체결, 사드 배치는 이를 의미한다. 2020년 논란이 된 한미 대북정책 워킹그룹[111]과 같이 남북관계도 미국의 대중견제를 위한 하위수단으로 변화하였다. 이러한 과도한 확대 현상은 방위비 분담금 협상과 같이 민감 사안이 국내여론 악화로 이어지면 동맹 피로로 이어질 수도 있어 한미 양쪽의 이익에 부합하지 않는다. 또한, 중국의 부상을 제어하지 못하는 변동의 시대가 도래 할 수도 있음을 고려 한국도 국가 대전략 차원에서 접근할 필요가 있다.

따라서 세계적 패권 충돌과 한반도 긴장을 동시에 예방할 수 있도록 지역과 국제적 협력을 선도해야 한다. 안보분야에서 단계적으로 연합권한위임을 해제한 후 전작권 환수를 통해 한미동맹 의존도를 낮추고 남북협력을 위한 공간을 넓혀야 한다.

셋째는 내부적으로 제도적 보장과 안보문제의 복잡성이 증대하면서 전쟁지도체제에 대한 전문 관료의 영향이 증가하였다. 따라서 안보, 국방, 군사 분야에서 군인을 포함한 관료들이 개인이나 해당 조직의 이익을 추구하여 국가이익을 훼손하지는 않는지를 엄격히 감시할 필요가 있다. 오랜 기간 조직 생활을 통해 이해관계가 얽혀있는 내부 추종자보다는 건전한 외부 균형자가 국방조직의 수장이 되는 시기를 앞당길 필요가 있다. 그래야 문민 통제가 확립된 가운데 적절한 감독이 가능하고 군사 분야는 군 전문가에 의해 정치적 타산 없이 적시 적절한 대응과 단호한 응징이 보장될 것이다.

· · · · · · · · · · · · · · · ·

111) 『이데일리』 2020년 7월 22일자, 「강경화, 한미 워킹그룹 타이밍 놓친 부분 있다, 美도 문제인식 공유」, https://www.edaily.co.kr(검색일: 2020.7.29)

마지막으로 전문 관료의 영향이 증대했지만 여전히 한국의 대통령은 정책 구현과 인사권 행사를 통해 국가 내부의 구조적 환경을 변화시킬 수 있다. 문재인 대통령이 보여준 한반도 평화프로세스 노력은 이를 상징하기도 한다. 국민적 지지를 통해 여론이 뒷받침되면 북한의 도발은 자주적 승전체제 완비를 기반으로 남북 및 북미 협상을 통해 억제할 수 있다. 이러한 억제가 남북한 평화구조로 영구화되려면 북미 간 관계정상화를 통해 적대관계가 해소되어야 한다. 그러나 미중대결의 시대에 적대적 공생 구조는 그 생명력이 강할 수밖에 없다. 2019년 2월 하노이회담이 결렬된 이유도 강고한 대결을 통해 국내정치적 이익을 유지하는 미국과 북한의 강경세력에 연원한바 크다고 볼 수 있다.

따라서 한국이 한반도에 대한 자주적 역할을 분명히 하고 거침없이 연합권한위임을 먼저 해제한 후 전작권을 환수해야 한다. 그리고 주한미군의 성격을 북한과 중국에 적대적인 유엔군에서 동북아지역 평화유지군으로 변화시켜야 대결의 상자가 닫히고 평화의 판도라가 열릴 것이다.

제7장 결론: 전승, 평화, 통일을 위한 선택

　연구결과 한국의 전쟁지도체제는 안보환경과 대통령의 안보관이라는 주요 변수에 의해 의존형으로 태동하여 연합형으로 성장한 후 자주형으로 점차 전환되는 과정으로 발전되어 왔다는 것을 알 수 있었다. 그러나 2009년 이후 북한의 도발과 위협에 한미연합 구조를 강화하면서 자주형 체제로 전환과 완성이 지체되고 있다.

　1948년 정부가 수립된 이후 한국의 전쟁지도체제는 1950년 전쟁으로 작전지휘권을 유엔사령관에게 이양했다가 1954년 작전통제권으로 한정한 후 1978년 연합사령관에게 전환했으며, 다시 1994년 평시 작전통제권을 한국 합참이 환수하였다. 그리고 지금은 전시 작전통제권을 조건이 충족되는 시기에 한국군 대장이 사령관을 맡는 연합사령부 체제로 전환하려 하고 있다.

　이와 함께 6.25전쟁과 그 직후까지 전적으로 미국의 군사원조에 의존했던 한국의 국방비는 그 비율이 대폭 감소한 후 1980년대에 소멸하

였다. 그리고 이제는 역전 현상이 나타나고 있다. 미국이 한국에 대하
여 주한미군에 대한 방위비 분담 증액하라는 압박을 강화하고 있는
것이다.

이러한 한국 전쟁지도체제의 발전을 전체적으로 다시 요약하면 다
음과 같다.

1948~1960년: 정부수립 이후 한국전쟁을 전후하여 의존형 전쟁지
도체제가 태동하였다. 북한에 비해 열세한 국력 및 군사력하에서 1949년
주한미군의 완전철수에 이은 1950년 북한의 전면남침에 따라 형성된
사활적 안보환경과 이승만 대통령의 대미의존적 안보관은 의존형 전
쟁지도체제를 태동시켰다. 이에 따라 작전지휘권은 미군인 유엔사령
관에게 이양되었으며, 미국으로부터 전비와 군사원조에 의해 전쟁수행
과 국방 운영이 가능한 대미의존 현상이 나타났다.

1961~1987년: 군부권위주의 기간 동안에는 전쟁지도체제가 연합
형으로 성장하였다. 이 기간에 5·16군사혁명에 의한 현대적 전쟁지도
조직이 창설되었다. 이후 경제발전에 의한 국력의 상승과 함께 1968년
북한의 분쟁유발전술 및 닉슨 독트린에 의한 1971년 미 7사단의 철수
로 위기적 안보환경이 조성되자, 박정희 대통령의 자주적 안보관에 의
하여 의존형 전쟁지도체제가 연합형으로 성장하였다. 1978년 한미연
합사 창설을 통해 연합형 전쟁지도체제로 성장하여 작전통제권을 한미
가 연합하여 행사하는 방식으로 조정하고, 미국으로부터의 군사원조
는 한국의 국방비대비 비율에 있어서 대폭적인 감소현상이 나타났다.

1988~2008년: 탈냉전과 민주화 이후 민족자존의식이 성장하면서
자주적 전쟁지도체제로 점차 전환, 발전되어 왔다. 한국의 현격한 국
력의 우세와 북한의 핵위협 그리고 세계유일의 군사패권국 미국의 안

보정책의 변화는 한국에 새로운 안보환경을 조성하였고 노태우, 김영삼, 김대중 및 노무현 대통령의 민주적 안보관은 전쟁지도체제를 자주적으로 전환시켰다. 이에 따라 1994년 평시작전통제권을 환수하였고, 2007년에는 2012년 4월 17일에 전시작전통제권을 한미연합사령관으로부터 한국 합참의장에게 전환하기로 합의하였다. 또한 이 시기에는 오히려 한국이 주한미군의 방위비 분담 및 해외파병을 지원하는 군사원조에서 역전현상이 나타나기도 하였다.

2009년~현재: 북한의 도발과 핵위협, 그리고 미중의 경쟁과 대결이 심화되었다. 한국 내부적으로는 관료주의 현상이 동반되면서 전쟁지도체제는 자주형 전환이 지연되고 있다. 더불어 주한미군의 규모는 공식적 발표와 달리 오히려 증강되었으며 동시에 한국에 더 많은 방위비 분담을 압박하는 모순된 현상이 나타나고 있다.

이러한 연구결과는 "한국 전쟁지도체제의 발전(유형변화)은 안보환경과 대통령의 안보관이 결정적 요인으로 작용하였다는 점과, 전쟁지도체제의 발전은 작전권과 군사원조의 현상의 변화로 나타났다"는 점에서 2장에서 제시한 추론구조가 타당성이 있다는 것이 증명되었다. 다만, 2009년 이후에는 이러한 결정적 요인 외에도 북한의 핵무기 전력화와 미중 대결구조 및 관료주의 현상이 심화되면서 더 복잡한 양상으로 전개되고 있다. 따라서 이러한 연구결과들을 바탕으로 한반도에서 확고한 전승체제를 확립하고 평화와 통일의 초석을 다지기 위한 시사점을 정리하면 다음과 같다.

첫째, "전쟁지도체제는 전쟁이냐, 평화냐를 강요받는 냉엄한 국제질서 속에서 패전이 아닌 승전을 위해 필수적으로 완비되어야 한다"는 점이다. 전쟁지도는 위기관리나 안전보장 개념으로 접근하는 것은 어려

우며 전쟁과 평화의 본질적 문제에 관한 해답을 제시한다. 국력의 중심 요소, 정치와 군사관계 그리고 자주와 의존성에 기초한 국가 간의 전쟁이 군사작전을 중심으로 승패가 결정된다는 점에서 전승을 위한 전쟁지도체제는 그냥 덮어두거나 일부 국방 및 군사전문가에게만 맡겨두기에는 너무나 중대한 문제이다. 한국의 전쟁지도체제 발전과정에서도 국방이나 군사는 물론 정치, 경제, 외교 및 사회적 요소와 국가의 총체적 역량이 집중되었다는 점에서 이론적인 개념발전과 더불어 국가전략적으로 범국민적·범정부적 추진이 더욱 절실하게 요구된다.

둘째, "전쟁지도체제는 구성단위 간의 상호연계에 기초하며 유기체적으로 협력해야만 전승이라는 목적을 달성할 수 있다." 전쟁지도체제는 전쟁을 위해 동원되는 제반 자원을 효율적으로 투입하고 적시적으로 활용하며 이를 지원함으로써 군사작전의 승리를 보장한다. 이를 위해서 국내는 물론 동맹을 포함한 국제적 구성단위까지 총체적으로 연계성이 보장되어야 한다. 그리고 그 연계는 공식적이어야 하며 법규에 의해서 보장되어야 한다. 또한 한국은 유엔군사령부가 현존하면서 정전협정체제를 유지하고 있고, 북핵이라는 전략적 불균형 요인이 잠재해 있다는 점에서 우리만의 전력으로 전쟁을 수행하는 것으로 승전을 보장하기는 어렵다. 그럼에도 불구하고 전시 작전통제권 전환은 스스로 평화통일을 향해 나아가는 첫걸음으로 정상적으로 추진되어야 하며, 특히 국방예산 확보와 관련된 정치, 경제, 군사, 외교적 문제를 함께 검토하고 조정해 나가는 지혜가 필요할 것이다.

셋째, "첨단 정보·지식 및 과학기술의 복합·융합전이라는 장차전의 양상을 고려했을 때, 국력의 중심요소를 전쟁지도체제의 발전에 적극적으로 도입해야 한다." 의존형에서 자주형으로 발전되어 온 한국 전쟁지도체제는 전시작전통제권이 전환되면서 자주적 전승체제로 거듭나게 된다. 그러나 2장에서 보았듯이 일반적인 주권국가, 특히 패권국의 경우에 전쟁지도체제는 의존과 자주성이 기준이 아니라 국력의 중심요소에 의해서 전쟁지도체제가 발전해 왔다. 이제 대한민국도 전시작전통제권이 전환되어 주권국가로서 군사분야에 대한 온전한 운영권을 확보하게 되면 의존과 자주성이 아니라 국력의 중심요소가 장차 전쟁지도체제 변화 발전의 기준이 될 것이다. 전승을 위한 군사전략과 이를 달성하는 주체인 전쟁지도체제는 적이 생각하지 못한 방법으로 끊임없이 진화를 거듭해야만 승전을 확보할 수 있기 때문이다. 특히, 무력중심형, 국가총력전형 및 사상전형이라는 기존 유형을 초월하여 발전해야 한다. 즉, 첨단 정보·지식 및 과학기술을 바탕으로 한 무인, 로봇, 인공지능 등 복합·융합적 미래전 양상에 주목해야 한다.

이러한 세 가지 승전체제를 위한 시사점은 다음과 같은 안정적 안보환경 유지, 전쟁지도력 보강, 승전시스템 보완, 주도적 전쟁지도, 한미군사동맹의 전략적 조정이라는 다섯 가지 정책적 선택사항을 주문하는 것으로 연결된다.

① 안정적 안보환경 유지를 위한 노력이다. 지금 한국은 오건스키 (A.F.K. Organski)가 제시한 '정치발전 단계'[1]에서 풍요의 시대로 진입하였다. 그리고 전쟁양상은 매우 복잡하게 발전하고 있다. 이러한 상황에서 안보환경을 구성하는 요소는 정치, 외교, 경제, 군사, 정보 등 매우 다양하기 때문에[2] 그러한 요소들을 안정적으로 조정하는 것이 필

---

[1] A.F.K. Organski, *The Stages of Political Development*, New York: Alfred A. Knopf, 1967 ; 이극찬, 『정치학』 제5판, 법문사, 1994, 579~588쪽에서 재인용.

[2] Amos A. Jordan, William J. Taylor Jr., Michael J. Meese, and Suzanne C. Nielsen,

요하다. 한국은 북한과 미국이라는 외부 요인에 의해 위협의 크기가 결정되고 대통령의 안보관이 중요한 정책결정의 줄기를 형성한다는 점에서 안정적 안보환경을 위해서는 정확한 위협인식, 균형적 안보관이 절실하게 요구된다.

특히, 아직까지 구조적인 문제로 남아있는 남북한의 분단 상태와 여기에서 기인하는 비대칭적 한미동맹은 작은 인식의 차이가 커다란 결과를 초래하는 현상으로 나타난다. 중요한 것은 미국의 대한안보정책을 대중전선에 동참시키려는 것이 아닌 한반도의 평화체제 구축에 집중시키도록 유도해야 한다. 자주적 전쟁지도체제를 확고히 구축하여 스스로의 힘으로 북한의 대남도발 유혹을 전략적으로 차단해야 한다. 전쟁지도체제의 구성단위들은 스스로 진중한 판단과 단호한 억제 및 도발 시 과감한 응징을 통해 더 이상 국민의 생명을 헛되게 해서는 안 된다.

② 대통령과 전쟁지도보좌 조직의 전쟁지도력 보강이다. 특히 전쟁은 의술처럼 최고사령관의 예지에 의해서 승패가 결정된다는[3] 점에서 대통령과 전쟁지도보좌 조직의 전쟁지도력을 보강할 수 있는 하드웨어 및 소프트웨어 발전이 절실하다. 하드웨어 면에서는 안보문제를 종합적으로 다룰 수 있는 조직의 보강을 들 수 있다. 한미동맹이 아무리 중요하다하여도 국가이익의 상충 현상은 언제나 발생할 수 있고, 특히 중국의 '반접근지역거부전략(A2AD)'에 기초한 지역패권화 현상

- -

American National Security, 6th., Baltimore: The Johns Hopkins University Press, 2009, p. 233.

[3] J.F.C. Fuller, The Conduct of War 1789-1961: A Study of the Impact of the French, Industrial, and Russian Revolutions on War and its Conduct, New Brunswick: Rutgers University Press, 1961, p. 11.

이 심화되는 복잡한 동북아 전략상황의 도래에 따라 전쟁과 국제정치, 안보, 군사, 외교, 통일 분야에 정통한 인재들을 국가적 전쟁지도 조직을 강화하는 데에 지혜를 결집시켜야 한다. 기존의 국가안전보장회의 상임위원회나 비상기획위원회 등을 발전시켜 국가적 전승시스템을 보강해야 한다.

즉, 전시작전통제권은 안보 조건과 별개로 전환하고 최고사령관 (CINC)으로서 대통령의 역할과 이를 보좌할 조직을 분명히 하며, 필요시 헌법 조항에도 반영할 필요도 있다. 소프트웨어 면에서는 전쟁지도체제 구성단위 간의 유기체적인 연계성을 증대해야 한다. 최고사령관인 대통령을 중심으로 전쟁지도 조직들은 국가이익에 부합한 전쟁기획, 전승 달성 개념, 국가전략 정보 및 결정적 활동 등을 공유해야 한다. 물론 보안을 기반으로 해야 하나 현대전의 특성상 경직된 조직문화, 정보의 독점, 밀폐된 활동은 구성체 간의 격실 구조에 따른 조직의 황폐화와 함께 패전에 이르는 지름길이다. 따라서 이를 타파하고 전쟁지도력을 발휘할 수 있는 첨단 소프트웨어를 개발해야 한다.

③ 장차전 양상에 대비한 승전시스템 분야 보완이다. 우주전, 네트워크 중심전, 효과중심작전, 공해전(Air-Sea Battle) 등 많은 유행어들을 만들어 내면서 장차전을 예측하고 있지만 그것을 수행할 수 있는 전쟁지도시스템의 발전에 대해서는 관심이 상대적으로 저조한 것이 사실이다. 전쟁의 개념, 수준, 조직, 수행기능 및 과업을 망라하여 필요한 정보를 공유하고 유기적인 활동이 보장되도록 승전시스템을 구축해야 한다. 북한의 서해해상 도발, GPS(위성항법장치: Global Positioning System) 공격, 사이버전과 핵무기 전략화를 배경으로 한 대량살상전략[4]은 전면전 양상을 더욱 복잡하게 하고 있다. 특히 동북아시아는 세계

주요 국가들의 군비경쟁이 끊임없이 진행되고 있으므로 국지도발과 전면전의 구분이 어려운 복합·융합전 양상과 함께 초국가적 전쟁양상에 종합적으로 대비해야 한다. 전쟁 억제와 평화도 이러한 국가적 전승시스템이 완비되어야 가능하기 때문이다.

이를 달성하기 위해서는 평시의 안전보장, 위기관리 및 전쟁 전반을 재조망하여 첨단과학기술을 응용하고 제반 역량과 자원을 투입하는 '아키텍처적 접근'[5]을 해야 한다. 왜냐하면 승전은 이제 개별 국가나 부대에 의해 달성되는 시대가 아니기 때문이다. 국가적 역량과 함께 동맹·협력국의 자원을 승전에 유리하도록 동시에 활용해야 한다. 특히 첨단 과학기술 장비에 의한 실시간 정보공유와 타격체계가 망사형으로 작동한다. 인공지능과 무인체계에 의해 동시에 신속한 결심과 정밀타격으로 연결되어 유기체적 조화를 선제적으로 승리를 쟁취한다.

이제는 북한의 핵전력화로 인해 국방부, 합참에 핵전략적 판단을 일임할 수도 없다. 통수권자를 최고사령관(CINC)으로 명시하고 이를 직접 보좌하는 상설조직과 전략사령부에서 직접 핵전쟁을 억제하고, 응징하며, 유사시 미국의 확장억제 핵전력을 협조해야 신속하게 발생할 수 있는 막대한 핵전, 방사능 희생을 막을 수 있다. 이것이 재래식 한국군에 대한 전시작전통제권을 미국에 더 이상 맡겨두어서는 안되며 신속히 환수해야 하는 이유이기도 하다.

④ 전시 작전통제권 전환 이후 주도적 전쟁지도의 전략적 발전을 모색해야 한다. 지금은 한국군에 대한 전시 작전통제권을 조건이 충

---

4) 박용환, 「북한의 선군시대 군사전략에 관한 연구」, 『국방정책연구』 제28권 제1호, 2012, 202~203쪽.

5) 이태공, 『NCW 이론과 응용』, 홍릉과학출판사, 2008, 3~104쪽 참조.

족되면 한국군 대장이 사령관을 맡는 한미연합사령부 체제로 전환한다는 것이 기본 방향이다. 미국의 소극적 태도는 한국이 불가능한 조건의 충족을 기다리는 것처럼 전환 가능성을 비관적으로 만든다. 따라서 한미의 최고통수권자 간의 의도를 조기에 확인하고 불가하다면 1단계로 먼저 연합권한위임을 조기에 해제해야 한다. 이때 연합사 한측 인원으로 합동작전사령부를 창설하여 그 임무를 수행하게 한다면 한미 간 마찰을 최소화할 수 있을 것이다.

2단계로 한미연합사령부는 주도, 지원 관계로 분리하여 우리 군에 대한 전작권을 조기에 시한부로 회복해야 한다. 특히, 미국은 대중전선에 한국의 참여를 압박하는 상황이기 때문에 강대국 분쟁에 연루되지 않으려면 빠를수록 좋다. 주한미군이 언제라도 한국을 떠날 수 있다는 가정 하에 한국은 핵전쟁 억제와 재래식 전쟁수행을 분리해서 대비해야 한다. 즉, 핵전쟁 억제는 미국의 확장억제정책과 보조를 맞추고, 재래식 전쟁은 한국의 역량으로 자주적 전쟁지도체제를 완비하는 것으로 대비해야 한다. 한반도에서 핵전쟁이 발발하지 않는 것이 무엇보다 중요하며 만약 핵전쟁 억제가 실패한다면 이는 3차 세계대전의 개전을 의미하며 인류의 종말로 이어질 것이다.

재래식 전력의 한국군에 대한 전시 작전통제권을 한국이 스스로 행사할 때 유엔군사령부의 역할 조정이 가능해진다. 위기관리를 포함한 한반도 정전관리를 한국이 스스로 할 때 남북 간 군사협상에서 비로소 정전이 아닌 평화를 의제로 삼을 수 있게 된다. 따라서 평화체제로 전환되는 시기에 유엔군사령부는 한반도를 포함한 동북아지역의 유엔평화유지군으로 자연스럽게 변화하게 될 것이다.

이제는 전승의 책임을 한국이 스스로 분명하게 인식할 때가 되었다. 핵전쟁의 위협이 엄중한 상황으로 전변한 지금, 국가의 안전과 국민의 생명을 외국군사령관의 지휘하에 맡겨놓고 있다는 것은 불안하기 그지없다. 19세기 수상을 두 번이나 역임했던 영국의 템플경이 "우리에겐 영원한 동맹도, 적도 없다. 우리의 이익만이 영원하며 그 이익을 추구하는 것이 우리의 의무이다."[6]라고 설파한 것과 같이 진정한 대한민국의 국익은 김구선생의 나의소원인 "우리나라 대한민국의 완전한 자주독립"에서 나온다는 것을 잊지 말아야 할 것이다.

⑤ 다섯째, 한미군사동맹에 대한 전략적 조정 및 방위비 분담에 대한 경제적 접근이다. 한국의 국방은 북한의 비대칭적 위협을 주한미군으로 상쇄하는 구조를 가지고 있었다. 특히 북한의 핵무기 전력화는 한반도 군사전략 구조를 근본적으로 변화시켰다. 따라서 전술했듯이 한미군사동맹은 이제 재래식 전력에 대한 작전·전술적 차원보다는 핵을 중심으로 한 전략적 수준에 집중해야 한다. 즉, 핵전략에 대해서는 전략적으로 한반도와 동북아, 나아가 세계 전체의 안전보장 장치로 맞춤형 확장억제를 발전시키는 것이 바람직하다.

이런 개념하에서 한미동맹은 군사 분야에서 핵전략과 재래식 전력 운용을 분리 조정해나갈 수 있을 것이다. 그리고 이를 통해 재래식 전력의 주한미군에 대한 방위비 분담의 압박에 한국은 대응할 논리를 확보할 수 있게 된다. 즉, 재래식 전력에 대한 주한미군의 감축을 선제적으로 제안할 수도 있으며, 그 공백에 대한 미국의 부담을 한국이 해소해주는 공세적 협상을 할 수 있기 때문이다. 전쟁대비 비용을 한

---

[6] "We have no eternal allies, and we have no perpetual enemies. Our interests are eternal and perpetual and those interests it is our duty to follow."

국이 자국의 예산으로 자국의 전력을 증강함으로써 체질을 자주적으
로 완성하게 된다. 이는 국가가 가진 일종의 당위적 주권적 조치이기
도 하다. 한편, 한국은 충분한 핵억제 장치를 확보한 상태에서 미국이
원하는 주한미군의 재래식 전력에 대해서 그 유연성을 완전히 보장해
줄 필요가 있다. 이제 한미군사동맹은 현실에 부합한 실질적 핵전략
동맹에 집중해야 한다. 핵전략동맹을 강화하는 것이 더욱 경제적이면
서도 안전하다.

한국은 이제 미국, 중국, 일본, 러시아 등 주변 강국들의 어떠한 역
동성 속에서도 상승한 국격에 걸맞게 전쟁지도체제를 자주형으로 완
비할 수 있는 군사적, 경제적, 기술적 능력을 충분히 갖추었다. 우리
스스로 궁극적으로 평화와 통일을 위한 기초인 국가적 전승시스템을
완전하게 자주화할 수 있는 것이다. 다만, 한미동맹의 약화와 이로 인
한 경제적 타격을 고려하는 것이다.

그러나 2020년 방위비분담협상 결렬에서 보듯이 현실을 외면하고
재래식전력에 대한 동맹조정을 계속 지연한다면 오히려 동맹피로는 더
악화될 것이다. 한국 내부에서도 여전히 미국과의 동맹이 가장 중요하
고 유일한 안보수단이라는 경도된 인식은 우려된다. 게다가 주한미군
의 철수와 증강을 마치 한국과 협의 없이 미국이 일방적으로 결정해
도 무방한 것처럼 미국 의회와 행정부의 동향이 언론에 보도되는 현
상은 한 국가의 국민으로서 의아하지 않을 수 없다. 책임을 스스로 다
하는 선진국 대열에 진입한 대한민국의 위상에 걸맞게 불평등한 요소
가 있다면 관행은 개선되어야 하고 외교 문서는 개정되는 것이 맞다.

결론적으로 이제는 동맹이든 적이든 그들이 그들의 이익을 위해서
만 무언가를 우리에게 강요한다면 우리의 의지를 구현할 수 있는 지

혜와 용기를 발휘해야 한다. 그것이 가능하려면 충분한 능력을 갖추
어야 하며 국가와 국민의 운명을 좌우하는 자주적 전승체제를 완비하
는 것이 급선무이다. 따라서 전작권을 전환하면서 자주형으로 전환이
완성되는 전쟁지도체제를 조속히 마무리해야 한다. 그래야 우리 스스
로 전쟁을 억제하고 전정한 평화체제를 구축할 수 있으며 궁극적으로
평화통일로 나아갈 수 있을 것이다.

참고문헌

1. 국문

가. 단행본

강 민 외,『국가와 공공정책: 한국 국가이론의 재조명』, 법문사, 1993.

강성철,『주한미군』, 일송정, 1988.

경제기획원 편,『경제기획원 30년사 I, II』, 미래사, 1994.

구광모,『대통령론: 지도자의 개성과 유형』, 고려원, 1984.

구영록,『인간과 전쟁』, 법문사, 1994.

───── 외,『한국과 미국: 과거 · 현재 · 미래』, 박영사, 1983.

구영록 · 길승흠 · 양성철,『남북한의 평화구조』, 법문사, 1990.

국가보위비상대책위원회,『국보위백서』, 국가보위비상대책위원회, 1980.

국방군사연구소,『국방정책변천사 1945~1994』, 국방군사연구소, 1995.

─────,『한국전쟁(상)』, 국방군사연구소, 1995.

─────,『한국전쟁(중)』, 국방군사연구소, 1996.

─────,『한국전쟁(하)』, 국방군사연구소, 1997.

─────,『국방조약집 제3집(1993-1996)』, 국방군사연구소, 1997.

─────,『대비정규전사 II』, 국방군사연구소, 1998.

─────,『대비정규전사 III』, 국방군사연구소, 2004.

국방대학교,『안보관계용어집』, 국방대학교, 2000.

─────,『안전보장이론』, 국방대학교, 2006.

국방대학원,『전쟁지도시의 제문제』, 국방대학원, 1977.

─────,『전시 안보정책과 전쟁지도』, 국방대학원, 1998.

국방부, 『국방부사 제1집』, 국방부, 1954.

———, 『군사관계조약선집』, 국방부, 1961.

———, 『국방사 1』, 국방부, 1984.

———, 『국방사 2』, 국방부, 1987.

———, 『국방백서 1988』, 국방부, 1988.

———, 『국방백서 1990』, 국방부, 1990.

———, 『국방사 3』, 국방부, 1990.

———, 『율곡사업의 어제와 오늘 그리고 내일』, 국방부, 1994.

———, 『국방관계법령집』, 국방부, 1994.

———, 『국방백서 1995~1996』, 국방부, 1995.

———, 『대비정규전사』, 국방부, 1997.

———, 『국방사 4』, 국방부, 2002.

———, 『참여정부의 국방정책』, 국방부, 2003.

———, 『국방백서 2004』, 국방부, 2005.

———, 『국방백서 2006』, 국방부, 2006.

———, 『국방백서 2008』, 국방부, 2009.

———, 『국방백서 2010』, 국방부, 2010.

———, 『국방백서 2014』, 국방부, 2014.

———, 『국방백서 2018』, 국방부, 2018.

———, 『국방백서 2020』, 국방부, 2020.

———, 『전시 작전통제권 환수: 사실은 이렇습니다』, 국방부, 2006.

———, 『합동성강화 관련 규정』, 국방부, 2007.

국방부 군사편찬연구소, 『한미군사관계사 1871-2002』, 국방부 군사편찬연구소, 2002.

———, 『건군사』, 국방부 군사편찬연구소, 2002.

———, 『대비정규전사 III』, 국방부 군사편찬연구소, 2004.

———, 『국방편년사 1981~1985』, 국방부 군사편찬연구소, 2007.

국방부 기획조정관실, 『국방정책자료집』, 국방부, 2006.

국정홍보처, 『참여정부 국정운영백서, 1-8』, 국정홍보처, 2008.

국토통일원,『한반도의 군축과 평화』, 국토통일원, 1989.

국회도서관 자료국,『아시아제국의 안보관』, 국회도서관, 1983.

권태영·노훈·박휘락·문장렬 공저,『북한 핵·미사일: 위협과 대응』, 북코리아, 2014.

그레이 헤스(Gary R Hess) 저, 임윤갑 역,『전쟁에 관한 대통령의 결정: 한국, 베트남 그리고 페르시아만』, 북코리아, 2008.

김국신·박영호,『한·미 정상회담 결과분석』, 통일연구원, 2006.

김기정,『미국의 동아시아 개입의 역사적 원형과 20세기 초 한미 관계 연구』, 문학과 지성사, 2003.

김대중,『김대중 자서전』, 삼인, 2010.

김덕중·안병준·임희섭 공편,『한·미관계의 재조명』, 경남대학교 극동문제연구소, 1988.

김상준 외,『한국의 정치: 쟁점과 과제』, 법문사, 1995.

김영흠 저, 박무성·이형대 역,『미국의 아시아외교 100년사』, 신구문화사, 1988.

김영삼,『김영삼 대통령 회고록』상·하, 조선일보사, 2001.

김웅진·이남영·김종표·정영국·박경산·조기숙·최진욱,『정치학조사방법: 재미있는 퍼즐풀기』, 명지사, 2004.

김웅진·박찬옥·신윤환 편역,『비교정치론 강의I: 비교정치연구의 분석논리와 패러다임』, 한울, 1992.

김재엽,『자주국방론』, 선학사, 2007.

김정렴,『한국경제정책30년사』, 중앙일보사, 1990.

김종대,『서해전쟁』, 메디치, 2013.

──,『위기의 장군들』, 메디치, 2015.

김종하·김재엽,『군사혁신과 한국군』, 북코리아, 2008.

김행복,『한국전쟁의 전쟁지도: 한국군 및 UN군 편』, 국방군사연구소, 1999.

──,『6·25전쟁과 채병덕 장군』, 국방부 군사편찬연구소, 2002.

김호진,『한국정치체제론』, 박영사, 1994.

──,『한국의 대통령과 리더십』, 청림출판, 2008.

김희상, 『21세기 한국안보』, 전광, 2000.

노무현, 『노무현이 만난 링컨』, 학고재, 2001.

———, 『성공과 좌절』, 학고재, 2009.

노병천, 『도해 손자병법』, 한원, 1990.

노태우, 『위대한 보통사람들의 시대』, 을유문화사, 1987.

———, 『노태우 회고록』, 조선뉴스프레스, 2011.

도재숙, 『한반도 안보와 한미관계』, 한국학술정보, 2007.

대통령비서실, 『노무현대통령 연설문집』 제4권, 대통령비서실, 2007.

대한민국 정부, 『천안함 피격사건 백서』, 인쇄의 창, 2011.

대한민국 재향군인회, 『실록: 12·12 / 5·18』, 대한민국재향군인회, 1997.

랄프 클러프(Ralph N. Clough)·윌렴 카펜터(William M. Carpenter) 저, 국방대학
　　　원 안보문제연구소 역, 『주한미군에 관한 연구(Deterrence and Defense
　　　in Korea: The Role of U.S. Forces in Korea)』, 국방대학원 안보문제연
　　　구소, 1993.

레이 클라인 저, 국방대학원 안보문제연구소 역, 『국력분석론』, 국방대학원 안
　　　보문제연구소, 1981.

류병현, 『한미동맹과 작전통제권』, 대한민국재향군인회 안보복지대학, 2007.

맥도널드(MacDonald, Donald Stone) 저, 한국역사연구회 1950년대반 역, 『한미
　　　관계 20년사: 1945~1965년』, 한울아카데미, 2001.

문정인·김기정·김순태 편, 『국방개혁의 패러다임을 통한 항공우주력 건설』,
　　　오름, 2007.

문정인·김기정·김순태·이진영 편, 『아시아태평양시대의 국가안보를 위한 전
　　　력구조 발전방향』, 오름, 2008.

문창극, 『한미갈등의 해부』, 나남, 1994.

미8군 한국군지원단, 『카투사의 어제와 오늘』, 미8군 한국군지원단, 1995.

박근혜, 『절망은 나를 단련시키고 희망은 나를 움직인다』, 위즈덤하우스, 2007.

박재영, 『국제정치 패러다임』, 법문사, 2009.

박정희, 『국가와 혁명과 나』, 향문사, 1963.

박휘락,『현대 군사연구』, 법문사, 1998.

배성인,『전략적 유연성: 한미동맹의 대전환』, 메이데이, 2007.

백선엽,『군과 나』, 대륙연구소, 1989.

백종천,『국가방위론: 이론과 정책』, 박영사, 1985.

──,『한·미동맹50년: 분석과 정책』, 세종연구소, 2003.

──,『한국의 국가전략』, 세종연구소, 2004.

──,『한반도 평화안보론』, 세종연구소, 2006.

백종천·이민룡,『한반도 공동안보론』, 일신사, 1993.

버나드 몽고메리(Bernard Law Montgomery) 저, 승영조 역,『전쟁의 역사』, 책세상, 2007.

북한연구소,『북한총람』, 북한연구소, 1983.

──,『북한총람 1983~1993』, 북한연구소, 1994.

브루스커밍스·존할리데이 저, 차성수·양동주 역,『한국전쟁의 전개과정』, 태암, 1989.

삐에르 루느벵(Pierre Renouvin)·장-밥띠스뜨 듀로젤(Jean-Baptiste Duroselle) 저, 이기택 역,『국제정치사이론』, 박영사, 1989.

서울신문사 편저,『주한미군 30년』, 행림출판사, 1979.

신응섭·이재윤·남기덕·문양호·김용주·고재원,『리더십의 이론과 실제』, 학지사, 2002.

심지연,『한국정당정치사』, 백산서당, 2004.

── 편저,『현대 정당정치의 이해』, 백산서당, 2004.

심지연·김일영 편,『한미동맹 50년: 법적 쟁점과 미래의 전망』, 백산서당, 2004.

앨리슨(Graham Allison)·젤리코(Philip Zelikow) 저, 김태현 역,『결정의 엣센스: 쿠바미사일사태와 세계핵전쟁의 위기』, 모음북스, 2005.

앨빈 토플러·하이디 토플러 공저, 이계행 역,『전쟁과 반전쟁』, 한국경제신문사, 1994.

엘리엇 코언(Eliot A. Cohen) 저, 이진우 역,『최고사령부: 전쟁을 승리로 이끈 위대한 정치지도자의 리더십』, 가산출판사, 2002.

양성철, 『박정희와 김일성』, 한울, 1992.

오관치·황동준·차영구 공저, 『한·미 군사협력관계의 발전과 전망』, 세경사, 1990.

오병흥, 『나비와 천안함』, 지성의 샘, 2016.

외무부 외교연구원, 『한국외교의 20년』, 외무부, 1967.

외무부, 『한국외교 30년』, 외무부, 1979.

외교통상부, 『한국외교 50년, 1948~1998』, 외교통상부, 1999.

———, 『2007년 외교백서』, 외교통상부, 2007.

육군교육사령부, 『군사이론연구』, 육군본부, 1987.

———, 『전쟁지도 이론과 실제』, 육군교육사령부, 1991.

육군본부, 『정책과 지도: 유엔군전사 제3집』, 육군본부, 1990.

———, 『한국군사사상』, 육군본부, 1992.

———, 『전쟁지휘의 허와 실』, 육군본부, 1995.

———, 『육군무기체계 50년 발전사: 창군~2000』, 계룡: 육군본부, 2001.

육군사관학교, 『국가안보론』, 박영사, 2001.

윤덕민, 『대북 핵협상의 전말』, 해르, 1995.

이극찬, 『정치학』 제5판. 법문사, 1994.

이기택, 『국제정치사』, 박영사, 1993.

이노구치 구니코(猪口邦子) 저, 김진호·김순임 역, 『전쟁과 평화』, 대왕사, 2009.

이대우, 『국제안보 환경변화와 한미동맹 재조명』, 한울, 2008.

이명박, 『절망이라지만 나는 희망이 보인다』, 말과 창조사, 2002.

———, 『대통령의 시간(2008~2013)』, 알에이치코리아, 2015.

이민룡, 『북한군대의 해부』, 황금알, 2004.

이삼성, 『한반도 핵문제와 미국외교』, 한길사, 1995.

이상우, 『한국의 안보환경』 제2집(증보판), 서강대학교 출판부, 1986.

———, 『국제관계이론: 국가간의 갈등원인과 질서유지』, 박영사, 1991.

이상철, 『안보와 자주의 딜레마: 비대칭 동맹이론과 한미동맹』, 연경문화사, 2004.

———, 『NLL 북방한계선(기원, 위기, 사수)』, 선인, 2012.

이수훈 편, 『조정기의 한미동맹: 2003~2008』, 경남대학교 극동문제연구소, 2009.

이영민, 『군사전략: 미·소·중·일, 한반도, 전략, 군구조, 무기체계』, 송산출판사, 1991.

이완범, 『38선 획정의 진실: 1944 - 1945』, 지식산업사, 2001.

이 재 외, 『한민족전쟁사 총론』, 교학연구사, 1995.

이종헌, 『천안함 전쟁 실록 스모킹 건』, 맥스교육, 2015.

이춘근, 『북한 핵의 문제: 발단, 협상과정, 전망』, 세종연구소, 1995.

이태공, 『NCW 이론과 응용』, 홍릉과학출판사, 2008.

이형근, 『이형근회고록: 군번 1번의 외길인생』, 중앙일보사, 1994.

이호재, 『핵의 세계와 한국핵정책: 국제정치에 있어서 핵의 역할』, 법문사, 1987.

장준익, 『북한인민군대사』, 서문당, 1991.

전사편찬위원회, 『대비정규전사(I)』, 전사편찬위원회, 1988.

정일권, 『전쟁과 휴전: 6·25비록』, 동아일보사, 1986.

정성장·백학순, 『김정일 정권의 생존전략』, 세종연구소, 2003.

정 호, 『여명: 5·16혁명비사』, 홍익출판사, 1967.

제임스 도거티(James E. Dougherty)·로버트 팔츠그라프(Robert Luise Pfaltzgraff, Jr.) 저, 이수형 역, 『미국의 외교정책사: 루스벨트에서 레이건까지』, 한울아카데미, 2008.

조남훈·박찬우·정은주, 『총체적 전쟁수행능력 평가 방법론 연구』, 한국국방연구원, 2007.

조선일보사, 『총구과 권력: 12·12와 5·18수사기록 14만 페이지의 증언』, 조선일보사, 1991.

―――, 『한국을 뒤흔든 광주의 11일: 5·18사건 수사 기록』, 조선일보사, 2005.

조성훈, 『한미군사관계의 형성과 발전』, 국방부 군사편찬연구소, 2008.

―――, 『대남도발사』, 백년동안, 2015.

조영환, 『2000년대의 이상적 국방체제』, 세종연구소, 1988.

조지프 나이(Joseph S. Nye, Jr.) 저, 양준희·이종삼 역, 『국제분쟁의 이해: 이론과 역사』, 한울, 2009.

존 미어세이머(John J. Measheimer) 저, 이춘근 역,『강대국 국제정치의 비극』, 나남출판, 2004.

짐 하우스만 · 정일화,『한국 대통령을 움직인 미군대위』, 한국문원, 1995.

차기준,『전쟁지도와 군사작전』, 육군교육사령부, 1998.

차영구 · 황병무,『국방정책의 이론과 실제』, 오름, 2002.

찰스 틸리(Charles Tilly) 저, 이향순 역,『국민국가의 형성과 계보: 강압, 자본과 유럽국가의 발전』, 학문과 사상사, 1994.

채명신,『채명신 회고록: 베트남전쟁과 나』, 오름, 2006.

최 진,『대통령리더십』, 나남출판, 2003.

──── ,『대통령리더십총론』, 법문사, 2007.

클라우제비츠(Carl von Clausewitz) 저, 류제승 역,『전쟁론』, 책세상, 1998.

트레버 두푸이(Trevor N. Dupuy) 저, 주은식 역,『전쟁의 이론과 해석』, 한원, 1994.

표학길 · 양건 · 하영선 · 양동휴 · 오병선 · 박광주,『미국의 대외관계』, 서울대학교 출판부, 1991.

퓰러(J.F.C. Fuller) 저, 국방대학원 역,『전쟁의 지도』, 국방대학원, 1981.

하영선,『한반도 군비경쟁의 재인식: 전쟁에서 평화로』, 인간사랑, 1988.

한국국방안보포럼 편,『전시작전통제권 오해와 진실』, 플래닛미디어, 2006.

한국군사혁명사편찬위원회,『한국군사혁명사 제1집 상』, 한국군사혁명사편찬위원회, 1963.

──── ,『한국군사혁명사 제1집 하』, 한국군사혁명사편찬위원회, 1963.

한국정치학회 편,『현대한국정치와 국가』, 법문사, 1987.

──── ,『한국의 정치: 쟁점과 과제』, 법문사, 1993.

──── ,『한국현대정치사』, 법문사, 1995.

한미연합사령부,『미국과 미군을 위한 이해』, 한미연합사령부, 2009.

한승조,『한국정치의 지도자들』, 법문사, 1992.

한용섭,『남북한의 창군』, 오름, 2008.

──── 외,『주한미군 조정과 동북아 국가의 대응전략』, 국방대학교 안보문제

연구소, 2004.

───── 외,『변화하는 한반도 안보전략환경과 도전요인들』, 국방대학교 안보문
제연구소, 2006.

한용원,『창군』, 박영사, 1984.

─────,『군사발전론』, 박영사, 1989.

한흥수 편,『한국정치동태론』, 오름, 1996.

함택영,『국가안보의 정치경제학: 남북한의 경제력, 국가역량, 군사력』, 법문사, 1998.

───── 외,『남북한 군비경쟁과 군축』, 경남대학교 극동문제연구소, 1998.

───── 편,『한반도 평화체제 거버넌스 활성화 방안』, 통일연구원, 2007.

합동참모본부,『한국전사』, 합동참모본부, 1984.

─────,『합동 · 연합작전 군사용어사전』, 합동참모본부, 2004.

─────,『합참 60년사: 역사는 말한다』, 합동참모본부, 2008.

합동참모본부 전작권전환추진단,『전시작전통제권전환사』, 2011.

헌팅턴(Samuel P. Huntington) 저, 강창구 · 송태균 공역,『군인과 국가』, 병학사,
1980.

황동준 · 한남성 · 이상욱,『미국의 대한안보지원 평가와 한미방위협력 전망』,
민영사, 1990.

황태연,『사상체질과 리더십』, 들녘, 2003.

허종호,『주체사상에 기초한 남조선혁명과 조국통일 리론』, 평양: 사회과학출
판사, 1975.

헤겔 저, 김종호 역,『역사철학강의 I 』, 삼성출판, 1982.

나. 논문

강명구,「알버트 허쉬만의 발전론 연구」,『한국정치학회보』제41집 4호, 2007.

강병철 · 강근형,「전시작전통제권 환수와 한반도의 안보」,『평화연구』2007년
1월호.

고재홍,「6 · 25전쟁기 북한군 총정치국의 위상과 역할」,『군사』제53호, 2004.

_____, 「한국전쟁 초기 북한군의 전쟁지도체계 연구」, 『현대북한연구』 제8권 2호, 2005.

구종서, 「동아시아 발전모델과 한국」, 『한국정치학회보』 제30집 2호, 1996.

권양주, 「전쟁지도에 관한 연구」, 『합동군사연구』 제5호, 1996.

_____, 「북한 최고사령관의 위상과 역할 재조명」, 『주간국방논단』 제1256호, 2009.

길병옥, 「미국 국가안보회의(NSC) 운영사례 연구」, 『국가전략』 제6권 2호, 2000.

길병옥·허태회, 「국가 위기관리체계 확립방안 및 프로그램 개발에 관한 연구」, 『국제정치논총』 제43집 1호, 2003.

김광후, 「한·미 안보 협력 체제의 변화요인에 관한 연구: 노무현 정부를 중심으로」, 원광대 대학원 박사학위논문, 2008.

김기정, 「한국의 대북정책과 관료정치」, 『국가전략』 제4권 1호, 1998.

_____, 「전환기의 한미동맹: 이론과 현상」, 『한국과 국제정치』 제24권 1호, 2008년 봄호.

_____·김순태, 「군사주권의 정체성과 한미동맹의 변화」, 『국방정책연구』 제24권 제1호, 2008.

김대회, 「한국 대통령의 정치적 리더십 특성 연구」, 국방대학교 석사학위논문, 2004.

김동욱, 「주한 유엔군사령부의 법적 지위와 전시작전통제권 전환」, 『군사』 제71호, 2009.

김동은, 「미국의 인도-태평양 전략은 신 봉쇄전략인가? 미 전략문서에 나타난 위협인식과 봉쇄전략의 비교」, 『한국군사』 Vol. 7, 2020.

김동한, 「군구조 개편정책의 결정 과정 및 요인 연구: 818계획과 국방개혁2020을 중심으로」, 서울대 대학원 박사학위논문, 2009.

김명섭, 「한국전쟁 직전의 애치슨 선언에 대한 재해석」, 『군사』 제41호, 2000.

김병기, 「한미군사동맹의 발전과 작전권 전환」, 『합참』 제37호, 2008.

김상배, 「글로벌 지식패권의 국내적 기원: 미국형 네트워크국가론의 모색」, 『한국정치학회보』 제41집 2호, 2007.

김선표, 「한반도 평화체제 구축과 유엔사 문제에 대한 소고」, 『서울국제법연구』, 2005.

김성철, 「복합체계론과 신제도주의의 방법론적 연계: 제도의 속성 및 변화에 관한 논의를 중심으로」, 『한국정치학회보』 제33집 3호, 1999.

김순태, 「한·미동맹의 성격변화에 관한 연구: 주권에 대한 정체성을 중심으로」, 연세대 대학원 석사학위논문, 2003.

――――, 「미국의 군사전환과 동북아 양자동맹: 한일의 대미 동맹정책 비교연구」, 연세대 대학원 박사학위논문, 2008.

김승기, 「북한의 핵무장과 선군 강압전략 연구: 제1, 2차 핵실험 및 천안함·연평도 도발 사례 연구」, 경기대학교 정치전문대학원 박사학위논문, 2013.

김용찬, 「헤겔의 전쟁론 연구」, 『국제정치논총』 제4집 1호, 2004.

김연철, 「작전권 환수 이후 한미동맹의 발전 방향」, 『안보학술논집』 제19집 1호, 2008.

김영호, 「6·25전쟁과 유엔의 역할」, 『군사』 제59호, 2006.

――――, 「맥아더 해임과 문민우위 원칙을 둘러싼 논란에 대한 비판적 고찰」, 『군사』 제71호, 2009.

김일영, 「한반도의 '긴 평화'와 한미동맹: '삼위일체+1'구조의 형성과 변화 그리고 전망」, 『국방정책연구』 제24권 제3호, 2008.

김재천, 「4차 북한 핵실험과 전략적 인내의 종언: 미국의 대북정책 변화 분석」, 『통일정책연구』 제25권 1호, 2016.

김재철, 「전시작전통제권 환수 관련 쟁점사항 분석과 한국안보의 과제」, 『동북아연구』, 2006.

――――, 「전시작전권 전환에 따른 한국의 대비방향」, 『한국동북아논총』, 2007.

김정익, 「이라크 전쟁을 통해본 전쟁양상의 변화와 이에 따른 국가동원체제의 발전방향」, 『비상대비연구논총』 제30집, 국무총리 비상기획위원회, 2003.

――――, 「미 지상군의 작전능력 변화와 한·미 연합작전」, 『국방정책연구』 제71호, 2006.

김정기, 「한국 군산복합체의 생성과 변화: 탈냉전기 방위산업 정책의 구조적 대안을 위하여」, 연세대 대학원 석사학위논문, 1995.

――――, 「남북한 전쟁지도체제의 형성과 변화에 관한 비교연구」, 『군사연구』

제139집, 2015.

김주식, 「해군의 창설과 발전」, 『군사』 제68호, 2008.

김주홍, 「정보화시대에 대비한 한국의 안보정책 방향 연구」, 『국제정치논총』 제41집 1호, 2001.

김진국, 「주한미군과 한반도 통일」, 『국제정치논총』 제29집 1호, 1989.

김필상, 「한국군의 지휘기구」, 『국방연구』 제16호, 1964.

김행복, 「한국전쟁중 한국군 총사령관의 작전지도: 채병덕, 정일권, 이종찬, 백선엽」, 『전사』 제4호, 2002.

김 현, 「한미동맹의 안보딜레마: 노무현 정부의 대미 갈등사례의 분석」, 『이론』 2007년 봄/여름호.

김호진, 「종속이론의 비판적 고찰」, 『한국정치학회보』 제18집, 1984.

김홍철, 「현대 전쟁상태의 이원적 갈등상」, 『국제정치논총』 제20집, 1972.

김형균, 「한국 군수산업의 구조와 발전」, 부산대 대학원 박사학위논문, 1995.

김희상, 「21세기 한국의 안보환경과 국가안보: 미래 국방정책을 중심으로」, 성균관대 대학원 박사학위논문, 2003.

나종남, 「한국전쟁 중 한국 육군의 재편성과 증강, 1951-53」, 『군사』 제63호, 2007.

남정옥, 「6·25전쟁과 초기 미국의 정책과 전략, 그리고 전쟁지도」, 『군사』 제59호, 2006.

──, 「6·25전쟁과 이승만 대통령의 전쟁지도」, 『군사』 제63호, 2007.

──, 「미국의 국가안보체제 개편과 한국전쟁시 전쟁정책과 지도」, 단국대 대학원 박사학위논문, 2007.

남주홍, 「위기관리체제 발전방향」, 『비상대비연구논총』 제30집, 2003.

마인섭, 「경제발전과 정치발전의 상관관계: 남미와 동아시의 통계학적 비교연구」, 『국가전략』 제8권 1호, 2002.

문관현, 「6·25전쟁 시 카투사 제도와 유엔 참전부대로의 확대」, 『전사』 제69호, 2008.

민병천, 「전쟁지도기구에 관한 고찰」, 『국방연구』 제27호, 1969.

──, 「양차대전에 있어서 주요국의 전시체제: 전쟁수행을 위한 정부기구를

중심으로」, 『행정논총』 창간호, 1969.

박기학, 「방위비분담금, 무엇이 문제인가」, 『창작과 비평』 제47권 제2호, 2019.

박용환, 「북한의 선군시대 군사전략에 관한 연구」, 『국방정책연구』 제28권 제1호, 2012.

박인휘, 「정책지식 네트워크의 세계정치: 외교안보 싱크탱크의 사례」, 『세계정치』 29집 1호, 2008.

박일송, 「자주국방의 추진과 군의 현대화」, 『군사』 제68호, 2008.

박재용, 「육군의 창설과 발전」, 『군사』 제68호, 2008.

박재하 · 정길호, 「국가안전보장회의의 활성화 방안연구: 기능 및 기구정립을 중심으로」, 『국방논집』 제7호, 1988.

박준영, 「월남참전과 한국」, 『국제정치논총』 제26집 2호, 1986.

박충제, 「합참의 전쟁지도 보좌업무 발전방향: 북한의 도발에 대비한 합참의 임무를 중심으로」, 『합참』 제15호, 2000.

박효종, 「국가론 소고: 국가자율성에 관한 논의를 중심으로」, 『한국정치학회보』 제20집 2호, 1986.

박휘락, 「전시 작전통제권 전환과 국가의 전쟁수행: 개념과 과업의 분석」, 『국제정치논총』 제49집 1호, 2009.

──, 「미국의 전략적 소통(Strategic Communication) 개념과 한국의 수용 방향」, 『국방정책연구』 제25권 제3호, 2009.

──, 「한미동맹과 한중관계에서사드(THAAD) 논란이 갖는 의미: 자율성-안보 교환 모델의 적용」, 『국제관계연구』 제21권 제1호, 2016.

배봉원, 「전략적 관점에서 본 북한의 군사적 도발행태: 천안함 피격 · 연평도 포격 · 핵 사례를 중심으로」, 경남대학교 대학원 박사학위논문, 2019.

배양일, 「한미동맹과 자주: 한미동맹관계에 나타난 한국의 자주성 행태에 관한 연구」, 연세대 대학원 박사학위논문, 2006.

배정호, 「국가안전보장회의(NSC)의 조직과 운영」, 『국방연구』 제47권 1호, 2004.

배종윤, 「1990년대 한국의 대북정책과 관료정치: 통일부와 국가정보원을 중심으로」, 『한국정치학회보』 제37집 5호, 2003.

백광일, 「미국의 대한 안보정책」, 『한국정치학회보』 제16집, 1982.

백기인, 「한국 국방체제의 형성과 조정: 1945~1970」, 『군사』 제68호, 2008.

백윤철, 「한국의 계엄사에 관한 연구」, 『군사』 제66호, 2008.

서상문, 「새로운 사실, 새로운 관점: 毛澤東의 6·25전쟁 동의과정과 동의의 의미 재검토」, 『군사』 제71호, 2009.

손대선, 「전시작전통제권 전환정책 결정요인에 관한 연구」, 『군사연구』 제143집, 2017.

손병기, 「역사적 사례로 본 전시작전통제권 전환의 발전방향」, 『군사』 제72호, 2009.

송대성, 「북한의 위협과 한미동맹」, 『북한학보』 제34집 1호, 2009.

서주석, 「한국전쟁 1년과 한미관계」, 『국방논집』 제6호, 1988.

손진곤, 「한국의 작전지휘권과 작전지휘체제 검토」, 『국방연구』 제23호, 1967.

손호철, 「국가자율성, 국가능력, 국가 강도, 국가 경도」, 『한국정치학회보』 제24집 특별호, 1990.

송재익, 「한국군의 작전통제권 변동요인에 관한 연구 : 국제정치와 국내정치의 연계를 중심으로」, 한양대 대학원 박사학위논문, 2007.

신성호, 「한국의 국가안보전략에 대한 소고: 참여정부의 평화번영정책」, 『국가전략』 제14권 1호, 2008.

신 진, 「한국의 국방정책과 안보」, 『국제정치논총』 제40집 2호, 2000.

안광찬, 「헌법상 군사제도에 관한 연구: 한반도 작전지휘권을 중심으로」, 동국대 대학원 박사학위논문, 2003.

안병준, 「국가 전쟁지도체제 및 위기관리 대책」, 『합참』 창간호, 1993.

안상윤, 「남북한 전쟁수행 능력비교」, 『군사평론』 제281호, 1989.

안승국, 「비교·지역연구에 있어서의 인과적 추론: 방법론적 쟁점과 대안적 연구전략의 모색」, 『국제정치논총』 제38집 1호, 1998.

양대현, 「한국휴전협정과 한미관계: 협상외교전략을 중심으로」, 『한국정치학회보』 제22집 1호, 1988.

양영조, 「한국전쟁 이전 미국의 한반도 군사정책: 포기인가? 고수인가?」, 『군사』 제41호, 2000.

양재하, 「미·중 군사전략의 변화와 한국군의 대응방안: A2AD전략과 JOAC 영향을 중심으로」, 『군사연구』 제143집, 2017.

양준희, 「월츠의 신현실주의에 대한 웬트의 구성주의의 도전」, 『국제정치논총』 제41집 1호, 2001.

온창일, 「미국의 대한 안보개입의 기본태세, 1945~1953」, 『국제정치논총』 제25집, 1999.

유재갑, 「국가안보정책 결정과정의 모형분석」, 『국방연구』 제24권 2호, 1981.

육성균, 「미국의 한국전쟁지도에 관한 고찰」, 『군사평론』 제130·131호, 1971.

──, 「미국의 한국전쟁지도에 관한 고찰, 하」, 『군사평론』 제132·133호, 1971.

윤상우, 「동아시아 발전의 위기와 재편: 한국과 대만의 비교연구」, 고려대학교 대학원 박사학위논문, 2002.

윤태영, 「한·미 연합 위기관리체제: 실제, 문제점 및 발전방향」, 『국제정치논총』 제39집 3호, 1999.

이광훈·김권식, 「대북 인도적 지원정책의 집행실패요인 분석: 정책결정과 정책집행의 연계성을 중심으로」, 『국가전략』 제14권 4호, 2008.

이경수, 「박정희·노무현 정부의 '자주국방'정책 비교 연구」, 성균관대 대학원 박사학위논문, 2007.

이계동, 「강대국 군사개입의 국내정치적 영향: 한국전쟁시 미국의 이대통령 재거 계획」, 『국제정치논총』 제32집 1호, 1992.

이기택, 「한·미 연합사 창설에 따른 법적지위 및 작전통제권 행사범위」, 국방부(합동참모본부), 1978.

──, 「한국적 안보환경하의 전쟁지도 고찰: 새로운 안보환경과 전쟁지도」, 『군사』 제29호, 1994.

이남영, 「제5, 6공화국의 성격과 리더십」, 『동북아 연구』 제1집 제1호, 1995.

이명환, 「공군의 창설과 발전」, 『군사』 제68호, 2008.

이민홍, 「주요국의 전쟁지도기구의 특징에 관한 연구」, 『국방연구』 제25권 1호, 1982.

이상민, 「6차 핵실험에 대한 기술적 평가와 북핵능력 전망」, 『통일정책연구』

제26권 2호, 2017.

이상철, 「한미동맹의 비대칭성: 기원, 변화, 전망」, 경남대 대학원 박사학위논문, 2003.

이상호, 「한국의 전쟁지도체제에 관한 연구」, 연세대 행정대학원 석사학위논문, 1987.

이선호, 「미국의 국가안보회의제도」, 『국방연구』 제26권 1호, 1983.

이수남, 「한국전쟁기간중 미국의 문민통제: 투루만과 맥아더의 관계」, 『국제정치논총』 제30집 2호, 1990.

이수형, 「동맹의 안보 딜레마와 포기-연루의 순환: 북핵 문제를 둘러싼 한-미 갈등 관계를 중심으로」, 『국제정치논총』 제39집 1호, 1999.

――――, 「한·미 연합방위체제의 구조조정방안 모색」, 『국제정치논총』 제40집 3호, 2000.

이영석, 「전쟁지도기구와 지휘체계의 발전을 위한 연구」, 국방대학원 석사학위논문, 1995.

이완범, 「미국의 한반도 분할선 劃定에 관한 연구: 1944-1945」, 연세대 대학원 박사학위논문, 1994.

이용호, 「남북 군사통합에 대비한 국가 및 국방 위기관리체제 발전방안(위기관리 활동 중 예방과 대비를 중심으로)」, 『군사연구』 제146집, 2018.

이찬형, 「통수권과 군사법」, 『국방연구』 제11호, 1961.

이필중·김용휘, 「주한미군의 군사력 변화와 한국의 군사력 건설 사이의 상관관계」, 『군사』 제62호, 2007.

이필중·김용휘, 「주한미군의 군사력 변화와 한국의 군사력 건설: 한국의 국방예산 증가율 및 그 추이를 중심으로」, 『국제정치논총』 제47집 1호, 2007.

이혁섭, 「한국 북방외교정책의 평가」, 『국제정치논총』 제30집 2호, 1990.

이현우, 「안보동맹에서 약소국의 자주성에 관한 연구: 비대칭 한·미 동맹을 중심으로」, 명지대 대학원 박사학위논문, 2007.

이홍석, 「북한 핵무기 개발과 비핵화 동인」, 『한국군사학논집』 제76집 제1권, 2020.

장노순, 「교환동맹모델의 교환성: 비대칭 한미안보동맹」, 『국제정치논총』 제36집 1호, 1996.

장명순·양승립, 「북한의 군사위협 평가」, 『국방논집』 제26호, 1994.

장병옥, 「총력전대비를 위한 국가동원태세 발전방향」, 『군사』 제29호, 1994.

장순휘, 「전시 작전통제권 전환 연기 및 재연기에 관한 연구」, 경남대학교 대학원 박사학위논문, 2015.

장영숙, 「고종의 군통수권 강화시도와 무산과정 연구: 대한제국의 멸망원인과 관련하여」, 『군사』 제66호, 2008.

장 혁, 「참여정부와 이명박 정부의 전시작전통제권 전환정책 비교 연구」, 경남대학교 대학원 박사학위논문, 2012.

장형익, 「근대 일본의 총력전 구상과 '제국국방방침'」, 『군사』 제70호, 2009.

전경만, 「한국의 위기관리와 전쟁지도체제 발전방향」, 『군사』 제29호, 1994.

전재성, 「5차 핵실험 이후의 북한 핵문제와 우리의 대응 전략 방향」, 『전략연구』 제23권 제3호, 2016.

전호훤, 「미국의 대한 군원정책(1976-1980) 연구: 카터행정부의 특징적인 정책 내용을 중심으로」, 『군사』 제66호, 2008.

정용범, 「한·미 연합방위체제의 변화 연구 : 전시 작전통제권 환수와 주한미군의 전략적 유연성을 중심으로」, 경기대 정치전문대학원 박사학위논문, 2007.

정윤원, 「한국의 전쟁지도 환경고찰」, 『합참』 제11호, 1998.

정윤재, 「제3, 4공화국의 성격과 리더십」, 『동북아 연구』 제1권 제1호, 1995.

정일준, 「한국 민군관계의 궤적과 현황: 문민우위 공고화와 민주적 민군협치」, 『국방정책연구』 제24집 제3호, 2008년 가을.

정찬권, 「안보환경변화에 부합된 국가위기관리체계 발전방향」, 『합참』 제32호, 2007.

정춘일, 「탈냉전기 한·미 안보체제의 장래」, 『국제정치논총』 제32집 2호, 1992.

정토웅, 「한국전쟁중 미8군사령관의 작전지도」, 『전사』 제4호, 2002.

조경근, 「제7차 당대회와 북한 핵문제의 전망과 함의」, 『통일전략』 제16권 제3호, 2016.

조동준, 「자주의 자가당착: 한반도 국제관계에서 나타난 안보모순과 동맹모순」,
　　『국제정치논총』 제44집 3호, 2004.

조영갑, 「자주국방 발전기의 국방정책과 제도」, 『군사』 제68호, 2008.

주충근, 「국가위기관리의 통합성에 관한 연구: 천안함과 세월호 사고를 중심으
　　로」, 경남대학교 대학원 박사학위논문, 2019.

지효근, 「동맹안보문화와 동맹결속력 변화: 한미동맹 사례연구, 1968-2005」, 연
　　세대 대학원 박사학위논문, 2006.

최계명, 「한국의 전쟁지도체제에 관한 연구」, 동국대 행정대학원 석사학위논문,
　　1987.

최종철, 「주한미군의 전략적 유연성과 한국의 전략적 대응 구상」, 『국가전략』
　　제12권 1호, 2006.

통일연구원, 「서해교전 분석과 향후 북한태도 전망」, 『통일정세분석』 99-06 1999.8.

한명화, 「한미관계에 관한 정치경제학적 접근」, 『한국정치학회보』 제20집 1호,
　　1986.

함성득 · 김옥진, 「한국 외교 · 안보정책결정과정에서 대통령의 리더십과 관료정
　　치현상의 연관성 연구: 1, 2차 북핵위기를 중심으로」, 『국제관계연구』
　　제10권 제2호, 2005.

함택영, 「남북한의 군사력: 사실과 평가방법」, 『국제정치논총』 제37집 1호, 1997.

───, 「국력과 국가역량: 국가권력에 대한 이론적 · 방법론적 고찰」, 『동북아
　　연구』 제5호, 2000.

───, 「한국 국제정치이론의 발전과 반성: 이론과 역사의 만남」, 『한국과 국
　　제정치』 제22권 제4호, 2006.

합참작전기획본부, 「평시작전통제권 환수와 우리 군의 역할」, 『합참』 제5호, 1995.

허성필, 「주한미군 변화에 대한 단 · 중기 군사대비 방향」, 『국방정책연구』 제65호,
　　2004.

허세만, 「한 · 미 동맹의 변화요인에 관한 연구 : 미국의 클린턴 · 부시행정부
　　시기를 중심으로」, 중앙대 대학원 박사학위논문, 2006.

홍성표, 「21세기 전쟁양상과 한국군의 군사전략개념 발전방향」, 『국방대 교수

논총』15권 3호, 2007.

홍용표, 「국가안보와 정권안보: 이승만 대통령의 안보정책을 중심으로」, 『국제
정치논총』제36집 3호, 1997.

홍현익, 「미 오바마 행정부의 동아시아 중시전력과 한국의 대응전략」, 세종연
구소, 2014.

황경환, 「전시작전통제권의 법적 연구」, 『법학연구』2007년 6월호.

황두연, 「현대의 국가방위지도기구에 관한 연구」, 『국방연구』제18권 1호, 1975.

─────, 「전쟁지도에 관한 소고」, 『국방연구』제19권 2호, 1976.

황영배, 「군사동맹의 지속성: 세력균형론과 세력전이론」, 『한국정치학회보』제29
집 3호, 1995.

황원탁, 「정전협정의 대체 이후 한국방위체제에 관한 연구: 동맹결속이론을 중
심으로」, 단국대 대학원 박사학위논문, 2006.

황정호, 「미국의 안보전략과 주한미군 역할변화에 관한 연구」, 한양대 대학원
박사학위논문, 2008.

황종대, 「현대전략이론 연구의 현황: 미국의 경우를 중심으로」, 『국제정치논총』
제9집, 1969.

황지환, 「전망이론의 현실주의적 이해: 현상유지경향과 상대적 손실의 국제정
치이론」, 『국제정치논총』제47집 3호, 2007.

월치, C, 「개발도상국에서의 군민관계」, 『국방연구』제23권 2호, 1980.

阪田恭代 저, 허진영・이진성 역, 「미국의 한국전쟁 휴전에 관한 기본방침의 형
성: 중국참전과 UN군 총퇴각을 중심으로」, 『군사』제63호, 2007.

2. 영문 · 일문

가. 단행본

Allison, Graham and Philip Zelikow, *Essence of Decision: Explaining the Cuban Missile Crisis*. 2nd ed., New York: Addison Wesley Longman Inc., 1999.

Amos A. Jordan, William J. Taylor, Jr., Michael J. Meese, Suzanne C. Nielsen, *American National Security*, 6th ed. Baltimore: The Johns Hopkins Unversity Press, 2009.

Azar, Edward E. and Moon, Chung-in eds., *National Security in the Third World*, London: E. Elger, 1988.

Bolt, Paul J. Damon V. Coletta and Collins G. Shackelford Jr. eds., *American Defense Policy*. 8th ed., Baltimore: The Johns Hopkins University, 2005.

Buzan, Barry, *People, States & Fear: An Agenda for International Security Studies in the Post-Cold War Era*. 2nd ed., Colchester: ECPR Press, 2007.

Chapman, Bert, *Researching National Security and Intelligence Policy*, Washington D.C.: CQ Press, 2004.

Chilcote, Ronald H., *Theories of Comparative Politics: The Search for a Paradigm*, Boulder: Westview Press, 1981.

Choi, Jinwook, *A Critical Juncture: The 2004 U.S. Presidential Election and the North Korean Nuclear Crisis*, Seoul: Korean Institute for National Unification, 2004.

Clausewitz, Carl von, *On War*, eds. and trans. Michael Howard and Peter Paret. Princeton: Princeton University Press, 1984.

Coll, Steve, *Ghost War: The Secret of the CIA, Afghanistan, and Bin Laden, from the Soviet Invasion to September 10, 2001*, New York: The Penguin Press, 2004.

Cox, Andrew, Paul Furlong, and Edward Page, *Power in Capitalist Societies: Theory, Explannations and Cases*, Brighton: Wheatsheaf Books Ltd, 1985.

Dunnigan, James F., *How to Make War: A Comprehensive Guide to Mordern Warfare in the 21th Century*, 4th ed., New York: Harper Collins Publishers, 2003.

Edmonds, Martin, *Central Organizations of Defense*, Boulder: Westview Press, 1985.

Evans, Perter B., Dietrich Rueschemeyer, and Theda Skocpol, *Bring the State Back in*, New York: Cambridge University Press, 1989.

Fuller, J.F.C., *Armored Warfare*, Harrisburg: The Military Publishing Company, 1943.

――――, *The Conduct of War 1789-1961: A Study of the Impact of the French, Industrial, and Russian Revolutions on War and its Conduct*, New Brunswick: Rutgers University Press, 1961.

Goltz, Colmar Freiherr von der, G. F. Leverson trans, *The Conduct of War: A Shor Treatise on Its Most Important Branches and Guiding Rules*, Honolulu: University Pres of Pacific, 1917.

Graham Allison and Philip Zelikow, *Essence of Decision: Explaining the Cuban Missile Crisis*, 2ed. Addison Wesley Longman, 1999.

Handel, Michael I., *Masters of War: Classical Strategic Thought*, London: Fran Class, 2001.

Headquarters, Department of the US Army. FM 22-100 *Army Leadership*, 1999.

Huntington, Samuel P., *The Soldier and the State*, Cambridge: Harvard University Press, 1959.

――――, *The Clash of Civilizations and the Remaking of World Order*, New York: Simon & Schuster Paperbacks, 1996.

Isard, Walter. *Arms races, arms control, and conflict analysis*, New York: Cambridge University Press, 1988.

Jordan, Amos A., William J. Taylor Jr., and Lawrence J. Korb, *American National Security: Policy and Process*. 4th., Baltimore and London: The Johns Hopkins University. Press, 1993.

――――, ――――, Michael J. Meese, and Suzanne C. Nielsen, *American National*

Security. 6th., Baltimore: The Johns Hopkins University Press, 2009.

Judd, Orrin C. ed. Redefining Sovereignty. Handover NH: SKG Press, 2005.

Kihl, Young Whan, Chung In Moon, David I. Steinberg, Rethinking The Korean Peninsula, Osaka: ISKS, 1993.

LiddellHart, Basil H., Strategy, London: Faber & Faber Ltd, 1967.

Ilford, Mary trans., Pierre Lenouvin and Jean-Baptiste Duroselle, Introduction to the History of International Relations, New York: Frederick A. Publishers, 1967.

Newmann, William W., Managing National Security: The President and The Process, Pittsburgh: University of Pittsburgh Press, 2003.

Nye Jr., Joseph S., Understanding International Conflicts: An Introduction to Theory and History. 7th ed., New York: Pearson Longman, 2009.

Paret, Peter, Makers of Modern Strategy, NJ Princeton: Princeton University Press, 1986.

Robinson, Paul, Military Honour and the Conduct of War: From Ancient Greece to Iraq, London and New York: Routledge, 2006.

R.O.K. MND, Defense White Paper, 1999.

Sarkesian, Sam C., U.S. National Security: Policymakers, Processes, and Politics, Boulder: Westview Press, 1989.

───── ed., Presidential Leadership and National Security: Style, Institutions, and Politics, Boulder: Westview Press, 1984.

Sondhaus, Lawrence and James A. Fuller ed., America, War and Power: Defining the State, 1775-2005, London: Routledge, 2007.

Strachan, Hew, European Armies and the Conduct of War, London: George Allen & Unwin Publishers Ltd, 1983.

Taylor, William J. Jr., Young Koo Cha, John Q. Blogett, and Michal Mazarr eds., The Future of Soth Korean-U.S. Security Relations, San Francisco & London: Westview Press, 1989.

Tilly, Charles, *Coercion, Capital and European States, AD 990~1992*, Malden: Blackwell Published Ins., 2002.

──, *The Formation of national States in Western Europe*, Princeton: Princeton University Press, 1975.

U.S. DoD, *Joint Defense Capability Study*, Final Report, 2003.

──, *Confidential U.S. State Department Central Foreign Policy Files: Korea, 1967-1969.*

U.S. Joint Chiefs of Staff, *Universal Joint Task List Policy and Guidance*, CJCSI 3500E, 2008.

──, *Doctrine for the Armed Forces of the United State*, Joint Publication 1, 2007.

──, *Department Defense Dictionary of Military and Associated Terms*, Joint Publication 1-02, 2007.

──, *Capabilities-Based Assessment*, User's Guide Version 2. 2006

Voitti, Paul R. and Mark V. Kauppi. *International Relations Theory: Realism, Pluralism, Globalism*. 2nd ed., New York: MacMillan Publishing Company, 1993.

Weeks, Stanley B. & Charles A. Meconis, *The Armed Forces of The USA in The Asia-Pacific Region*, London & New York: I.B.Tauris Publishers, 1999.

Wendt, Alexander, *Social Theory of International Polities*, New York: Cambridge Univ. Press, 1999.

William W. Newmann, *Managing National Security: The President and The Process*, Pittsburgh: University of Pittsburgh Press, 2003.

Wright, Quincy, *A Study of War*, Chicago: University of Chicago Press, 1942.

酒井鎬次. 『戰爭指導の 實際』, 東京: 改造社, 1944.

フラ─(J.F.C. Fuller) 著, 中村好壽 譯, 『制限戰爭指導論 1789-1961: フラン革命・産業革命・ロシア革命ガ戰爭と戰爭指導に及ぼした衝擊の硏究』, 東京: 原書房, 1975.

角田順 編, 『戰爭史論』, 東京: 原書房, 1986.

나. 논문

Beomchul Shin and Jina Kim, "ROK-US Cooperation in Deterring North Korea's Military Threat." *The Korean Journal of Security Affairs*, vol. 17, no. 1, 2012.

Calder, Kent and Min, Ye, "Regionalism and Critical Juncture: Expanding the Organization Gap in Northeast Asia." *Journal of East Asian Studies*, vol. 4, no. 2, 2004.

Cho, Seong Ryoul, "The ROK-US Alliance and the Future of US Forces in South Korea." *The Koreal Journal of International Relations*, vol. 15, no. 2, 2003.

Council of Defense-Strategic Studies, "2001-2002 Report on Defense and Strategic Studies." Tokyo: National Institute for Defense Studies, 2003.

Easley, Lief-Eric, "Forward-deploted and Host Nation Interaction: U.S.-ROK Cooperation under External Threat and Internal Frictions." *The Korean Journal of International Relations*, vol. 18, no. 4, 2006.

George, Alexander L., "Presidential Control of Force: The Korean War and The Cuban Missile Cresis." *The Paper Presented at The Meeting of The American Sociological Association*, 1967.

Haggard, Stephan, Byung-Kook Kim, and Chung-in Moon, "The Transition to Exported-Led Growth in South Korea, 1954-66." The PRE(Policy, Research and External Affairs) Working Paper, Country Economics Department of The World Bank, WPS 546, 1990.

Han, Yong-sup, "Analyzing South Korea's Defense Reform 2020." *The Korean Journal of International Relations*, vol. 18, no. 1, 2006.

Hamm, Taik-Young, "State Power and Armament of The Two oreas: A Case Study." A dissertation submitted in partial fulfillment of the requirements for the degree of Doctor of Philosophy in the Graduate School of The University of Michigan, 1996.

Howe, Brendan, "Rationality and Intervention in an Anarchic Society." *The Korean Journal of International Relations*, vol. 18, no. 1, 2006.

Jahyun Chun and Yangmo Ku, "Clashing Geostrategic Choices in East Asia, 2009-2015: Re balancing, Wedge Strategy, and Hedging." *The Journal of International Studies* vol. 18, no. 1, 2020.

Jinhak Jung, "A Study on the Decision Factors in the Delay of the ROK-U.S. Wartime OPCON Transfer: Focusing on the Domestic Determinants." Naval Postgraduate School Thesis for MA, 2015.

Jonathan D. Pollack, "Donald Trump and the Future of U.S. Leadership: Some Observation on International Order, East Asia, and Korean Peninsula." 제5회 한국 국가전략연구원-미국 브루킹스연구소 국제회의 자료집, 2017.

Kim, Jong Wan, "The Failure of Presidential Leadership in Korean Democracy." Sejong Research Studies 2004-1, 2004.

Kim Sung-han, "Anti-American Sentiment and the ROK-US Alliance." *The Korean Journal of International Relations.* vol. 15, no. 2, 2003.

―――, "The Emergence of American Unilateralist Foreign Policy in the Wake of September 11: Iraq as the First Test Case." Sejong Research Studies 2004-8, 2004.

Lee Geun-Wook, "The Prospects of ROK-U.S. Cooperation and Conflicts in the Era of the Required Policy Missions." 제5회 한국 국가전략연구원 – 미국 브루킹스연구소 국제회의 자료집, 2017.

Lee, Chae-Jin, "U.S. Military Policy in Korea: Changing Alliance Politics." 『국제정치논총』 제22집, 1982.

Lee, Goo, "Cooperation under the Security Dilemma: Evolving Inter-Korean Relations in the Early 1990s." *The Korean Journal of International Relations.* vol. 7, no. 3, 2005.

Lee, Shi Young and Taejoon Han, "An Economic Assessment of USFK: Linking Public Perception and Value." *The Korean Journal of International Relations.* vol. 15, no. 2, 2003.

Lim, Hyun-Chin & Byungki Kim, "Social and Political Dimensions of National

Security in Korea." *Asian Perspective.* vol. 22, no. 3, 1998.

Nam, Chang-hee, "Realigning the U.S. Forces and South Korea's Defense Reform 2020." *The Korean Journal of International Relations.* vol. 19, no. 1, 2007.

Park, Yong-Ok, "Post-CFC Korean Security: Key Issues and Suggestions." *The Korean Journal of International Relations.* vol. 19, no. 2, 2007.

Richard Weitz, "Transforming Korea-US Defenses: The Agenda Ahead." *The Korean Journal of Security Affairs* vol. 19, no. 1, 2014.

Sam J. Tangredi, "The Future Security Environment, 2001-2025: Toward a Consensus View," Paul J. Bolt Damon V. Coletta, and Collins G. Shackelford, Jr. eds. *American Defense Policy.* 8th ed. Baltimore: The Johns Hopkins University, 2005.

Suh, Choo-suk, "North Korea's "Military-First" Policy and Inter-Korea Relations." *The Korean Journal of International Relations.* vol. 14, no. 2, 2002.

Treverton, Gregory F. Eric Larson and Spencer H. Kim, "Bridging the Open Water in the US-South Korea Military Alliance." *The Korean Journal of International Relations.* vol. 15, no. 2, 2003.

Wendt, Alexander, "Driving with the Rearview Mirror: On the Rational Science of Institutional Studies." *International Organization.* vol. 55, no. 4, 2001.

Won Gon Park, "A Theoretical Review of and Policy Implication for South Korea's Proactive Deterrence Strategy." *The Korean Journal of Security Affairs* Vol. 20, No. 2, 2015.

Yoon, Hyun-Kun, "National Security: Defense, Development and Self-Reliance Through Defense Industrialization." A dissertation submitted in partial fulfillment of the requirements for the degree of Doctor of Philosophy in the Graduate School of The University of Maryland, 1991.

Yoon, Tae-Ryong, "Revisiting Tilly's Thesis: Is War Still Useful for State-making and State-consolidation?" *The Korean Journal of International Relations.* vol. 48, no. 5, 2008.

3. 기타

가. 보고서 / 토론회 / 보도 자료

경남대학교 극동문제연구소, 「한미동맹의 미래와 현실」, 통일전략포럼보고서 2009-3, No. 43.

국가안전보장회의 비상기획위원회, 「한국 전쟁지도체제의 발전방향」, 정책연구 보고서 93-1, 1993.

국무총리 비상기획위원회, 「정부연습체제 재설계: 운용개념기술서」, 정책연구보 고서, 2003.

국방군사연구소, 「역사적 교훈을 통한 한국의 전쟁지도 발전방향」, 전쟁지도 세 미나, 1994. 9. 28.

국방대학원 안보문제연구소, 「건군 50년 한국 안보환경과 국방정책」, 정책연구 보고서 98-18, 1998.

김만규·문정인 외, 「2000년대 한국 방위산업의 방향과 정책 대안에 관한 연구」, 인하대 국제관계연구소 연구보고서, 1993.

김영일, 「한국의 전쟁지도체제 발전방향」, 국방대학교 안보문제연구소 정책연 구보고서 84-16, 1984. 12.

김태준·최종철, 「북한의 NLL 침범사례 분석과 대응방안」, 국방대학교 안보문 제연구소 정책연구보고서, 2004. 4. 22.

남명렬, 「전쟁 종결기의 전쟁지도 발전방향 연구」, 육군대학 전문과정 연구보 고서, 2002.

대한민국 국방부, 「합동조사결과보고서: 천안함 피격사건」, 명진출판, 2010.

──, 「한미 전시작전통제권 전환시기 조정 합의(보도자료)」, 2010. 6. 27.

──, 「한미통합국방협의체(KIDD) 회의 결과 및 성과(보도자료)」, 2012. 4. 27.

──, 「제8차 한미통합국방협의체(KIDD) 회의 공동언론 보도」, 2015. 9. 24.

──, 「제10차 한미통합국방협의체(KIDD) 회의 공동언론보도문」, 2016. 9. 13.

──, 「제12차 한미통합국방협의체(KIDD) 회의 결과(보도자료)」, 2017. 9. 28.

———, 「제51차 한미안보협의회의 공동성명(보도자료)」, 2019. 11. 15.

문정인, 「전시작전통제권 전환의 국제정치학」, 한국국제정치학회 전시작전통제권 전환에 대한 대토론회 발제자료, 2006. 9. 20.

민족통일연구원, 「남북한 국력추세 비교연구」, 민족통일연구원 연구보고서 93-24, 1993.

배종영, 「연평해전을 통해서 본 국가위기관리 발전에 관한 연구」, 국방대학교 합동참모대학 연구보고서, 2001.

서주석, 「한·미 안보협력 50년의 재조명」, 한국국방연구원 연구보고서 정95-1151, 1996. 12.

윤덕민·박철희, 「한미동맹과 미일동맹 조정 과정 비교연구」, 한국전략문제연구소 국방정책연구보고서 2006-04.

정영진, 「한국 안보문화에 대한 실증적 연구: 1988~2006」, 국방대학교 안보과정 연구보고서, 2007.

한국국제정치학회(KAIS), 「전시작전통제권 전환의 국제정치학」, 전시작전통제권 전환에 대한 대토론회, 2006. 9. 20.

허남성 외, 「정부연습체제 재설계: 운용개념기술서」, 국무총리 비상기획위원회 정책연구보고서, 2003. 11.

Kang, Tae-Hoon and Hyun-Seok Yu, *Fifty Year's Alliance: Relations and Future Vision of the R.O.K.-U.S. Security Cooperation*, The KAIS Conference Series No. 14, Seoul: The Korean Association of International Studies, 2003.

Kim, Dong-Sung, Ki-Jung Kim, and Hahnkyu Park, *Fifty Years After Korean War: From Cold-War Confrontation to Peaceful Coexistence*, The KAIS Conference Series No. 11, Seoul: The Korean Association of International Studies, 2000.

U.S. DoD, "Secret Telegram,"(1968.1.28, 20:55) *Confidential U.S. State Department Central Foreign Policy Files: Korea, 1967-1969.*

———, "Secret Telegram,"(1968.1.28, 05:40) *Confidential U.S. State Department*

Central Foreign Policy Files: Korea, 1967-1969.

————, "Top Secret/Sensitive."(1968.1.26) *Confidential U.S. State Department Central Foreign Policy Files: Korea, 1967-1969.*

나. 일반 기고문

고길동, 「북측의 '해상경비계선'이란 무엇인가?」,
　　　　https://blog.naver.com/pyowa/2215700 18939(검색일: 2020.7.20).

구본학, 「전시 작전통제권 단독행사와 한국의 안보」, 『국회보』 제479호, 2006.

김보협, 「전직 국방장관들 사고가 낡았다: 1994년 평시 작통권 환수 협상 주도한 천용택 전 국방장관 전시 작통권 환수는 시간을 정하기보다 상황 논리에 따라야」, 『한겨레 21』 제623호, 2006. 8. 22.

김학송, 「안보, 한치의 오차도 허용해서는 안돼: 전작권 논의 중단돼야」, 『국회보』 제479호, 2006.

남주홍, 「전시작전통제권 환수의 문제점: 한반도 유사시 미군 6만 명 투입 작전권 환수는 곧 동맹파기 선언」, 『월간조선』 제308호, 2005.

박용옥, 「전시작전통제권 조기 환수, 서두를 일 아니다」, 『정세와 정책』 제123호, 2006.

송영선, 「성급한 작전통제권 단독행사 오히려 자주국방에 역행」, 『국회보』 제478호, 2006.

신동호, 「한국 과학기술계의 실세, ADD인맥」, 『신동아』 1993년 6월호.

안영근, 「전작권 환수는 한반도 평화정착의 시작」, 『국회보』 제479호, 2006.

양욱, 「북한의 ICBM 개발」, 『국방과 기술』 제462호, 2017.

오원철, 「20개 사단을 무장시켜라」, 『월간조선』 1994년 6월호.

유호상, 「정예화된 선진강군 육성을 위한 국방역량 강화: 국방부 국방개혁 기본법안 2009~2020 확정·발표」, 『국방저널』 제427호, 2007.

윤광웅, 「전시 작전통제권 환수 추진현황과 입장」, 『국회보』 제479호, 2006.

이상훈, 「전시작전통제권을 다시 생각한다. '자주'명분 집착하가 '교각살우' 저지를 수도」, 『신동아』 제48권 12호, 2006.

이인제, 「국민 불안 야기하는 환수논의 중단되어야」, 『국회보』 제479호, 2006.

정영진, 「한국 안보문화에 대한 실증적 연구: 1988~2006」, 국방대학교 안보과정 연구논문, 2007.

정옥임, 「주권문제가 아니라 효율과 비용의 문제다」, 『시사저널』 제883호, 2006.

정욱식, 「작통권, 가져오기 전에 따져보자」, 『한겨레 21』 제623호, 2006.

정인환, 「작통권 환수: 거짓논쟁은 그만!」, 『한겨레 21』 제624호, 2006.

조성렬, 「전시작전통제권 환수, 오해와 진실」, 『국회보』 제479호, 2006.

──, 「전작권 환수하면 한·미동맹 더욱 발전」, 『시사저널』 제883호, 2006.

최 강, 「전시 작전통제권 문제의 전개과정과 의미」, 『국회보』 제479호, 2006.

최인기, 「전작권 환수 논의 차기 정부로 넘겨야」, 『국회보』 제479호, 2006.

함택영, 「남북한 전쟁수행능력과 군축」, 『신동아』 제484호, 2000.

홍현익, 「전시작전통제권 환수아여 한·미동맹 정상화하자」, 『정세와 정책』 제 123호, 2006.

다. 마이크로필름 및 VTR

「국군통수권 이양에 관한 이승만 대통령과 맥아더 회한」, 외교사료관 마이크로필름, J-0001(1881-1886), 1950.

「휴전협정원문」, 외교사료관 마이크로필름, G-0002(0001-0094), 1953.

「한미간의 상호방위조약」, 외교사료관 마이크로필름, J-0001(1932-2115), 1954.

「Brown 각서」, 외교사료관 마이크로필름, Re-0019(0001-0325), 1966.

「전시작전권 논란 쟁점은 무엇인가?」, KBS미디어 비디오녹화자료, 2006.

「전시작전권통제권 환수 방위비 증가시키나?」, KBS미디어 비디오녹화자료, 2006.

「전시 작전통제권 환수 논란」, KBS미디어 비디오녹화자료, 2006.

「전시 작전통제권 환수」, MBC프로덕션 비디오녹화자료, 2006.

「전시 작전통제권 환수, 무엇이 진실인가?」, SBS프로덕션 비디오녹화자료, 2006.

라. 인터넷

국가정보원: http://www.nis.go.kr.

국민일보: http://news. kmin.co.kr.

국방일보: http:// ebook.dema.mil.k.

국회법률지식정보시스템: http://likms.assembly.go.kr/law/jsp/main.jsp.

나라기록 연구원: http://contents.archives.go.kr.

네이버뉴스: http://news.naver.com.

네이버블로그: http://blog.naver.com.

노컷뉴스: https://www. nocutnews.co.kr.

다음블로그: http://blog.daum.net.

동아일보: http://www.donga.com.

미국의 소리(VOA): http://www.tongilnews.com.

서울경제: http:/news.naver.com/main/read.

연합뉴스: http://news.naver.com.

위키백과: http://ko.wikipedia.org.

이데일리: https://www.edaily.co.kr.

조선일보: http: //news.chosun.com.

주한미군사령부: https://www.usfk.mil.

지식세계검색: http://www.absoluteastronomy.com.

통일신보: http://www.tongilnews.com.

한겨레: www.hani.co.kr.

한국경제TV: http://news.wowtv.co.kr.

KBS News: http://news.kbs.co.kr.

MBC 뉴스: http://imnews. imbc.com.

NEWSIS: http://www.new sis.com.

SBS News: http://www.new sbs.co.kr.

마. 신문

『조선일보』.

『동아일보』.

『노동신문』.

『국방일보』.

Korea Herald 등.

찾아보기